Eme Nagao ● 長尾 愛女

La régulation de l'abus de puissance économique en droit français de la concurrence
La structure et l'evolution de la régulation

●

フランス競争法における濫用規制
その構造と展開

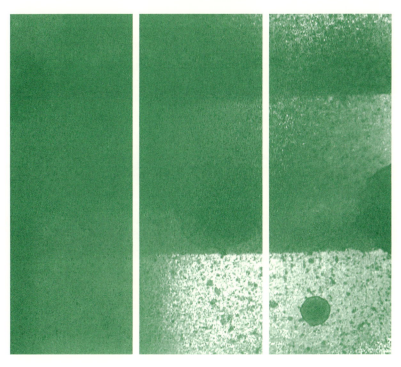

日本評論社

は　し　が　き

　本書は、明治大学大学院における博士学位請求論文「フランス競争法における濫用規制の構造と展開」(2017年)について、研究および実務においてより参照しやすい内容にするという観点から、条文や用語を整理して、若干の加筆修正を加えた上で刊行するものである。筆者は研究者かつ法曹実務家として、フランス競争法およびEU競争法上の諸制度、とりわけ濫用規制についてこれまで論究および発表を行ってきたが、このたび、多くの方々のお力添えにより研究成果をまとめて発表する機会に恵まれた。
　本書の対象であるフランス競争法は、市場支配的地位の濫用規制、経済的従属関係の濫用規制、「著しい不均衡」規制という3つの主たる規制制度によって経済力の濫用規制を行っており、EU競争法や他のEU加盟国の競争法とは異なる特徴を備えている。フランス競争法上の規制制度は、市場支配的地位の濫用規制に加えて、一方当事者の他方当事者に優越する経済力ないし取引上の地位の濫用に着目した制度を設けている点で、我が国の法制度に類似する点も多い。比較法的視点においてフランス競争法における濫用規制の構造を研究することは、とりわけ我が国の競争法上の重要な課題のひとつである優越的地位の濫用規制のあり方を探究する上でも、重要な意義を有すると考えて、本書のテーマに取り組んできた。フランス競争法の先行研究はこれまで十分とはいえず、フランス競争法上の濫用規制に関する主たる3つの規制制度、特に「著しい不均衡」規制も含めた最新の動向について、導入過程、改正過程、運用状況、要件解釈論および射程を包括的に検討しつつ、規制制度相互間の関係を詳細に分析したまとまった業績が見当たらなかったことから、本研究が、新たな視点を提供することにより、微力ながら我が国における経済法分野の研究、発展に寄与することを目指している。

また、流通分野における購買力の濫用の規制は、我が国のみならずEUを含む世界各国においても共通の課題である。最近は、Eコマース分野において、電子商店街による出店業者に対する協力金要請等の優越的地位の濫用が注目されるなど、新たな事例がめまぐるしく展開している状況がある。小売業者による納入業者等に対する濫用的な行動に対して、いかなる法制度および理論により競争法を執行すべきか、事業者側からすればいかなる場合に事業活動が競争法上問題となりうるか、という論点はきわめて問題関心が高く、我が国においてもこれまでも活発な議論と運用実績が蓄積されているところである。本書では、フランス競争法上の濫用規制制度が購買力濫用型の規制の要請にどのように対応しているかという視点から、フランスの競争当局および裁判例における運用実績をできるだけ具体的に紹介している。また日本独占禁止法における小売業者主導型の優越的地位の濫用規制への示唆についても、理論的な検討を加えている。研究、実務に携わる方々に、何らかの参考としていただける点があれば幸いである。

　さらに、事業者間取引における濫用的な取引行為の規制のあり方については、EUにおいても活発に議論され、EU各加盟国における相対的市場力規制の動きや、フランスにおける法改正や、「著しい不均衡」規制について相次いで裁判例が出されるなど、新たな展開がめざましい。本書ではその一端を紹介したものの、このテーマは競争法のみならず、民事契約法、消費者法、不正競争防止法等の分野における研究を参照の上、きわめて幅広い検討を要するものであると考えており、新たな展開や未解決の点については今後の課題としたい。

　筆者は、法科大学院制度開始後の第一期生として2004年に明治大学法科大学院に入学しており、「理論と実務の架橋」を趣旨とする法科大学院制度のいわば申し子ともいえる。法科大学院修了後、弁護士実務経験を経て、より専門的な理論的研究を目指して2013年に明治大学大学院博士後期課程に進学し、2017年に博士学位（法学）を取得し、拙いながらも研究成果を発表する機会に恵まれたのは、ひとえに明治大学、明治大学大学院および明治大学法科大学院の先生方の温かいご指導、ご鞭撻の賜物であり、すべての先生

方のお名前をあげることはできないが、心より謝意を表させていただきたい。

　高橋岩和先生（明治大学名誉教授）には、法科大学院での経済法講義および演習でお世話になり、博士後期課程では指導教授として厳しくも温かくご指導いただいた。先生には、経済法のダイナミックな世界の魅力に目を開かせていただいた。先生からは、本書のテーマについて重要な示唆をいただき、本書の作成過程においても多くの貴重なご助言をいただいた。筆者の論理や叙述が未熟、未整理な部分を見逃さず鋭くご指摘下さり、先生との議論を通じて考察を深める機会を度々設けて下さった。難解なフランス法の探究や実務との両立で悩み苦しむことも多かったが、温かい励ましのおかげで、先生が退職される最終年度に博士学位請求論文を提出することができた。不肖の弟子に、最後まで伴走してご指導下さった先生に、心より感謝を申し上げる。

　博士学位請求論文の考査委員をつとめて下さった河内隆史先生（元明治大学法科大学院教授）、南保勝美先生（明治大学法学部教授）、吉井啓子先生（明治大学法学部教授）のご指導にも深く感謝している。河内先生には法科大学院時代からお世話になり、金融商品取引法のご専門分野から貴重なご指摘を賜った。南保先生には、会社法分野の視点から重要なご指摘をいただき、大学院における学術研究や論文執筆の手ほどきをしていただいた。吉井先生にはフランス法研究の手ほどきをしていただき、フランス法の読解、文献調査、表記、引用等についても、懇切丁寧にご指導いただいた。先生方に心より感謝を申し上げる。

　伊藤進先生（明治大学名誉教授）には大学時代、博士前期課程を通じて温かいご指導を賜った。また法科大学院時代には多くの先生方にご指導を仰いだが、とりわけ平田厚先生（明治大学法科大学院教授）には、博士後期課程への進学や、研究活動と実務の両立について、いつも親身に相談に乗っていただき、励ましていただいた。倉科直文先生（元明治大学法科大学院特任教授）には、法曹として常に学び続けることの大切さを教えていただいた。

　松下満雄先生（東京大学名誉教授）には本研究に関連するテーマについて研究会等で報告する機会を幾度もいただき、報告内容について貴重なご指摘を賜った。研究成果の出版についても温かい励ましの御言葉をいただいた。ご厚意に心より感謝を申し上げる。

また本研究に関連するテーマについて、2015年の日本国際経済法学会研究大会（於早稲田大学）にて個別報告の機会をいただいた。お力添えとご指導をいただいた故間宮勇先生（元明治大学副学長）、座長をつとめられた故岸井大太郎先生（元法政大学教授）、すべての方のお名前をあげることはできないが、個別報告の席上や私信等で貴重な御教示をお寄せいただいた先生方、経済法、国際経済法、商法関係の研究会や学会でご指導いただいてきた多くの研究者、実務家の方々にも感謝を申し上げる。

　これまでお世話になってきた先輩方、同僚、スタッフ、友人たちにも感謝の意を表したい。とりわけ明治大学法科大学院の教育補助講師の同僚の先生方にはいつも励ましていただいた。また2015年のASCOLA東京大会の運営メンバーの方々にはたいへんお世話になった。そして池田山総合法律事務所の同僚、スタッフの皆には、いつも温かく支えていただいている。

　ここでお名前をすべてをあげることはできないが、これまでお世話になってきた多くの方々のご恩に心より感謝を申し上げる。

　本書の刊行にあたり、日本評論社には、編集部の高橋耕氏と岩元恵美氏による懇切丁寧なご助言をはじめ、さまざまな点でご配慮、ご尽力をいただき、大変お世話になった。心より御礼を申し上げる。

　また私事ではあるが、筆者の進学や研究をいつも応援し温かく見守ってくれた亡き母、父、家族の皆、そしていつも筆者に寄り添って研究活動を支えてくれているパートナーに深く感謝し、本書を捧げたい。

2018年4月

長尾　愛女

フランス競争法における濫用規制——その構造と展開

目　次

はしがき　i

序章
第1節　問題の所在 ——————————————————— 2
第2節　本書の構成 ——————————————————— 4

第1章
フランス競争法における濫用規制制度の導入過程

第1節　問題の所在 ——————————————————— 8
第2節　1945年の価格令における濫用規制 ————————— 11
　1　価格令の制定と価格凍結体制　11
　2　価格令の改正と市場支配力規制の導入　12
　3　価格令における競争制限行為規制の導入　16
第3節　1986年の価格・競争令における相対的市場力規制の導入過程 —— 17
　1　価格・競争令の制定過程　17
　2　価格・競争令における市場支配的地位の濫用規制の導入　19
　3　価格・競争令における相対的市場力規制の導入　21
　4　価格・競争令における競争制限行為規制の導入および民事規制化　26
第4節　2000年商法典編纂後の濫用規制の改正過程 ——————— 27
　1　2001年のNRE法による商法典の改正　27
　2　2005年8月2日の法律による商法典の改正——相対的市場力規制の拡張　33
　3　2008年法による商法典の改正——「著しい不均衡」規制の導入　35
第5節　小括 ——————————————————————— 40
　1　フランス競争法における相対的市場力規制の導入と展開　40

v

2　規制制度相互の関係に関する考察　　41

第2章
フランス競争法における市場支配的地位の濫用規制の基準

第1節　問題の所在 ──────────────────── 46
第2節　市場支配的地位の濫用規制の適用基準 ───────── 49
　　1　市場支配的地位の濫用規制の構成要件　　49
　　2　商法典 L.420-2条1項の要件解釈論　　50
第3節　「濫用」行為の類型的分析 ────────────── 63
　　1　搾取型濫用と排除型濫用　　63
　　2　垂直型濫用と水平型濫用　　63
第4節　フランス競争法における最近の市場支配的地位の濫用規制の適用例
　　　　　　　　　　　　　　　　　　　　 ───────── 75
　　1　垂直型濫用行為の類型　　75
　　2　水平型濫用行為の類型　　81
第5節　小　括 ──────────────────────── 85
　　1　市場支配的地位の濫用規制の要件上の限界についての分析　　85
　　2　相対的市場力規制による補完可能性および補完の限界についての分析　　86
　　3　「著しい不均衡」規制による相対的市場力規制の補完可能性　　87
　　4　規制制度相互の関係に関する考察　　87

第3章
フランス競争法における相対的市場力規制の基準

第1節　問題の所在 ──────────────────── 90
第2節　相対的市場力規制の適用要件 ──────────── 92
　　1　相対的市場力規制の導入過程　　92
　　2　商法典 L.420-2条2項の要件解釈論　　95

第3節　供給者主導型（販売力濫用型）類型における相対的市場力規制 ——— 103

　1　供給者主導型（販売力濫用型）に関する審決および判例　103
　2　血液製剤分野における供給事業者による経済的従属関係の濫用事例
　　　（GIPCA 事件）　105
　3　供給者主導型の各事例の分析　113

第4節　需要者主導型（購買力濫用型）の相対的市場力規制 ——— 117

　1　需要者主導型（購買力濫用型）に関する審決および判例　117
　2　フランチャイザーによる経済的従属関係の濫用事例（Carrefour 事件）
　　　120
　3　需要者主導型の各事例の分析　127

第5節　小　括 ——— 128

第4章
フランス競争法における「著しい不均衡」規制の導入と課題

第1節　問題の所在 ——— 132
第2節　「著しい不均衡」規制の導入過程 ——— 135
　1　経済現代化法による「著しい不均衡」規制の導入　135
　2　「著しい不均衡」規制の規制手続および効果　141
第3節　「著しい不均衡」規制の要件解釈論の発展 ——— 144
　1　「著しい不均衡」規制の立法趣旨を巡る議論　144
　2　「著しい不均衡」規制における個別構成要件の解釈論の分析　147
　3　「著しい不均衡」要件の合憲性判断——明確性の原則との関係　156
第4節　裁判例における「著しい不均衡」規制の要件解釈論の発展 ——— 159
　1　初期の裁判例　159
　2　裁判例における解釈基準の発展　164
　3　判例理論の分析　170
第5節　小　括 ——— 172
　1　「著しい不均衡」規制の性質論についての分析　172

2　「著しい不均衡」規制の解釈基準についての分析　　172

第5章
「著しい不均衡」規制の適用に関する裁判例

第1節　問題の所在 ———————————————————— 178
第2節　近時の裁判例にみる「著しい不均衡」規制の適用事例 ——— 179
1　商法典L.442-6条Ⅰ項の規制の執行状況　　179
2　「著しい不均衡」規制に関する裁判例　　181
第3節　裁判例の分析 ———————————————————— 209
1　規制対象となった事例の分析　　209
2　不公正条項規制のアプローチについての分析　　211
3　裁判例における「著しい不均衡」規制の判断基準についての分析　　213

第6章
我が国の小売業者主導型の優越的地位の濫用規制への示唆

第1節　問題の所在 ———————————————————— 218
第2節　優越的地位の濫用規制の概要 ———————————— 220
1　優越的地位の濫用規制の概要　　220
2　「優越的地位」要件の分析　　222
3　「濫用行為」要件の分析　　225
第3節　大規模小売業者による優越的地位の濫用規制の運用状況 —— 236
1　公正取引委員会における規制指針　　236
2　公正取引委員会による小売業者主導型の優越的地位の濫用事例の規制状況　　256
3　大規模小売業者による優越的地位の濫用事例の分析　　259
第4節　「優越的地位」要件に関するフランス競争法からの示唆 —— 294
1　日本独占禁止法上の「優越的地位」の考え方　　294

2 フランス競争法上の相対的市場力規制から「優越的地位」について得られる示唆　296
  3 フランス競争法上の「著しい不均衡」規制から「優越的地位」について得られる示唆　300

第5節 「正常な商慣習に照らして不当」要件に関するフランス競争法からの示唆 ──── 305
  1 日本独占禁止法上の優越的地位の濫用規制の公正競争阻害性についての考え方　305
  2 フランス競争法上の相対的市場力規制から公正競争阻害性について得られる示唆　306
  3 「著しい不均衡」規制から公正競争阻害性について得られる示唆　308

第6節 小 括 ──── 316
  1 本章における分析の対象　316
  2 「優越的地位」要件への示唆　316
  3 公正競争阻害性要件への示唆　318
  4 今後の検討課題　320

結 章

第1節 総括および検討課題に対する成果 ──── 326
第2節 今後の課題の指摘 ──── 327
  1 フランス競争法上の濫用規制に関する課題　327
  2 EU競争法および各加盟国競争法における濫用規制に関する課題　329
  3 日本独占禁止法上の優越的地位の濫用規制の分析における課題　330
  4 発展的課題　331

主要参考文献　333
索 引　351

序　章

第1節　問題の所在

　フランス競争法における経済力の濫用規制は、現行商法典における3つの規定を通じて行われている。すなわち、EU型の市場支配的地位の濫用規制を行うL.420-2条1項の市場支配的地位の濫用規制、相対的市場力規制を行うL.420-2条2項の経済的従属関係の濫用規制、個別取引上の不公正条項規制として当事者の権利義務における「著しい不均衡」を規制するL.442-6条Ⅰ項2号の「著しい不均衡」規制である。
　そもそもEU競争法においては、EU機能条約（以下、「TFEU」）102条に基づき市場支配的地位の濫用規制を行っているが、フランス競争法においても同様に、反競争行為の一類型として商法典L.420-2条1項において「市場支配的地位にある単独の事業者又は事業者団体による搾取的濫用」を規制している。もともとフランス競争法の原型である1945年の価格令では、「市場支配的地位」が規制されており、市場支配力の「濫用」概念は導入されていなかったが、EU競争法の影響を受けて、1953年、1963年、1977年の各改正を経て、市場支配的地位の「濫用」規制が確立されたものである。しかし、1970年代以降の市場構造の変化に伴い、大規模小売事業者による「購買力の濫用」または有力メーカーによる「販売力の濫用」に対して、市場支配力の濫用規制には、市場支配的地位要件および競争侵害要件の点で適用が困難であるという限界が自覚された。そして、新たな規制類型を設けて市場支配的地位に至らない事業者にも濫用規制を拡張すべきことが意識された。
　そこで、EU型の市場支配的地位の濫用規制の限界を克服するために、フランス競争法では、ドイツ競争法の影響を受けて、1986年の価格・競争令により、商法典L.420-2条2項において経済的従属関係の濫用規制を導入した。同条は、一方当事者にその相手方が経済的に従属する場合に、相手方に相対的に優越する市場力の濫用を規制する「相対的市場力規制」の性質を備えており、事業者が市場支配的地位を備えていなくてもその濫用行為を規制しう

る点で先駆的なものであり、EU 競争法よりも厳格な単独行為規制として[1] EU 競争法を補完し、EU 域内における規制をより効率化する可能性がある[2]。

　他方でフランス競争法は、競争侵害要件を不要とする民事規制である競争制限行為の類型として、2001 年以来、商法典 L.442-6 条Ⅰ項 2 号 b の「従属関係、購買力、又は販売力」の濫用行為規制を行っていた。そして 2008 年 8 月の経済現代化法（LME 法）による改正により、L.442-6 条Ⅰ項 2 号は「当事者の権利及び義務における『著しい不均衡』(déséquilibre significatif) を生じさせるような義務に従わせ、又は従わせようとすること」を構成要件として損害賠償、差止め、民事過料の対象として規制する規制類型（以下、「著しい不均衡」規制）へと大幅に改正された。同号の行為要件は、L.420-2 条 2 項の経済的従属関係の濫用規制の行為要件として準用され、条文規定上、L.420-2 条 2 項の行為要件を補充する。のみならずこの「著しい不均衡」規制は、「従属関係の濫用」要件および競争侵害要件を不要とする規制であることから、機能的にも相対的市場力規制を拡張しうるという仮説をもつことができる。

　以上のように、フランス競争法は濫用規制に関する諸規定を導入し展開してきた。フランス競争法における濫用規制の構造を解明することは、我が国の競争法上の重要な課題のひとつである優越的地位の濫用規制のあり方を考える上でも、重要な意義を有する。これまでフランス競争法上の諸制度を紹介し比較法的分析を行う貴重な先行研究の蓄積があるが、濫用規制に関する主たる 3 つの規制制度の導入過程、改正過程、運用状況、要件解釈論および射程を包括的に検討しつつ、規制制度相互間の関係を詳細に分析したものは見当たらないようである。とりわけ、最も新しい「著しい不均衡」規制については、フランスの裁判例、学説上、活発な議論が行われ、要件解釈論が生成されつつあるが、競争法の観点から、同規制に関するフランスにおける近

---

1) 欧州委員会理事会規則 1/2003 号 3 条 2 項は、各加盟国が、その市場構造や競争政策に従い、EU 競争法より厳格な上乗せ、横出し規制を行うことを許容する。また、同規則 3 条 3 項は、EU 競争法とは異なる目的において単独行為を規制することを許容していた。
2) EU 競争法より厳格なフランス競争法上の単独行為規制が EU 競争法に与える影響については、拙稿「EU 競争法と加盟国競争法の衝突と調整規定——理事会規則 1/2003 号 3 条 2 項をめぐって」国際経済法学会年報 25 号（2016 年）160 頁を参照。

時の議論状況を紹介したものはきわめて少ないようである。そこで本書では、先行研究から示唆を得ながら未解明の部分に焦点を当てて、フランス競争法上の濫用規制の構造と制度的特徴を解明することを検討課題とするものである。

第2節　本書の構成

　本書は、フランス競争法における濫用規制を行う各制度の成立過程および規制制度相互間の関係を考察することにより、濫用規制全体の機能と構造を明らかにすることを目的とする。この目的を達成するために、以下の順に論述する。まず、フランスにおける経済力の濫用に関する3つの規制制度の歴史的な導入過程および改正過程を概観することにより、制度相互間の関係を明らかにする（第1章）。次に、フランス競争法が単独行為規制として最初に導入した商法典L.420-2条1項の市場支配的地位の濫用規制について、要件解釈論および規制実績を分析し、その中で判明した同規制の限界を指摘する（第2章）。この市場支配的地位の濫用規制の限界を克服するために1986年に導入された経済的従属関係の濫用規制（相対的市場力規制）を検討する（第3章）。さらに相対的市場力規制を補完する機能を営む可能性のあるL.442-6条Ⅰ項2号の「著しい不均衡」規制の要件に関する判例、学説における議論状況、適用事例における判例法理の分析を行う（第4章）。そしてフランスにおける購買力濫用型の行為に対する「著しい不均衡」規制の最新の適用事例を紹介し、「著しい不均衡」規制が事業者間の濫用的な行動、不公正な取引を規制する上で有効な手段となりうることの実証的な分析を行う（第5章）。そしてフランス競争法においては、「経済的従属関係」要件の充足の困難性が原因で、購買力濫用行為を規制する手段の主流が経済的従属関係の濫用規制から「著しい不均衡」規制へと転換しつつあるという経験が、我が国の流通分野における購買力等の濫用類型における優越的地位の濫用規制の要件解釈論に与え

る示唆を検討する（第6章）。最後に、本書における検討内容を総括した上で、残された課題を提示する（結章）。

第 1 章

フランス競争法における
濫用規制制度の導入過程

第 1 節　問題の所在

　序章においても述べたように、フランス競争法における経済力の濫用規制は、それぞれ独立した契機により成立した、EU 型の市場力の濫用規制を行う L.420-2 条 1 項の市場支配的地位の濫用規制、相対的市場力規制である L.420-2 条 2 項の経済的従属関係の濫用規制、個別取引上の当事者の権利及び義務における「著しい不均衡」を規制する L.442-6 条Ⅰ項 2 号の「著しい不均衡」規制の 3 つの規制類型により行われている。

　これらのうち、まず、EU 型の市場支配的地位の濫用規制が、EU 競争法の影響を受けて形成されることになった。そもそも EU 競争法は、欧州経済共同体（EEC）条約 86 条（後の 82 条）が、経済的に優位に立つ事業者による取引の相手方に対する濫用行為を、市場支配的地位の濫用として規制していた。そして、現在の EU 競争法である TFEU102 条は、次のように規定している。「一又は複数の事業者による、共同体市場又はその実質的部分における支配的地位の濫用行為は、それが加盟国間の取引に影響を与えるおそれがある場合、共同体市場と両立しないものとして禁止される。とりわけ、次の各号の一に該当するものは濫用行為に該当するおそれがある[1]」。EU 法の加盟国法に対する優越性の原則の下で、また加盟国に条約の定める義務の履行に必要な措置を講じることを命じ、条約の目的を脅かす手段を控えることを命じる原則[2]の下で、加盟国は、反競争行為をもたらし助長する法律の定立と適用を差し控える義務を負う。この義務を履行するため、加盟国競争法には EU 競争法上の規制類型が導入されることが要請された[3]。フランス競争法も、商法典第Ⅳ巻第Ⅱ編の反競争行為の項の L.420-2 条 1 項で「支配的地

---

[1] 邦訳については村上政博『EC 競争法〔EC 独占禁止法〕第 2 版』（弘文堂、2001 年）7 頁以下を参照した。
[2] EC 条約 10 条 2 項。
[3] M. Frison-Roche et M. Payet, *Droit de la concurrence*, Dalloz, 2006, n° 4, p. 4.

位にある単独の事業者又は事業者団体による搾取的濫用」を禁止しており、EU 型の市場支配的地位の濫用規制を行っている。

　しかし、1970 年代以降、市場構造の変化に伴い、市場支配力規制では大規模小売事業者による「購買力の濫用」または有力メーカーによる「販売力の濫用」に対処できないことが次第に明らかとなり、市場支配的地位に至らない事業者に対しても濫用規制を拡張して適用すべきであるとの認識が深まるようになった。この点、EU 競争法における理事会規則 1/2003 号 3 条 2 項は、加盟国が、EU 競争法が規制していない特定の濫用行為について規制することを保障している[4]。各加盟国が、その市場構造や競争政策に従って、競争促進的な方向で、上乗せ、横出し規制を行うことは、同規則の要請に適う。したがって、市場支配的地位に至らない事業者の濫用行為に対して、いかなる規制を行うかは、各加盟国の競争法に委ねられている。フランス法の場合は、商法典 L.420-2 条 2 項で「経済的従属関係における……搾取的濫用」を禁止し、経済的従属関係の濫用を規制している。すなわち同条は、一方当事者にその相手方が経済的に従属する場合に、相手方に「相対的」に優越する市場力の濫用を規制する。もともとフランス競争法の原型である 1945 年の価格令では、市場支配的地位が規制されたが、市場支配力の「濫用」概念は導入されていなかった。その後、1953 年、1963 年、1977 年の各改正を経て、市場支配的地位の「濫用」規制が確立した。しかし、同規制は、1970 年代以降の大規模小売事業者による購買力の濫用に対応することができず、限界が認識されることとなった。そこで、限界を克服する新たな規制類型として 1986 年の価格・競争令に登場したのが、8 条 2 項の経済的従属関係の濫用規制（相対的市場力規制）であった[5]。

　他方、フランス法には、相対的市場力規制の関連規制として、1945 年の価格令以来、個別取引上の差別行為等の規制が行われていた。2001 年改正

---

4) 理事会規則 1/2003 号第 3 条 2 項は、「本条は、構成国が、自国内において、事業者の一方的行為を禁止し制裁する、より厳しい国内立法を採択し適用することを妨げない」と規定する。3 条 2 項の解釈の詳細については、拙稿「EU 競争法と加盟国競争法の衝突と調整規定——理事会規則 1/2003 号 3 条 2 項をめぐって」日本国際経済法学会年報 25 号（2016 年）160 頁を参照。

後は、同規制は商法典第Ⅳ巻第Ⅳ編の「競争制限行為」の項の L.442-6 条Ⅰ項 2 号 b となり「従属関係、購買力、又は販売力」の濫用が規制された。2008 年 8 月改正後の L.442-6 条Ⅰ項 2 号は当事者の権利及び義務における「著しい不均衡」の規制へと大幅に転換した。同条は、経済的従属関係の濫用規制の行為要件として準用され、規定上、L.420-2 条 2 項を補充する。のみならず、L.442-6 条Ⅰ項 2 号は競争要件のない民事規制であり、より容易に「従属関係」の濫用規制を行えるから、機能的にも相対的市場力規制を拡張するとの仮説を立てることが可能である。

　以上のように、フランス競争法は、相対的市場力規制を導入し、展開してきた。フランス競争法における当該規制の構造を解明することは、我が国の競争法の重要な課題のひとつである優越的地位の濫用規制[6]のあり方を考える上でも、重要な意義を有する。これまで、フランス競争法上の諸制度を紹介し分析する貴重な先行研究の蓄積がある[7]。本章では、これらの業績から示唆を得ながら、フランス競争法における相対的市場力規制の制度的な特徴と意義を明らかにすることを目的とする。そこで本章では、次のような論述の順序により、当該規制が導入された経緯とその後の展開を考察する。まず、

---

5) ドイツ GWB20 条は「中小規模の競争者に対して優越する市場力を有する事業者」に対して当該市場力の行使を禁止し（20 条 2 項、3 項）、相対的市場力の濫用規制を行っている。高橋岩和「優越的地位の濫用と競争法――国際比較にみる『取引上の地位の不当利用』規制のあり方を中心として」公正取引 686 号（2007 年）17 頁、田中裕明『市場支配力の濫用と規制の法理』（嵯峨野書院、2001 年）63 頁、98 頁。1973 年の第 2 次改正で、相対的市場力（relative Marktmacht）の規制が導入された。同規制のフランスにおける導入は、ドイツにおける 1973 年の導入から 10 年余り遅れてのことであった。
6) 独占禁止法 2 条 9 項 5 号は、自己の取引上の地位が相手方に優越している一方の当事者が、取引の相手方に対し、その地位を利用して、正常な商慣習に照らして不当に不利益を与える行為につき、優越的地位の濫用の規制を行う。
7) 奥島孝康『フランス競争法の形成過程（企業法研究第 3 巻）』（成文堂、2001 年）、和田聡子『EU とフランスの競争政策』（NTT 出版、2011 年）、山田弘＝田中久美子「フランスの競争法について(上)」公正取引 558 号（1997 年）56 頁以下、鳥山恭一「NRE――新たな経済の制御に関する 2001 年 5 月 15 日の法律第 2001-420 号」日仏法学 23 号（2004 年）261 頁以下、馬場文「フランス競争法における経済的従属関係濫用規制」公正取引 626 号（2002 年）45 頁以下など。不正競争防止法制の観点から立法過程を紹介した文献として、大橋麻也「フランスの不正競争防止法制（2・完）」早稲田法学 85 巻 2 号（2010 年）151 頁以下。

フランスにおける黎明期の法規制として1945年の価格令における濫用規制を概観する。次に、フランス競争法に相対的市場力規制を導入した1986年の価格・競争令を検討する。そして、2001年以降になされた濫用規制のための数次の法改正を考察する。以上をふまえて最後に、フランス競争法における相対的市場力規制の制度的特徴と意義を指摘する。

第2節　1945年の価格令における濫用規制

1　価格令の制定と価格凍結体制

（1）戦前の状況
　19世紀において、フランス競争法に関する立法は不完全なものだった[8]。革命期およびアンシャンレジームの名残により、1810年のナポレオン刑法典419条の独占罪では、「自然な競争および取引の自由により決定された価格を上回ってまたは下回って」価格の上昇または下落を強要しうる「集会又は同盟」のみが処罰された。すなわち、その立法思想はアメリカのシャーマン法と近接していた。第一次大戦はフランスに世界4位の工業生産力をもたらしたが、同時に戦時下経済政策が導入され、価格監督機関が設置された。1920年代の経済発展や、1929年の経済恐慌以降の経済停滞を乗り切るためには国家による経済干渉が不可避と考えられた[9]。1930年代以降は、第二次大戦による経済危機への対応が優先され、競争法の発展は延期された。自由競争思想がフランスで承認されるには、20世紀の後半を待たなければならなかった。

---

8) Frison-Roche et Payet, *supra* note 3, n° 3, p. 4. 1905年8月1日の法律は、製品または役務に関する欺瞞または偽造についての法律、市場警察についての条文を採択し、これらは今日、消費法典L. 213-1条等に編纂されている。
9) *Ibid.*

(2) 1945年の価格令

第二次大戦後には、国際競争力強化策として、企業の国有化・集中化および価格統制が進められ、1947年以降は、数次の経済計画による積極的な政府介入が行われた[10]。製品と役務の価格は1939年9月1日の水準まで凍結された[11]。価格に関する1945年6月30日のオルドナンス(「価格令」)[12]は物価統制のための基本法であった。当時、政府主導の強力な産業政策に対して競争政策は重視されておらず、価格決定の権限は全面的に政府に委ねられ、価格上昇をもたらす反競争行為、競争制限行為に対しては、一層強力な価格統制が行われた。「価格凍結」は、政府統制による価格管理を媒介として管理経済の枠組みを貫徹するための法制度であった[13]。政府は、生産段階、流通段階を通じてすべての商品、役務の価格を決定し、違反行為を経済立法の違反行為の確認、訴追、抑圧に関するオルドナンス[14]により処罰することができた。

2 価格令の改正と市場支配力規制の導入

(1) 1953年のカルテル禁止令

1953年8月9日のデクレであるカルテル禁止令[15]は、現代的な競争法の中核である協調行為(カルテル)の規制を導入した[16]。協調行為の禁止規定が置かれ、カルテル専門委員会の監督下に置かれた。同デクレの内容は価格令59条の2ないし59条の4に編入された。ただし、同デクレの趣旨は「生

---

10) 和田・前掲注7) 16頁以下、大橋麻也「フランスにおける不正競争の概念」比較法学 40巻2号 (2007年) 108頁以下。
11) Frison-Roche et Payet *supra* note 3, n° 4, p. 4.
12) Ordonnance n° 45-1483 du 30 juin 1945 relative aux prix.
13) 和田・前掲注7) 31頁、奥島・前掲注7) 68頁以下。
14) Ordonnance n° 45-1484 du 30 juin 1945 relative à la constatation, la poursuite et la répression des infractions à la législation économique.
15) Décret n° 53-707 du 9 août 1953 relatif au contrôle de l'Etat sur les entreprises publiques nationales et certains organismes ayant un objet d'ordre économique ou social.
16) Frison-Roche et Payet, *supra* note 3, n° 4. 奥島・前掲注7) 72頁。

産原価又は販売価格の引下げを阻害することによって、十分な競争が行われることを制限するすべての慣行の禁止を原則とする」ものである[17]。すなわちカルテルの禁止は、競争政策に基づくものではなく、価格統制によるインフレ対策を根拠とするものであった[18]。

(2) 1963年の財政経済安定法

財政修正のための1963年7月2日の法律（「財政経済安定法」）[19]の3条は、カルテルに関する価格令59条の2を改正し、同条5項で市場支配的な事業者による活動を禁止し、市場支配力規制を導入した[20]。競争における公正の尊重に関する1967年9月28日のオルドナンス[21]により、59条の2ないし59条の4は、50条ないし52条となった。改正後の価格令50条の規定は以下の通りである。

価格令50条

「いかなる形式もしくは理由においてであれ、生産原価もしくは販売価格の低下を阻止しまたは価格の人為的引上げを容易にすることにより競争の機能を妨害し制限しもしくは歪曲する目的もしくは効果を有することとなる全ての共同行為、協約、明示もしくは黙示の協定または連合は禁止される。とりわけ：

　販売又は転売の原価の値下げを阻害するとき

　技術の進歩を妨害するとき

これらの禁止規定は、これらに反する規定にかかわらず、全ての財産、製品、役務に適用される。

国内市場又はその実質的な一部において、独占又は経済力の明白な集中により特徴付けられる市場支配的地位を有する単独の事業者又は事業者団体による行為は、市場の正常な機能を妨げる目的を有し、又はかかる効果を有することとなる場合は、禁止される」。

---

17) J.O., lois et décrets, 10 août 1953, pp. 7045-7046. 訳文は奥島・前掲注7）65頁による。
18) 和田・前掲注7）32頁以下。
19) Loi de finances n° 63-628 du 2 juillet 1963 rectificative pour 1963.
20) 奥島・前掲注7）66頁。
21) Ordonnance n° 67-835 du 28 septembre 1967 relative au respect de la loyauté en matière de concurrence.

改正後の価格令50条では、カルテルおよび市場支配的地位の規制の要件を、旧59条の2の「生産原価もしくは販売価格の低下を阻止し又は価格の人為的引上げを容易にすることにより競争の完全な行使を妨げる」から「競争の機能を妨害し制限しもしくは歪曲する目的もしくは効果を有することとなる」に修正した。価格対策立法から競争政策法へと転換する重大な改正といえる[22]。

　1963年改正で市場支配力規制が導入された背景として、EC競争法との関係がある。1963年は、まさにEC競争法の理事会規則17/62号が発効し、市場力規制が開始した年だった[23]。1958年発効のローマ条約旧86条（後の82条）は、「一又は複数の事業者による、共同体市場又はその実質的（相当）部分における支配的地位の濫用行為は、それが加盟国間の取引に影響を与えるおそれがある場合、共同市場と両立しないものとして禁止される」と規定する。フランス法に「支配的地位を有する事業者の活動」の規制が導入されたのは、EC競争法の市場支配力規制との調整の狙いがあった[24]。

(3) 価格令における市場支配力規制の要件

　1963年改正後の価格令50条における市場支配力規制の要件は、(a)独占又は経済力の明白な集中により特徴付けられる市場支配的地位を有する事業者又は事業者団体の行為、(b)市場の正常な機能を妨げる目的を有し、又はかかる効果を有することとなる場合である。

(a) 市場支配的地位

　規制の対象となる事業者は支配的地位（position dominante）を有しなければならない。価格令50条によれば、この支配的地位は、「独占状態（situation de monopole）又は経済力の明白な集中（concentration manifeste de la puissance économique）の特徴を備えなければならない」とされた。経済力の明白な集中とは、経済的な基準であり、市場における支配力の集中度により判断され

---

22) 奥島・前掲注7) 15、69頁。
23) 村上・前掲注1) 202頁。
24) 奥島・前掲注7) 157頁。

る。

(b) 市場の正常な機能の阻害

　市場支配的地位を有する事業者等の行為は、「市場の正常な機能を阻害する目的を有し又はかかる効果を有することとなるすべての活動」に限り禁止される。事業者等が支配的地位を有しているのみで、その行為が支配的地位の違法な行使とされるのではない。よって、本条の規制は「濫用」という文言を欠くものの、支配的地位の濫用を規制するものと評価しうる[25]。他方、ローマ条約86条（後の81条）は、「支配的地位を濫用すること」を禁止する。両規定は、表現上の差異はあるが、支配的企業がその支配力を不当に行使した場合のみを規制の対象とする点で、ほぼ同趣旨の規定であるといえる[26]。

(4) 1977年の法律による価格令の改正

　経済力の集中の監督及び違法なカルテル、市場支配的地位の規制に関する1977年7月19日の法律（「経済集中規制法」）[27]は、バール首相による自由経済政策の一環である。カルテルおよび支配的地位の濫用に対する課徴金制度を新設し（価格令53条2項、3項）、カルテル委員会の権限を強化し、独立した行政機関である「競争委員会」(Commission de la Concurrence) を設置した[28]。また、初めて企業集中規制を導入した。

　これらの規制が導入された背景としては、第1に経済的要因が挙げられる。戦後、国際競争力を強化するため政府が大型合併を推進し、ドゴール体制下の第5次経済計画 (1966〜1970年) には、主要産業の企業集中を強く進めるべきことが明記された。ところがこの政策は、インフレによる経済不振や国際競争力強化に有効でなかったことが判明した[29]。市場における健全かつ誠実な競争、消費者の利益に資する企業活動、インフレの構造的要因に対応す

---

[25] 奥島・前掲注7) 166、229頁。
[26] 奥島・前掲注7) 170頁。
[27] Loi n° 77-806 du 19 juillet 1977 relative au contrôle de la concentration économique et à la répression des ententes illicites et des abus de position dominante.
[28] 1977年改正法について、和田・前掲注7) 34頁以下、フレデリック・ジェニー／川島富士雄訳「フランスにおける競争法の発展」公正取引494号（1991年）9頁。

るため、自由競争路線へと転換する必要があった[30]。

第2にEC競争法の集中規制との関係を指摘しうる。EC委員会は、1973年7月13日、企業集中規則案を決定したが、フランスは、共同体法による厳格な規制を回避するために、国内法でより緩やかな規制制度をあらかじめ採用したという指摘がある[31]。ただし実際には1977年法後も、競争制限的な産業政策や価格統制への支持が残存し、競争原理への不信感は根強く、1981年のミッテラン社会党政権の成立後は、国有化政策も存続した[32]。

3 価格令における競争制限行為規制の導入

市場支配力規制やカルテル規制は、後の1986年の価格・競争令第Ⅲ章で規定される「反競争行為」(pratiques anticoncurrentielles)に連なる規制であった。一方、1945年の価格令成立当初から、別個の規制の系譜が存在する。すなわち、価格令の37条では、事業者が個別取引において従うべき義務として、販売拒絶、抱き合わせ販売等の不公正な行為が禁止された。1953年のカルテル禁止令はその2条で、価格令37条1号aを改正し、供給者から買手への差別的な値上げ行為を禁止し[33]、同時に再販売価格拘束を禁止した。当時、企業集中政策により大型化した製造事業者は、中小事業者の分散状態にあった流通事業者に優越する地位にあったため、供給事業者主導の価格差別行為が規制対象として意識された[34]。以後、これら「競争制限行為」(pratiques restrictives de concurrence) の規制は、「反競争行為」(pratiques

---

29) ジェニー／川島（訳）・前掲注28）8頁、清水貞俊『フランス経済をみる眼』（有斐閣、1984年）104頁。集中政策の結果、四大鉄鋼会社間の合併により、二大グループで全生産量の70%を占める事態となった。
30) 和田・前掲注7）42頁以下、奥島・前掲注7）177頁以下。
31) 奥島・前掲注7）181頁。フランス国内の40%の水平的集中規制はEC市場の20%の集中規制案よりも緩やかだった。
32) ジェニー／川島（訳）・前掲注28）8頁。
33) J.O., *supra* note 17, p. 7046. 37条1号aに「原価の違いによって正当化されない差別的な値上げを恒常的に行うこと」という行為要件が追加された。37条4項では、価格拘束が禁止された。
34) 大橋・前掲注7）171頁。

anticoncurrentielles）の規制とは別の系譜として存続している。「競争制限行為」は、市場における競争への侵害を要件としない点で、「反競争行為」と明確に異なるとされる[35]。

価格令37条における競争制限行為規制は原則禁止類型であり、刑事罰の対象とされた。同条は、支配的地位にある事業者が行う可能性のある濫用行為を定義し処罰することを認めるものであるとされる[36]。すなわち、市場支配的地位の認定には困難を伴い、価格令50条の「市場の正常な機能」の阻害要件の判断の上で規制が行われたため、規制事例は少なかった[37]。そこで濫用行為の主要な構成要件を法定し、市場支配的地位を具備しなくとも、直接に処罰するとの要請があったと解されるのである[38]。

第3節　1986年の価格・競争令における相対的市場力規制の導入過程

1　価格・競争令の制定過程

1980年代に入り、オイルショックによる税収減も相まって、政府はすべての経済領域を統制する予算の不足と、市場メカニズムに任せる必要性を認識した。また、70年代には、大規模流通事業者による低価格戦略を受けて、消費者は価格競争を肯定的に受容するようになった。

しかし経済的財政的秩序に関する1985年7月11日の法律[39]による改正は、実体的側面では販売拒否の規制（価格令37条1号a）の緩和、集中規制基準

---

35) A. Decocq et G. Decocq, *Droit de la Concurrence, 5e édition*, Lextenso éditions, 2012, n° 288, pp. 405-406.
36) 奥島・前掲注7) 166頁以下。
37) 同上158頁-159頁。
38) 公正取引委員会事務局官房総務課渉外室「フランス独占禁止法の概要」公正取引410号（1984年）25頁。

を軽減して規制範囲を拡大し、手続的側面では競争委員会を独立の行政機関に格上げする等、規制を拡充するものであったが、他方で、依然として従前の価格統制主義の枠内において、価格凍結を原則とする不徹底なものであった。

そこで経済発展へ適応し、競争法を他の加盟国へ開放するためにも抜本的な法改正を行い、EC 競争法との接近を図ることが急務の課題として認識された[40]。ローマ条約 85 条、86 条を援用して仏私人が EC 委員会や欧州裁判所に係争を持ち込む事案も現れ、フランス政府も、旧態依然とした価格令の改正では対応しえないことを認識した。禁止される反競争行為、競争制限行為を明確にし、各事業分野に適合した規制をする必要があった[41]。また競争法の執行を行政機関に委ねることへの懐疑から、準司法的機関へ移行する要請があった[42]。1986 年 3 月発足のシラク保守政権は、国営企業を民営化する 1986 年 7 月 2 日付および 8 月 6 日付の法律を採択して競争市場の基盤を確保し[43]、新競争法である価格・競争令の草案を了承した。

価格および競争の自由に関する 1986 年 12 月 1 日のオルドナンス(以下、「価格・競争令」)[44]は、「競争」と「価格決定の自由」を明確に導入する新しい競争法である[45]。第 1 に価格の自由の原則が採用され、1945 年の価格令の価格凍結の原則を転換した。第 2 に、競争評議会(Conseil de la concurrence)という独立の行政機関が設置され、経済担当大臣の諮問機関にすぎなかった従前の競争委員会とは異なり、対審制による準司法的権限を有した。第 3 に、司法的な手続保障が強化され、競争評議会の決定をパリ控訴院へ控訴できる

---

39) Loi n° 85-695 du 11 juillet 1985 portant diverses dispositions d'ordre économique et financier. 奥島・前掲注 7) 219 頁以下。
40) Frison-Roche et Payet, *supra* note 3, n° 4, p. 4. 大橋・前掲注 7) 109 頁。
41) 八木眞幸「フランス新競争法の施行」公正取引 439 号(1987 年)70 頁、奥島・前掲注 7) 7 頁。
42) ジェニー／川島(訳)・前掲注 28) 10 頁。
43) ジャック・ビュアール／舛井一仁(訳)「フランスの民営化の動き」国際商事法務 15 巻 8 号(1987 年)603 頁。
44) Ordonnance n° 86-1243 du 1 décembre 1986 relative à la liberté des prix et de la concurrence.
45) 和田・前掲注 7) 45 頁。

とされた。第 4 に、市場支配的地位の濫用規制を明確化し、経済的従属関係の濫用規制を導入した。差別行為規制等の競争制限行為の類型を整備し、脱刑罰化を図った[46]。

2　価格・競争令における市場支配的地位の濫用規制の導入

(1) 市場支配的地位の「濫用」規制の導入

価格・競争令 8 条は、以下に掲げるように支配的地位の濫用を定義して市場支配的地位の「濫用」規制の要件を明確化するとともに、経済的従属関係の濫用規制を導入している。

価格・競争令 8 条
「以下の単独の事業者又は事業者団体による搾取的濫用は禁止される：
　1　国内市場又は実質的な国内市場における支配的地位
　2　その事業者に対してある事業者が顧客又は納入事業者であるような経済的従属関係であり、従属関係にある事業者が代替的な解決方法を備えていない場合。
　この濫用は、とりわけ、販売拒絶、拘束販売、不当な取引条件に従うことを拒絶したことを唯一の動機とする既存の取引関係の断絶のような差別的な取引条件によって成立しうる」。

価格・競争令 8 条 1 項は 1945 年の価格令 50 条 5 項と比べると、市場支配的地位の「濫用」規制であることが明確に規定された[47]。これは EU 競争法において単独行為の規制類型として採用された「濫用」規制を、フランス競争法においても採用したものである。すなわち EC 条約 82 条（TFEU102 条）は、「一又は複数の事業者による、共同体市場又はその実質的（相当）部分における支配的地位の濫用行為は、それが加盟国間の取引に影響を与えるおそれがある場合、共同体市場と両立しないものとして禁止される」と規定す

---

46) ジェニー／川島（訳）・前掲注 28) 10-11 頁、奥島・前掲注 7) 220 頁以下。
47) 奥島・前掲注 7) 229 頁以下。

る[48]。EC競争法の優越性および、条約の目的を脅かす手段を控えることを命じる原則（EC条約10条2項）により、フランス国内裁判所、行政庁は、反競争行為をもたらし助長する法律を不適用とする義務を負う[49]。この原則により、フランス競争法上の市場支配的地位の「濫用」規制における要件解釈論は、EC競争法との統一的な理解が図られている。

(2) 市場支配的地位の濫用規制の要件

EU競争法の優越性の原則（理事会規則1/2003号16条2項）の下に、フランス法の市場支配的地位の濫用規制の解釈論では、EC条約82条（TFEU102条）における「市場支配的地位」および「濫用」概念が、価格・競争令8条の要件解釈においても前提とされる。またEU裁判所における裁判例が司法の依拠する判例規範となっている。

(a) 市場支配的地位

事業者が市場力を備えるとき、その事業者は関連市場において独立して行動する利益を享受する。この行動の独立性はその事業者の市場支配的地位を示す。市場支配的地位は「事業者が保有する経済的能力に関する地位である。その地位により、当該事業者は関連市場における有効な競争を妨害する能力を保持し、当該事業者は、競争者、顧客、そして究極的には消費者に対して相当程度に独立した行動をとる能力を有する」[50]。市場支配的地位は、究極的にはその事業者の市場力に帰結する。市場支配的な事業者は行動の独立性を備えており[51]、市場における競争を阻害することが可能である。しかし、その事業者の存在によって、競争が排除されることが要件とされるわけでは

---

48) 村上・前掲注1) 6頁、岡村堯『ヨーロッパ競争法』（三省堂、2007年）266頁、ルイ・ヴォージェル／小梁吉章（訳）『欧州競争法』（信山社、2012年）187頁以下。
49) Frison-Roche et Payet, *supra* note 3, n° 11, p. 14.
50) Frison-Roche et Payet, *supra* note 3, n° 119, pp. 119-120., CJCE, 14 février 1978, *United Brands*, aff. 27-76, *Rec.* 207, point 66.; Paris, 4 janvier 2000, ODA, BOCC 31 janvier 2000.
51) Cons. conc., 14 octobre 2004, SFR Cegetel et Bouygues Telecom, n° 04-D-48, BOCC, 21 janvier 2005, point 168; Paris, 21 mars 1991, SA des Tuileries J.-P.sturm, SA des tuileries du Bas-Rhin et Ste. Justin Bleger, BOCC, 27 mars 1991.

ない。

(b) 市場支配的地位の「濫用」

　市場において支配的地位を保持することは違法ではない。市場支配的な事業者の規制は、市場力の「濫用」の規制である。濫用の概念はそれゆえに、民事責任法における権利の濫用の規制とは著しく隔たりがある[52]。市場支配的な事業者は、悪意の可能性を理由に、あるいは自由の行使が合目的性を逸脱したがゆえに、制裁されるのではない。反競争行為規制における「濫用」とは、損害が生じる市場において客観的に評価される逸脱を意味する。欧州司法裁判所は「搾取的濫用の概念は、客観的概念である」と述べる[53]。さらにそれらは、「市場支配的な事業者の行動は濫用であるとみなされる可能性がある……一切の有責性がない場合を除いて」、市場支配的な事業者の行為であるがゆえに、その行動は濫用的であると認められるのであり、市場支配的な事業者は「特別な責任」、すなわち「その行動によって、共同市場における有効で歪曲されていない競争を、しない」という義務を負う、と述べる[54]。

(c) 競争侵害要件

　価格・競争令8条の規制は、7条のカルテル規制の「市場における競争活動を妨げ、制限し、歪曲するとき」という要件を準用し、競争侵害要件を明確化した。

3　価格・競争令における相対的市場力規制の導入

(1) 前史——ロワイエ法による購買力規制の挫折

　価格・競争令8条2項は、EU競争法が直接規制していない「経済的従属

---

52) Frison-Roche et Payet, *supra* note 3, n° 245, p. 217.
53) CJCE, 13 février 1979, Hoffman-La Roche c/ Commission, aff. 85/76, Rec. 461, point 91.
54) Frison-Roche et Payet, *supra* note 3, n° 245, p. 217.

関係の濫用規制」を新たに導入した。導入の背景事情は次の通りである。

そもそもフランスでは、戦前、戦後を通じて中小規模の小売流通事業者が主流で、流通事業者の購買力は生産事業者、製造事業者にとって脅威ではなかった。むしろ企業集中政策により拡大した製造事業者の販売力が、流通事業者の購買力を凌駕していた。ところが、1957年に初めてスーパーマーケットが登場し、同時期に1人当たりの国民所得が上昇し、家計の可処分所得が大幅に増えた。その結果、1950年代の家庭消費財の流通が拡大し、1960年代以降の急速な都市化、都市への人口集中により需要の集中が生まれ、大量販売を行う大型店が成立する基礎となった。その結果、ルクレール、カルフール、ダーティ等の安価で多種類の商品を販売するスーパーマーケット、ハイパーマーケットが成長していった。スーパーマーケット、ハイパーマーケット等のもつ新しい流通技術と規模および範囲の経済性は、伝統的な独立の中小小売商を排除していった[55]。商業・手工業に関する1973年12月27日の法律（以下、「ロワイエ法」）[56]は、29条で大規模小売店の新規出店の事前許可制を導入し[57]、37条に差別行為の規制を置いた。しかし立法者の意図とは裏腹に、大規模小売事業者は、新規店舗によって事業を拡大できないため、既存の事業者を買収してフランチャイズ化するという許可規制のかからない手段により店舗を拡大した。結果、皮肉なことに、少数の大規模小売事業者への統合が急速に進行した。大規模小売事業者は、さらに大型店同士の

---

55) 大橋・前掲注7）171頁。白石善章＝田中道雄＝栗田真樹編著『現代フランスの流通と社会――流通構造・都市・消費の背景分析』（ミネルヴァ書房、2003年）13頁以下〔白石義章〕、田中道雄＝白石善章＝相原修＝河野三郎編著『フランスの流通・都市・文化――グローバル化する流通事情』（中央経済社、2010年）11頁以下〔白石善章〕、田中道雄＝白石善章＝相原修＝三浦敏編著『フランスの流通・政策・企業活動――流通変容の構図』（中央経済社、2015年）3頁以下〔白石善章〕、日本貿易振興機構（ジェトロ）農林水産・食品部パリ事務所「平成23年度日本食品マーケティング調査（フランス）」（2012年）2-5頁。https://www.jetro.go.jp/ext_images/jfile/report/07000921/report.pdf（最終確認2016年9月26日）。

56) Loi nº 73-1193 du 27 décembre 1973 d'orientation du commerce et de l'artisanat. 訳文は奥島孝康「立法紹介　商業・手工業基本法」外国の立法19巻6号（1980年）331頁以下を参照。

57) 和田・前掲注7）33頁、和田聡子「フランス流通業と競争政策」六甲台論集経済学編46巻2号（1999年）27頁以下。

組織的な連携やM&A等を通じて市場占有率を高め、巨大企業化した。その経済性は購買力（バイイングパワー）の基盤となり、製造事業者に対する交渉力を形成し、流通系列の形成をもたらし、購買力を背景として納入事業者に対して強い交渉力をもち、納入製品の値引き等を求めるようになった[58]。しかし、市場支配的地位の濫用規制は市場支配的地位を要件としたため、上位10社が各20％未満のシェアを分け合う状況において、明白に市場支配的地位にあるとはいえない小売事業者の購買力に対する有効な規制手段とはならなかった[59]。

　他方で、逆説的な現象であるが、大規模小売事業者の台頭は、フランスの消費者に自由競争原理の受容を促す契機となった。消費者は、価格統制により同一価格が当然という状況にあった。しかし小売事業者が、価格競争が消費者に有利であること、また自らが低価格で商品を提供する消費者の友であると喧伝したため、価格競争が潜在的に消費者の利益となることに気付く契機となったというのである。さらに1974年のオイルショックで物価が高騰すると、消費者は低価格を求め、価格競争によって可処分所得が増加するとの意識をもつようになった[60]。

(2) 経済的従属関係の濫用規制の導入

　このようにして、急速に台頭した大規模小売事業者によって行われる購買力の濫用から、中小事業者を保護する手段として、小売事業者の納入事業者に優越する取引上の地位に着目した「経済的従属関係の濫用」という新しい規制類型が導入されるに至った。すなわち、価格・競争令8条2項は、

　「その事業者に対してある事業者が顧客又は納入事業者であるような経済的従属関係であり、従属関係にある事業者が代替的な解決方法を備えていない場合」の濫用行為を規制している。

58）山田＝田中・前掲注7) 56頁、田中ほか (2010)・前掲注55) 11頁以下参照。フランスのスーパーマーケットおよびハイパーマーケットによる市場占有率は1970年から1997年にかけてそれぞれ3.6％から33.0％、9.0％から28.3％へと上昇した。

59）L. Vogel, *Droit de la concurrence Européen et Français*, LawLex, 2011, n° 807, pp. 1067 et s.

60）ジェニー／川島（訳）・前掲注28) 8頁。

8条2項の経済的従属関係の濫用規制は、市場支配力に至らない市場力の濫用を問題とする点で、ドイツ競争法（GWB）20条2項、3項と同様に相対的市場力の規制といえる。いずれの規制も、購買力の濫用から中小規模事業者を保護することを趣旨とする[61]。ただし、フランスにおける規制の導入は1986年であり、ドイツにおける1973年の導入[62]から10年余り遅れた。

　導入が遅れた理由は、次のように説明できる。1960年代以降、中小小売店を保護する法制として当初採用されたのは、1973年のロワイエ法による新規出店の許可制であった。しかし、大規模小売事業者は、既存の中小事業者を買収してチェーンを拡大したため、結果、少数の小売事業者への統合が急速に進んだ。大規模小売事業者[63]は、その購買力を背景に、納入事業者に対する強大な交渉力を獲得した。購買力の濫用主体が必ずしも支配的地位になくても、関連市場における重要な取引主体である場合には、その行為を規制しうることが望ましい。しかし市場支配的地位の規制では、取引関係にある事業者の一方が他方を支配する場合の、他方に優越する市場力を規律することは困難だった。かくして1980年代には市場支配力濫用規制の限界が認識され、新しい違反類型の創設が必要とされたのである。

(3) 経済的従属関係の濫用規制の要件

(a) 経済的従属関係

　8条2項の要件として、当該事業者と相手方である事業者とを結びつける一定の関係が要求されている[64]。納入事業者が大規模小売事業者に従属している類型も、中小小売事業者が有力メーカー等の供給事業者に従属している類型も想定しうるが、いずれの関係も縦型のものである。

---

61) Frison-Roche et Payet, *supra* note 3, n° 120, pp. 120-121.
62) 田中・前掲注5) 63頁以下。
63) 大橋・前掲注7) 174頁。小売事業者およびその購買センター・発注センターにより購買力の濫用は行われた。
64) Frison-Roche et Payet, *supra* note 3, n° 130, pp. 129-130.

(b) 代替的解決方法の不存在

条文上の要件として、「従属関係にある事業者が代替的な解決方法を備えていない場合」における事業者による搾取的濫用が禁止される。「代替的解決方法の不存在」が、立法者によって経済的従属関係の判定基準として設定された。

(c) 競争侵害要件

濫用行為は「市場における競争行為（jeu de la concurrence）を妨げ、制限し又は歪曲する」目的または効果を有するものでなければならないとされた。

(4) 市場支配的地位の濫用規制と相対的市場力規制の関係

経済的従属関係の濫用規制は、市場支配的地位の濫用規制と同様に、反競争行為の類型であり、契約当事者間の条件の不均衡を是正するための規制ではなく、競争法上の規制である。同規制と市場支配的地位の濫用規制との関係をいかに理解すべきか。独占的な事業者の市場支配力は、その事業者を「強制力ある当事者」（partenaire obligatoire）たらしめる。同様のことがL.420-2条2項における従属的な事業者と取引相手との関係においてもいえる。従属的な事業者は、市場支配力の影響を被る。しかし、この市場支配力の保持者は、必然的に関連市場における支配的な事業者であるわけではない。「強制力ある当事者」は市場支配的地位にある必要はないが、市場支配的地位にある可能性もある。よって経済的従属関係の濫用の主体である「強制力ある当事者」は相対的市場支配力（domination relative）ある事業者の性質を有し、絶対的市場支配力（domination absolue）と区別される[65]。敷衍すれば、市場支配的地位、経済的従属関係の規制のいずれも、「強制力ある当事者」による市場力の濫用の規制であり、両者の違いは市場力の規模によるものであるといえる。

---

65) *Ibid*, n° 120, pp. 120-121, n° 133, pp. 129-130.

(5)「相対的」市場力規制の多義性

「相対的」市場力とは、同一市場の他の競争者に対する水平的関係において「相対的に」優越する市場力を問題とするのか、一定の取引関係にある特定の相手方に対する垂直的な関係において「相対的に」優越する市場力を問題とするのか、という点で多義的でありうる。この点、フランスにおける経済的従属関係の濫用規制は、ドイツ GWB20 条 2 項、3 項と同様に、「従属性」概念を媒介として、一方当事者に相手方が従属している場合に、相手方に対して「相対的」に優越する市場力の濫用を問題とする。すなわち、従属関係にある取引上の相手方に対する垂直的な関係において「相対的」に優越する市場力の濫用を対象とし、後者の意味で「相対的」市場力概念を用いている。換言すれば、経済的従属関係とは、被害者の側から相対的市場力を捉えたものである[66]。

4　価格・競争令における競争制限行為規制の導入および民事規制化

価格・競争令第Ⅳ章は「透明性（transparence）、競争制限行為（pratique restrictives de concurrence）」と題して、不当廉売（32 条）、再販売価格の拘束（34 条）等と並んで、36 条で個別取引上の差別行為、取引拒絶、拘束販売等を規制する。なお 36 条 1 項 1 号の差別行為規制は、従前「違警罪」とされていたが、非刑罰化され、民事規制とされた。

価格・競争令 36 条 1 項 1 号
「全ての生産事業者、商工事業者、工業事業者又は手工業事業者が以下に挙げる行為を行った場合には、その行為者が責任を負い、生じた損害を賠償すべき義務を負う：
1. 差別的で、かつ実際の対価によっては正当化し得ない価格、支払期日、取引条件、取引又は販売条項を、経済活動上の取引相手に対して行い、又はその取引相手から獲得し、これにより当該取引相手に対して競争上の不利益又は利益を生じさせること」。

---

66) 奥島・前掲注 7) 230 頁。

1945年の価格令37条と同様に、36条1項1号の競争制限行為は、市場における競争に対する侵害を要件としない点で、反競争行為の規制とは異なる規制行為の系譜とされた。そのため、規制機関もそれぞれ異なる。カルテル、市場支配力の濫用、企業集中規制からなる第Ⅲ章の反競争行為（pratiques anticoncurrentielles）については、フランス競争当局である競争評議会に規制権限があった[67]。一方、第Ⅳ章の競争制限行為（pratiques restrictives de concurrence）については、経済・財政・産業省の下部組織である「競争・消費・不正行為防止総局」（Direction Générale de la Concurrence, de la Consommation et de la Répression des Fraudes,「DGCCRF」と略される）が独自に規制権限を行使し、訴訟提起もできるとされた[68]。

第4節　2000年商法典編纂後の濫用規制の改正過程

1　2001年のNRE法による商法典の改正

(1) 商法典編纂の過程

　商業的関係の誠実および均衡に関する1996年7月1日の法律[69]は、不当廉売の禁止、競争評議会の定員増加、制裁金の引上げ等を行った[70]。また、

---

[67] 反競争行為については競争評議会が規制権限を有し、後述するDGCCRFは付託、調査を行う事務局を担った。
[68] 南部利之「フランスの競争政策と競争当局」公正取引518号（1993年）23頁、田辺治「フランス競争法における違反事件処理の体制及び処理状況について」公正取引583号（1999年）44頁以下。DGCCRFは、反競争行為に関する調査、競争制限行為の規制、不正競争行為の規制、消費者行政等幅広い執行を行う機関として1985年に設立された。競争評議会とDGCCRFの2つの機関による執行は、2008年のLME法により、競争委員会の権限に一本化された。
[69] Loi n° 96-588 du 1 juillet 1996 sur la loyauté et l'équilibre des relations commerciales.
[70] 山田＝田中・前掲注7）70頁以下、公正取引委員会事務局官房国際課「海外競争政策の動き」公正取引551号（1996年）71頁。

商法典の法律の部に関する 2000 年 9 月 18 日のオルドナンス[71]は、1807 年のナポレオン商法典を廃止し、新たな商法典を定めた。競争法は、商法典第Ⅳ巻に編纂され、市場支配的地位の濫用（価格・競争令 8 条 1 項）は商法典 L.420条Ⅰ項 1 号に、経済的従属関係の濫用（同令 8 条 2 項）は L.420-2 条 2 項に、競争制限行為（同令 36 条Ⅰ項 1 号）は L.442-6 条Ⅰ項に規定された。

1999 年 9 月 27 日の社会党議員集会において、ジョスパン首相は「新たな経済の制御に関する法律案」を発表した。その後、法案は 2000 年 3 月 15 日の閣議決定を経て同日に国民議会に提出され、2001 年 5 月 2 日に国民議会で最終的に採択され、新たな経済の制御に関する 2001 年 5 月 15 日の法律（以下、「NRE 法」）が成立した[72]。

(2) 経済的従属関係の濫用規制の改正

NRE 法 66 条は、以下のように商法典 L.420-2 条 2 項を改正した。

商法典 L.420-2 条 2 項

「競争の機能又は構造に影響を与える可能性があるとき、その事業者に対してある事業者が顧客又は納入事業者であるような経済的従属関係における、単独の事業者又は事業者団体による搾取的濫用もまた禁止される。この濫用は、とりわけ販売拒絶、拘束販売、L.442-6 条Ⅰ項が対象とする差別的取扱い、又はあらゆる段階において成立しうる」。

立法者の意思は、経済的従属関係の濫用の要件を、市場支配的地位の濫用の要件と明確に区別し、より容易に規制を行うことであった。これまで、経済的従属関係の濫用に対する規制は、立法者が意図した購買力の濫用に対して、実効性を上げていなかった。新しい規定では、小売事業者と中小規模事業者との間の関係に対して、より適切な規制を行うことが意識された[73]。

価格・競争令 8 条 2 項では「市場における競争行為（jeu de la concurrence）

---

71) Ordonnance n° 2000-912 du 18 septembre 2000.
72) Loi n° 2001-L420 du 15 mai 2001 relative aux nouvelles régulations économiques. 立法過程について、鳥山・前掲注 7）261 頁以下。
73) Frison-Roche et Payet, *supra* note 3, n° 131, pp. 130-131.

を妨げ、制限し又は歪曲すること」が要件とされていたが、2001年改正法後のL.420-2条2項は「競争の機能又は構造に影響を与える可能性があるとき」を要件とする。改正の目的は「市場における競争行為への侵害が存在することの証明を要せずに」搾取的濫用ケースを規制することであった[74]。また、価格・競争令では、経済的従属性は「その事業者に対してある事業者が顧客又は納入事業者であるような経済的従属状態であり、従属状態にある事業者が代替的な解決方法を備えていない場合」と定義されていたが、改正後は「市場における代替的な解決方法の不存在」(l'absence de solution équivalente) の要件が削除された[75]。

(a) 経済的従属関係の意義

しかし上記「代替的解決方法」要件を削除する改正にもかかわらず、L.420-2条2項における経済的従属関係の定義は修正されないと解されている。すなわち競争評議会は、「この条文の新しい草案がもはや『代替的解決方法の不存在』の要件を含まないとしても、商法典L.420-2条2項の経済的従属関係には、ある事業者がその契約関係において、購入事業者、納入事業者いずれの立場においても、技術的又は経済的な解決手段を備えることが困難な状態が存在しなければならない」[76]と判断した。「代替的解決方法の不存在」の要件が、裁判所[77]および競争評議会のいずれにおいても[78]再確認されたといえる。経済的従属関係は「市場」における代替的解決方法を考慮して評価されるという意味において、市場支配的地位の濫用の一形態すなわち相対的市場力規制であることを裏付ける解釈論といえる[79]。

---

74) J. O., A. N., doc., 2000, n° 2319, par M. Jean-Yves LE DÉAUT, pp. 79-81.
75) 馬場・前掲注7) 45頁以下。
76) Cons. conc., 31 août 2001, n° 01-D-49, BOCC, 30 octobre 2001（ソニー社に関する件）.
77) Paris, 4 mai 2004（モーターバイク市場におけるスズキ社ほかの件）など。
78) Cons. conc., 15 septembre 2004, n° 04-D-44, BOCC, 9 décembre 2004, points 116 et s.（映画の配給および開発分野に関する件）; Cons. conc., 23 juillet 2004, n° 04-D-36, BOCC, 9 décembre 2004, point 9（コイルの運送分野に関する件）; 30 juin 2004, n° 04-D-26, BOCC, 8 novembre 2004, points 53 et s.（血液製剤原料分野に関する件）など。
79) Frison-Roche et Payet, *supra* note 3, n° 132, pp. 131-132.

(i) 小売事業者主導型における経済的従属関係

大手小売事業者 Cora 社の事件で、競争評議会は「小売事業者との関係における納入事業者の経済的従属状態は、①納入事業者と特定の小売事業者との間の取引高、②関連する製品の市場における販売についての小売事業者の重要性、及び、③納入事業者に取引を小売事業者に対して集中させ、④納入事業者にとっての代替的な解決方法の存在及びその予測不能の多様性へと集中させるように導いている要因における小売事業者の重要性を考慮に入れて評価される」と述べる[80]。③および④については「納入事業者の財源上の弱体化、納入事業者が供給している市場における供給余力の弱体化、納入事業者のブランド力の著名性の不存在、小売事業者との間で、経年的に形成されてきた取引関係形成の政策の重要性及び期間、その製品の市場への供給量の大きさ及び供給余力、その製品の輸送費の拘束の大きさ」が考慮される[81]。

(ii) 供給事業者主導型における経済的従属関係

供給事業者の取引相手である（中小）小売事業者の経済的従属性は、「①その供給事業者のブランドの知名度、②市場における供給事業者の重要性、③小売事業者の商業政策上決定された選択から生じたものではない条件において、小売事業者の売上高におけるその供給事業者のシェアの重要性、そして④小売事業者が同等の製品の供給事業者を獲得することの困難性」から原則として生じる[82]。「従属的な地位を導き出すためには、これらの要件は同時に検討されなければならない」とされる。

(b) 競争侵害要件

価格・競争令 8 条 2 項では「市場における競争行為を妨げ、制限し又は歪

---

[80] Cons. conc., 8 juin 1993 Groupe Cora, n° 93-D-01, BOCC, 25 juillet 1993; Com., 10 décembre 1996, Bull., n° 310. 大規模小売事業者である Cora グループの件において、競争評議会は、「納入事業者の財政の弱体化、納入事業者が供給している市場における供給余力の弱体化、納入事業者のブランド力の著名性の不存在、購買センターと取引関係を形成する政策の重要性、及取引期間」により評価される旨を述べる。山田＝田中・前掲注7) 70 頁以下を参照。

[81] *Ibid.*, Com., 10 décembre 1996.

[82] Cons. conc., 31 août 2001, *supra* note 76.

曲すること」が要件とされ、競争に対する現実のまたは潜在的な侵害が必要だった。一方、2001年改正後のL.420-2条2項は「競争の機能又は構造に影響を与える可能性がある」ことを要件とした。濫用行為が市場の機能に影響を与えなくても、中小規模事業者には不測の損失が生じうるからである。よって改正法では、競争の機能に対する侵害の要件が削除され、少なくとも修正されたといえる[83]。

(3) 個別取引上の濫用行為規制の導入

2001年のNRE法は、競争制限行為規制についても改正を行い、個別取引上の濫用行為規制を導入した。すなわち、NRE法56条は、競争制限行為規制に関する価格・競争令36条1項（2000年法典編纂後のL.442-6条I項）を修正してL.442-6条I項2号bとし、次のような規定とした。

> **商法典L.442-6条I項2号b**
> 「取引の相手方を不当な取引条件又は義務に従属させるような、取引の相手方を拘束する従属関係、購買力、又は販売力を濫用すること」。

修正の第1点目は、価格・競争令36条1項の「差別的で、かつ実際の対価によっては正当化し得ない価格、支払期日、取引条件、取引又は販売条項」を修正し、「従属関係、購買力、又は販売力」の濫用行為を対象とした点である。立法者は、L.420-2条2項の経済的従属状態を明確化するために「L.442-6条が規定する差別的取扱いの列挙行為を参照すべきである」とする。ところが従前の36条1項は、同条3項、4項、5項で禁止する発注遅延、発注拒否の威嚇、取引関係の断絶等についても二重に言及しており、同規定を、経済的従属状態を意味する「従属関係、購買力、又は販売力」の濫用に限定する必要があった[84]。修正により、L.442-6条I項の濫用行為規制が、相対的市

---

83) J. O., A. N., doc., 2000, *supra* note 74, pp. 79-81. Vogel, *supra* note 59, n° 808, p. 1068. 価格・競争令8条が市場における競争行為を妨げ、制限しまたは歪曲することを要件としていたことが、規制が不活発であった理由であると指摘され、競争委員会が、市場における競争活動（競争作用）に損害が発生したことを証明することなしに、経済的従属状態下にある搾取的濫用の事例を処罰することを認めるべきだとする修正案が提出された。

場力規制(経済的従属関係の濫用規制)の構成要件を補充し、一体として運用されうることが明確になった。

修正の第2点目として、価格・競争令36条1項の「当該取引の相手に対して競争上の不利益又は利益を生じさせること」という競争侵害要件が、改正後のL.442-6条I項2号bでは削除された。この点はL.420-2条2項の改正趣旨と一体的に捉えうる。購買力の濫用を効果的に規制するために、NRE改正法により、L.420-2条2項の競争侵害要件は緩和された。同様に、L.442-6条I項個別取引上の濫用行為規制では競争要件自体が削除された。競争要件を検討せずに、取引上の地位の濫用を規制しうることとなり、L.420-2条2項が規制しえない行為であっても、L.442-6条I項2号bで規制できる可能性が認められた。

修正の第3点目として、2001年改正法で主として意識されたのは小売事業者主導型の「購買力」の濫用であったが、「販売力」の濫用も列挙されることにより、供給事業者主導型の垂直型の濫用への適用が可能となった。

以上を総括すると、従前の差別行為規制の機能が、個別取引上の濫用行為規制の趣旨を導入することにより、大幅に変更されたといえる。すなわち1945年の価格令下の差別行為規制は、市場支配的地位を具備しなくとも一定の濫用行為を処罰する運用が期待されていた[85]。ところが、2001年改正後の個別取引上の濫用行為規制は、相対的市場力規制(経済的従属関係の濫用規制)の補充規定として一体的に適用されることとされた。従前の差別行為規制は市場支配的地位の濫用の萌芽的行為を規制したのに対して、2001年改正後は相対的市場力規制の構成要件の補充規定としての性格を明確に備えたといえる[86]。

では、L.442-6条I項2号bが単独で適用される場合、相対的市場力規制との関係で、いかなる機能を営むのか。同条は禁止対象行為の違反のみを要件としており、競争への影響を要件としていない。それゆえ、同条は競争上

---

84) *Ibid.*, p. 81.
85) 奥島・前掲注7) 166頁。
86) 2001年改正後のL.442-6条I項の列挙行為の違反は、同条III項により、すべて民事規制の対象とされた。

の効果を規制対象とするのではなく、行為の濫用的な性質を規制の対象とする[87]。そしてL.442-6条Ⅰ項各号の違反行為は、民事損害賠償の対象となり[88] (L.442-6条Ⅲ項1号)、検察官および経済担当大臣は、差止め、違法な契約条項の無効、不当利得返還、民事過料 (amende civile) の言渡しを行い、被害者は損害賠償を請求しうる (同項2号)。

このような要件および効果から、次のような指摘が可能である。L.442-6条Ⅰ項2号bは固有の機能として、競争侵害要件の検討を要することなく、相対的市場力の濫用に該当しうる行為を民事的に規制することができる。同条は、競争侵害的効果に至っていない相対的市場力の濫用の萌芽的行為を禁止し、民事的に規制する機能を営むことも可能である[89]。よって同条は、少なくとも立法上は、相対的市場力規制を機能的に拡張することが期待されていたのである。

2　2005年8月2日の法律による商法典の改正
――相対的市場力規制の拡張

(1)「包括合意」(accords de gamme) の規制の要請

2001年改正時に主に意図されたのは小売事業者主導型の購買力の濫用であったが、L.442-6条Ⅰ項2号bには「販売力」の濫用も列挙され、2000年代には有力メーカーによる供給者主導型の垂直型の濫用への適用も意識された[90]。着目されたのは「包括合意」(accords de gamme) の規制である。

(a)「包括合意」[91]とは、小売事業者の購入に対して供給事業者によって同

---

87) Rapport de Marie-Dominique Hagelsteen, *La négociabilité des tariffs et des conditions générales de vente*, Bercy le 12 Février 2008, p. 21.
88) 被害者のみならず、検察官、経済担当大臣および競争委員会議長にも民事裁判所への提訴権がある。
89) この点、我が国の下請法は、親事業者の義務および禁止行為を法定し、義務違反に対する罰金および、禁止事項違反に対する強制力のない勧告を規定し、独占禁止法上の優越的地位の濫用規制を補całする機能を営んでいる。
90) Décision n° 04-D-13 du 8 avril 2004, point 56 (チーズ加工製品の分野に関する件) などがある。

意される、製品の一括値引きまたは主要な部分の値引きを意味する。包括合意が、当事者相互の利益において自由に行われるなら、合意自体は非難されない可能性がある。すなわち、合意により、供給事業者は、一連の製品の全部または一部の納入を保障される。他方、一括納入を受ける小売事業者は、一連の製品の仕入価格の一括値引きの利益を得て、仕入値以下の販売が減少するという有利性を獲得する。

(b) しかし、供給事業者が人気製品のメーカーであり支配的な地位にある場合、上記行為の合意の見返りとして、供給事業者は、人気製品の取引を他の関連製品の取引と抱き合わせることにより、小売事業者に対する強制力を行使しうる。すなわち小売事業者は、「包括合意」により、関連製品を一緒に購入するよう強制される。他方、明白にブランド力を有する供給者の製品によって流通が占められている場合には、流通経路から（競争者たる）中小供給事業者を排除する効果をもたらす可能性もある[92]。

(2) 2005年8月2日の法律による相対的市場力規制の拡張

(a) L.420-2条2項の改正

前項の(b)のような問題意識に基づいて、中小事業者の保護に関する2005年8月2日の法律[93]26条は、商法典L.420-2条2項を次のように改正して「包括合意」を第2文に追加した。

> **商法典 L.420-2 条 2 項**
> 「競争の機能又は構造に影響を与える可能性があるとき、その事業者に対してある事業者が顧客又は納入事業者であるような経済的従属状態における、単独の事業者又は事業者団体による搾取的濫用もまた禁止される。この濫用は、とりわけ、販売拒絶、拘束販売、L.442-6条Ⅰ項が対象とする差別的取扱い、又は包括合意において成立しうる」。

---

91)「包括値引」(remise de gamme)、「包括拘束」(contrainte de gamme) も意味する。
92) J. O., SÉNAT., doc., 2005, n° 333, par M. Gérard CORNU, pp. 139-141.
93) Loi n° 2005-882 du 2 août 2005 en faveur des petites et moyennes entreprises.

L.420-2条2項は、従前、経済的従属状態の濫用行為の例として、①販売拒絶、②拘束販売、③L.442-6条Ⅰ項が対象とする差別的取扱いを列挙していたが、さらに④「包括合意」という行為類型を加え、これらの行為が濫用的な性質を示すときは禁止される、と規定した。

(b) L.442-6条Ⅰ項2号bの改正

同時に、同改正法32条は次のようにL.442-6条Ⅰ項2号bを修正し、同項第2文を追加した。

商法典L.442-6条Ⅰ項2号b
「商業取引の相手方を不当な取引条件又は義務に従属させるような、取引の相手方を拘束する従属関係、購買力又は販売力を濫用すること。いかなるものであれ優位性を与える恩恵の下に、より多くの製品を販売するような提案に拘束する行為は、取引時点において、同様な製品にアクセスすることを妨げるときは、販売力又は購買力の濫用を構成しうる」。

2005年改正法により、相対的市場力規制及び差別行為等の規制を通じて、有力な供給事業者（ブランド）による小売事業者に対する垂直的拘束の規制が強化された。規制の趣旨として、人気製品と関連製品を一緒に取引するよう強制される小売事業者を阻害することに加えて、中小供給事業者が市場から排除されるおそれ（排除効）が指摘されている点に注目すべきである。このような排除効の考察は、我が国の垂直型の不公正な取引方法である拘束条件付取引、排他条件付取引等における公正競争阻害性と同質の違法性を想起させるものである。

3 2008年法による商法典の改正──「著しい不均衡」規制の導入

(1) 2008年1月3日の法律による構成要件の修正

2001年改正法により相対的市場力規制（L.420-2条2項）の要件緩和が図られ、2005年改正法により規制対象行為が拡充された。しかし、相対的市場力規制は不十分な成果しか残さなかった[94]。そこで立法者が採用したのは、個別

取引上の濫用行為規制である L.442-6 条 I 項 2 号 b の文言をさらに詳細化する方法だった。同条は L.420-2 条 2 項の構成要件を補充し、相対的市場力濫用行為の萌芽行為規制の機能を営むからである。消費者に資する競争の発展に関する 2008 年 1 月 3 日の法律[95]の 8 条は、商法典 L.442-6 条 I 項 2 号 b の第 1 文に「とりわけ契約上の約定の未履行に照らして不釣り合いな違約金を賦課するような」と挿入した。

商法典 L.442-6 条 I 項 2 号 b
「商業取引の相手方を不当な取引条件又は義務に従属させ、とりわけ契約上の約定の未履行に照らして不釣り合いな違約金を賦課するような、取引の相手方を拘束する従属関係、購買力又は販売力を濫用すること。いかなるものであれ優位性を与える恩恵の下に、より多くの製品を販売するような提案に拘束する行為は、取引時点において、同様な製品にアクセスすることを妨げるときは、販売力又は購買力の濫用を構成しうる」。

(2) 2008 年 8 月 4 日の法律による「著しい不均衡」規制の導入

(a)「著しい不均衡」規制の導入
ところが半年後に、個別取引上の濫用行為規制は大胆な転換を遂げる。経済現代化に関する 2008 年 8 月 4 日の法律（以下、「LME 法」)[96]は、L.442-6 条 I 項 2 号 b を以下の L.442-6 条 I 項 2 号の規定とした。

商法典 L.442-6 条 I 項 2 号
「商業取引の一方当事者に対して、当事者の権利及び義務における著しい不均衡を生じさせるような義務に従わせ、又は従わせようとすること」。

---

[94] 競争評議会の決定、裁判例については前掲注 76）〜 82）を参照。
[95] Loi n° 2008-3 du 3 janvier 2008 pour le développement de la concurrence au service des consommateurs. J.O., lois et décrets, 4 janvier 2008.
[96] Loi n° 2008-776 du 4 août 2008 de modernisation de l'économie.
経済現代化法（LME 法）により、フランスの競争法執行機関は競争評議会（conseil de la concurrence）から、独立行政委員会である競争委員会（l'Autorité de la concurrence）へと移行した。

「従属関係、購買力又は販売力」の濫用に代えて当事者の権利および義務における「著しい不均衡」(déséquilibre significatif) の要件が導入された。改正の趣旨は、端的にいえば、個別取引上の濫用行為規制を単純化し適用を拡充するためであった。立法者は「単純化し、現実化するという配慮の下に」、「法及び当事者間の義務において著しい不均衡」という概念が、従前の概念に替わるものとなる、と明言する[97]。

　改正の背景は、第1に、度重なる改正により複雑化した構成要件が、L.442-6条I項2号の適用の障害となった点である。条文上は禁止行為の違反のみが要件である。しかし、詳細になりすぎた行為要件の充足の立証は困難を伴い、適用を見送る原因となった。「従属関係、購買力、販売力の濫用」要件の意義を明確化するためにさらに本条を書き換える可能性も検討されたが、退けられた。行為要件の客観的な定義は、実際には非常に困難で、悪しき結果（適用の困難性）を生じる可能性があった[98]。立法者の言う「単純化し、現実化するという配慮の下に」、「より広汎でより取引的な関係における行為の現実に適合した基準」[99]とは、行為要件の明確化、緩和という文脈で理解しうる。

　第2に、従前の「従属関係……」の濫用要件では規制実績を上げられなかったことが挙げられる。規制できなかった理由は、条文上要件とされていないのに、一方当事者が他方当事者に求める義務が、競争における優位または非優位を構成するか否かの検証が要求されたからであった[100]。L.442-6条I項2号の個別取引上の濫用行為規制は、実際には、L.420-2条2項の相対的市場力規制と同様の基準により規制されていた。そこで、L.420-2条2項と同じ意味を与えられかねない「従属関係」の濫用という基準ではなく、新たに構造の異なる基準を設ける必要があったと考えられる。上記2つの観点に

---

97) J. O., A. N., doc., 2008, n° 908, par M. Jean-Paul CHARIÉ, p. 115. 改正後のL.442-6条I項2号の違憲立法審査判決として、Décision n° 2010-85 QPC-13 janvier 2011, *Etablissements DARTY et Fils*, Les Nouveaux Cahiers du Conseil constitutionnel Cahier n° 32.
98) Rapport Hagelsteen, *supra* note 87, pp. 29-30.
99) Décision n° 2010-85, *supra* note 97, pp. 3-4., J. O., A. N., doc., 2008, *supra* note 37, pp. 318-319.
100) Rapport Hagelsteen, *supra* note 87, pp. 29-30.

基づき、本改正は、L.442-6条Ⅰ項2号が本来予定されていた相対的市場力規制の萌芽的行為を規制すること、すなわち相対的市場力の補充を意図したものであるとの評価が可能である。

(b)「著しい不均衡」規制の解釈指針の分析

本改正に関して、国民議会に設置された経済取引委員会（commission des affaires économiques）は「第1に、新規定は、取引の相手方を、著しい不均衡を生み出すような義務に従わせる行為を禁止するのみならず、義務に従わせようとする試み（未遂）であって、現行法と比べて付加的な義務をもたらすような行為も禁止する」と述べる[101]。次に同委員会は、「この規定は、主体が誰であれ不均衡な義務を規制する意図に基づく。……裁判官が小売事業者の供給事業者に対する従属関係を評価するための基準は、供給事業者の小売事業者に対する従属関係の基準と同じである。これまで供給事業者が小売事業者に対して行う従属関係の濫用は効果的に規制されなかったかもしれない。著名ブランドが、消費者が好む『人気』製品を小売事業者に販売しないという威嚇の下に、製品を一連販売する『包括合意』が例である。新法案は、販売経路へのアクセスを中小事業者に保障する」と述べる。

「著しい不均衡」の要件充足につき、裁判所は、商法典L.440-1条によって設置される取引行為検査委員会（commission d'examen des pratiques commerciales, CEPC）の意見を求めることができるとされた（当時のL.442-6条Ⅲ項6号）。CEPCは「『当事者の権利及び義務における著しい不均衡』という新しい概念は、L.442-6条の他の規制に違反するかを問わず、あらゆる場面を捕捉するのに適する。……行為が取引当事者を害する著しい不均衡をもたらすことの証明には、予め購買力又は販売力を保持することの証明を要しない」と述べる[102]。

「著しい不均衡」規制を導入した改正法に対しては、同条が蓄積してきた

---

[101] Décision n° 2010-85, *supra* note 97, pp. 3-4., J. O., A. N., doc., 2008, *supra* note 37, pp. 318-319.
[102] *Ibid.*, p. 5., CEPC, *Les abus dans les relations commerciales*, avis mis à jour le 10 juillet 2010.

規制基準を奪い、「濫用」文言の削除は、濫用行為の承認であるかのように理解される可能性があり、法的に不安定な状況をもたらすとの指摘がある[103]。他方で「著しい不均衡」の基準が、消費法典 L.132-1 条 1 項[104]で定められている濫用条項の規制基準と同様の文言であることから、事業者間契約に消費法典の濫用行為規制が盛り込まれたと考える見解も存在する[105]。

　思うに、同規定は改正前と同様に、経済的従属関係の濫用規制（相対的市場力規制）（L.420-2 条 2 項）の構成要件として準用される。また、L.442-6 条Ⅰ項 2 号が、L.420-2 条 2 項よりも競争要件を緩和したのに適用成果がなかったことへの反省から、改正がなされたという立法趣旨を重視すべきである。そうだとすれば、「著しい不均衡」の概念は、事業者間における相対的市場力規制の拡充という競争法上の見地から解釈すべきことになろう。他方で、例えば同条を契約上の信義誠実義務に由来する規定と解し、当事者間に契約上の義務の不均衡があればL.442-6 条Ⅰ項 2 号を充足すると解する見解もあるが、同条があくまで競争法上の規制であることを看過しており行き過ぎではなかろうか。経済的な観点における当事者間の地位の不均衡を前提とした、取引条件の不均衡を問題とすべきであろう。行為要件の明確化が改正の趣旨であれば、従前の「従属関係、購買力又は販売力」の濫用規制に関する解釈論を引き継ぎつつ、要件緩和、適用拡充の方向への解釈論の展開が予測されるものであった。

　いずれにしても「著しい不均衡」規制の要件解釈論および射程は、導入後の議論や裁判例の発展に委ねられており、解釈論の展開および規制の動向については第 4 章および第 5 章で論ずる。

---

103) Rapport Hagelsteen, *supra* note 87, p. 24.
104)「事業者と非事業者ないし消費者との間で締結された契約における、非事業者または消費者を犠牲にして、契約当事者の権利と債務の間に著しい不均衡を生じさせる目的または効果をもつ条項は、濫用的なものである」。訳文は、大澤彩『不当条項規制の構造と展開』（有斐閣、2010 年）161 頁による。
105) 大澤彩「事業者間契約における不当条項規制をめぐる立法論的視点(1)」法學志林 108 巻 4 号（2011 年）1 頁以下。契約法からのアプローチとして、同条は裁判官に契約における均衡をコントロールする権限を与えたものであり、契約理論の再検討を促すものであるという見解について 18 頁以下を参照。

> 第5節 小 括

1 フランス競争法における相対的市場力規制の導入と展開

(1) 相対的市場力規制の制度的特徴

　フランス競争法における相対的市場力規制（経済的従属関係の濫用規制）は、1986年の価格・競争令において、大規模小売事業者による購買力の濫用規制を目的として導入された。すなわち、1970年代以降、大規模小売事業者の台頭と小売主導型の購買力の規制の必要性が、取締当局、司法および立法者に認識された。しかし、従前の市場支配的地位の濫用規制は、市場支配的地位に至らない小売事業者による購買力の濫用に対して、十分に機能しないという限界があった。1973年には大店法による出店許可規制が行われたが、むしろ小売事業者のフランチャイズ化戦略により企業集中が加速した。そこで、取引当事者間の「相対的」な市場力の優劣に着目し、そのような市場力について相対的市場力規制という新しい類型を導入して、購買力の濫用に対応することが要請されたのである。よって、相対的市場力規制は、市場支配力規制の欠点を補完するものとして理解することができる。

　現行法上の相対的市場力規制（商法典L.420-2条2項）は、当事者間の取引上の市場力の格差を「経済的従属関係」と捉え、その状態を濫用する行為を規制する。2001年以降は、実効的な規制のために改正が繰り返された。2001年改正では購買力規制を強化するため、競争要件が緩和された。また2005年改正では、供給者主導型の販売力の濫用行為である「包括合意」にも規制を拡充した。

(2) 市場支配的地位の濫用規制と相対的市場力規制

　市場支配的地位の規制は、EC競争法との調整を目指して、1963年に旧価格令に導入された。1986年の価格・競争令8条1項では、「濫用」要件が明

確化され、EC 競争法との接近が図られた。現行商法典 L.420-2 条 1 項は、EU 競争法と同様の市場支配的地位の濫用規制を置き、EU 法と整合する要件解釈が行われている。しかし同規制は「市場支配的地位」を要件とするため、市場支配力に至らない大規模小売事業者による購買力の濫用を実効的に規制できないという限界が顕在化した。このように、市場支配力規制の限界の認識が相対的市場力規制を導入する契機となったことを、今後は両規制の要件および射程に関する学説や具体的事例を通じて検証していく。

(3) 個別取引上の濫用行為規制と相対的市場力規制

個別取引上の濫用行為規制は、旧価格令以来、市場支配的地位の濫用等の「反競争行為」とは別の「競争制限行為」として独自に発展した。当初は市場支配力濫用の萌芽的行為を規制する刑罰規定だったが、1986 年の価格・競争令 36 条で民事規定化された後、2001 年改正法以降の商法典 L.442-6 条 I 項 2 号 b では「従属関係、購買力又は販売力の濫用」の規制となった。同条は、相対的市場力規制（L.420-2 条 2 項）の行為要件として準用され、一体的な運用が期待される。また同条は、競争侵害を要件とせずに相対的市場力の濫用行為を民事的に制裁し、相対的市場力規制を補完する機能を営むといえる。一層の相対的市場力規制の拡充を目指して、2005 年、2008 年 1 月の各改正では、L.420-2 条 2 項の改正と整合するように L.442-6 条 I 項 2 号 b の修正が行われ、構成要件の詳細化が図られた。しかし十分な規制成果を上げなかったことから、2008 年 8 月の改正により新たに当事者の権利および義務における「著しい不均衡」の構成要件が導入された。この「著しい不均衡」規制の要件解釈論および射程は学説および判例により発展過程にあり、より広汎で取引の実情に応じた規制が期待されている。

2　規制制度相互の関係に関する考察

本章では、取引当事者間で相対的に優越する市場力の規制について、①市場支配的地位の濫用規制（L.420-2 条 1 項）が「市場支配的地位」要件との関係で抱える限界を補完する制度として②相対的市場力規制である経済的従属

関係の濫用規制（L.420-2条2項）が導入され、②相対的市場力規制が抱える限界を克服するために、③個別取引上の濫用行為規制、および2008年改正後の「著しい不均衡」規制（L.442-6条Ⅰ項2号）の活用が図られる、という制度相互の関係を指摘し、フランス競争法における濫用規制の構造を明らかにしてきた。

　次章以降では、まず、フランス競争法が単独行為規制として最初に導入した市場支配的地位の濫用規制について、要件解釈論および規制実績を分析し、その中で判明した同規制の限界を指摘することを試みる。この点については、第2章において論ずる。

　さらに、相対的市場力規制（経済的従属関係の濫用規制）の実際の機能と限界を明らかにすることが本書において検討すべき中心的課題となる。相対的市場力規制は、小売事業者主導型の購買力濫用、および供給事業者主導型の垂直型濫用行為に対して、有効な規制手段となりうるのかを事例研究を通じて検証し、要件、射程および限界を考察する必要がある。この点については、第3章において論ずる。

　また、L.420-2条2項の経済的従属関係の濫用規制と、L.442-6条Ⅰ項2号の個別取引上の濫用行為規制および改正後の「著しい不均衡」規制の関係が問題となる。両規定は、競争要件の有無により異なる性質の規定であることが判明しているが、行為要件および射程の違い、両者の適用関係については解明されるべき課題がある。L.442-6条Ⅰ項2号が2008年に「著しい不均衡」規制へと大幅に改正された前後を通じた解釈論の変更の可能性を検証することを要する。この点については、第4章および第5章において論ずる。

　競争法の目的である公正で自由な競争秩序の維持の観点から、取引上の相手方に対して経済的に優位な立場にある事業者による濫用行為を規制することの重要性は増すばかりである。我が国においても優越的地位の濫用規制の要件論および公正競争阻害性を巡り活発な議論がなされている[106]。3つの異なる制度を併用するフランス競争法上の濫用規制の機能と限界を分析することにより、我が国における規制のあり方や規制要件の解釈論において示唆を得られる可能性がある。この点については、第6章で検討する。

106) 公正取引委員会「優越的地位の濫用に関する独占禁止法上の考え方」(2010年) 第1.1は、第1に当該取引の相手方の自由かつ自主的な判断による取引を阻害するとともに、第2に当該取引の相手方はその競争者との関係において競争上不利となる一方で行為者はその競争者との関係において競争上有利となるおそれがあり、競争者との競争で優位に立つための手段として行われるという点で、公正な競争を阻害するおそれがあるとする。

第 2 章

フランス競争法における
市場支配的地位の濫用規制の基準

第1節 問題の所在

　前章では、フランス競争法における経済力の濫用規制を行う3つの制度、すなわち市場支配的地位の濫用規制（商法典L.420-2条1項）、相対的市場力規制（L.420-2条2項）、「著しい不均衡」規制（同L.442-6条Ⅰ項2号）について、市場支配的地位の濫用規制が、市場支配的地位、および、競争侵害要件との関係で抱える限界を補完する制度として、相対的市場力規制（経済的従属関係の濫用規制）が導入され、相対的市場力規制が競争侵害要件との関係で抱える限界を克服するために、著しい不均衡規制の活用が図られることを指摘し、フランス競争法上の濫用規制の構造を明らかにしてきた[1]。

　本章では、フランス競争法において、歴史的に最も早く登場した市場支配的地位の濫用規制の分析を行う。フランス競争法における市場支配力規制は、EU競争法上の市場支配力規制であるTFEU102条と同様に、経済的に優位に立つ事業者による市場力の濫用行為を、市場支配的地位の濫用として規制してきた[2]。すなわち市場支配的地位の濫用規制は、欧州法の加盟国法に対する優越性の原則、および、EU競争法と加盟国競争法の一致原則[3]の下で、EU競争法の影響を受けて導入されたものである[4]。2001年に制定された現行商法典第Ⅳ巻第Ⅱ編は、市場支配的地位の濫用規制を「反競争行為」の類型として位置づけて、L.420-2条1項において「支配的地位にある単独の事業者又は事業者団体による搾取的濫用」を禁止している[5]。同規制の導入以来、欧州競争法上の審決、判例により、市場支配的地位の濫用規制の各要件の解釈論が発展してきた。フランス競争法における同規制は、これらの解釈論を

1）フランス競争法における濫用規制の形成過程及び適用基準については、拙稿「フランス競争法における相対的市場力規制の導入と展開」明治大学大学院法学研究論集第41号（2014年）207頁以下、同「フランス競争法における相対的市場力規制の基準」明治大学大学院法学研究論集第42号（2015年）315頁以下、同「フランス競争法における『著しい不均衡』規制の導入と課題」明治大学大学院法学研究論集第43号（2015年）167頁以下を参照。

援用しつつ、国内審決および判例上の法理を発展させてきた。

しかし1970年代以降、主として大規模小売事業者による「購買力の濫用」については、市場支配的地位の濫用規制を適用しようとしても、市場支配的地位要件および競争侵害要件を充足せず、適用が困難であった。そのため市場支配的地位に至らない事業者による行為や、市場レベルにおける競争侵害に至らない事例についても、濫用規制を拡張して適用すべきとの認識が顕在化した。そこでフランス競争法は、ドイツ競争法の影響を受けて、1986年の価格・競争令において、経済的従属関係の濫用規制（相対的市場力規制）を導入した[6]。現行商法典L.420-2条2項は「経済的従属状態における……搾取的濫用」を規制している。

さらに相対的市場力規制も、従属関係要件、競争侵害要件の厳格解釈が原因で、規制が進展しなかった[7]。そこで購買力濫用型の規制手段として、2008年8月4日のLME法[8]により改正されたL.442-6条I項2号の「著し

---

2) TFEU102条は、「一又は複数の事業者による、共同体市場又はその実質的部分における支配的地位の濫用行為は、それが加盟国間の取引に影響を与えるおそれがある場合、共同市場と両立しないものとして禁止される。とりわけ、次の各号の一に該当するものは濫用行為に該当するおそれがある」と規定する。EU競争法上の市場支配的地位の濫用規制に関する文献として、村上政博『EC競争法〔EC独占禁止法〕第2版』（弘文堂、2001年）7頁以下、越知保見『日米欧独占禁止法』（商事法務、2005年）537-587頁、バンパール・アンド・ベリス法律事務所『EC競争法』（商事法務、2007年）141-164頁、岡村堯『ヨーロッパ競争法』（三省堂、2007年）295-308頁、岡村堯『新ヨーロッパ法』（三省堂、2010年）180-213頁、滝川敏明『日米EUの独禁法と競争政策 第4版』（青林書院、2010年）207-312頁、帰山雄介「EU競争法における支配的地位搾取型濫用規制(上)(下)」国際商事法務39巻4号475頁、39巻5号653頁（2011年）、ルイ・ヴォージェル／小梁吉章（訳）『欧州競争法』（信山社、2012年）187-220頁、庄司克宏『新EU法　政策篇』（岩波書店、2014年）306-328頁等がある。

3) EC条約10条2項、および、理事会規則1/2003号3条1項を参照。拙稿「EU競争法と加盟国競争法の衝突と調整規定——理事会規則1/2003号3条2項をめぐって」日本国際経済法学会年報25号（2016年）160頁以下を参照。

4) M.Frison-Roche et M.Payet, *Droit de la concurrence*, Dalloz, 2006, n° 4, p. 4.

5) フランスにおける市場支配的地位の「濫用」規制の立法の導入過程については、拙稿前掲注1) 41号を参照。

6) 理事会規則1/2003号3条2項は、「本条は、構成国が、自国内において、事業者の一方的行為を禁止し制裁する、より厳しい国内立法を採択し適用することを妨げない」と規定し、加盟国競争法が単独行為に関し、EU競争法よりも厳格な規制を設けることを認める。

7) 相対的市場力規制の適用基準については、第3章および拙稿前掲注1) 42号参照。

い不均衡」規制[9]を活用すべきことが活発に議論されている。

　このようにフランス競争法上の濫用規制は、規制対象を拡充すべく、EUとは異なる独自の規制制度を導入しつつ発展を続けているが、その一方でTFEU102条型の市場支配的地位の濫用規制は依然として濫用規制の中核に存在し続けている。またフランス競争法における市場支配的地位の濫用規制の分析から、我が国の独占禁止法上の私的独占、および、自由競争減殺型の不公正な取引方法の各行為類型について考察する上で、重要な示唆を得られる可能性がある。

　そこで本章では、市場支配的地位の濫用規制を対象として、同規制の要件解釈上の限界という視点において、相対的市場力規制が必要とされた原因を、より精緻な分析により論究することを試みる。従前よりフランス競争法上の市場支配的地位の濫用規制を分析する貴重な先行研究があり[10]、本章ではこれらの業績から示唆を得ながら、制度の特徴と意義を明らかにする。考察の手順として、まず市場支配的地位の濫用規制の要件、および判例、審決上確立された要件解釈論上の基準を検討する。その上で、購買力濫用型への適用における要件上の限界を明らかにする。次に、適用対象となる濫用行為の類型を、行為態様に着目して分析する。さらに、2010年以降の審決、判例における適用例を概観し、適用対象となった類型と、判断枠組みを検討する。最後に、市場支配的地位の濫用規制の限界という視点から、規制制度相互の関連性を明らかにする。

8）第1章96）を参照。
9）「著しい不均衡規制」の導入の趣旨、要件、運用状況については、第4章および拙稿前掲注1）第43号を参照。
10）フランス競争法に関する主要な文献は第1章7）を参照。商法典L.442-6条Ⅰ項2号に関する文献として、大澤彩「事業者間契約における不当条項規制をめぐる立法論的視点(1)」法學志林108巻4号（2011年）1頁以下、ジェローム・ファーブル／和久井理子（訳）「フランスの大規模小売分野における不公正取引の規制」公正取引769号（2014年）40頁以下など。

第2節　市場支配的地位の濫用規制の適用基準

1　市場支配的地位の濫用規制の構成要件

　商法典L.420-2条は、商法典第Ⅳ巻第Ⅱ編の「反競争行為」(pratiques anticoncurrentielles)の類型として、市場支配的地位の濫用、および経済的従属関係の濫用の構成要件を、以下のように規定する。

商法典L.420-2条
　「第1項　L.420-1条で規定された状態において、国内市場又はその実質的な一部における支配的地位にある単独の事業者又は事業者団体による搾取的濫用は、禁止される。この濫用は、とりわけ、販売拒絶、拘束販売、不当な取引条件に従うことを拒絶したことを唯一の動機とする既存の取引関係の断絶のような差別的な販売条件によって成立しうる。
　第2項　競争の機能又は構造に影響を与える可能性があるとき、その事業者に対してある事業者が顧客又は納入事業者であるような経済的従属関係における、単独の事業者又は事業者団体による搾取的濫用もまた禁止される。この濫用は、とりわけ販売拒絶、拘束販売、L.442-6条が対象とする差別的取扱いにおいて成立しうる」。

　競争侵害要件については、カルテルに関するL.420-1条の「市場における競争活動を妨げ、制限し、歪曲するとき」の要件が準用されている。
　第1項の、市場支配的地位の濫用規制の行為要件に関しては、価格・競争令[11]8条1項の要件が全面的に引き継がれ、競争侵害要件に関しても、価格・競争令7条と同旨である[12]。

---

11) 第1章44)を参照。

2　商法典 L.420-2 条 1 項の要件解釈論

(1) 市場支配的地位[13]

(a) 市場支配的地位の定義

市場支配的地位そのものは違法ではなく、その濫用のみが規制される。よって、「市場支配的地位」の確定とその「濫用」の認定の2段階の審査により、行為要件は判断されることとなる[14]。

市場支配的地位は、事業者の行動の独立性を示す要件として定立される。事業者が市場力[15]を備えるとき、その事業者は関連市場において独立して行動する利益を享受する。欧州競争法では、市場支配的地位は「事業者の経済的能力に関する地位であり、その地位はその事業者に当該市場において有効

---

12) これに対して、同条2項の経済的従属関係の濫用については、価格・競争令8条2項の「従属状態にある事業者が代替的な解決方法を備えていない場合」の文言が削除されると同時に、競争侵害要件が「競争の機能又は構造に影響を与える可能性があるとき」に修正された。ただし、削除にかかわらず、「代替的解決方法」の要件は維持された。拙稿前掲注1) 42号319頁以下参照。

13) ここでは単独の市場支配的地位について論ずる。集団的市場支配的地位の基準について、欧州司法裁判所は「同時に、とりわけ互いに存在する相互関係的な理由により、市場において同じ方針の行動を採択し、相当程度に、他の競争者、彼らの顧客、及び消費者から独立して行動することのできる市場力を有する」ことを確証すべきと述べる。CJCE, 31 mars 1998, «kali et Salz», aff. 68/94 et 30/95, Rec. p. I-1375; TPICE, 25 mars 1999, Gencor c/ Commission aff. T-102/96. 集団的市場支配的地位と、カルテルとの関係が問題となるが、別稿で論ずる。

14) この点、濫用行為は、市場支配的地位ある事業者によってのみ行われうることを理由に、あらかじめ市場支配的地位を認定することは不要であり、濫用行為の認定のみで足りるとする立場も存在する。欧州委員会の経済諮問委員会（EAGCP）による報告書 EAGCP Report, «An economic approach to Article 82», 2005, p. 4 は、「市場支配性の評価をあらかじめ分離して確証することは必要ない。……反競争的な効果が本質的に問題であり……市場支配性の証明となる」と述べる。http://ec.europa.eu/dgs/competition/economist/eagcp_july_21_05.pdf（2016年9月26日最終確認）。

15) 市場力は、「期待された利益の上昇を損なわせるような売上げの低下を伴わず、競争価格以上に価格を値上げする」ことのできる能力と定義される。Conseil de la concurrence, Rapport annuel, 2001, 2e partie, Etudes thématiques, Titre 1, Le marché pertinent.

な競争の保持を妨害する能力を与え、その事業者に競争者、顧客、究極的には消費者に対して相当程度に独立した行動をとる能力をもたらすものである」[16]と定義される。支配的な事業者は行動の独立性を備えており[17]、市場における競争の障害となることが可能な者をいう。この定義によれば、市場支配力は、結局はその事業者の市場力の程度に帰結する。フランス競争当局も同様に「関連市場の画定、又はその事業者が競争者、究極的には消費者に対して独立して行動する能力を算定する支配力テストの適用は、国内競争当局においても欧州当局においても、共通して、その事業者の市場力を見積もることを目的とする」と述べる[18]。ただし、市場画定および市場シェアの確定は市場力を分析するために有用なツールであるが、市場シェア自体は市場力の存在の重要な指標にすぎず、他の考慮要素によって補充しなければならないとも述べる[19]。

(b) **市場におけるシェア**

事業者が、関連市場において、微弱なシェアしか保持していない場合は、その市場支配的地位は否定される[20]。反対に、関連市場における非常に大きなシェアを保持していることは、市場支配的地位の本質的な徴表となる[21]。さらに、事業者が市場において行っている活動について法律上の独占を備えている場合は、その独占は、その利益についての市場支配的地位を確証する[22]。法的独占の存在は、関連市場の画定、市場支配的地位の確定いずれの段階でも考慮されうる[23]。同様に、事実上の独占[24]またはほぼ独占状態が

---

16) CJCE, 14 février 1978, United Brands, aff. 27-76, Rec. 207, point 66.「市場支配的地位にある事業者は、価格を競争価格を超える水準に固定し、低い品質の製品を取引し、または競争市場においてその製品の革新を自身の水準より劣る水準にとどめうる」。Paris, 4 janvier 2000, ODA, BOCC 31 janvier 2000 は、「有効な競争に対する障害となるような市場力を有することを、証明すべきである」と述べる。
17) Commission, 17 décembre 1975, United Brands, JOCE, n° L95 du 9 avril 1976. 市場支配的な事業者は「競争者、顧客、納入事業者を全く意に介さずに独立して行動する能力」であり、「競争の影響を免れる」ことが可能である。
18) Cons. conc., 14 octobre 2004, SFR Cegetel et Bouygues Telecom, n° 04-D-48, BOCC, 21 janvier 2005, point 168; Paris, 21 mars 1991, SA des Tuileries J.-P.sturm, SA des tuileries du Bas-Rhin et Ste. Justin Bleger, BOCC, 27 mars 1991.
19) Frison-Roche et Payet, *supra* note 4, n° 123, p. 123.

存在することは、本質的な徴表となる。市場において、事実上の独占を備える事業者は「市場支配的地位を備えるに至る」[25]。市場シェアが非常に高い場合も同様である。「大きな市場シェアの存在は高度に明白であり」、「それ自体が、例外的な状況を除き、市場支配的地位の存在を証明する」[26]。

　フランス競争委員会は、フランステレコム社がレユニオン島のブロードバンドインターネット通信卸市場におけるシェアの60％、海底電気通信ケーブルの特定のセグメントを保持している事実は、市場支配的地位を根拠づけると述べた[27]。また、60％程度の市場シェアを有する郵政公社は、市場支配的な地位にあると評価し、郵便局網、知名度、ブランド力、競争事業者の脆

---

20) CJCE, 25 octobre 1977, Metro c/ Commission, aff. 26/76, Rec. 1875, point 17 は、もし事業者が比較的低い市場シェアを備えるならば、たとえ「事業者の保持する市場シェアが、市場支配的地位の存在の唯一の基準を必然的には構成しないとしても……購買者の大多数の目においては互換可能な市場においては、市場支配的地位の存在は退けられる」とする。Cons. conc., 5 mars 2001, n° 00-D-50, BOCC, 24 avril 2001 は、「市場シェアが、市場支配的地位の存在についてのいくつかの徴表のうちの1つを構成するにすぎないとしても」、保持する市場シェアは、事業者が市場力を行使しうるのに十分に重要であることもまた相違ない……市場シェアが10％を大きく下回っている以上、たとえ同社が備える有利性及び特権がいかなるものであろうと、同社が市場における支配的な地位を占めると主張することはできない旨を述べる。

21) CJCE, 3 juillet 1991, Akzo Chimie BV c/ Commission, point 60 は 50％のシェアが市場支配的地位の徴表となると述べる。他方、CJCE, *supra* note 16, point 109 は、当該事業者の45％近い市場シェアは「市場の自動的な調整であるとは推論し得ない」と指摘する。

22) CJCE, 24 octobre 2002, Aéroports de Paris c/ Commission et Alpha Flight Service, aff. C-82/01 P, Rec., I -9297, points 106 et 107; Cons. conc., 20 juin 1999, n° 99-D-51, BOCC, 11 décembre 1999.

23) Décision n° 11-D-09 du 8 juin 2011 は、電力網の備蓄電力の入札市場に関して、「需要者は入札の主催者であり、競争関係にある供給者は、入札に応じることのできる行為者である」、入札のすべてを獲得したゆえに、フランス電力公社（EDF）は、市場支配的地位にあると述べる。

24) CJCE, 6 avril 1995, RTE et ITP c/ Commission, aff. jointes C-241/ 91 P et C-242/ 91 P, Rec. I-743, point 47; TPICE, 22 novembre 2001, AAMS c/ Commission, aff. T-139/98, Rec. II -3413, point 52 は「AAMSのイタリアにおけるタバコの小売分野の市場のシェアは100％であり、完全なシェアを保持しており、国外の事業者が独自の販路を形成して、専売公社に彼らのタバコの流通を委託する法的な可能性を無視することができた」と述べる。Com., 14 février 1995, Bull., n° 48 も事実上の独占について同旨を述べる。

25) CJCE, 26 novembre 1998, Oscar Bronner GmbH & Co. KG, aff. C-7/97, Rec. I-7791, point 35.

第2章 フランス競争法における市場支配的地位の濫用規制の基準

弱性も考慮すべきと強調した[28]。

しかし、市場シェアは、市場支配的地位を推定するのみであり[29]、行為者は「例外的な事情」により反証をすることができる。「例外的な事情としては、非常に短期間のみ、高い市場シェアを保持する場合が認められる」[30]。また例えば、新規市場の最初の参入者である事業者は、必然的に、主要なシェアを占める。この場合、潜在的な競争者も考慮して、市場支配的地位を認定すべきである[31]。

(c) 市場の構造

市場の構造は、事業者が被る競争圧力によって示される。事業者の市場力

---

26) CJCE, 13 février 1979, Hoffman-La Roche c/ Commission, aff. 85/76, Rec. 461, points 39 et 41 は、例えば、単独の事業者による70から80％に上る市場シェアの保持は、「それ自体が市場支配的地位の存在の明白な徴表である」と述べる。TPICE, 12 décembre 1991, Hilti AG c/ Commission, aff. T. 65/98, Rec. II-1439, point 92; TPICE, 23 octobre 2003, Van den Bergh Foods Ltd c/ Commission, aff. T. 65/98, Rec. II-4653, point 154; TPICE, 30 septembre 2003, Atlantic Container Line AB e. a. c/ Commission, aff. T-191/98, T-212-98 a T-214/98, Rec. II-3275, point 107; TPICE, 7 octobre 1999, Irish Sugar plc c/ Commission, aff. T-228/97, Rec. II-2969, point 70: CJCE, 3 juillet 1991, Akzo Chemis BV c/ Commission, aff. C-62/86, Rec. I-3359, point 60: Cons. conc., 16 janvier 1990, n° 90-D-06, BOCC, 2 février 1990 は、葬儀会社が、葬儀分野の80％を確保し遺体の90％について許可された霊安室の資格を備えていた場合、「市場支配的地位として定義される地位を占めるとみなされる」と述べる。Cons. conc., 18 novembre 1992, Société Biwater, n° 92-D-62, BOCC 15 janvier 1993; Cons. conc., 13 mai 1992, Société du journal téléphone, n° 92-D-35, BOCC, 4 juillet 1992.
27) Décision n° 11-D-05 du 23 février 2011 relative à des pratiques mises en œuvre dans le secteur des communications électroniques dans la zone Réunion - Mayotte.
28) Décision n° 11-MC-01 du 12 mai 2011 relative à la demande de mesures conservatoires présentée par les sociétés Kiala France et Kiala SA dans le secteur de la livraison de colis.
29) Commission, 13 décembre 2000, Carbonate de soude - ICI, JOCE n° C3796, du 15 janvier 2003, point 127.
30) TPICE, 30 septembre 2003, Atlantic Container Line e. a. c/ Commission, *supra* note 26, point 919.
31) *Ibid.*, points 923 et 925: Décision n° 11-D-05 *supra* note 27. マヨット島のインターネットアクセスサービスの小売市場の事例で、その市場で活動する唯一の事業者は、少数の加入者しか存在しないその市場の萌芽的性質に鑑みて、市場支配的地位にあるとはみなされえない。

53

は、その競争者の市場力に依拠するので、「相対的な」市場シェア、すなわち行為者と競争者の市場シェアの差に着目して競争圧力を判定すべきである。当該事業者とその競争者との市場シェアの差が大きい場合、当該事業者の市場力は増強される[32]。また競争圧力は、当該市場へ参入する事業者の能力によっても示される。事業者の市場支配的地位は、永続的である必要はないが[33]、潜在的な競争、市場参入および撤退の障壁を検討すべきである。例えば、スケールメリットのある市場は、新規参入者のアクセスが困難で、既存の事業者は、費用に関して有利である。またある事業者がブランドまたは製品の著名性、非常に広汎な一連の製品、または、技術上の先進性[34]を備える状況は、参入障壁を構成する[35]。さらに、事業者が製品の流通経路の各段階を統制する場合は、参入障壁となりうる[36]。

(d) 事業者の行動

「市場支配的な事業者によるものとしか指摘し得ないような、複数の類型の行動が存在する」[37]。すなわち「行為者の仮定的な有利性をもたらすが、有効な競争が通常は、行為者の不都合を確信させる」[38]行動である。例えば事業者が、競争の束縛を受けずに、高い価格を維持する場合である[39]。このような推論は、事業者が競争に従わない場合、市場支配的である可能性が確

---

32) TPICE, 17 décembre 2003, British Airways c/ Commission, aff. T219/99, Rec. II-5917, point 211. British Airways 事件において、裁判所はBAの市場シェアが非常に大きいのみならず、「同社は……イギリスの航空旅客サービス市場に現存する主要な競争者5社の各市場シェアの2倍を占めている」点を市場支配的地位の徴表として指摘した。
33) Commission, 24 mars 2004, n° IP/04/382, point 469.
34) CJCE, 21 février. 1973, Continental Can et Europemballages, aff. 6/72, Rec., 215., point 36; CJCE, 9 novembre 1983, NV Nederlandsche Banden Industrie Michelin c/ Commission, point 55 は、「投資、研究、及び一連の製品に特有の広汎性における先進性」を指摘する。
35) Cons. conc., n° -D-83 du 13 février 2001.
36) CJCE, *supra* note 16, point 122. United Brand 社はバナナの栽培、輸送、流通のすべての段階を統制していたことは参入障壁を構成しうるとする。
37) TPICE, 12 décembre 1991, Hilti AG c/ Commission, aff. T-30-89, Rec., II, p. 1439, point 87.
38) *Ibid.*, point 93. 問題となった行為は、抱き合わせ販売であった。

率的に高いという仮説に根拠を置く[40]。ただし、行動の濫用的な性質と、その行為者の市場支配性を混同させる危険性に留意すべきである。例えば、略奪的な価格行為の例にみられる市場参入に対する戦略的な障壁は、市場支配的な事業者のみが有効に追求しうるような典型的な行動である。しかし、追求された行動（低価格）のみから、事業者の市場支配性を演繹することは、評価の誤りを導き出す可能性がある[41]。

(e) **市場支配的地位要件の限界と相対的市場力規制の必要性**

例えば、供給者が、市場へのアクセスに本質的なインフラを備えた事業者である場合、供給市場において市場支配的であり、かつ取引相手方は従属状態にある[42]。また、供給者が製品市場で支配的地位にある場合も、供給を受ける小売事業者は、その供給事業者に対して従属状態にある[43]。これらの場合は、市場支配的地位の濫用規制により規制することが可能である。

ところが、購買力が濫用される場合は、状況が異なる。大規模小売事業者の存在する小売市場は、製品を消費者に販売する下流市場である。他方、小売事業者は、上流市場である製品市場において購買力を行使する[44]。下流市場における小売事業による市場力の強化は、上流市場における購買力の増強

---

39) CJCE, *supra* note 16, point 128.「UBC の仮定的な損失がいかなるものであろうと、顧客は、最も高額な販売者である UBC からの購入を継続する。このことは、市場支配的地位に特有の行為を構成する」。
40) Frison-Roche et Payet, *supra* note 4, n° 128, pp. 128-129.
41) *Ibid.*
42) Cons. conc., n° 96-D-51 du 3 septembre 1996 relative à des pratiques de la Sarl Héli-Inter Assistance では、Heli-Inter 社は、公有地におけるヘリポートの開発に関する独占権を備えていた。競争評議会は、近隣の医療センターへの医療用のヘリコプターを搬送する資格を有するジェットシステム社は、ヘリポートについて法外で差別的な条件が適用された場合、「代替的な設備や施設を備えることができず、……経済的従属関係に陥ることになる」と述べた。
43) Cons. conc., n° 04-D-44 du 15 septembre 2004, Saisine présentée par le Ciné-théâtre du Lamentin dans le secteur de la distribution et de l'exploitation de films, point 122; Paris, 29 mars 2005, BOCC, 23 juin 2005. 映画販売事業者が、特定の社会集団に向けて自ら映画を配給したいという要求をしていた独立系の映画館経営者を排除した場合、映画館経営者は代替的な解決手段を有しない。
44) Commission, 25 janvier 2000, Concentration Carfour/ Promodes, JOCE n° 64 du 14 juin 2000, points 14 et s.

をもたらす[45]。その結果、上流市場における購買力に対する、納入事業者の従属状態も強化されうる。しかし、大規模小売事業者は、多様な製品を購買するため、上流市場である製品市場において市場支配的であることは稀である。また、大規模小売事業者は、下流市場である小売市場においても市場支配的地位を有しない可能性が高い[46]。このように、購買力濫用型では、納入事業者が従属状態にあり、搾取される可能性があるにもかかわらず、小売事業者は市場支配的地位の要件を満たさず規制されない可能性が高い。ここに購買力の濫用を規制するために、小売事業者の納入事業者に優越する相対的な市場力を規制する、経済的従属関係の濫用規制が、補完的に必要とされた理由を見出すことができる。

　すなわち、市場支配的地位の濫用規制が、相対的市場力規制によって補完されることにより、幅広い態様および段階の市場力の濫用を規制することが可能となる。行為者が、取引の相手方に対して一定の市場力を濫用する場合、この市場力が市場支配的地位に至れば、市場支配的地位の濫用として規制しうるし、市場支配的地位に至らなければ、相対的市場力規制（経済的従属関係の濫用規制）の適用を検討することになる。いずれの行為類型においても、市場力の濫用は相手方に対する強制力となり、相手方の従属状態をもたらす共通した構造を見出すことができる[47]。

(2)「濫用」要件

(a) 市場支配的地位と「濫用」の関係

　市場支配的地位を保持することは違法ではなく、市場支配的地位の濫用が規制される。他方で、市場支配的地位にある事業者の行為であるがゆえに、

---

[45] Frison-Roche et Payet, *supra* note 4, n° 142, pp. 138-139.
[46] 日本貿易振興機構「平成23年度日本食品マーケティング調査（フランス）」（2012年3月）。小売事業者上位10社が約1％から21％のシェアを分け合う状況にあり、単独では市場支配的地位を満たさない。www.jetro.go.jp/exit_images/jfile/report/07000921/report.pdf（最終確認2016年9月26日）。
[47] Frison-Roche et Payet, *supra* note 4, n° 133, pp. 132-133., 拙稿前掲注1）第41号218頁参照。

その行為は濫用的であると性質決定される。したがって、市場支配的地位にある事業者は、「その行為によって共同体市場における有効で歪められていない競争に、侵害を与えてはならない」という「特別の責任」に従うという解釈が成り立つ[48]。

(b) 「結果の濫用」理論

　初期の理論は、市場支配的な事業者が、その市場力の行使がなければ獲得できないであろう条件を獲得するために、市場力を行使することに着目した。United Brands 事件において、欧州司法裁判所は、市場支配力の保持者が「もし実現可能で十分に有効な競争が存在したならば獲得しえなかったであろう、取引上の優位性を獲得することに由来する能力を利用したか」[49]を検討した。この見解は「結果の濫用」理論と呼ばれる。この理論によれば、濫用は「提供された給付の経済価値に対して合理的な均衡を欠く過剰な価格行動において成立する」という基準が成り立つ。

　しかし、この基準は「仮定的に、支配的な事業者の行為によって実現された結果と、有効な競争下における結果との対照を要求する」が、そのような仮想的な比較は、実際には困難であると批判された。そのため、古典的な「結果の濫用」理論は、法的独占の場合を除いて援用されなくなり[50]、「構造の濫用」理論が議論されるに至った。

---

48) TPICE, 7 octobre 1999, Irish Sugar c/ Commission, aff. T-228/97, Rec. II-2969, point 112; CJCE, 9 novembre 1983, Michelin c/ Commission, aff. 322/81, Rec. 3461, point 57.
49) CJCE, 14 février 1978, United Brands, *supra* note 16, points 249-250.
50) 法的独占を備える事業者は、潜在的な競争のリスクにさらされていないため、給付と対価の経済的な均衡を基準とすればよく、古典的な「結果の濫用」による評価が可能である。CJCE, 11 novembre 1986, British Leyland, aff. 226/84, Rec. 3263, point 27; CJCE, 4 mai 1988, Corinne Bodson c/ SA Pompes funèbres des régions libérées, aff. 30/87, Rec. 2470, point 34 は「公的独占を享受している事業者が、その役務について、供給される経済的な給付と比べて不釣り合いな使用料を要求するとき、搾取的濫用が存在する」と述べる。CJCE, 5 octobre 1994, Société civile agricole du Centre d'insémination de la Crespelle c/ Coopérative d'élevage et d'insémination artificielle du département de la Mayenne, aff. C-323/93, Rec. I-5077, points 18-22.

(c)「構造の濫用」理論

「構造の濫用」理論とは、事業者が市場を支配するゆえに、その事業者の市場力の強化をもたらすすべての活動は市場の構造に影響を与えるという理論である。この理論を純粋に適用すれば、市場支配的地位を保持することのみを理由に、その事業者を規制するに至る可能性がある。例えば、Continental Can[51]事件において欧州司法裁判所は「市場支配的地位にある事業者による、その地位を強化する行為は、そのためにとられる手段又は方法がいかなるものであろうと、競争に相当の損害を与えるような独占の程度が増すほど……従属的な事業者しか存続させないのであり……濫用を構成する可能性がある」と判示した。この理論は、欧州競争法がいまだ企業集中規制の条文を備えていない時期に、目的論的な解釈を根拠として、企業集中規制を行う狙いがあった。

しかし、この理論は「濫用」の要件を空文化し、市場支配的地位それ自体を規制するおそれがあった。その後の企業集中規制の導入により、純粋な「構造の濫用」理論は否定された。しかし上記判例および「構造の濫用」理論は、条文に明記されていない排除型濫用規制の根拠として、重要な意義を有する[52]。

(d) 搾取型濫用の定義

Hoffman-La Roche[53]判決において、欧州司法裁判所は exploitation abusive（搾取型濫用）の概念は、「客観的概念であり、市場支配的地位にある事業者の行動を対象とし、市場支配的地位にある事業者の存在によってまさに、競争の程度が既に弱められた市場の構造に影響を与える性質を有する濫用であり」、「経済主体の給付に基づく製品又は役務に関する通常の競争における手段とは異なる手段を用いて、市場に今なお存在する競争の程度の維持とその競争の発展に障害を及ぼすことを目的とするものである」との定義

---

51) CJCE, 21 février 1973, Continental Can c/ Commission, aff. 6/72, point 12.
52) Frison-Roche et Payet, *supra* note 4, n° 250, pp. 220-221; Richard Whish and David Bailey, *Competition Law*, 7th édition, Oxford, 2011, p. 203.
53) CJCE, 13 février 1979, Hoffman-La Roche c/ Commission, aff. 85/76, point 91.

を採用した。すなわち、市場支配的な事業者はその市場力を強化しうるが、この強化が特異な競争上の行動である場合は、正当化されないとする理論である。以後、この定義が欧州競争法およびフランス競争法において採用されている。

(e) 排除型濫用への適用

TFEU102 条、および、L.420-2 条 1 項は直接的には exploitation abusive（搾取型濫用）の類型を規制するものである。しかし、これらの規定は実際には、abus d'exclusion（排除型濫用）に対して、頻繁に適用されている。実際に、欧州委員会（Commission Européenne）の報告書[54]は、市場支配的な事業者が行う pratiques d'éviction（排除行為）に対して市場支配的地位の濫用規制を適用する場合の優先的な判断事項を明らかにする。市場支配的地位の濫用規制の、排除型濫用行為への適用は、前記 Continental Can 事件の「市場支配的地位にある事業者による、その地位を強化する行為は……濫用を構成する可能性がある」という理論、および、市場支配的事業者は、その行動により有効な競争に影響を与えず、共同体市場を歪曲しないという特別の責任が課せられている、という理論に根拠を置くものである[55]。

(3) 競争侵害要件

(a) 潜在的な効果の基準

市場支配的地位の濫用の要件として、商法典 L.420-1 条の準用による「市場における競争活動を妨げ、制限し、又は歪曲するとき」という競争侵害要件が定められ、このような影響が存在しない場合は、市場支配的な事業者の活動は規制されない。この競争侵害要件の判断基準について、欧州司法裁判所は、評価は「現実の効果」に限られず、「同様に、潜在的な効果を考慮し

---

54) Communication de la Commission - Orientations sur les priorités retenues par la Commission pour l'application de l'article 82 du traité CE aux pratiques d'éviction abusives des entreprises dominantes, 2009/C45/02.
55) *Ibid.*, TPICE, 7 octobre 1999, Irish Sugar c/ Commission, aff. T-228/97.

なければならない」と述べる[56]。この基準によれば、関連市場に具体的な反競争的効果を生じたことの証明は必要でなく、競争を制限する効果を生じることのできる性質のものであることを証明すれば足りることになる[57]。

(b) 顕著な影響の基準

他方で、当該市場における競争機能に対する「顕著な影響」が生じることを必要とする基準が、欧州およびフランス競争法において採用されている。市場支配的な事業者は、「経済的な市場力に基づく地位を備え……その地位は、当該市場における有効な競争の維持に対する障害となる能力を与え、その競争者、顧客……消費者に対して相当程度に独立した態様の行動をとる可能性を与える」[58]。一般に、市場支配的な事業者が競争制限的な行動をとる場合、その挙動は、必然的に、当該市場において「顕著な影響」を与える性質を示す。フランスの判例も「市場支配的地位の濫用として検討される」行為は、その事業者の存在する市場における「競争活動に必然的に影響を与える」[59]と述べる。この判断枠組みによれば、市場支配的地位を立証すれば、侵害の「顕著な影響」を独立して立証する必要はない[60]。

ただし、市場支配的な事業者が、自身が市場支配力を保持する市場とは異なる市場において濫用的な行動をとる場合には、「顕著な影響」の立証が求められる[61]。例えば、フランス宝くじ公社は、公営賭博市場において支配的であるが、他の市場である会計装置の市場に影響を与える行動をとった。同社は、小売事業者に対する宝くじの販売承認の条件として、同社が供給する装置を排他的に購入させ、すでに承認済みの多数の小売事業者に対しては、装置を購入するように圧力を行使した。競争評議会は、「小売事業者らは、

---

56) CJCE, 28 mai 1998, John Deere Ltd c/ Commission, aff. C-7/95, Rec. I-3111, point 77.
57) CJUE, 17 février 2011, C-52/09, TeliaSonera Sverige, Rec. p. I-527, point 64, et CJUE, 6 décembre 2012, C-457/10 P, AstraZeneca e. a./ Commission, point 112.
58) CJCE, 14 février 1978, United Brands, *supra* note 16.
59) Paris, 21 mars 1991, SA des Tuileries J.-P.sturm, SA des Tuileries du Bas-Rhin et Ste Justin Bleger, BOCC, 27 mars 1991; Com., 29 juin 1993, Bull., n° 276.
60) 市場支配力と競争侵害との間の因果関係を前提とするが、市場支配力の評価に因果関係の評価も内包されうる。

他の会計装置メーカーに利益となる、取引上の自由の行使を妨げられた、このような行為は市場における競争圧力を減退させる」と述べる。さらに、「装置の市場における価格の水準は、当該装置の価格の過大評価により、歪曲された」と述べた。よって「当該市場における競争機能に対する顕著な影響が生じる」と評価した[62]。

(c) 購買力濫用型における問題

大規模小売事業者により購買力が濫用され、小規模な納入事業者が従属状態にある場合、小売事業者による濫用的な行動は、その小規模な納入事業者の消滅をもたらす可能性がある。しかし、従属する事業者は、当該市場にわずかなシェアしか保持していないため、その消滅が、市場レベルで顕著な影響を与えることは稀である。従属する事業者の消滅可能性により市場が受ける影響を、競争侵害の基準としてみる限り、競争侵害要件の充足は困難である。この点にも、購買力の濫用規制に対応するために、競争要件を緩和した、相対的市場力規制の導入が必要とされた理由が存在する[63]。

L.420-2条2項の経済的従属関係の濫用規制の競争侵害要件は、「競争の機能又は構造に影響を与える可能性があるとき」である。2001年の改正法により[64]、市場支配的地位の濫用規制の要件よりも緩和されている。しかし改正後、経済的従属関係の濫用規制が適用された例は非常に少ない[65]。適用

---

61) Cons. conc., 3 juillet 2003, n° 03-D-33, BOCC, 8 octobre 2003. トゥールーズの市営葬儀公社は、当該市場において支配的地位にあったが、死亡に関する行政サービスと商業サービスを宣伝する文書を頒布した。競争評議会は、以下のように指摘して市場支配的地位の濫用規制の適用を排除した。家族の意識において混乱を生じさせるような当該行為は、「葬儀市場における自由な競争活動に損害を与えうる」が、しかしながら、短期間であり、第一審裁判所の判決後に中止され、限定された頒布にとどまった。当該行為は「葬儀市場における自由な競争活動に侵害を与えうる」が、文書頒布は短期間にとどまるから「市場に顕著な態様で影響を与えておらず……濫用的と性質決定することはできない」と判断された。
62) Com., 10 décembre 2003, pourvoi n° 01-17493.
63) これに対して、供給力濫用型では、競争者の排除効により、競争侵害要件を充足する場合が比較的多いことが想定される。
64) 2001年の改正法により、L.420-2条1項の要件と比べて緩和された。詳細については拙稿前掲注1) 41号220頁以下を参照。

困難の背景には、従前の「市場における競争活動を妨げ、制限し、又は歪曲する」要件との差異が不明瞭なため、市場支配的地位の濫用規制と同様に、競争への「顕著な影響」の基準に基づき適用されたことが指摘されている[66]。その結果、購買力濫用型に対しては、相対的市場力規制による対処も困難である状況が明らかとなった。

　この問題を解決するために、例えば、以下のような解釈論が指摘されている。市場力ある事業者に従属する相手方は、市場における代替的な解決方法を備えていない限りにおいて、市場における競争に侵害を与える行為者の能力は、同時に証明される、と解すべきとされる[67]。従属的な事業者は、重要な市場力を備える相手方との関係に依拠するがゆえに、市場力が市場支配力の域を超えていなくても、その事業者の、競争に顕著な影響を与える能力を証明するのに十分であることが根拠とされる。このように解すれば、少なくとも相対的市場力規制による規制は可能となる。

　解決のもうひとつの方向性は、そもそも競争侵害要件を問題としない規制類型を活用することである。この点、フランス競争法は、競争侵害要件のない商法典L.442-6条Ⅰ項2号の「著しい不均衡」規制によって、大規模小売事業者による購買力の濫用の規制実績を上げており[68]、購買力濫用型における競争侵害要件の問題を克服し、相対的市場力規制を補完するものと評価することが可能である。

---

65) 経済的従属関係の濫用規制の適用状況については、第3章および拙稿前掲注1) 第42号324頁以下を参照。経済的従属関係そのものが否定される例が多数であるため、競争侵害要件に言及したものはほとんど存在しない。
66) Frison-Roche et Payet, *supra* note 4, n° 199, pp. 184-185. 立法者は「この規定は、事業者の消滅又は撤退を導く行為を規制することを競争評議会に許容する。この場合、競争の機能又は構造が影響を受けるからである」と述べたが、従前の「市場における競争活動を妨げ、制限し、又は歪曲する」要件との解釈基準の差が不明瞭であった。
67) *Ibid.*, Cons. conc., 30 juin 2004, n° 04-D-26, BOCC, 8 novembre 2004. 審決はこの法理を明らかにする、との指摘がある。ランス・ビオ社は、非臨床用途の原料血液製剤の90％を、原料製剤市場において支配的なGIPCAから調達しており、GIPCAが、客観的な正当化事由なく突然に供給停止して、ランス・ビオ社を破産に導くまでに、数ヶ月しか存続できなかった。GIPCAは下流市場である製品市場で支配的ではなかったため、経済的従属関係の濫用が性質決定された。詳細については、第3章および拙稿前掲注1) 42号325頁以下を参照。
68) 拙稿・前掲注1) 43号参照。

第3節　「濫用」行為の類型的分析

1　搾取型濫用と排除型濫用

　一般に、搾取型濫用は、生産高を減少させ、競争水準を超えて価格を上昇させ、それにより顧客を搾取することであり、顧客の犠牲において独占的な利益を稼ぐことであると定義される。これに対して、排除型濫用は、能率競争を高める手段以外の手段に訴えることにより競争者を排除し、それにより市場支配的な地位を強化することと定義され、排除の意図、および、目的に役立つ不公正な手段が要件とされる[69]。

　この区分に従えば、例えば略奪的価格設定行為のように、明確に排除型濫用行為に分類しうる類型も存在する。しかし他方で、市場支配的な事業者は相手方当事者の従属性を、排除戦略として利用することがある。例えば、忠誠リベート、価格差別、供給拒絶のような、直接の取引相手方に対する搾取型濫用と評価しうる行為の効果として、競争者の排除効果が生じることがあるように、両類型は一義的に区分できない可能性がある。そこで以下では、濫用行為の対象が垂直関係にある当事者か（垂直型濫用）、あるいは、水平関係にある競争者か（水平型濫用）、という客観的、明確に峻別の可能な基準を用いて分類を試みる。

2　垂直型濫用と水平型濫用

(1) 垂直型濫用行為

　市場支配的な事業者は、相手方当事者の従属性を強化するような行動を選択し、利用することができる。相関的に強化されるのは、その事業者固有の

---

69) Whish and Baily, *supra* note 52, pp. 202-203.

市場支配力である。この類型においては、濫用行為は、市場支配的な事業者の垂直的な関係の一環として評価される。

(a) **取引相手方の従属性を間接的に強化する行為類型――差別行為**

市場における支配的な事業者が、特定の顧客に有利になるように差別的な条件を定めるとき、顧客事業者が競争を行うことの不可能性を裏付ける事情となる[70]。客観的な正当化事由なく、顧客に対して行われる価格差別が単純な例である。正当化事由は、輸送費、広告宣伝費、関連市場における競争条件を含みうるが、これらの正当化事由がなければ、差別行為は、行為の相手方および行為者の競争者に対して、特異な影響を与えうる[71]。市場支配的な事業者が「国内市場の人為的な分割を背景として……その顧客に不利益をもたらし、競争を歪曲することができるような性質の人為的な価格差別を行なうことはできない」[72]。

差別行為は、競争排除の方策としても行われる。市場支配的地位にある事業者が、等しい条件にある複数の購入者に異なる条件または価格を強制し、競争上の不利益を与えることは、濫用を構成しうる。「市場支配的な事業者は、自らの利益を守ることができるが、『合理的な手段』によって行なうことができるのである」[73]。当該差別行為が、関連市場から競争者を排除し、競争者の参入を規制しまたは遅延させる効果の有無を調査すべきである。市場支配的な事業者が、その事業者の競争者の顧客でもある顧客に対する供給を中止するとき、この手段は、濫用となりうる。市場支配的な事業者が、競争者からも同様に調達している顧客を不利に扱うことが例である。市場支配的な事業者が、自身の地位そのもの、または、密接に関連する市場における子会社の地位を助長する効果を有する差別行為を行うことは原則として禁じられる[74]。

---

70) Frison-Roche et Payet, *supra* note 4, n° 256, pp. 223-224.
71) TPICE, 21 octobre 1997, Deutsche Bahn AG c/ Commission, aff. T-229/94, Rec. II-1689, point 85.
72) TPICE, 6 octobre 1994, Tetra Pak c/ Commission, aff. T-83/91, point 160.
73) TPICE, 1er avril 1993, BPB Industries PLC et British Gypsum LTD, point 94.

例えば、United Brands 事件では、市場支配的な事業者が傘下の小売事業者に対して、未熟バナナを、ブランドシールの有無を問わず当該ブランドの小売事業者間において再販売することを妨げる条項を強制し、その結果、熟成事業者は、限定された小売事業者に対してのみ販売するよう強いられた。この条項は、ブランド保護という目的と釣り合いのとれたものではなく、競争法上特異な性質を示す。この条項は、客観的な正当化事由なく国内市場の人為的な分割を導くものとされた[75]。

最近のフランスにおけるフランス郵政公社事件では、宅配便事業者 Kiala France 社らによって郵政公社に申し立てられた保全処分審決[76]において、競争委員会は、郵政公社が、顧客に Kiala 社に対して取引拒絶することを条件に、顧客から輸送取引を得つつ、消費者の自宅宛ての荷物の配達給付を保障する提案をした行為は、サービスへのアクセスについての差別的な条件に該当し、市場支配的地位の濫用を構成する、と述べた。

(b) 取引相手の従属性を直接的に強化することを目的とする行為

(i) 排他的調達契約

排他的調達契約は、行為者の競争者から調達している顧客の従属性を強化し、競争者を排除する効力を有する。「市場支配的地位にある事業者が、その要求によって、顧客購入者との間で、彼らの必要な調達の全て又は相当部分を、その市場支配的な事業者から排他的に調達することを約束する義務を締結する行為は、市場支配的な地位の搾取的濫用を構成する」[77]。

(ii) 拘束販売

市場支配的な事業者が、他の製品の取引を締結することにより、その市場力を他の製品市場に拡張する場合も、同様の効果を生じる。例えば、Tetra Pak 事件において、同社は、同社の機械を購入する顧客に対して、同社正規

---

74) TPICE, 21 octobre 1997, Deutshce Bahn AG c/ Commission, point 93; 12 décembre 1991, Hilti AG c/ Commission, aff. T-30/89, Rec. II-1439, point 100.
75) CJCE, 14 février 1978, United Brands, *supra* note 16.
76) Décision n° 11-MC-01 du 12 mai 2011 relative à la demande de mesures conservatoires présentée par les sociétés Kiala France et Kiala SA dans le secteur de la livraison de colis.

のダンボールの使用を強制し、拘束販売条項、時には排他的調達条項を強制した。これらの条項は「Tetra Pak 社に対する、顧客の経済的従属性を強化することにより、Tetra Pak 社の市場支配的地位を強化することを目的としていた」。これらの条項は、「公衆衛生の保護の目的の範囲内の、一切の合理的な性質を欠き」、「市場支配的な事業者が、彼らの取引上の利益を保護するために認められている権利を超えるものであった」とされる[78]。

(iii) 抱き合わせ販売

宅配便事業者 Kiala France 社らによる郵政公社に対する保全処分審決[79]で、競争委員会は抱き合わせ販売が市場支配的地位の濫用に該当するためには、第1に抱き合わせの対象となる主たる製品と従たる製品が異なる製品であり、第2に反競争的な排除効果に至ることができなければならない、と述べた。

(iv) 顧客固定化（忠誠リベート）

「顧客が、市場における競争者から調達することを妨げる効果を有する値引きシステムが、市場支配的な事業者によって適用されるならば、機能条約82条に違反するものとみなされうる」[80]。市場支配的な事業者は、値引きまたは減免に同意することができる。しかしそれは客観的に正当化されなければならない。これらの値引きまたは減免がもっぱら「顧客固定化」であってはならない[81]。

---

77) CJCE, 13 février 1979, Hoffman-La Roche c/ Commission, *supra* note53., point 89; CJCE, 3 juillet 1991, AKZO Chemie BV c/ Commission, aff. C-62/86, Rec. I-3359, point 149; TPICE, 1er avril 1993, BPB Industries PLC et Brtisch Gypsum LTD, aff. T-65/89 points 67-68; 23 octobre 2003, Van den Bergh Foods Ltd c/ Commission, aff. T-65/98, Rec. II-4653, point 160; Cons. conc., 10 mai 2001, Pratiques de la société Abbot sur le marche société Henkel-Ecolab dans le secteur des lessives industrielles, Cons. conc., n° 04-D-28, BOCC, 8 novembre 2004, points 58 et s.; Décision n° 04-D-13 du 8 avril 2004 relative à des pratiques mises en œuvre par la société des Caves et des Producteurs réunis de Roquefort.
78) TPICE, 6 octobre 1994, Tetra Pak c/ Commission, *supra* note 72, point 140; TPICE, 30 septembre 2003, Michelin c/ Commission, aff. T-203/01, points 161-167.
79) *Supra* note 76. 当該行為に顧客に他の宅配便事業者との取引を断念させる性質はなかったとして、排除効果は否定された。
80) TPICE, 17 décembre 2003, British Airways c/ Commission, *supra* note 32, point 245; Cons. conc., 30 novembre 2004, Pratiques mises en œuvre par La Poste dans le cadre de son contrat commercial, n° 04-D-65, BOCC, 31 mars 2005.

欧州司法裁判所は、顧客固定化のための値引きを、数量的値引きと区別し、前者は「財政上の有利性の恩恵のもとに、顧客が、競争事業者である製造事業者から調達することを妨げる」傾向があると述べる[82]。また、顧客固定化は「調達源の選択可能性を購入者から奪い……他の生産事業者が市場にアクセスすることを遮断する」傾向がある[83]。その効果として、顧客の従属関係が強化されると同時に、競争事業者との関係で市場支配的な地位が強化される[84]。欧州司法裁判所は、値引きは授与された有利性と経済的な給付が釣り合う場合のみ正当化されるのであり、これらの値引きは、「小売事業者の顧客固定化の主観的な評価に従って、又は事業者が事由裁量的に与え又は奪うことを要求する競争上の有利性に応じて、ケースバイケースで、恣意的に決定された」差別的なものであってはならない、と述べる[85]。

　また顧客固定化は、市場支配的な事業者の市場力における地位に基づき、競争事業者の市場へのアクセスの排除戦略として機能する。換言すれば取引相手方の従属性の強化が、市場参入の障壁を生み出しているといえる[86]。

　最近の宅配便事業者 Kiala France 社らによるフランス郵政公社に対する保全処分[87]においても、排除効について言及されている。競争委員会は「とりわけリベートの授与の基準および態様を評価し、リベートが、それを正当化するいかなる経済的な給付にも依拠しない利益として、供給源の選択の自由を買主から奪い、または自ら拘束させ、競争者の市場へのアクセスを遮断

---

81) *Ibid.*
82) CJCE, 13 février 1979, Hoffman-La Roche c/ Commission, *supra* note53, point 90; CJCE, 9 novembre 1983, NV Nederlandsche Banden Industrie Michelin c/ Commission, aff. 322/81, points 70-73.
83) *Ibid.*
84) CJCE, 9 novembre 1983 NV Nederlandsche Banden Industrie Michelin c/ Commission, *supra* note 82.
85) Paris, 21 mars 1991, SA des Tuileries J.-P. Sturm, SA des Tuileries du Bas-Rhin et Ste Justin Bleger, BOCC, 27 mars 1991; CJCE, 9 novembre 1981, *supra* note 84, p. 3461, point 73.
86) 公正取引委員会競争政策研究センター「競争者排除型行為に係る不公正な取引方法・私的独占について——理論的整理」（2008年）50頁以下において、忠誠リベートは価格設定行為を通じて、差別対価、排他条件付取引、抱き合わせの効果を生じる可能性があり、とりわけ排他条件付取引として排除効を生じることが指摘されている。www.jftc.go.jp/cprc/reports/index.files/cr-0108.pdf（2016年9月26日最終確認）。

し、取引上の相手方の対価的な給付に対して、不平等な条件を適用し、または、歪曲された競争により、市場支配的地位を強化する性質を有するかを、分析すべきである」と述べる。

(2) 水平型濫用行為

(a) 濫用を構成する要素

　市場支配的な事業者は、その競争者を排除する戦略を用いることができる。市場支配的な事業者は、現存しまたは潜在的な競争者の排除以外には客観的に正当化事由のない行動を採用する。そこで水平的な関係における濫用が評価される。「市場支配的な事業者が、能率競争を高めること以外の手段に訴えることにより、競争者を排除し、その地位を強化すること」は許容されない[88]。したがって、濫用は、排除の意図と、その目的に役立つ不公正な手段という2つの要素で構成される[89]。排除の意図は、濫用を明らかにする要素となる。他方で、いかなる客観的な正当化もなされないような行為の不公正性さは、排除の意図を構成する。排除戦略の例は多数存在するが、市場支配的な事業者がその市場力の拡張を追求しているという理由のみでは規制しえないため、濫用の評価には困難な面がある[90]。以下、競争当局および裁判所によって体系化された行為類型を検討する。

---

87) Décision n° 11-MC-01, *supra* note 76. 競争委員会は、本件値引きは、自宅宛て宅配便をほぼ提供できない他の宅配便事業者を害しつつ、消費者が自宅宛ての宅配を必ずしも選択しないのに、顧客事業者に郵政公社の宅配便を優遇することを奨励した、と評価した。ただし本件では、顧客事業者に提案された一連の宅配サービスは、消費者はインターネットによって購入する際に選択することができ、顧客事業者は最終的に選択されたサービスについてしか支払わないものであり、自宅外への配送価格は、競争者の配送価格より高額であるゆえに、他の事業者の給付を受けることを断念させる性質のものではなかったことを理由として、競争事業者の排除の危険性は退けられた。
88) CJCE, 3 juillet 1991, AKZO Chemis BV c/ Commission, *supra* note 77, point 70; CJCE, 13 février 1979, Hoffman-La Roche c/ Commission, *supra* note 53, point 91.
89) Paris, 4 février 2003, SA Spinavision, BOCC, 31 mars 2003.
90) Paris, 4 janvier 2000, BOCC, 31 janvier 2000; Com., 6 avril 1999, Bull. n° 79. 新しい製品を展開し、競争者の市場への参入を妨害することは、それ自体は濫用的ではない。

(b) 略奪的価格行為

　市場支配的な事業者は、利潤を最大化する直接的な目的が示す価格よりも低い価格を付けることに、利益を見出す可能性がある。事業者がこのような価格を維持する能力は、市場支配的地位、および、市場力の徴表である[91]。市場支配的な事業者は、一時的には損失を出しつつ、競争者を排除し、または、競争者の市場への接近を妨げる態様で、価格を著しく値下げする。そして市場支配的な事業者は、その獲得した地位により、その後に損失を取り戻すことが可能である。略奪的価格行為が情報の非対称のもとで実行されるとき、競争の脅威となる。競争者は、設定された非常に低い価格が、市場支配的な事業者のかけた費用の現実の水準の反映であると「想定する」。その結果、競争事業者は、現時点ですでに、市場支配的な事業者が成果を獲得するように見える価格競争に、戦意喪失させられる。よって、略奪的価格行為は、市場支配的な事業者が存在する場合にのみ想定され、禁止されうる[92]。

　AKZO事件[93]において、欧州司法裁判所は、略奪的価格行為の基準として、2つの基準を設けた。第1に、平均可変費用（製品の数量に応じて変動し、生産と同時に増大する）を下回る価格行為は違法である。事業者がこのような低価格を実行する場合、損失を出すから、事業者の意図は競争者を排除する以外にはありえない。第2に、市場支配的な事業者は、平均総費用（固定費用、および可変費用を含む）を下回るが、平均可変費用を上回る価格を実行しつつ、競争者の排除を追求することはできない。この第2の基準では、価格の限界値、および、略奪的戦略の2つの要素を考慮して、排除の意図が証明されなければならない[94]。

　欧州司法裁判所は、上記の基準に基づき、競争の排除の危険またはそのよ

---

[91] Frison-Roche et Payet, *supra* note 4, n° 261, pp. 228-229.
[92] *Ibid.*, n° 264, 265, pp. 230-231. ただしフランス競争法は固有の規制として、商法典L.420-5条で、行為者の市場支配的地位とは無関係に、濫用的な低価格行為（不当廉売行為）を、反競争行為の一類型として禁止する。L.420-5条は、「消費者に対する、生産、加工及び販売費用に比して不当に低廉な価格の提案又は販売価格の実行は、これらの提案又は実行が、市場を消滅させ、もしくは事業者又はその製品が市場にアクセスすることを妨げる目的を有し又は効果を有する可能性があるときは、禁止される」と規定する。
[93] CJCE, 3 juillet 1991, AKZO Chimie BV c/ Commission, *supra* note 77.

うな効果の潜在性を満たす場合、さらに加えて略奪的行為の損失回復のために永続的に値上げしうるか、参入障壁が存在するか等の立証を不要とする[95]。これに対してフランス当局は、より詳細な基準を要求する。すなわち「利潤の分析（生産費用を下回って販売する場合、略奪的行為がある）、排除可能性（略奪的行為は、特定の競争者の排斥または弱体化を許容する場合しか意味がない）、損失の回復可能性（参入障壁が現存すれば、損失の回復可能性および競争者の永続的な除去を保障する）、市場における低価格の効果、またはブランドの存在または不存在という、一連の要素を通じて行なうべきである」と述べる[96]。

(c) **不可欠施設へのアクセスの拒絶**
(i) 不可欠施設の理論

特定の資源が市場で活動するために必要不可欠である場合がある。これらの資源は不可欠施設と呼ばれる。市場支配的な事業者がこのような性質の施設を保有する場合、その事業者は、客観的な正当化事由なく、競争者を市場から排除し、または、競争者の参入を妨害するために、その不可欠施設へのアクセスを拒むことは市場支配的地位の濫用を構成する可能性がある。すなわち2つの要素が濫用を性質決定する。第1は事業者の行為の客観的な正当化事由の不存在が、その事業者の排除の意思を証明することであり、第2は施設の不可欠な性質がこの戦略の潜在的または明白な効果を証明することである[97]。アクセス拒否は、密接する市場に市場力を拡張する意図に基づき行われることがある。例えば、市場支配的な事業者が派生的な製品の製造に不

---

94) *Ibid.*, point 78-82; TPICE, 6 octobre 1994 Tetra Pak c/ Commission, *supra* note 72, point 151.
95) Frison-Roche et Payet, *supra* note 4, n° 263, pp. 230-231.
96) Cons. conc., 11 mai 2004, n° 04-D-17, Société AOL, France SNC, et AOL Europe SA, BOCC, 6 septembre 2004, point 66.
97) Autorité de la concurrence, Rapport Annuel 2011, Décision n° 11-MC-01 *supra* note 28, Décision n° 08-D-08 du 29 avril 2008. 競争委員会は以下の判断基準を定立する。(i)施設が独占的な事業者に保持されていること、(ii)競争活動を行うために施設へのアクセスが不可欠であること、(iii)競争者により、合理的な条件で施設が再生産できないこと、(iv)当該施設へのアクセスが拒絶され、または不当に拘束的な条件により許可されること、(v)当該施設へのアクセスが可能であることである。

可欠な原料を保有する場合、その製品市場に市場力を拡張するために、その原料へのアクセスを拒絶する場合がある。

　他方で、市場支配的な事業者は、重要な施設を保有しているのが通常であるから、施設の不可欠性は、抑制的に評価されなければならない。不可欠施設が認定されるためには、競争者は代替手段を有していてはならないと解されている。すなわち、その資源へのアクセスを「不可能」または「条理に反して困難」な性質とするような、「技術上、法規上、又は経済上」の障害を考慮する。「競争者がより不利にならなかったであろう、経済的に合理的な、代替的な解決方法」の不存在が確証されなければならない[98]。代替手段の不存在の確証がなければ、アクセスの拒絶は、競争者が市場へ参入する上での真の障害とはならない[99]。

　(ⅱ) 法的独占の結果による不可欠施設

　法的独占が保持されていても、事業者は競争法規範から免れるわけではない。公的独占であっても、いかなる特権も事業者に与えられるものではないと解されている。欧州司法裁判所は、法的独占を保持する事業者が「客観的な必要性なく、隣接するが結合されていない市場で、第三者である事業者の活動の範囲内でその第三者により行われる可能性のある活動を、自ら予定し、または同グループに属する事業者に予定させ、この第三者からすべての競争を奪う危険のある行為は、濫用を構成する可能性がある」と述べ、隣接する市場に、市場支配力を濫用的に拡張する行為を禁止する[100]。

　(ⅲ) 知的財産権の効果による不可欠資源

　知的財産権の保持を認められた市場支配的な事業者は、論理必然的に、アクセスを拒絶する権利を有するようにも思われる。しかし、市場支配的な事業者による知的財産権の行使は、不可欠資源の法理を媒介として、濫用を構

---

98) Com., 12 juillet 2005, SARL NMPP, pourvoi n° 04-12388; Cons. conc., 22 décembre 2003, Société les Messageries lyonnaises de presse, n° 03-MC-04, BOCC, 13 février 2004; Paris, 12 février 2004, BOCC, 4 mai 2004.
99) Frison-Roche et Payet, *supra* note 4, n° 267, pp. 234-235.
100) CJCE, 3 octobre 1985, SA Centre belge d'études de marché telemarketing (CBEM), aff. 311/84, Rec. 3261, point 27; Cons. conc., n° 05-D-59 du 7 novembre 2005, point 78-84.

成する可能性がある。Magill 事件[101]では、Magill 社が、総合的なテレビ番組週刊ガイドの出版を望んだのに対して、各テレビ局は、固有の番組ガイドを出版し、第三者による複製を拒絶するために、週刊番組表の著作権の保護を要求した。欧州司法裁判所は、第1に、相当の潜在的な要請にもかかわらず、Magill 社が計画したものに代替するガイドは市場に存在しないことを指摘した。第2に、拒絶された情報は、このガイドに「必要不可欠な原素材」であったことを指摘した。第3に、テレビ局らの拒絶に客観的な正当化事由は存在しなかったことを指摘した。結論として、欧州司法裁判所は「事業者らの行動は、テレビの週間番組ガイド市場から派生する市場で……競争を排除しつつ市場力を保持したものである」と認定した。

同様に、知的財産権によって保護されている製品へのアクセスの拒絶に関して、欧州司法裁判所は、濫用を認定するためには「3つの複合的な要件が充足されることを要する……①その拒絶が、消費者の潜在的な要望が存在する新しい製品の出現の障害となり、②正当化事由がなく、そして、③派生市場において、全ての競争を排除することが可能な性質を有することである」と述べる[102]。

(d) 誹謗行為

誹謗行為は、公然と、特定の人格、製品または役務についての信用毀損を発することにより成立する。ただし市場支配的地位ある事業者が行うすべての誹謗行為が、必然的に濫用行為を構成するわけではない。濫用行為と性質決定されるためには、市場支配力と、誹謗行為との間に一定の関係が存立すべきである[103]。フランス競争委員会は、誹謗行為は、競争者に不利益を課

---

101) CJCE, 6 avril 1995, Radio Telefis Éireann (RTÉ) et Indépendant Télévision Publications Ltd (ITP) c/ Commission, aff. jointes C-241/91 P et C-242/91 P.
102) CJUE 29 avril 2004, IMS Health GmbH & Co. OHG v NDC Health GmbH & Co. KG, aff. C-418/01. 単に著作権者によりすでに市場に提供された製品を再生産することを求める場合は、アクセスの拒絶は正当化される。
103) Décision n° 09-D-14, 25 mars 2009 relative à des pratiques mises en œuvre dans le secteur de la fourniture de l'électricité, points 57 et 58, confirmée par CA Paris, 23 mars 2010; Décision n° 10-D-32 du 16 novembre 2010 relative à des pratiques dans le secteur de la télévision payante, point 305.

することにより、競争上の利益の享受を追求する、経済上の行為者によって発せられる限り規制されるという基準を示す[104]。

誹謗行為の存在を評価するために、競争委員会は、第1に、誹謗行為が、具体的な事実を指摘するものか、確証しえない事実かの確認を重視する[105]。第2に、誹謗行為が、市場の構造に影響を与えることができる性質のものかを確定するために、取引相手または競争者の潜在的な顧客に対して、その誹謗行為が有する予測上のまたは現実の効果を検討する[106]。第3に、当該事業者の市場支配力と誹謗行為との間の関係の存在を確証するために、当該事業者の市場における著名性と信頼性を検討する。

最近のNouvelle des Yaourts Littée（NYL）事件[107]において、競争委員会は、市場支配的なNouvelle des Yaourts Littée社（以下、NYL社）およびその親会社が、競争者Malo aux Antilles社（以下、Malo社）の製造する生鮮乳製品を対象とした誹謗行為を規制した。競争委員会は、第1に、NYL社によって行われた、Malo社の生鮮乳製品についての誹謗行為が、具体的な事実に基づきなされたのか、または証明されていない断言から生じたのかを検討した。誹謗行為は、虚偽の結果に依拠した偏見に基づく方法論から導き出された細菌学の学説に基づいていた。さらに、NYL社による誹謗は、存在しない法規範に基づき、Malo社の製品の品質を問題視するものであった[108]。第2に、競争委員会は、この中傷的な誹謗の拡散は、市場の構造に影響を与

---

104) Décision n° 13-D-11 du 14 mai 2013 relative à des pratiques mises en œuvre dans le secteur pharmaceutique, paragraphe 368, confirmée par CA Paris, 18 décembre 2014.
105) Décision n° 07-D-33 du 24 janvier 2007 relative à des pratiques mises en œuvre par la société France Télécom dans le secteur de l'accès à Internet à haut débit, point 81.
106) Décision n° 10-D-30 du 28 octobre 2010 relative à des pratiques mises en œuvre dans le secteur de la publicité sur Internet, pointe 307.
107) Décision n° 14-D-08 du 24 juillet 2014 relative à des pratiques mises en œuvre dans le secteur de la commercialisation de produits laitiers frais aux Antilles françaises.
108) 海外県での乳製品の流通は消費期限が30日という虚偽の法規範に依拠して、Malo社の製品の品質が非難され、Syndicafrais（生鮮乳製品の国内同業者組合）への申立てにより伝播され、外部の食品小売事業者へ引き継がれる間接的な方法で信用毀損されたことが認定された。

える性質であることを確認した。競争委員会は、誹謗行為は、マルティニーク島およびグアドループ島の多数の小売チェーンで、Malo社の製品の取引の一時的な減少または停止をもたらした、と指摘した。最後に競争委員会は、NYL社は、同地域の生鮮乳製品製造の先駆的会社であり、その著名性を利用することができ、直近で市場に参入した競争者の製品を信用失墜させる言説は、権威あり信頼できるように見えた等の事情に基づき、誹謗行為と市場支配的地位の間の因果関係を認定した。

(3) 市場支配的地位の「濫用」行為と、相対的市場力の「濫用」行為

　市場支配的地位の濫用行為は、市場支配的地位ある事業者のみが有効に実行しうる行動だとすれば、その濫用行為の性質は、相対的市場力の濫用行為とは異なる性質を備えることになる。例えば、市場支配的地位ある事業者に特有な行為として、略奪的価格設定行為が挙げられている[109]。

　他方で、垂直型の市場支配的地位の濫用は、相手方当事者の従属性を直接または間接に強化する行為である。すなわち垂直型の市場支配的地位の濫用と、相対的市場力の濫用（経済的従属関係の濫用）は、一定の市場力を備えた、「強制力ある当事者」による従属関係の濫用であるという点で同質であり、垂直型濫用における濫用行為自体は、相対的市場力の濫用行為と性質が異ならず、主体の市場力に応じて適用すべき制度を選択すべきことになる。事実、経済的従属関係の濫用に関するL.420-2条2項が例示列挙する濫用行為の類型は、「販売拒絶、拘束販売……差別的取扱い」であり、垂直型の市場支配的地位の濫用行為の類型と重なり合っている。

---

[109] Frison-Roche et Payet, *supra* note 4, n° 261, pp. 228-229.

第4節　フランス競争法における最近の市場支配的地位の濫用規制の適用例

1　垂直型濫用行為の類型

(1) 垂直型濫用行為の類型の概観

　最近の垂直型濫用行為類型の規制例では、差別行為、取引拒絶、排他条件付取引、拘束条件付取引、価格差別行為、リベート行為等が規制されている。これらの行為類型は、直接的には行為者の取引相手である小売事業者らを拘束し、搾取することにより従属性を強化する態様で行われるが、その競争侵害効果は市場における競争者の排除効である点で、排除型行為の側面を有することに着目すべきである。また、いずれも供給者主導型であり、購買力濫用型への市場力規制の適用が困難であることを示している。

　また忠誠リベートが問題となった2件は、いずれも海外県における電気通信事業分野の事例であり、地理的に限定された市場において市場支配的地位が認定されやすいことを示している[110]。

(2) 差別行為、取引拒絶

　医療情報データベースの分野に関する2014年7月8日の審決（Cegedim事件）[111]において、競争委員会は、検診用途の製薬研究所向け医療情報データ

---

110) 電気通信事業分野等のネットワーク効果が働く事業分野では、市場支配的な事業者が同社の顧客が支払う固定電話の料金よりも高い卸料金（加入者回線への接続料金）を競争者に課することにより、マージンスクイーズが行われ、取引拒絶の一形態として、市場支配的地位の濫用を構成する可能性がある。EUにおけるマージンスクイーズ規制の状況については、公正取引委員会競争政策研究センター「ネットワーク産業に関する競争政策——日米欧のマージンスクイーズ規制の比較分析及び経済学的検証」（2012年）を参照。http://www.jftc.go.jp/cprc/reports/index.files/cr-0212.pdf（2016年9月26日最終確認）。

ベース市場で 70％のシェアを占める Cegedim 社が、特定の製薬会社へのデータベースの販売を差別的に拒絶し、市場支配的地位を濫用したと判断した。Cegedim 社は、同社の競争者 Euris 社が販売するソフトウェア NetReps の現在および潜在的な唯一のユーザー Dendrite 社に対して、Cegedim 社のデータベース「OneKey」の販売を拒絶したため、Euris 社が申し立てたものである。

　競争委員会は、欧州委員会の指針[112]の基準を援用し、市場支配的な事業者は、現実の拒絶もしくは十分明白な「暗黙の拒絶」、すなわち不当な遅滞、製品の調達の妨害、または、調達の対価として不合理な条件の強要等により対抗できず、明白な目的すら欠く場合、取引拒絶を構成する旨を述べた[113]。

　本件では、競争者 Euris 社による知的財産権侵害の疑いを理由として、2009 年 5 月 15 日付の郵便により、Cegedim 社は、Euris 社の顧客事業者に、データベース OneKey の利用の許可を与えることを拒んだ。Cegedim 社の役員、および、Euris 社の顧客の供述は、Euris 社の唯一の顧客に対する拒絶行為の、現実的で差別的な性質を裏付けた。競争委員会は、これらの事情は、Cegedim 社によるアクセス拒絶の性質を有し、明確な商業戦略に基づいて単独行為を実行し継続した、と認定しうると評価した。

　これに対して Cegedim 社は、行為は短期間で終了したと反論した。しかし競争委員会は、原則として、公然と表明されまたは明確に要求された商業戦略に則った姿勢に基づく単独行為が存在する場合、自らその行為を中断した事情を援用する事業者は、その中断を正当化する具体的な事情を提供する義務を負う、と述べた。競争委員会は、Cegedim 社が、Euris 社に対する著作権侵害訴訟の続行にかかわらず、不当な行為を中止するため必要な措置を

---

111) Décision n° 14-D-06 du 8 juillet 2014 relative à des pratiques mises en œuvre par la société Cegedim dans le secteur des bases de données d'informations médicales. 控訴審が継続中である。
112) Communication de la Commission, *supra* note 54, point 79.
113) 競争委員会は、反競争行為の証明の基準について、それ自体が十分な証拠から生じるか、または「予審手続において収集された、書面又は供述の可能性があり、確証しうる性質ではない可能性のある、様々な要素への接近から成る一連の徴表から生じる」と述べる。Décision n° 01-D-13, Décision n° 12-D-23, Paris, 13 mars 2014, RG n° 13-00714 も同旨である。

とったか、同社グループ内に新しい指示を与え、そのことを、潜在的な関係事業者に知らせたかを検討した。Cegedim 社は、審判申立当時、当該行為の中止を同グループ事業者に指示したと主張したが、指示の存在は証明されなかった。Cegedim 社は、実行行為が 2008 年 11 月に終了したと主張したが、2009 年 5 月から 2010 年 5 月までのアクセス拒絶の証拠資料に反していた。審理期間中（2009 年から 2014 年）、結局、Cegedim 社のアクセス拒絶の姿勢の変化を示すいかなる書面も提出されなかった。

結論として、競争委員会は、Cegedim 社に対して申し立てられた差別行為は、2007 年 10 月に開始し、遅くとも 2013 年 4 月 10 日の申立ての通知まで存続したと認定し、576 万 7000 ユーロの制裁金を課し、以後、差別行為を行うことを禁じ、主要日刊紙に本件審決の結果を公表することを命じた。

(3) 価格差別行為、顧客固定化行為等

(a) フランステレコム事件

アンティル-ギアナ地域の携帯電話通信市場に関する、パリ控訴院判決[114]は、携帯通信市場においてフランス 1 位のフランステレコム社、および、カリブ海地域の携帯電話事業についての子会社であるオレンジカリブ社による、以下の複数の市場支配的地位の濫用行為に関する争点について、原審決[115]を確認した。

(i) 排他的義務、不競争義務を課する行為

原審決、控訴院は、オレンジカリブが、同社から独立した小売事業者に対して「機種変更プログラム」の一貫として、競争的な携帯電話サービスの販売を禁止する排他的販売義務および、不競争義務を課した行為を規制した。控訴院は、当該条項が、明示の制裁の威嚇のもとに、契約期間中のみならず

---

[114] Paris, 4 juillet 2013, RG n° 12/05160; Com., 6 janvier 2015, pourvoi n° 13-21305, 13-22477. 破毀院は控訴院の判断を維持した。

[115] Décision n° 09-D-36 du 9 décembre 2009 relative à des pratiques mises en œuvre par Orange Caraïbe et France Télécom sur différents marchés de services de communications électroniques dans les départements de la Martinique, de la Guadeloupe et de la Guyane.

契約終了後2年間適用される限り、その影響力を過小評価できないと述べた。当該条項は、50以下の小売事業者との間で締結されたが、小売事業者は少なくとも110の販売店を代理し、オレンジカリブのサービスの販売の80％を確保していた。控訴院は、当該条項は、恒久的に製品および役務の流通を単一ブランド化へ向かわせており、投下資本を考慮しても、客観的に正当化されえないと強調した。

(ii) 顧客固定化行為（忠誠リベート）

原審決、控訴院は、2002年春から2005年春までの「機種変更」プログラムの一環である顧客ポイントの利用のために、24ヶ月の再契約を強要して、顧客小売事業者を固定化した行為につき、市場支配的地位の濫用を認定した。以下の点が強調された。「機種変更」プログラムは、過去分に報いる優待のみならず、将来の契約に対する特典を顧客に提供しつつ、周期が到来までの間に顧客が鞘取引する能力を奪うものであった。「機種変更」プログラムは、パッケージ込みで加入申込みしたオレンジカリブの顧客事業者にしか適用されず、対象とされた加入者は、オレンジカリブの顧客事業者の評価価値の25％に相当した。また同社は、競争者 Bouygues Télécom Caraïbe（以下、BTC社）が参入した2000年末の時点で、独占状態にあり[116]、本件行為はオレンジカリブの市場支配的地位を強化することに貢献した。

(iii) 価格差別行為

原審決、控訴院は、回線内通話（同社通信網宛て通信）と、回線外通話（他の通信会社宛て通信）につき不公正な価格区分を行い、同社顧客間の通信を、競争通信会社顧客との間の通信より安価にした行為は、以下の理由で潜在的な反競争的効果を有すると述べた。

第1に、価格差別行為は、プリペイドカード式の全サービスに関連し、それは顧客総数の約46％に相当する。また、市場における2003年および2004年の行為者と競争者の地位はきわめて非対称であり、オレンジカリブは2003年末の市場シェアの83％を保持していた。加えて、オレンジカリブの

---

[116] 市場シェアは2002年には75％に下がったが、顧客優待の提供が効力を発する2003年末時点では83％に回復していた。

顧客の同社携帯宛ての通信と、BTC社携帯宛ての通信の間の価格差は非常に明白であり、カードごとに53％から70％に変動した。価格差別行為は、ネットワーク効果によりオレンジカリブの通信網の魅力を人為的に強化し、競争者BTC社を高額な通信事業者のように見せ、そのイメージを低下させた。

第2に、価格差別は回線内通話への接続のための内部移転費用より、客観的に正当化されなかった。

第3に、原審決および控訴院は、価格差別行為と、通話接続分野の市場における市場力の搾取的濫用との間の因果関係を確認した。原審決は「客観的な正当化事由なく……反競争的な効果をもたらす可能性のある価格差別行為は……市場力の搾取的濫用として評価される。当該通信事業者は……通話接続に関する上流市場において同行為を利用した。この通信事業者が、同時に下流市場（消費者に役務を提供する供給市場）でも市場支配的地位を保持する状況は、濫用の効果を強化しうる。……価格差別行為は、下流市場における競争者の排除又は規制戦略の手段にもなり得るからである」と述べた。

(iv) 親会社の帰責性

原審決、控訴院は、子会社オレンジカリブとともに、親会社フランステレコムの責任も認めた[117]。本件では、親会社は直接または間接に、子会社の資本のほぼすべてを保持し、両者は単一の事業体を構成していたと推定された。推定を覆すためには、親会社は、決定的な影響力を子会社に行わなかったこと、子会社と経済的に単一の実在を構成しないことの証明を要する。しかし「フランステレコムは……同グループ内における一連の組織的、司法的、及び経済的な関係の分析から導き出される（同一）経済単位に属さないことを確証しうるいかなる要素も援用していない」と控訴院は認定した[118]。

---

117) 経済的、組織的関係等、親子会社が経済的に単一の実在を構成しないことの証明は、決定的な影響力を有効に行使したことの推定を覆すことを望む主体の義務である、という規範を引用した。CJCE, 10 septembre 2009, Akzo Nobel e. a. c/ Commission, C-97/08 P; CJCE, 29 septembre 2009, Elf Aquitaine/ Commission, C-521/09 P; CJCE, 20 janvier 2011, General Quimica e. a. c/Commission, C-90/09 P; CJCE, 29 mars 2011, ArcelorMittal Luxembourg/ Commission et Commission/ ArcelorMittal Luxembourg e. a., C-201/09 P et C-216/09 P; CJCE, 19 juillet 2012, Alliance One International Inc. e. a. c/ Commission, C-628/10 et C-14/11.

控訴院は、フランステレコムが、子会社が市場で自律的に行動した根拠となる証拠を提出しなかったと認定し、フランステレコムおよびオレンジカリブに連帯して5250万ユーロの制裁金を課した。

(b) SFR事件

　レユニオン島およびマヨット島に居住する顧客向けの携帯電話の分野において行われた行為に関する審決[119]において、フランス競争委員会は、携帯通信市場でフランス2位のSFR社および、その子会社であるSRR社[120]が、末端通話市場において保持する支配的地位の濫用を規制した。同社らが、SRR社の回線網に属する他の顧客に宛てた通話（回線内通話）と、より高額な、競争者の回線網に宛てた通話（回線外通話）との間の濫用的な価格差を設定し、レユニオン島では12年間以上、マヨット島では3年以上にわたり維持した行為が問題とされた[121]。

　競争委員会は以下の事実を認定した。SRR社は、レユニオン島の顧客に対して、競争者であるOrange社およびOutremer Telecom社の回線網宛ての通話について、3から24サンチーム・ユーロ（100分の1ユーロ）高く請求した。またマヨット島の顧客に対して、最大26サンチーム・ユーロ高く請求した。これらの価格差別は、ショートメールにも及び、メールを送られた相手が競争通信事業者回線である場合は、3から10ユーロ高額となった。

　競争委員会は、以下のように述べた。価格差別の存在それ自体は非難されないとしても、この価格差が、通信事業者によって負担される費用の差を超える場合は非難される。特にこの場合、通話についての価格差は、レユニオ

---

[118] 子会社の経営陣は親会社の人脈により構成され、子会社が備える携帯通信事業者としての免許、運転上の利益は、親会社との間の地理的距離がもたらす事情を超えなかった。また当該地域の親会社のすべての代理店は、独占的に子会社の製品を販売していた。

[119] Décision n° 14-D-05 du 13 juin 2014. 控訴されず確定した。

[120] SRR社は2000年までレユニオン島で唯一、2006年までマヨット島で唯一の通信事業者であった。

[121] Décision n° 12-D-24 du 13 décembre 2012 relative à des pratiques mises en œuvre dans le secteur de la téléphonie mobile à destination de la clientèle résidentielle en France métropolitaine, Rapport annuel 2012, p. 20 も同じく携帯電話分野の審決である。

ン島で SRR 社によって負担される費用の差の 3 倍以上であった。マヨット島では、価格差は、費用の差の 50％以上であった。ショートメールについては、レユニオン島においてもマヨット島においても、確認された価格差は、費用差によってもはや正当化されなかった。すなわち競争社の回線網宛てのショートメールの発信の費用は、SRR 社の回線網宛てのショートメールの発信の費用よりも高額とはいえなかった。競争委員会は、これらの行為は人為的にネットワーク効果を発生させ、競争者について、通話がより高額な回線網であるかのように見せかけ、競争者の財政的な能力を弱体化させるものであると認定した。

2　水平型濫用行為の類型

(1) 水平型濫用行為の類型の概観

ここでは、第 3 節で分析した以外の行為類型を紹介する。新聞社の例では、競争者の新規参入阻止そのものを目指す、直接的な排除型行為が規制された。また、国有鉄道の例では、法的独占と不可欠施設を保持していた旧国営事業が、施設管理部門と運営部門に上下分離されたにもかかわらず、両部門間の情報を悪用して競争者を排除するという、複合的な排除型行為が規制されており、注目すべきである。

(2) 新規参入の阻止行為

2014 年 2 月 20 日の審決（Philippe Amaury 事件）[122]において、競争委員会は、Philippe Amaury 出版グループ（以下、Amaury 社）および同社発行の新聞 L'Équipe 紙が、スポーツ情報の国内日刊新聞の購読市場において、新規参入者である Le 10Sport.com 社を排除し、市場支配的地位を濫用した件を規制した。事案は以下の通りである。2008 年 9 月に、0.5 ユーロという低価格の新規スポーツ新聞である 10Sport.com 紙の発刊が発表された。すると 2 週

---

[122] Décision n° 14-D-02, 20 février 2014; Paris, 15 mai 2015, RG n° 14-05554. 控訴院も原審の判断を認めた。

間余り後に、Amaury 社も、Aujourd'hui Sport という、紙面構成が 10Sport.com と酷似する新スポーツ日刊紙の発刊を発表した。Aujourd'hui Sport 紙の発刊は、10Sport.com 紙の発刊と同日の 2008 年 11 月 3 日に予定された。2009 年 3 月、10Sport.com は発行中止となり週刊に変更された。審決の判断においては、以下の事情が考慮された。

(a) **新規参入者の排除戦略**

競争委員会は、Amaury 社内部から入手された文書により、Amaury 社によって採用された報復の目的は、L'Équipe 紙が独占状態にあるスポーツ情報に関する国内日刊新聞市場から、競争会社を排除することであったことが導かれることを、考慮した。

(b) **経済戦略の合理性の欠如**

競争委員会は、Amaury 社の予測試算の観点から、多数の可能性ある戦略の中から選択されたのが、新規参入者に対して最も打撃を与える選択肢として、故意に選択された反撃のシナリオ（新しい日刊紙の発刊）であったことを指摘した。この選択は経済的な観点で、合理的ではなかった。この行動は、競争者を排除すること、および、独占を取り戻すことを期待しつつ、利潤を犠牲にするこの選択をした Amaury 社の、排除の意図をより強く示すものである。

(c) **類似する新聞の同時発刊**

競争委員会は、Amaury 社が、10Sport.com 紙の複製である新しい日刊紙の発刊を選択した点を指摘した。たとえ Amaury 社が、同社が主張するように、永年にわたり無料または低価格の新聞の発刊を熟慮していたとしても、また異なる性質の新聞の発刊が可能だったとしても、同社は、新規参入者と酷似した新聞を発刊する決定を下した。この選択は、新規参入者に対して、読者部数および財政効果上、最大の打撃を与える意図を、裏付けるものである。

(d) 対抗された日刊紙の一過性の使命

　Aujourd'hui Sport 紙は、最初から一過性の使命を帯びていたことが認定された。この点は、同紙の発刊以前に、Amaury グループが把握していた、短期間の予測により裏付けられる[123]。結局、同紙は、夏期の強気な時期を控えて印刷部数が増大中にもかかわらず、2009年6月に発行を終結したが、それは 10Sport.com 紙が撤退したわずか後であった。

(e) 新規参入者の市場からの撤退

　競争委員会は、排除戦略は、潜在的、具体的に、10Sport.com 社を市場から撤退させる効果を有したことを認定した。同日に類似する新聞を発刊することにより、Amaury グループは、競争者の読者の相当部分を獲得した。この行為は競争紙の売上げを減少させ、新規参入者の収益分岐点への到達を困難にし、市場から排除する効果をもたらした。

　結論として競争委員会は、これらの一連の事情は、スポーツ情報に関する国内日刊紙市場において支配的地位にある Amaury グループの行為が、能率競争に含まれず、商法典 L.420-2 条および TFEU102 条の規定に違反する、市場支配的地位の独占を構成することを証明するものである、と判断した。

(3) 秘密情報の利用、価格公表の遅滞行為等

　鉄道貨物輸送分野におけるフランス国有鉄道（以下、SNCF）の行為に関する、原審決[124]および控訴審判決[125]は、以下の複数の行為が市場支配的地位の濫用を構成する、と判断した。

(a) 秘密情報の利用

　SNCF は、部門別会計規制のために委嘱された鉄道施設管理者として活動

---

[123] 経営陣の予測、および、新新聞に動員された人材は臨時であったことから、新しい新聞が採算に合うことは予測されていなかった。
[124] Décision n° 12-D-25 du 18 décembre 2012 relative à des pratiques mises en œuvre dans le secteur du transport ferroviaire de marchandises.
[125] Paris, 6 novembre 2014, RG n° 13/01128. 上告審が係属中である。

し、新規鉄道事業者による路線の割当てまたは専用用地の臨検の要望の際に、競争者の戦略および商業上の意図に関する秘密情報(来訪顧客、関連入札、顧客によって検討されていた輸送計画に関する情報)を収集した。そして SNCF は、この秘密情報を SNCF の利益のために利用し、特定の競争者を輸送戦略上の競争から排斥することにより、人為的にその市場支配的地位を保護しうる行為を利用した。

(b) 貨物価格表の公表の遅滞等

原審決および控訴院は以下の行為を認定した。フランス鉄道線路事業公社 (RFF) の法規上の義務にもかかわらず、SNCF は、鉄道網に接続し、貨物を積み降ろすことの可能な条件について、施設リストの公表を遅らせ、十分に正確で理解可能な利用条件および価格決定の公表を行わなかった。競争鉄道事業者は、SNCF 固有の窓口に問い合わせるよう強制され、顧客に対して信頼のおける態様で、提案を表明して営業活動を行うことを妨げられた。

(c) 鉄道積裁量の利用拒否

SNCF は、著しい規模で鉄道路線を過剰に保有しており、SNCF が利用していない路線を放出もせず、それゆえに、同市場における他の積極的な鉄道貨物事業者の要望にもかかわらず、鉄道路線を活用する可能性を剥奪している。他方で SNCF は、不公正な態様で、大型鉄道による貨物輸送市場における競争者が参入するのに不可欠な「EX」型車両を利用させず、人為的に競争の発展を遅らせることにより、市場支配的地位を濫用した、と認定された。

(d) 略奪的価格設定行為

この争点については、パリ控訴院は原審決を修正して、同行為を認定しなかった。すなわち、SNCF が、長期分割した費用を下回る費用を実行して、同じくらい有効な競争者を排除することに向けられた価格戦略を実行し、その保持する市場支配的地位を濫用したことは証明されていない。競争委員会により費用テストの実施のために採られた要素および手法は、異論の余地が

あり、テストは確証された価値を欠くとみられ、当該不服事由は議論の余地なく確証されたとはいえないとした[126]。

ただしパリ控訴院は、行為の反復継続が証明されず、また公益目的のために維持される大型列車による貨物輸送分野における活動は構造的に困難であるがゆえに、強力な経済グループに属することが制裁の加重を正当化しえないことを理由として、原審が SNCF に課した 6096 万 6000 ユーロの制裁金を、4819 万 5000 ユーロに減額した[127]。

第 5 節　小　括

1　市場支配的地位の濫用規制の要件上の限界についての分析

本章では、市場支配的地位の濫用規制について、欧州およびフランス競争法上確立された適用基準を分析した上で、購買力濫用型の行為に、同規制を適用する場合の要件解釈論上の限界を考察した。まず、市場支配的地位要件においては、市場力の指標である市場シェアが重視される。しかし、大規模小売事業者による納入事業者に対する購買力の濫用の場合、購買力を行使する製品市場においても、製品を消費者に販売する小売市場においても、小売事業者は市場支配的なシェアを備えていない可能性が高いことが判明した。そこで、小売事業者の納入事業者に優越する相対的な市場力を規制するため、

---

126) 回帰的な損失にもかかわらず、大型列車による輸送活動を維持する SNCF の選択は、活動の大部分が特殊な貨車によって実現されたことに由来し、その選択は正当な競争の目的を追求するものであり、ユーザーに路線の選択肢を提供するものであるとされた。
127) 略奪的価格設定行為が認定されないこと、反復継続の要件が証明されず、また、公益目的のために維持される大量貨物輸送分野の活動は、構造的に困難であるため、強力な経済グループに属すること自体は、制裁の加重を正当化しえないことに基づき、制裁金を減額した。

経済的従属関係の濫用規制が、補完的に必要とされた理由を見出すことができる。

次に、競争侵害要件については、欧州およびフランス競争法上、市場における競争に顕著な影響を与えることが必要であるという適用基準が確立された。しかし、大規模小売事業者により購買力が濫用され、搾取された納入事業者が市場から消滅したとしても、その納入事業者の市場シェアは微弱であることが多いため、市場レベルにおいて顕著な影響が生じることは稀である。この点においても、購買力の濫用規制に対応するためには、競争要件を緩和した、相対的市場力規制の導入の必要性が明らかとなった。

2 相対的市場力規制による補完可能性および補完の限界についての分析

立法者の期待は、市場支配的地位の濫用規制を、相対的市場力規制（経済的従属関係の濫用規制）によって補完することにより、幅広い態様または段階にある市場力の濫用を規制しうることであった。すなわち、垂直型の市場支配的地位の濫用行為は、相手方当事者の従属性を直接または間接に強化する行為である点で、経済的従属関係の濫用と同質であり、両規制はいずれも、市場力の濫用が相手方に対する強制力となり、相手方の従属状態をもたらすという共通した構造を見出すことができる。そして行為者の市場力が市場支配的地位に至れば、市場支配的地位の濫用として規制しうるし、市場支配的地位に至らなければ、相対的市場力規制（経済的従属関係の濫用規制）の適用を検討するという相互補完的な協働が、本来、予定されていたといえる。ところが、相対的市場力規制は、2001年に競争侵害要件が「競争の機能又は構造に影響を与える可能性があるとき」に改正された以降も、規制実績を上げることができなかった。その原因は、改正以後も、市場支配的地位の濫用規制と同様に、競争への「顕著な影響」基準に基づく適用がされていたことにある。

3 「著しい不均衡」規制による相対的市場力規制の補完可能性

このように、相対的市場力規制によっても購買力の濫用規制を行うことの困難性が自覚された。この問題を解決するために、活用が模索されたのが、競争侵害要件のない商法典 L.442-6 条 I 項 2 号の規制である。同規制の行為要件が「従属関係、購買力又は販売力の濫用」から、2008 年に「著しい不均衡」規制へと大幅に改正されて以後、購買力の濫用事例において、規制実績を上げている。同規制は購買力濫用型における競争侵害要件の問題を克服し、相対的市場力規制を補完するものと評価することが可能である。

4 規制制度相互の関係に関する考察

本章では市場支配的地位の濫用規制の要件および適用上の限界という視点から、フランス競争法上の濫用制度の構造を実証することを試みた。市場支配力規制が、市場支配的地位、および、競争侵害要件との関係で抱える限界を補完する制度として相対的市場力規制（経済的従属関係の濫用規制）が導入された。また、相対的市場力規制が競争侵害との関係で抱える限界を、「著しい不均衡」規制により補完する可能性がある。

それでは実際にフランス競争法は、3 つの規制制度を相互補完的に協働させることにより、各制度の要件上の限界を補完し、幅広い態様および規模にわたる経済力の濫用行為を規制することを実現しつつあるのか。3 つの濫用規制の連関構造が過不足なく濫用行為を捕捉し、公正かつ自由な競争の理念に矛盾することなく適切に規制しうるのかについては、なお慎重に各規制の解釈論および規制実績の動向を注視する必要がある。そこで、次章以下では相対的市場力規制および「著しい不均衡」規制の射程および運用実績をそれぞれ検討する。

第 3 章

フランス競争法における
相対的市場力規制の基準

第1節　問題の所在

　EU 競争法は、経済的に優位に立つ事業者による取引の相手方に対する濫用行為を、市場支配的地位の濫用として規制しており[1]、フランス競争法も同様に、商法典第Ⅳ巻第Ⅱ編の L.420-2 条 1 項で「支配的地位にある単独の事業者又は事業者団体による搾取的濫用」を禁止し、市場支配的地位の濫用規制を行っている。しかし 1970 年代以降、市場支配力規制では大規模小売事業者による「購買力の濫用」や有力メーカーによる「販売力の濫用」に対処できないことが明らかとなり、市場支配的地位に至らない事業者に対しても規制を拡張すべきとの認識が深まった。認識に至る背景には、すでに 1960 年代に相対的市場力規制を導入していたドイツ競争法の影響が指摘されている[2]。

　フランス競争法上の相対的市場力規制（経済的従属関係の濫用規制）は、1986 年 12 月 1 日のオルドナンスである価格・競争令[3]8 条 2 項において、主に大規模小売事業者による購買力の濫用規制を目的として導入された。1970 年代以降、小売主導型の購買力の規制の必要性が、フランス競争当局、司法および立法者に認識されていた。しかし、市場支配的地位の濫用規制は、市場支配的地位に至らない事業者の濫用行為を規制しえないという限界があった。そこで、取引当事者間の「相対的」な市場力の優劣に着目し、相対的市場力規制という新しい類型を導入することが要請された。価格・競争令 8 条の改正法である商法典 L.420-2 条 2 項は、当事者間の取引上の市場力の格

---

1) TFEU102 条は、「一又は複数の事業者による、共同体市場又はその実質的（相当）部分における支配的地位の濫用行為は、それが加盟国間の取引に影響を与えるおそれがある場合、共同体市場と両立しないものとして禁止される。とりわけ、次の各号の一に該当するものは濫用行為に該当するおそれがある」と規定する。
2) A. Decocq et G. Decocq, *Droit de la Concurrence*, 5ᵉ édition, Lextenso éditions, 2012, nº 110, pp. 167-168.
3) 第 1 章 44) を参照。

差を「経済的従属関係」とみて、その濫用行為を規制する。取引当事者間で相対的に優越する市場力の規制について、市場支配力規制（L.420-2条1項）が主に「市場支配的地位」の要件との関係で抱える限界を補完する制度として、相対的市場力規制（L420-2条2項）が導入され、相対的市場力規制が、市場における競争に与える侵害の要件（競争侵害要件）との関係で抱える限界を克服するために「著しい不均衡」規制（L442-6条Ⅰ項2号）の活用が図られる、という制度相互の関係を俯瞰しうる[4]。

このようなフランス競争法の成立過程については先行研究の蓄積があるが[5]、相対的市場力規制の実際の運用状況が報告される機会は比較的少なかったと思われる。そこで要件改正後の2001年以降の事例を中心に、競争当局、裁判所の判断枠組みを分析することは、相対的市場力規制の実際の適用基準を知る上で有用である。さらに日本の優越的地位の濫用規制の適用対象との比較的な考察により、優越的地位の濫用規制の機能的な拡大について示唆を得られる可能性がある。

まず本章では、相対的市場力規制（経済的従属関係の濫用規制）であるL.420-2条2項の適用が問題とされた事例を、経済的従属関係の濫用を行う主体、濫用される市場力の種類、および取引分野に着目して分類し、各類型における適用要件について、審決および判例により確立された判断枠組みを整理することを試みる。

その上で、血液製剤分野における原料の供給者による、製剤加工事業者に対する供給停止の事件を分析する。同事件は、L.420-2条2項の適用が競争当局および破毀院において肯定された稀少な例であり、同条の各要件につき詳細な事実認定が行われた。同事件の分析により、実際の適用においていずれの要件が重視され、要件充足にあたりどのような事実が重視されたかを把握しうる。また同事件は、競争制限効が生じた市場とは異なる市場（上流市場）において有力な事業者による反競争行為について、相対的市場力規制が有効

4）拙稿「フランス競争法における相対的市場力規制の導入と展開」明治大学大学院法学研究論集41号（2014年）207頁。ただし、L.442-6条Ⅰ項2号は2008年改正により、「著しい不均衡」規制に改正された。第1章第4節3を参照。
5）フランス競争法の立法過程を分析した文献は第1章7）を参照。

な規制手段となりうることを判示した点で重要である。

次に大規模小売業の分野で、食品小売事業者としてフランス第1位のCarrefour 社が、より厳格なフランチャイズ規約への変更を行った事件の保全処分および本案審決を分析する。同事件は、相対的市場力規制が大規模小売事業者の保持する市場力の規制手段として機能することを実証する事例として重要である。また同事件は、競争制限行為を解消させる確約手続により終結した事例であり、2010年に公表された加盟店契約に関する競争委員会の基準に基づき審査が行われた。フランチャイザーによる経済的従属関係濫用の成否に関するフランス競争当局の判断基準の分析により、我が国のフランチャイズ事案への優越的地位の濫用の適用基準について示唆を得ることが可能である。

第2節 相対的市場力規制の適用要件

1 相対的市場力規制の導入過程

(1) 価格・競争令における経済的従属関係の濫用規制の導入

1945年の価格令[6]に替わる新しい競争法として導入された1986年の価格・競争令は、EU競争法が直接規制していない「経済的従属関係の濫用規制」を新たに導入した。すなわち、価格・競争令8条2項は、「その事業者に対してある事業者が顧客又は納入事業者であるような経済的従属関係であり、従属関係にある事業者が代替的な解決方法を備えていない場合」の濫用行為を規制している。

経済的従属関係の濫用規制は、市場支配力に至らない市場力の濫用を規制する点で、ドイツGWB20条2項と同様に相対的市場力の規制であり、主に

---

6) 第1章12) を参照。

購買力の濫用から中小事業者を保護することを趣旨とする[7]。ただし、フランスにおける規制の導入は1986年であり、ドイツにおける1973年の導入[8]から10年余り遅れた。導入が遅れた理由は、次のように説明できる。フランスで中小事業者保護法制として当初採用されたのは、1973年12月27日の法律[9]である通称ロワイエ法による、大規模店舗に対する新規出店規制であった。ところが大規模小売事業者は既存の中小事業者を買収して店舗を拡大したため、市場集中が急速に進み、大規模小売事業者は購買力を背景に納入事業者に対する強大な交渉力を獲得した。購買力の濫用主体が必ずしも支配的地位になくても、関連市場における重要な取引主体である場合には、その行為を規制しうることが望ましい。しかし市場支配力規制は、市場における市場支配力を要件とするため、取引当事者間で相対的に優越する市場力を規律することは困難だった。かくして、1980年代には市場支配力規制の限界が認識され、新しい反競争行為の類型の創設が必要とされたのである。

(2) 相対的市場力規制導入の背景

相対的市場力規制の導入についての言及は、価格・競争令8条2項が制定される前年の1985年3月14日の旧競争委員会の意見[10]にみられる。旧競争委員会は、大規模小売事業者の購買力の集中による支配力の形成を認めた上で、市場支配的地位の概念が適合しないことを指摘した。「(市場支配力規制の)規定は、市場を考察し地理的に特定することを求める。この規定の要件は、双務的当事者の他方に対する単なる取引上の支配関係の根拠としては理解され得ない。将来的にはこのような拘束関係から解放し、司法的な解決手段を与えることが望ましい。……ドイツのように、市場支配的地位を保持するこ

---

7) M. Frison-Roche et M. Payet, *Droit de la concurrence*, Dalloz, 2006, n° 120, pp. 120-121.
8) 高橋岩和「優越的地位の濫用と競争法――国際比較にみる『取引上の地位の不当利用』規制のあり方を中心として」公正取引686号 (2007年) 17頁、田中裕明『市場支配力の濫用と規制の法理』(嵯峨野書院、2001年) 63頁、98頁。
9) 第1章56) を参照。商業・手工業大臣の名にちなんで「ロワイエ法」と通称されている。
10) Avis relatif à la situation des centrales d'achat et de leurs regroupements, rapport de la Commission de la concurrence pour 1985.

となく市場における重要性に基づき（供給事業者に対する関係であれ、顧客事業者に対する関係であれ）強制力ある当事者であるような……事業者による行為を規制することを可能ならしめる。……この変革は立法的な改正によりなされうる」。この意見により、競争法上、相対的市場力規制を設けることが要請され、また経済的従属関係の規制はドイツ競争法の影響によることが表明されたといえる[11]。

(3) 経済的従属関係の濫用規制の要件の改正

新たな経済の制御に関する 2001 年 5 月 15 日の法律である「NRE 法」[12] 66 条は、次のように商法典 L.420-2 条 2 項を改正した。

商法典 L.420-2 条 2 項

「競争の機能又は構造に影響を与える可能性があるとき、その事業者に対してある事業者が顧客又は納入事業者であるような経済的従属関係における、単独の事業者又は事業者団体による搾取的濫用もまた禁止される。この濫用は、とりわけ販売拒絶、拘束販売、L.442-6 条 I 項が対象とする差別的取扱い、又はあらゆる段階において成立しうる」。

価格・競争令 8 条 2 項の「市場における競争行為を妨げ、制限し又は歪曲すること」が、商法典 L.420-2 条 2 項では「競争の機能又は構造に影響を与える可能性があるとき」に改正された。改正の趣旨は「市場における競争行為への侵害が存在することの証明を要せずに」搾取的濫用を規制することであった[13]。

また価格・競争令 8 条 2 項の「その事業者に対してある事業者が顧客又は納入事業者であるような経済的従属関係であり、従属関係にある事業者が代替的な解決方法を備えていない場合」という規定から、改正後は「代替的な解決方法を備えていない場合」の要件が削除された。

しかしこの改正にかかわらず、L.420-2 条 2 項における経済的従属関係の

---

11) A. Decocq et G. Decocq, *supra* note 2, n° 110, pp. 167-168.
12) 第 1 章 72) を参照。
13) 第 1 章 74) を参照。

定義は修正されないと解されている。競争評議会は改正後の審決において「改正後の条文がもはや『代替的解決方法の不存在』を含まないとしても、L.420-2条の経済的従属関係には、ある事業者の契約関係において、購入事業者、納入事業者いずれの立場においても、技術的又は経済的な解決方法を備えることが困難な状態が存在しなければならない」[14]と判断している。以下第2節で詳述するように、改正後も「代替的解決方法」の基準が維持されていることが、裁判例および審決例[15]において確認されている。

「代替的解決方法」基準の採用は、経済的従属関係は「市場」における解決手段を考慮して評価されるという意味において、経済的従属関係の濫用規制が、市場支配的地位の濫用の一形態であることを示しているともいえる。

2　商法典 L.420-2 条 2 項の要件解釈論

(1) 経済的従属関係

(a)「代替的な解決方法の不存在」の要件

判例および審決では、顧客、需要者（client）、供給者（fournisseur）いずれの立場の事業者の経済的従属関係についても考慮されている。従属関係の考慮は相対的、個別的であり、他の事例の従属関係を問題とすることはできないとされる[16]。2004年1月7日の破毀院判決[17]は「経済的従属関係は『当事者の一方が、その需要者又は供給者が要求する条件で契約することを拒むことを望む場合であって、代替的な解決方法を有しない場合、及び、供給事業者に対する顧客の立場においてのみ商法典 L.420-2 条の保護を援用できる場合』と定義される」と述べて、代替的解決方法の要件が維持されることを示した。また、2004年3月3日の破毀院判決[18]は、事業者（供給事業者また

---

14) Cons. conc., 31 août 2001, n° 01-D-49, BOCC, 30 octobre 2001.
15) Cons. conc., 15 septembre 2004, n° 04-D-44, BOCC, 9 décembre 2004, points 116 et s.; Cons. Conc., 23 juillet 2004, n° 04-D-36, BOCC, 9 décembre 2004, point 9; Cons. conc., 30 juin 2004, n° 04-D-26, BOCC, 8 novembre 2004, points 53 et suiv., etc.
16) Decocq et Decocq, supra note 2, n° 112, pp.169-170.
17) Com., 7 janvier 2004, SOFEMI c/ société Comilog, pourvoi n° 02-11014 FS-P.

は顧客事業者）の他の事業者（供給事業者または顧客事業者）に対する従属性を「ある事業者が、その供給事業者を、技術的及び経済的に同等の条件における調達の要求に応えるような、単独又は複数の他の供給事業者に代替する可能性を備えていない状態」と定義し、以後の裁判例、審判例はこの定義に依拠しているといえる。

(b) **破毀院の判断枠組み**

破毀院判例からは、以下のような「代替的解決方法」の判断枠組みを抽出することが可能である[19]。

第1に、代替的解決方法の概念は、厳密な意味で代替的な場合に限定して解釈すべきではないとされる。例えば小売事業者が、ブランド製品の調達を直接の調達よりも卸売事業者を通じて行うように拘束されている事実だけでは不十分であり、その事業者が実際に有する選択肢次第であるとする[20]。また賃料を値上げされた事業者が、収支に適合する対価で事業活動を行う別の場所を見出すことの困難性を証明しない場合は、従属状態にあったとはいえない、と述べる[21]。

第2に、経済的従属関係の概念は、従属状態にあるとされる事業者が戦略上、選択したか否かにかかわらない客観的な概念であるとされる。例えば、事業者が追求を望まなかったとしても、多様な解決方法を備える場合、従属状態にあるとはいえないとされる[22]。また破毀院は、供給事業者の製品についての小売事業者の購入高の割合は、代替的な製品の不存在に由来するのではなく、熟慮の上で潜在的な調達源のひとつを偏重する選択をしたと指摘し、小売事業者は、供給事業者に従属していないという決定を支持した[23]。さら

---

[18] Com., 3 mars 2004, Bull. 2004, IV, n° 44, pourvoi n° 02-14529.

[19] Cour de Cassation, *La notion de dépendance économique en droit de la concurrence*, http://www.courdecassation.fr/publications_26/rapport_annuel_36/rapport_2009_3408/etude_personnes_3411/commerciale_cour_3420/economique_droit_3432/economique_droit_15342.html（2016年9月26日最終確認）。

[20] Com., 16 décembre 2008, pourvoi n° 08-13423.

[21] Com., 6 février 2007, pourvoi n° 05/21948.

[22] Com., 6 juin, pourvoi n° 99/20831, Bull. 2001, IV, n° 112.

に破毀院は、小売事業者の熟慮された選択により、取引を単独の取引先に集中させようとした結果として取引高が高い場合は、経済的従属状態は否定される、と判示する[24]。この件では、小売事業者は自身の全責任において、商業取引上の戦略に適合するよう、従属状態を選択したのであり、経済的従属状態の被害を被っていないと判断された。

第3に、小売事業者の供給事業者に対する経済的従属関係については、供給事業者のブランドの著名性、関連市場および小売事業者の取引高におけるシェアの重要性、そして小売事業者が代替的な製品につき他の供給事業者を獲得することの不可能性を考慮して評価される[25]。しかし破毀院は、小売事業者が、唯一の供給事業者に対して調達の重要部分の取引を行っている場合、あるいは排他的調達の場合でさえ、経済的従属関係を性質決定するには十分ではない、と判示する。

第4に、取引量の削減分を他の活動で補い取引高が安定したままならば、契約相手との間の取引高は、従属関係の証明に十分ではないとされる[26]。また事業の再転換が障害なく実行可能だったならば「代替的解決方法の不存在」は否定される[27]。さらに供給事業者との取引の断絶後、事業者の取引高が増大したことは、その事業者が経済的従属関係になかったことを示すとされる[28]。

第5に、濫用される従属関係の性質に応じて「顧客事業者の従属関係」と、「供給事業者の従属関係」類型が区別されている。競争当局もこの類型を念頭に置いていることから、以下では破毀院の分類に従いつつ、各類型の特徴を指摘する。

---

23) Com., 3 mars 2004, pourvoi n° 02/14529, B, IV, n° 44.
24) Com., 10 décembre 1996, pourvoi n° 94/16192, Bull. 1996, IV, n° 310.
25) Com., 12 octobre 1993, B, IV, n° 337; Paris, 4 juin 2002.
26) Com., 20 février 2007, pourvoi n° 04/14446.
27) Com., 9 avril 2002, pourvoi n° 00/13921. 控訴院は、事業の再転換が障害なく実行可能であったことを指摘した上で、事業者は代替的な解決方法の不存在を利用することはできなかったと強調し、経済的従属関係は、証明されなかったと推論し、破毀院もこの決定を支持した。
28) Com., 11 juillet 2006, pourvoi n° 05-18075.

(2) 顧客事業者の経済的従属関係——供給者主導型（販売力濫用型）

(a) 供給者主導型の経済的従属関係の要件

供給者主導型の類型は、原料生産者が製造事業者に対して行う供給停止や値上げ、有力メーカーによる供給停止の威嚇の下に行われる拘束取引[29]、価格拘束[30]、流通系列化を対象とする。破毀院の2004年3月3日判決は供給者主導型に関するものである。同判決は、以下のように判示する。「小売事業者の経済的従属状態とは、その供給事業者を、その小売事業者の技術的および経済的な条件と比較しうるような調達の要求に応えうる、単独又は複数の他の供給事業者に代替する可能性を備えていない状態であると定義される。小売事業者がその調達の非常に重要な部分、さらには排他的な調達を唯一の供給事業者から行っているという事情が推認されるだけでは……経済的従属状態の性質決定に十分ではない」[31]。

また競争当局は供給者主導型について、以下の4つの複合的な判断基準を示し[32]、これらの基準は同時に検討されなければならないと述べる[33]。すなわち①供給事業者のブランドの著名性、②供給事業者の市場におけるシェアの重要性、③小売事業者の取引高における当該供給事業者の占める割合、④小売事業者が同等の商品について代替的な供給事業者を獲得することの困難性である。

---

29) 日本の独占禁止法では、排他条件付取引、拘束条件付取引、抱き合わせ販売等の不公正な取引方法の類型により規制が行われる。
30) 中小事業者の保護に関する2005年8月2日の法律は、L.420-2条2項2文の末尾を「又は包括合意において成立しうる」と修正し、一括値引きまたは一括販売を意味する包括合意（accords de gammes）に対する規制を導入した。
31) Com., *supra* note 18.
32) Cons. conc., Décision n° 01-D-49 du 31 août 2001; Décision n° 02-D-77 du 11 juillet 2002; Décision n° 04-MC-2 du 9 décembre 2004; Décision n° 03-D-42 du 18 août 2003; Décision n° 07-D-18 du 16 mai 2007.
33) Cons. conc., Décision n° 06-D-10 du 12 mai 2006; Décision n° 06-D-16 du 20 juin 2006; Décision n° 06-D-17 du 22 juin 2006; Décision n° 07-D-14 du 2 mai 2007.

(b) 供給者主導型の経済的従属関係の分類

以下では供給者主導型の類型を、フランス競争法の立法者が影響を受けたことを表明した、ドイツ競争法上の相対的市場力規制の議論における分類を参照しつつ[34]、(i)在庫品に関する従属関係、(ii)品不足による従属関係、(iii)取引関係における従属関係に分類することを試みる。

(i) 在庫品に関する従属関係

卸売事業者または小売事業者が当該ブランドの一連の製品を完備できなければ、市場におけるシェアを減らす羽目になるほど、ブランド製品がユーザーにとって著名な場合に、人気製品の供給とその他一連の製品の供給を拘束する場合である。当該製品の専門小売事業者または当該分野の製品を扱う総合小売事業者は、従属関係に置かれる可能性がある。

(ii) 品不足による従属関係

製品または原料の供給が不足する状況下で、顧客事業者が、彼の企業グループに属さない事業者から製品・原料の供給を直接受けるときに生ずる従属性であるとされる。製造原料の供給者が、原料を調達して製品生産を行う製造事業者や、小売事業者に対して行う従属関係の濫用が問題とされる。

(iii) 取引関係による従属関係

取引依存度による従属性、あるいは不可欠な設備・施設を考慮する場合である。契約期間が長期化し取引のための投資額が上昇するにつれ、既存の取引関係の解消による取引活動の転換は過度の費用負担となるから、既存の取引に拘束されることを選択せざるをえないとされる。また不可欠な施設を提供する事業者が、施設の利用が事業活動に不可欠な顧客に対して、提供を拒むことは、従属関係の濫用を構成しうる。

---

[34] Decocq et Decocq, *supra* note 2, n° 111, pp.168-169. 田中・前掲注8) 71頁以下。ドイツの相対的市場力規制の議論では、①在庫品に関する従属性、②品不足による従属性、③取引関係における従属性、④購買力による従属性に分類されるとする。

(3) 供給事業者の経済的従属関係——需要者主導型（購買力濫用型）

(a) 需要者主導型の経済的従属関係の要件

需要者主導型の従属関係は、大規模小売事業者や大手発注者であるメーカーによる値引要請や発注拒否等を対象とする。破毀院は、需要者主導型の従属性は、従属事業者が技術的および経済的に同等の条件で他の販路または供給事業者を見出すことの不可能性により評価されるとの基準を示す。

(b) 需要者主導型の経済的従属関係の分類

以下では需要者主導型の類型を、ドイツ競争法上の相対的市場力規制における分類を参照しつつ[35]、(i)購買力による従属性、(ii)産業上の供給関係に基づく従属性、(iii)取引関係における従属性に分類して整理する。また、(iv)企業結合において規制される従属性についても言及する。

(i) 購買力による従属関係

流通分野において、大規模小売事業者等により、供給事業者に対して行使される従属関係である。購買力を有する発注者が、納入事業者に対して行う値引き要請、支払拒否等の従属関係の濫用が典型例である。供給事業者は、取引高の大幅減少という威嚇の下にあり、発注者である大規模小売事業者、購買センター、スーパーマーケット等の顧客を失うことができないという従属状態にある。また、大規模小売事業者がフランチャイザーとして、加盟店に対して調達先の制限、不利な契約条件の強制等の濫用行為を行う例も多い[36]。

(ii) 産業上の供給関係に基づく従属関係

製品および役務の発注を行う大規模需要者が、製品および役務の供給を行う中小規模の事業者に対して行う従属関係の濫用である[37]。競争委員会は

---

35) 同上。
36) 日本でフランチャイザーによる優越的地位の濫用が問題となった例としてセブン－イレブン・ジャパン事件（公取委排除措置命令平成21年6月22日）等があり、公取委「フランチャイズ・システムに関する独占禁止法上の考え方について」が公表されている。第6章3) を参照。

RTE事件において、RTE社の高圧高架線工事分野における行為に関して、「代替的解決方法」を評価するための、以下のような基準を述べた[38]。すなわち、「①顧客事業者の取引高における当該供給事業者の占める割合。②顧客事業者が当該製品の市場における販売で占める重要性。③顧客事業者が取引をその小売事業者に集中させた事情、……それが取引戦略上の選択か、生産者に不可欠な技術的な必要性によるものか。④代替的な解決方法の存在又は不存在。製造事業者が当該顧客事業者のための製品・役務の提供を専門とするか、経済的に受容可能な費用により、その製品を、他の事業者の製品および役務に利用し適合させられないかを考慮する必要がある」という基準を挙げ、これらの要素を複合的に検討する、という立場を示している。

(iii) 取引関係による従属関係

取引依存度、あるいは不可欠な販売経路を考慮する場合である。取引依存度が高い場合、既存の取引関係の解消による取引活動の転換は、過度の費用負担となるため、既存の取引関係に拘束されることを選択せざるをえない。また、購入者・発注者の提供する販売施設や販売経路が、供給者にとって不可欠な場合、取引停止は販売経路の遮断効果を生じる。

(iv) 企業結合において規制される従属性

以下の商法典L.430-6条1項の規定により規制される類型である。同条は以下のように規定する。

商法典L.430-6条1項
「L.430-5条Ⅲ項後段の適用により、企業結合の実行が追加的審査の対象となる場合、競争委員会は、とりわけ市場支配的地位の形成又は強化、又は供給事業者を経済的従属関係に置くような購買力の形成又は強化により、企業結合が競争に対する侵害をもたらすか否かを審査する」。

ここでは企業結合の審査において、購買力の形成又は強化の考慮要素として、L.420-2条2項と同じく「経済的従属関係」の基準が用いられている。L.430-6

---

37) 田中・前掲注8) 77頁。ドイツにおける議論では、自動車産業に対する部品メーカーの従属性が主要な例として挙げられている。
38) Décision n° 09-D-21 du 23 juin 2009, point 46, Rapport Annuel 2009, pp. 229-230.

条1項は、相対的市場力規制が購買力の濫用を規制するのと同様の趣旨によるものである。L.430-6 条が「供給事業者を経済的従属関係に置くような購買力」と規定する以前の商法典 L.430-1 条前段（価格・競争令 38 条）[39]の下でも、競争当局は、購買力を作出する危険のある企業結合を審査していた[40]。経済的従属関係の濫用規制の導入以来、企業結合分野においても、相対的市場力規制が行われていたといえる。

(4) 競争の機能又は構造に与える影響

価格・競争令8条2項では「市場における競争行為を妨げ、制限し又は歪曲すること」が要件とされ、競争に対する現実または潜在的な侵害が必要とされた。一方、2001 年改正後の L.420-2 条2項は「競争の機能又は構造に影響を与える可能性がある」ことを要件とした。濫用行為が市場の機能に影響を与えなくても、中小規模事業者には不測の損失が生じうるからである。よってこれにより、競争の機能に対する侵害の要件が緩和されたと解されている[41]。

---

[39] 商法典 L.430-1 条前段（価格・競争令 38 条）は「市場支配的地位の形成又は強化により競争に侵害を与える性質を有する全ての企業結合の計画又は企業結合」を規制していた。

[40] Avis du Conseil de la concurrence du 1er juillet 1997., Rapport pour 1997, annexe 125 et BOCCRF du 7 octobre 1997; lettre du ministre, en date du 29 juillet 1997, au conseil de la société Carrefour, BOCCRF du 7 octobre 1997.

[41] J. O., A. N., doc., 2000, pp. 79-81, L.Vogel, *Droit de la concurrence Européen et Français*, LawLex, 2011, n° 808, p. 1068.

第3章　フランス競争法における相対的市場力規制の基準

第3節　供給者主導型（販売力濫用型）類型における相対的市場力規制

1　供給者主導型（販売力濫用型）に関する審決および判例

(1) 在庫品に関する従属関係

　破毀院判決は、大手家電製造事業者ソニー社の行為について、家電製造事業者によりフォートなく絶たれた取引関係と同様の条件で、小売事業者が卸売事業者からそのメーカー製品の供給を受けられないというだけでは、経済的従属関係は成立しないと判断した[42]【事例Ⅰ】。

(2) 品不足による従属関係

　(a) レユニオン島のバニラ香料の小売事業者らの、生産者農業協同組合からのバニラの取引高は高い水準であった。しかし、小売事業者は、製品価格の下落による困難を抱えていたにせよ、他の2つの生産者から供給を受けていたこと、また、彼らの取引高の重要部分は、バニラ以外の製品によるものであったことから、小売事業者は農業協同組合に従属していないとされた[43]【事例Ⅱ】。

　(b) Saint-Etienne市の福祉施設の開発事業者は、同市による高齢者・被養護の施設の市場における行為は、市場支配的地位の濫用、経済的従属関係の濫用および協調行為に該当すると申し立てた。申立人によれば、同市は原告に高額で場所を貸しつつ、同時に、福祉活動を行う公営のセンターに補助金

---

42) Com., 16 décembre 2008, pourvoi n° 08-13423.
43) Cons. conc., 26 mai 1998, Rapport annuel 1998, p. 70.

を支出し、同センターは多数の市場において申立人と競合する役務を提供することができた。競争評議会は、申立人は他の事業用の場所を見つけることの困難性の要件を充足していなかったと判断し、経済的従属性の主張を棄却した。この結論は控訴院で確認され、破毀院も支持した[44]【事例Ⅲ】。

(3) 取引関係による従属関係

(a) モバイル電話機の製造事業者 Bouygues Telecom 社が、卸売事業者 Stock-Com 社に対して行った利益率の差別的取扱い等につき、競争評議会は、当時 Bouygues 社の製品および役務の転売が、Stock-Com 社の取引で 100％近くを占めていたとしても、この取引高において占める重要性は、技術的および経済的に比肩しうる条件で調達する要求に応えうる単独・複数の供給事業者に代替することの困難性を導くものではないから経済的従属状態を満たさないと判断した[45]【事例Ⅳ】。

(b) 破毀院はケーブルテレビ事業者が「フランステレコム社との関係で経済的従属状態にあり、同社が提供する当該設備は不可欠で、同社に代替する事業者はない」とのパリ控訴院の判断を支持した[46]【事例Ⅴ】。

(4) 経済的従属関係の肯定例

品不足および取引関係における従属性が濫用されたとみられる、2004年の血液製剤分野の事例は、競争評議会および破毀院が経済的従属性を肯定した貴重な例であるため、次節において詳細に検討する。

---

44) Décision n° 05-D-05 du 18 février 2005.
45) Décision n° 6-D-10 du 12 mai 2006, Rapport annuel 2006, p. 284.
46) Com., 18 avril 2000, pourvoi n° 99-13.627, n° 98-15.335.

2 血液製剤分野における供給事業者による経済的従属関係の濫用事例（GIPCA 事件）

(1) 事案の概要

(a) 当事者

反競争行為を行ったとされる Le Groupement d'intérêt public Champagne-Ardenne（シャンパーニュ・アルデンヌ公益団体、以下「GIPCA」）は、l'Agence française du sang（AFS、以下「フランス血液公社」）の監督下に、非臨床用途活動と輸血活動を認可する 1995 年 7 月 7 日の決定により設立された l'Établissements de transfusion sanguine（ETS、以下「血液機関」）であった。

申立会社である La Sarl Reims Bio（ランス・ビオ有限会社、以下「申立会社」）は、Centre régional de transfusion sanguine de Reims（ランス地区輸血センター、以下「CRTS」）および Société Institut Jacques Boy（Institut Jacques Boy 社、以下「IJB 社」）の元従業員 X により 1998 年 5 月 7 日に設立され、工業用の試薬製造に用いる血液製剤の加工および販売を行う事業者である。申立会社の競争者 IJB 社は旧 CRTS を 100％承継した会社である。申立会社と IJB 社は、原料血液製剤の調達の 90％を GIPCA から、10％をストラスブール血液機関から行っていた。2 つの血液機関は、申立会社および IJB 社の顧客の注文に対応する特殊な性質の非臨床用途の原料血液製剤の採取および販売を行っていた[47]。

(b) 関連市場

血液公社の監督下に 43 箇所の血液機関が設立され[48]、血液機関には法人

---

[47] 申立会社と IJB 社の顧客は、対重要ウイルス保証を備えた非臨床用途の献血者について複雑な選別の実施を要求していた。
[48] 輸血および医薬の原料分野に関する 1993 年 1 月 4 日の法律 93-5 号は、血液公社および輸血機関の資格を承認された「ETS」（血液機関）について定める 1994 年 5 月 10 日のデクレ 94-365 号によって明確化された。また、公衆衛生法典 L.668-1 条を参照。

格が付与され、輸血に関する「臨床用途」と、血液製剤分野に関する「非臨床用途」の2つの役割を果たしていた。申立人が対象とする取引分野は、「非臨床用途」の血液製剤の採取および販売分野である。この分野はさらに①非臨床用途の原料血液製剤を採取し販売する活動が行われる上流市場と、②工業用の試薬製造に用いる加工済血液製剤を加工して販売する活動が行われる下流市場が区別される。

（i）上流市場である非臨床用途の原料血液製剤市場では、フランス血液公社に認可された、地理的な独占権を有する12箇所の血液機関のみが原料血液製剤の採取・販売を行い、採取された原料血液製剤は、製剤事業者または加工を行う中間事業者に販売されていた。

（ii）下流市場である加工済血液製剤市場には、工業用試薬の製造に用いる血液製剤の加工処理、保存および調整を専門とする2つの中間事業者（申立会社とIJB社）が存在した。2社の顧客は工業用の試薬等の製造を行う複数の製剤事業者であった。

(c) 反競争行為

申立会社は、1998年5月7日に非臨床用途の血液製品の供給協定をGIPCAとの間で締結した。この協定は1998年6月15日にGIPCAの理事会に提出され、1998年6月30日にフランス血液公社の承認を得るために提出された[49]。フランス血液公社は協定の承認を保留したが、それにもかかわらず、GIPCAは原料の供給を継続していた。さらにGIPCAは、申立会社との間で締結する新しい協定を同年9月28日の理事会に提出し、10月2日付で調印した。フランス血液公社は、1998年10月23日付の郵便で、あらかじめの承認を得ずに1998年の協定が実行中であることをGIPCAに警告した。この警告を理由として、GIPCAの理事会は、1998年10月2日付の協定は要件を満たさないとみなし、供給の中止を決定し、同年11月10日に申立会社に対して、口頭で供給停止を伝えた。

---

49) 前掲注48)のデクレ付属のGIPCA協定書は、供給協定は理事会の承認と、あらかじめ監督機関の承認を得なければならないと規定する。

1998年12月4日、申立会社は、GIPCAの行為について競争評議会に保全処分を申し立てた。保全手続において、競争評議会はフランス血液公社の承認の下に1ヶ月以内に、申立会社に原料血液製剤を供給するようGIPCAに命じた[50]。しかし、この決定はパリ控訴院により棄却された[51]。

　保全処分の棄却を受けて、GIPCAは、もはや申立会社に供給し、新しい協定を締結する義務はないと判断した。そこでGIPCAの理事会は、申立会社が起案した新しい協定案は、フランス血液公社および法規制に不一致であると多数の不備を指摘し（実際には根拠の薄い指摘であった[52]）、理事会における協定の承認を拒否した。他方、1999年、GIPCAはIJB社と新しい協定を締結した。

　申立会社は、他の血液機関から原料血液製剤を調達する解決方法が見出せなかったため、1999年4月22日、支払停止宣言をし、法的な清算手続をとった。

　L'Établissement français du sang（EFS、以下「フランス血液機関」）は法律上[53]、すべての血液機関の代理資格を有し、競争評議会の審決の被審人となるため、GIPCAから被審人の資格を承継した。

(2) 不服申立事項

(a) 市場支配的地位の濫用

　申立会社は以下のように主張して、申立てを行った。すなわち、GIPCAは上流市場である対重要ウイルス保証および「生物学的標準」を備えた献血者から採血された非臨床用途の原料血液製剤市場において、市場支配的地位を濫用した。GIPCAが、申立会社との間で、非臨床用途の血液製品の供給につき、新しい協定を締結することを遅延させる目的で、同社が支払停止宣

---

50) Cons. conc., Décision n° 99-MC-03 du 16 février 1999.
51) Paris., 2 avril 1999. パリ控訴院判決は、供給にはフランス血液公社の承認が必要であるという理由で、保全処分を棄却した。
52) 新協定案は、他の血液機関との間ですでに承認済みの協定と酷似し、指摘された点は根拠がないか、容易に訂正可能だった。
53) 1998年7月1日の法律98-535号に基づく。

告に至るまで、引き延ばし策をとったことが違反行為である。これらの行為は、申立会社が上流市場で原料を調達することを妨げ、下流の加工済血液製品市場から同社を排除する目的および効果を有する。また、下流市場の供給経路を不安定にすることにより、下流市場の競争活動を歪曲する効果を有し、価格・競争令8条1項（商法典L.420-2条1項）に違反する。

(b) 経済的従属関係の濫用

また、申立会社は以下のように主張して、申し立てた。すなわち、GIPCAは、申立会社との間で構築された取引関係を、不公平で差別的な理由で突然かつ一方的に断絶することにより、上流市場である原料血液製剤市場で、申立会社に対する経済的従属関係を濫用した。この行為は、同社が上流市場で原料を調達することを妨げ、下流市場である加工済血液製剤市場から排除する目的および効果を有する。同時に、下流市場の流通を不安定にすることにより同市場の競争を歪曲する目的および効果を有する。よって、価格・競争令8条2項（商法典L.420-2条2項）に違反する。

(3) 審決および判決

(a) 競争評議会の審決[54]
(i) 市場画定

GIPCAとストラスブール血液機関により周辺2地域で採取され、申立会社とIJB社に供給された非臨床用途の血液製剤は、2社の顧客の仕様書上の血清学、ウイルス学上の要求に完全に対応し、フランスの他の血液機関で採取されたものと代替することは不可能であった。よって、競争評議会は「対重要ウイルス保証及び生物学的な標準を備える献血者から採血された非臨床用途の原料血液製剤市場」が存在する、と判示した。

---

54) Décision n° 04-D-26 du 30 juin 2004.

(ⅱ) 市場支配的地位の濫用についての判断
(ア)「市場支配的地位」要件
　競争評議会は、ストラスブール血液機関がGIPCAと同じ献血者集団から採血していたとしても、同機関はGIPCAと比べてわずかな量しか供給できなかったことを指摘し、GIPCAは「対重要ウイルス保証及び生物学的な標準を備える献血者から採血された非臨床用途の原料血液製剤市場」において、ほぼ独占的地位か少なくとも市場支配的地位にあったと判示した。
(イ) 市場支配的地位の「濫用」要件
　競争評議会は、欧州司法裁判所における市場支配的地位の濫用の基準を引用し「原料市場で支配的地位にある事業者が、客観的な理由なく、又は差別的に、下流市場に位置する事業者に対してその製品の販売をすることを拒み、競争活動を歪曲する目的及び効果を有する場合は……市場支配的地位の濫用を構成する[55]」と述べる。その上で競争評議会は「GIPCAは、重要なウイルス保証と生物学的標準を備えた献血者から採血された非臨床用途の原料血液製剤市場で市場支配的地位にあり……新しい非臨床用途協定の締結を遅らせるために引き延ばしを図り、申立会社との取引上の関係を一方的かつ予告なしに終結させることができたから、市場支配的地位の濫用を構成する。この行為は、市場における競争活動を歪曲する目的及び効果を有し、商法典L.420-2条により禁止される」と述べて、市場支配的地位の濫用を認定した。
(ⅲ) 経済的従属関係の濫用についての判断
(ア)「経済的従属関係」要件
　競争評議会は、経済的従属関係に関する破毀院2004年3月3日判決の「小売事業者にとっての経済的従属状態は、供給事業者を、技術的、経済的に同等の条件で小売事業者の調達の要望に応えうる一つ又は複数の他の供給事業者に代替できる状態である……そして、小売事業者が、非常に重要で排他的

---

[55] CJCE, 6 mars 1974, Commercial Solvents c/ Commission, aff. C-6 et 7/73.「原料市場において市場支配的地位を保持する者は、その特有の二次製品の生産に対して原料を留保する目的で、顧客に対して供給することを拒み、彼自身が二次製品の生産者として、その顧客のシェアについての全ての競争を除去する危険があり、その市場支配的地位を、機能条約86条（改正後の82条）の意味における濫用的な態様で利用する者である」。

な調達を、一つの供給事業者のみから行っているという状況のみで、商法典L.420-2条の意味における経済的従属状態の要件を充足するものではない」との基準を引用した。

その上で、「代替的解決方法（の不存在）」を充足する事情を次のように詳細に認定している。「GIPCA は、対ウイルス保証……の非臨床用途の原料血液製剤の市場でほぼ独占か少なくとも市場支配的地位にあり、この製品の特徴は製剤会社の仕様書の要求に応えるものである。申立会社は 90％をGIPCA から調達……していた。他方、重要なウイルス保証……の原料血液製剤の採取を専門としない他のフランスの血液機関から調達することは……困難だった……」。「新たな協定の締結が抱える実務的、法規制的な制約に鑑みれば、申立会社は……供給停止以降、他の血液機関からの調達経路を再編成するまでの間、会社を存続させられなかった」。

また、輸入による代替的解決方法に関して、「原料血液製剤の輸入に頼ることは一層困難だった……担当大臣の許可が必要で、献血者選択及び製品の流通経路上のより多くのウイルスの危険、流通経路での遅延及び障害が継続中の研究には致命的な点で、経済的なリスクがあった。申立会社は、同社の技術的、経済的に同等の条件の原料の要求に応えうる、GIPCA 社に替わる供給事業者を備えていない」と述べる。

申立会社は熟慮した取引戦略に従い従属状態に身を置いたという抗弁に対しては、「しかし同社が 1998 年 5 月 7 日に設立されたことを考慮すれば……1998 年 11 月の供給停止までの間に供給源を……多様化しなかったことを非難できない。……同社の支配人 X は、GIPCA と古くから堅固で継続的な関係を築いており、取引関係の突然で一方的な破棄を予測できなかった[56]。……調達協定では一般に解除予告期間が 4 から 6 ヶ月と定められており、取引先変更の困難性を証明する」と述べた。そして競争評議会は、以上の事情を総合的に考慮して、申立会社は GIPCA との間の経済的従属状態にあったと結論できる、と判断した。

---

[56] 代表者 X は 1975 年以来 CRTS に勤務し、同社は IJB 社の子会社になり、後に申立会社に買収されたという経緯があった。

(イ) 経済的従属関係の「濫用」要件

競争評議会は以下のように判示した。「客観的でなく差別的な理由に基づき、小売事業者との間で確立した取引関係を終結させる供給事業者の行為は、経済的従属関係の濫用を構成する。GIPCA は、申立会社が相当な期間内に他の供給者からの……調達を再構築することが……困難にもかかわらず……永年来の……安定した取引関係を無視して、突然かつ猶予なく……供給を中止した」。被審人は、同社は転売により利益を得るだけの者だったと抗弁するが、「申立会社は非臨床用途の原料血液製剤の加工に関し……ノウハウを発展させ……フランスのどの血液機関又は中間事業者も同社と競えなかった」。そして競争評議会は、以上を理由に、GIPCA は、不当な理由により申立会社との取引関係を終結させ、IJB 社と比較して申立会社を差別的に扱った、と評価した。

「競争の機能又は構造に与える影響」に関して、競争評議会は、GIPCA は対ウイルス保証の……非臨床用途の原料血液製剤の市場で、申立会社の経済的従属状態を濫用し、この行為は申立会社を市場から消滅させ、加工済血液製剤についての下流市場を不安定にする目的および効果を有していたから、商法典 L.420-2 条に違反する、と判断した。

(ウ) 結 論

競争評議会は、フランス血液機関は 2003 年度に税別で 6 億 2845 万 2889 ユーロの売上げであったこと、一般的、個別的事情に鑑みて、7 万 6224 ユーロの課徴金を課することに理由がある、と結論付けた。

(b) パリ控訴院判決[57]

(i) 市場画定

控訴院は、「同一の分類に属するが臨床学的又はウイルス学的に異なる性質及び特性を有する複数の製品は、用法又は処方の観点において製品相互に代替しないのであるから、それぞれ固有の市場を構成する」と規範定立する。

---

57) Paris, 25 janvier 2005, EFS c/ Société Reims Bio, BOCCRF 23 juin 2005, D. 2005, AJ p. 711, obs. Chevrier. 同事件では消滅時効、管轄、当事者適格等の手続的な争点も争われたが、控訴人の主張はすべて棄却された。

その上で控訴院は、①申立会社の顧客は、仕様書において採血の特殊な条件を要望し、加工「処理」を前提としていた、②他の血液機関と異なり、GIPCAとストラスブール血液機関のある2つの地方では、第1に献血者のウイルス（肝炎およびエイズ）リスクが非常に少なく[58]、第2に相当数の非臨床用血液の献血対象者が存在していた[59]、③GIPCAとストラスブール血液機関のみが、必要な期間内に、申立会社の需要と同等の血液製剤の採取を行っていた、という原審認定の事情を再度指摘した。

そして控訴院は、「上記考慮要素は、……有効に反論されていない」。「申立会社の需要及びそれに対応した供給の性質を考慮すれば、競争評議会の市場画定は正当化しうる」と判示した。

(ii) 経済的従属関係の濫用

控訴院は、上記のように原審の市場画定を承認しつつも、「この関連市場の確定が誤りだったとしても、市場画定に根拠を与えた要素は、いずれにせよ申立会社がGIPCAとの関係で、本件行為時に、経済的従属状態にあったことを性質決定するものである」と述べて、上述の競争評議会の市場画定で考慮された各事情は、「代替的解決方法（の不存在）」要件を基礎付ける事情でもあると指摘した。また被審人の反論に対して、控訴院は、「従属状態は……熟慮された戦略によると反論される余地はない。申立会社は操業中の部門を獲得しており……（調達）多様化戦略が可能だとしても……すでに従属状態にあり……濫用行為に直面していた」と述べて、原審と同様に、経済的従属状態の要件充足を肯定した。

さらに、経済的従属関係の「濫用」要件および競争侵害要件についても、控訴院は、GIPCAが客観的な理由なく、IJB社と比べて差別的な待遇を強要したこと、申立会社を加工済血液製剤市場から排除し、製品の供給取引経路全体を不安定にする効果を生じたことを考慮した。

被審人フランス血液機関は、この評価に異議を唱え、監督機関であるフラ

---

[58] フランス衛生監視研究所の、匿名の無料検査に関する1998年の報告書では、2つの地方のエイズの陽性診断の割合は低かった。
[59] 献血者は一般的に、彼らの血液が非臨床用途に用いられることを拒む傾向にあることが指摘された。

ンス血液公社は、(製品を加工せず転売するにとどまる) 無用な中間事業者である申立会社との間の協定を承認しなかったのだから「GIPCA の理事会の決定と申立会社に対する供給拒否との間に因果関係はないと主張する」。「しかし、競争評議会は、申立会社の主要な顧客3社の一致する供述を根拠として……主張を排斥する。3社の供述は、申立会社の技術及び付加された加工価値を……証明した」。「このような原審の評価は正当である」。

控訴院は「宣告された制裁金は……非難される行為の重大さ、経済的な損害、及び被審人の状況に鑑みて適切に評価したものである。よって、訴えは棄却されなければならない」と結論付けた。

(iii) 破毀院判決[60]

経済的従属関係の濫用は成立しない、との上告人の主張は、上告理由を構成しないと述べて棄却した。

3　供給者主導型の各事例の分析

(1) 供給者主導型の事例

紹介事例のうち経済的従属関係の濫用が認められたのは、不可欠施設に関する**事例Ⅴ**のみである。経済的従属関係の判断基準として「①供給事業者のブランドの著名性、②供給事業者の市場におけるシェアの重要性、③小売事業者の取引高における当該供給事業者の占める割合、④小売事業者が同等の商品について代替的な供給事業者を獲得することの困難性」が挙げられているにもかかわらず、①から③を充足する事情があっても、④「代替的解決方法」要件に該当しないことを理由に適用が否定されている例が多い。2001年改正で条文上は削除されたにもかかわらず、「代替的解決方法」要件の厳格な運用が維持されている。供給事業者との取引高が非常に高い場合 (**事例Ⅳ**) でも、代替的な調達経路が潜在的に存在する可能性を理由に、経済的従属関係は不成立と判断された。このような厳格解釈の背景には、本来は取引当事者間の自由な意思決定により供給事業者を選択した以上、供給事業者が市場

---

60) Com., 28 février 2006, pourvoi n° 05-12.138, Bull. 2006, IV, n° 49, p. 262.

支配力を有しないのに、その行為が競争法上違法とされるのは、市場支配的事業者と同視できる程度に「強制力ある当事者」[61]である場合に限られる、という価値判断があるのではないか。「代替的解決方法」要件は、市場占拠率によらずに、供給事業者が「強制力ある当事者」であり、相対的市場力ある事業者であることを示す要件として厳格解釈されていると解されるのである。

(2) 血液製剤分野の事件 (GIPCA 事件)

(a) 経済的従属関係についての分析

同事件では、「代替的解決方法」の認定には多数の否定例と同じく2004年3月3日の破毀院判決の基準が用いられたが、肯定の結論に至っている。「代替的解決方法」の不存在の要件を充足する事実として、(i)行為当時、顧客の要求に対応する特殊な性質の原料を国内でGIPCAとストラスブール血液機関以外から調達することは不可能だった、(ii)ストラスブール血液機関の供給量はわずかだった、(iii)特殊な性質の原料を新たに別の血液機関から調達するには実務的、法規制的に長期間を要した、(iv)輸入による調達は、輸送中の汚染、遅延の経済的リスクが高かった、(v)申立会社は操業中の部門を獲得して設立されたので従属状態は熟慮された選択によらないこと等が指摘された。これらを理由に「申立会社は、同社の技術的、経済的に同等の条件の原料の要求に応えるような、GIPCA社に替わる供給事業者を備えて」おらず、経済的従属状態にあると判断された。

原審および控訴審においては、否定例と同様に多角的に「代替的解決方法」を検討した結果その不存在が認定されており、判断枠組みは否定例と同様と考えられる。肯定の結論となった要因は、取引対象である本件原料血液製剤の特殊性（対ウイルス保証等）、原料血液の特性（生体由来の生鮮品であり、採取・保存に技術的、法的に厳しい障壁がある）、取引分野の特性（取引主体・取引内容

---

61) Frison-Roche et Payet, *supra* note 3, n° 120, pp. 120-121, n° 133, pp. 129-130., 拙稿・前掲注4) 218頁。

が保健衛生法上、厳格に規制されていた）に集約されよう。同事件は、上流の原料市場で有力な事業者による排除行為[62]の結果、下流市場の加工事業者が排除された事例に対して、相対的市場力規制を適用しうる余地を認めた点で意義は大きい。しかしその反面、参入障壁のあるきわめて特殊な取引分野、供給量に制限のある特殊な取引対象製品でなければ、経済的従属関係「代替的解決方法」の要件が肯定されないとすれば、規制対象となる行為は著しく制限されるのであり、「代替的解決方法」の要件の行き過ぎた厳格解釈の問題点を提起しているようにも思われる。

なお、原審では、需要および供給代替性の事情として上記(i)から(iv)の事情が考慮された結果、原料血液製剤一般ではなく、特殊な性質の原料血液製剤市場という狭い上流市場が画定され、その市場における市場支配力の濫用が認定された。しかし控訴院は「関連市場の確定が誤りだったとしても、いずれにしても……市場画定に根拠を与えた要素は……経済的従属状態にあったことを性質決定するものである」と述べた上で、市場支配的地位の濫用の認定を行わず、経済的従属関係の濫用を認定している。

この判示の趣旨は明確とはいえないが、以下のように解する余地がある。すなわち、本来、市場画定では商品の客観的な性質に基づき、広く需要・供給代替可能性が評価されるべきであるのに、原審が、取引当事者間で約定された特殊な性質の製品ごとにきわめて狭い市場を画定し、その狭い市場における市場支配力が成立すると評価した点に対して、控訴審は何らかの懸念を示しているのではないだろうか。控訴審の上記判示は、狭い市場における市場支配的地位の濫用規制と、相対的市場力規制の適用対象の峻別について、以下のような複数の論点について、論究すべき課題を提起する可能性がある。

① 市場画定における需要・供給代替性の考察と、「代替的解決方法」の不存在要件との関係。

市場画定における考慮事情は一般的な需要者・供給者の認識・行動を念頭に置き、商品の客観的な性質に基づき判断される。他方「代替的解決方法」

---

[62] 日本独占禁止法においては、有力な事業者による排除行為は、排除型の私的独占、不当な取引拒絶等により規制されうる。

の不存在は、経済的従属状態にある事業者が、従属関係を濫用する行為者や他の事業者との関係で個別具体的に抱える事情であり、市場画定における需要・供給代替性と重なり合う部分もあるが、必ずしも一致するものではない。控訴院判決は、市場画定と「代替的解決方法」の判断が、異なる要件に基づいて判断されるべきことを注意的に指摘している可能性がある。

② 市場を狭く捉えた場合の市場支配的事業者と、相対的市場力ある事業者との関係。

①とも関連するが、市場画定とは別個に経済的従属関係「代替的解決方法（の不存在）」を考慮する点で、相対的市場力ある事業者と狭い市場の市場支配的事業者は、必ずしも一致するとはいえないと思われる。控訴院判決は、この問題を意識している可能性がある。

③ 上流市場の支配的事業者が下流市場で市場力を濫用する場合の規制手段としての相対的市場力規制。

審決における市場画定が正当で、行為者が上流市場（原料血液製剤市場）で市場支配的事業者だったとしても、市場効が生じた下流市場（加工済血液製剤市場）では市場支配的でなかった場合には、市場支配力規制の適用には難点があり、相対的市場力規制を援用する必要があったとも解する余地がある。審決および控訴院判決がGIPCAによる市場支配力の濫用を認定しつつも、経済的従属状態の濫用を主要な争点として詳細に認定したのは、このような問題意識によるものである可能性がある。

(b) **経済的従属関係の「濫用」についての分析**

これまで否定例が多数であったため、経済的従属関係の「濫用」要件が認定される機会は少なかったのであるが、同事件においては、欧州司法裁判所の、市場支配的地位の濫用に関する「客観的でなく差別的な理由に基づき……確立した取引関係を終結させる供給事業者による行為は、経済的従属関係の濫用を構成する」との基準が示され、この基準が経済的従属関係の「濫用」にも適用されることが明確に示された点で重要である。

(c)「競争の機能又は構造に与える影響」要件についての分析

上流の原料血液製剤市場での濫用行為により、下流の加工済血液製剤市場からの排除効、加工済血液製剤市場における供給経路全体を不安定にする目的および効果が生じたことが認定された。商法典 L.420-2 条 2 項の「競争の機能又は構造に影響を与える可能性があるとき」という要件は、従属事業者に対する排除効、供給経路を封鎖する効果を含むことが示されたといえる。

第4節　需要者主導型（購買力濫用型）の相対的市場力規制

1　需要者主導型（購買力濫用型）に関する審決および判例

(1) 購買力による従属関係

相対的市場力規制が規制対象として意図していた類型であり、小売事業分野において、大規模小売事業者、購買センター等の購買力を有する発注者が、納入事業者に対して行う従属関係の濫用が典型例である。また、大規模小売事業者がフランチャイザーとして、フランチャイジー（加盟店）に対して流通系列化の一環として、濫用行為を行う例も多い。

(a) シードル市場およびシードル用のリンゴ市場において、リンゴ生産事業者である Vergers de la Motte SCEA（農協経営民事組合）は、Agrial 農業協同組合との関係において、経済的従属状態にあるとの主張に対して、競争評議会は、破毀院の判断基準を引用しつつ、シードル製造・販売市場では企業集中により販路の提供者の数が制約されていたとはいえ、他の販路が可能であったことを指摘して、請求を棄却した。パリ控訴院でも本案、保全処分が棄却された[63]【事例Ⅰ】。

(b) 広告枠購買センター（以下、「Carat」）との関係における広告メディア事業者の従属関係について、競争評議会は、「①本件メディア事業者とCaratとの取引高、②……広告メディア媒体取引におけるCaratの著名性、③本件メディアが取引をCaratに集中させた事情、④本件メディアに代替的な解決方法があり多様である可能性を考慮しなければならない」、④の判断においては「本件メディアの財源が乏しいこと、本件メディアが事業を行なっている市場において占める割合、本件メディアが必要に応じて締結していたパートナーシップの継続期間および活動の重要性を考慮に入れる可能性がある」と述べて、テレビ広告枠、他のメディアの広告枠の検討の結果、経済的従属関係を肯定した[64]【事例Ⅱ】。

 (c) Carrefour社の近郊型店舗のフランチャイズ契約が調達先の制限やロイヤルティの点で拘束的であると主張された事例で、競争委員会は、「販売網の統一性やノウハウの保護のために、フランチャイジーの商業戦略に一定の制約を行うこと」は正当化されること、流通系列下にある各フランチャイジーの取引条件が同等でないことを理由に、経済的従属状態を否定した[65]【事例Ⅲ】。同じくフランチャイザーによる加盟店契約条項の不利益的な変更が問題となった事件については、次項で詳述する。

---

63) Décision n° 07-D-18 du 16 mai 2007, Rapport Annuel 2007, p. 236; Paris, 15 octobre 2008, Rapport Annuel 2008, p.364.
　民事組合は、契約上の関係において、取引関係の一方的な断絶を伴うようなリンゴの価格算定の方法に関する条項の修正によって生じた経済的従属関係について告発した。
64) Cons. conc., 16 juin 1996. Decocq et Decocq, *supra* note 2, n° 116, pp. 172-173. Caratは1990年の購買実績によれば、TF1チャンネルの広告枠の27％、Antenne 2チャンネルの広告枠の27.3％、FR3チャンネルの広告枠の28.7％、M6チャンネルの広告枠における第2位のRegie5社の割合が29％であったのに対して、Caratは39％であった。また、競争評議会は、他のメディアのCaratの利用可能枠は、ラジオ広告枠（21％）、ポスター広告枠（24％）、雑誌出版広告枠（23％超）、日刊紙出版広告市場（10％）であった。
65) Décision n° 10-D-08 du 3 mars 2010, Rapport Annuel 2010, p. 254.

(2) 産業上の供給関係に基づく従属関係

(a) 第3章第2節2 (3) で述べたように、競争委員会は、RTE社の高圧高架線工事分野の行為に関して、需要者主導型の経済的従属状態の基準を述べたが、結論として従属状態を否定した[66]【事例Ⅳ】。

(b) 港湾荷役場事業者がコンテナー修理事業者を修理発注先とし、Havre自治港が修理事業者に賃貸した用地を管理下に置いた事案で、控訴院は、修理事業者が他の用地も他の発注先も見出せず、荷役場事業者の発注取引高によれば代替的な他の発注者を見出すことは不可能だったと判断し、荷役場事業者に対する経済的従属状態を肯定した。しかし破毀院は、控訴院は「修理事業者が、荷役場事業者の行為により、地域のコンテナー修理市場で他の販路を見出すことが不可能だったか、代替的な解決方法の確保を怠ったかを具体的に」証明していないと非難し、経済的従属関係を否定した[67]【事例Ⅴ】。

(c) 競争評議会は、Oise県内の生コンクリート輸送分野に関し、同県内の生コンクリート輸送業者TLB社は、多数の発注者と仕事をしており、複数の発注者が県外に存在したと指摘し、TLB社は特殊な発注を行った県内の事業者に対する経済的従属状態になかったと結論した[68]【事例Ⅵ】。

(3) 取引関係による従属関係

歴史的建造物や観光に関する出版事業者であるGisserot社は、販売事業者CMN社がモン・サン・ミッシェル等の観光地の書店売場にGisserot社の観光出版物の配置を拒否した行為に対して経済的従属関係（および市場支配的地位）の濫用を主張した。競争評議会は、出版社の取引高全体における観光出版物の割合はわずかで、その販売が事業遂行に不可欠なことは証明されなかったとして、経済的従属状態を否定した。パリ控訴院は、書籍販売店は不

---

66) *Supra* note 38, point 46.
67) Com., 10 décembre 1996, Bull. 1996, IV, n° 309 p. 262, pourvoi n° 95-20931.
68) Décision n° 06-D-17 du 22 juin 2006, Rapport annuel 2006, p. 284.

可欠施設ではないことを確認しつつ本案および保全処分を棄却した[69]【事例Ⅶ】。

2 フランチャイザーによる経済的従属関係の濫用事例
（Carrefour 事件）

(1) 事案の概要

　行為者である Carrefour（カルフール）グループは1959年に設立された Carrefour Supermarket 社を前身とし、持株会社である Carrefour 株式会社は、取締役会および監査役会設置会社である。Carrefour グループはあらゆる形態の食品流通事業を営んでおり、Promodes 社との経営統合以来、2000年には、その店舗チェーンは30種類まで増大している。同グループは、34ヶ国に1万5661店舗の直営店およびフランチャイズ店があり（フランス国内に5440店舗）、ヨーロッパ第1位、世界第2位の食品流通事業者である。Carrefour グループ（以下、「Carrefour 社」）は、多様な店舗様式のチェーンを展開する[70]。スーパーマーケットは「Champion」名で展開されていたが「Carrefour Market」名のチェーンへの転換が進んでいた。フランチャイズ契約、調達契約、ロイヤルティ協定等の契約は、フランチャイジーと Carrefour 社の100％子会社（CSF 社等）との間で締結されていた。

　申立人である Marcadet Distribution 75 社（以下、「D 社」）と Marcadet

---

69) Décision n° 08-D-08 du 29 avril 2008, Rapport annuel 2008, p. 254; Paris, 2 février 2010, Rapport annuel 2010, p. 445.
70) 保全審決当時、①ハイパーマーケット「Carrefour」計231店舗（うち28がフランチャイズおよび加盟店）、②スーパーマーケット「Champion」、「Carrefour market」計987店舗（うち405がフランチャイズおよび加盟店）、③ディスカウントストア「Ed et des magasins」928店舗（うち93がフランチャイズおよび加盟店）、④近郊型店舗「Marché Plus」、「Shopi」、「8 à Huit」、「Proxi」、「Carrefour Contact」、「Carrefour City」計3165店舗（すべてがフランチャイズおよび加盟店）、⑤ cash and carry 型店舗「Promocash」129店舗（うち124がフランチャイズおよび加盟店）を展開していた。各業態の詳細については田中道雄＝白石善章＝相原修＝河野三郎編著『フランスの流通・都市・文化――グローバル化する流通事情』（中央経済社、2010年）35頁以下〔佐々木保幸〕を参照。カルフールの国内展開と海外戦略の詳細については、白石善章＝田中道雄＝栗田真樹編著『現代フランスの流通と社会――流通構造・都市・消費の背景分析』（ミネルヴァ書房、2003年）59頁以下〔鳥羽達郎〕を参照。

Exploitation 75社（以下、「E社」）は、Marcadet 通りのスーパーマーケットの営業権を「Champion」チェーンとして経営することを目的とする株式会社である（以下、「申立会社ら」）。D社は、Champion チェーンの店舗の営業権の所有者であり、店舗は Carrefour 社の子会社 Soval 社との間の営業財産賃貸借形式で運営されている。申立会社らは Carrefour 社との間で資本上の緊密な関係があり[71]、定款上、Carrefour 社は、D社の経営する店舗営業権の変更に関するすべての決議を阻止する少数株主権を有していた。

申立会社らによる申立事項は、以下の通りである。

第1に、流通系列からの逸脱の妨害について、以下のように主張する。すなわち、Carrefour 社は、フランチャイズ契約、賃貸借契約、顧客固定化契約および定款に存在する相互拘束的な関係から、申立会社らが逸脱することを妨げ、申立会社らの商業基盤を搾取する態様で、封鎖する効果を有する可能性がある。カルフール契約の「競争禁止条項、再加盟禁止条項」は、申立会社らを時間的、場所的に拘束している。Carrefour 社は、D社の資本に34％参加することにより、同社の営業権に関する一切の変更に反対する力を保持し、流通系列からの逸脱を妨げている。

第2に、調達先の制限について、Carrefour 社の子会社とD社との間で締結された Champion 契約条項に備えられた優先的調達条項は、D社が自ら選択した供給事業者から調達する可能性に対して絶対的な障害となり、調達に関する上流市場での競争を制限するものである。

第3に、新しい取引条件の賦課に関して、Carrefour 社は、経済的従属関係を濫用してフランチャイズ契約書の実質的部分およびロイヤルティについて、一方的かつ突然に修正を行った。

第4に、不当な利益の徴収に関して、Carrefour 社が2008年6月に Champion チェーンの推進を中止して以来、Champion フランチャイズ契約（以下、「Champion 契約」）に基づき、E社が支払った「店舗名負担金」および「周知負担金」は Carrefour 社が対価なく利益を得るものであるから、正当化さ

---

[71] D社資本の66％を創業者 Mio 家、34％を Carrefour 社の子会社 Profidis 社が保有していた。

れないと述べる。E 社と Carrefour 社とのロイヤルティ契約に基づく「顧客固定化」負担金は、実際の取引上の役務に対応しない Carrefour 社の有利性であり、不当であると述べる。

(2) 保全手続における審決[72]

(a) 経済的従属関係の濫用
(i)「経済的従属関係」要件

保全処分審決は、経済的従属関係の要件に関して「供給事業者のブランドの著名性、供給事業者が市場において占める割合、小売事業者の取引において供給事業者の占める割合の重要性、そして、小売事業者が代替的な製品を供給する他の事業者を確保することの困難性を考慮すべきである」、「経済的従属状態を判断するため、本案の事前評価手続で、申立会社らが Carrefour 社との取引関係で、代替的な解決方法を備えているかの調査が……行われなければならない」と述べる。

(ii) 経済的従属関係の「濫用」要件

経済的従属関係の「濫用」要件に関して、「Carrefour 社との取引関係……における相互拘束関係……優先的な調達条項、契約の実行期間中有効な不競争条項、Carrefour 社の申立会社らへの資本参加が、……流通系列からの逸脱を妨げ……自ら選択する調達先から調達することを妨げるような、経済的従属状態の濫用を構成するかにつき、本案の事前審査手続で集中審理されなければならない」と述べる。

その上で、「Champion 契約に替わり提案されたカルフール・マーケットのフランチャイズ契約（以下、「カルフール契約」）が、代替的な解決方法を備えるかを調査すべきである。小売事業者が店舗の再構築により経営戦略を実現することは、変更が同等で差別的でない条件によるなら……経済的従属関係の濫用を構成しないが……カルフール契約の特定の条項は、Champion 契約の条項より厳格である」。契約期間、不競争条項、優先権等について、よ

---

[72] Décision n° 11-D-04 du 23 février 2011, Rapport annuel 2011, pp. 183-184.

り厳格な「事後的な規制に加入させることは、条件の同等性に疑義がある」と述べて、より厳格な契約条項への変更が立証されるならば、経済的従属関係の濫用を構成するという可能性がある、と指摘した。

(b) 競争の機能又は構造に与える影響の要件

保全処分審決は次のように指摘する。「Carrefour社との……相互依存関係、すなわち……優先的な調達条項、同フランチャイズ契約に存在し、契約の実行期間中有効な不競争条項、そして、Carrefour社の申立会社らへの資本参加が、加盟チェーン外への移行（競争促進的であり得る）を禁止したかについて、事前調査手続において集中審理されなければならない[73]」。また、この経営条件による損害の可能性が、申立会社らを地理的市場から排除するかを分析しなければならない。さらに「この契約に含まれるより制限的な条項が、同地区における競争の構造と機能を変更する性質を有するかを考察しなければならない」。

(c) 保全処分の要件

上述のように経済的従属関係の濫用の可能性を指摘しつつも、保全処分審決は、「結局、保全処分を正当化するための重大かつ緊急の侵害の要件、すなわち経済一般、関連取引分野、消費者の利益又は申立会社らに対する侵害の要件を満たすに十分とはいえない。商法典L.464-1条により保護される利益に対する重大かつ緊急の侵害の要件を満たさないため申立会社らにより請求された緊急処分を宣言する根拠は存在しない[74]」と述べて、保全処分を棄却する結論に至った。

---

[73] 「Championチェーン店を経営する際と同等又は高額な加盟料及びロイヤルティの支払いが継続され、同時にChampionチェーンを周知させないことが、いかなる程度に申立会社らにより行使される可能性のある競争圧力を軽減するかが、……確認されるべきである」。

[74] 審決は、「申立会社らの単なる儲け損ないは、重大かつ緊急の侵害の要件の性質決定のためには不十分である」と述べる。

(3) 本案審決における判断[75]

(a) 経済的従属関係の濫用の可能性

本案審決における事前審査手続 (évaluation préliminaire) において「Champion 契約をカルフール契約に替えるという Carrefour 社の指示は、カルフール契約における特定の条項が、Champion 契約の条項よりも厳格である限りにおいて、経済的従属関係の濫用を構成する可能性がある[76]」との判断が示された。

(b) 確約手続

このような競争侵害の懸念に対応して、Carrefour 社は、商法典 L.464-2 条第 I 項に基づき、新しいフランチャイズ契約の締結を、競争委員会に対して確約した[77]。この確約は、カルフール契約の条項を、Champion 契約の条項と同等の内容にするものであり、Carrefour 社は、契約期間の修正、再加盟禁止条項の削除、優先権の修正、加盟料支払いに関する条項の削除を提案した。

本案審決は、この提案が食品流通分野における加盟契約および商業不動産の取得条項に関する 2010 年 12 月 7 日の競争委員会の意見[78]に適合するか否かを、以下のように条項ごとに慎重に判断した。

(i) 契約期間条項の修正

Champion 契約では当初 7 年間の契約を 3 年ごとに黙示更新しうるとされたが、Carrefour 社は代替的な解決方法として、当初 3 年間の契約を 3 年ごとに黙示更新しうる条項を提案した。審決は、この提案により、チェーンの

---

75) Décision n° 11-D-20 du 16 décembre 2011 relative à des pratiques mises en œuvre par Carrefour dans le secteur de la distribution alimentaire.
76) Note d'évaluation préliminaire, paragraphe 17, cotes points 610 et 611.
77) 商法典 L.464-2 条 I 項は、競争委員会は「事業者又は事業者団体により提案され、反競争行為を終結させる内容の確約を受諾することができる」と規定する。
78) Avis n° 10-A-26 du 7 décembre 2010 relatif aux contrats d'affiliation de magasins indépendants et les modalités d'acquisition de foncier commercial dans le secteur de la distribution alimentaire.

不測の変更およびカルフール契約の締結は、従前より長い契約期間を強要しないものとなり、提案された契約期間は上記競争委員会の意見の基準に適合する、と判断した。

(ii) 再加盟禁止および不競争条項の削除

Champion 契約もカルフール契約も、フランチャイジーに契約期間中、不競争義務を課していた。ただし Champion 契約とは異なり、カルフール契約は期限前の契約解除の場合に、解除後も再加盟禁止義務および不競争義務を課していた。そこで Carrefour 社は、この再加盟禁止条項の削除を確約した。審決は「この確約は競争委員会の意見に適合する。同意見は……加盟者の事業活動の自由に対する侵害を考慮して『実質的で、特徴的で秘密のノウハウの保護に必要な限り、再加盟禁止条項及び不競争条項を、契約終了後1年間、契約の目的である1つの店舗のみに限定される』とするが、上記確約により、Carrefour 社が、申立会社らに契約終了後の不競争義務および再加盟禁止義務を負わせることは認められなくなるからである」と評価した。

(iii) 優先権の修正

Champion 契約は契約期間中フランチャイザーの優先権を認めていないが、カルフール契約は契約全期間および契約期間満了後も2年間、優先権を認めていた。そこで Carrefour 社は「優先権はもっぱら契約期間中、当初期間、更新期間、延長期間、黙示更新期間中存続する」と変更することを確約した。

審決は、「この確約は競争に対する懸念に対応する。Carrefour 社が……『Carrefour Market』店舗への移行及び、より厳しい契約条件を強制する新しい……契約の締結により、利益を得ることを避けられる」と述べた。そして審決は、「確約は競争委員会の意見に適合する。同意見は『流通系列の上位者の利益を図るための……優先権又は類似条項を設けないようにすべきであり、実行中の契約に付随する強制執行を禁止すべき』と述べる。経営事業者が、他のより競争力ある流通事業者との新しい提携を結ぶために保持する事業活動の自由により、流通事業者間の競争の回復が容易になる」と判断した。

(iv) 後払い加盟料の削除

Champion 契約は加盟料支払義務を課していないが、カルフール契約 3.5.1

条は、契約終了時に期限の到来する加盟料を予定し、加盟料全額の支払いを保証するため、フランチャイジーの営業権を同額分につき担保に入れる義務を課していた。そこで Carrefour 社は、3.5.1 条を削除することを確約した。

審決は、「この確約は競争に対する懸念に対応する。……後払いの加盟料の支払義務を課することを許容しないからである」、と述べた。また、審決は、「活動の初年度の決算に対して賦課される加盟料の加盟店の財政への負担を緩和する趣旨でも、後払い条項は、加盟店の系列からの離脱を抑制し、加盟店の取引上の自由を制約する危険がある[79]」と述べる競争委員会の意見にも適合する旨を述べた。

(ⅴ) 店舗改装費用の負担

Carrefour 社は、「Carrefour Market」店舗への改装費の 75％、22 万 5000 ユーロまで負担することを確約した。審決は「申立会社らの負担額が……限定されることを考慮すれば……申立会社らの競争圧力を制約する性質はなく……競争力の行使を不利にするものでもない」と述べてこの確約を評価した。

(ⅵ) 顧客固定化費用およびフランチャイズ料金の負担

事前評価では「Champion の経営時と同等又は高額な……費用の負担は、Champion チェーンの著名性が弱まることに伴い……申立会社らによる競争圧力を減退させる可能性がある」と述べて競争侵害の懸念を表明していた。

本案審決は「確約は従前の Champion 約款に代替する公平かつ差別的でない解決方法を備えうる。申立会社らが『Carrefour Market』店舗を従前と同一条件で経営できる以上、フランチャイズ及び顧客固定化費用の……継続が濫用を構成する可能性はない。加えて、申立会社らは Carrefour 社の顧客優待カードを顧客に提供しており、顧客固定化契約の給付全体の恩恵を受けていると言うべきである。……顧客固定化費用の総額……の上昇が市場における競争行為に影響を与える性質を示すとは認められない」と判断した。

(c) 本案審決の結論

本案審決は、「Carrefour 社によって 2011 年 7 月 29 日に提案され、手続

---

79) 競争委員会は、加盟料を支払期間に割り振る方式を優先することが望ましいとする。

の最後に再確認された確約を受諾し、義務的に課することに理由がある。この確約は事前評価で提起された競争に対する懸念に対応し、相当で信用でき立証可能なものである」、「競争委員会は、Carrefour社による確約を受諾し義務的に課する。この確約は本審決を補完するものである。本件手続は終結する」と宣言した。

3 需要者主導型の各事例の分析

(1) 需要者主導型の事例

紹介事例のうち経済的従属関係の濫用が認められたのは、**事例Ⅱ**のみである。否定例の多くは、供給者主導型と同様に、「代替的解決方法（の不存在）」要件を満たさないことを理由に適用を否定した。2001年改正法で、上記要件が削除されたにもかかわらず、競争当局および裁判所は「代替的解決方法」の厳格な運用を継続しており、取引高が高い場合（**事例Ⅰ、Ⅲ、Ⅴ**）、専属的な取引の場合ですら（**事例Ⅴ**）、潜在的な可能性として、代替的な販売経路が存在することを理由に、経済的従属状態が不成立と判断されている。購買力主導型の類型においても供給者主導型と同じく「代替的解決方法」要件の厳格解釈の態度が示されているといえる。他方、フランチャイズ分野の2010年の**事例Ⅲ**では、「代替的解決方法」の規範を引用しつつも、フランチャイズ取引の性質や、契約条項がフランチャイジーを包括的に従属状態に置くかの点に言及した。第2節で検討したCarrefour社の2011年の事案の判断手法につながる先駆的な例であると解する余地がある。

(2) Carrefour社の事件

相対的市場力規制の援用について

本事例は、大規模小売事業者がフランチャイザーとして行使する購買力が相対的市場力規制の適用により行われた貴重な例である。本件では、大規模小売事業者のフランチャイジーに対する拘束行為に相対的市場力規制が適用された。Carrefour社は食品流通事業者として市場支配的地位にあったが、

競争に対する侵害が生じたとされる地理的市場（店舗の販売圏）においては必ずしも市場支配的とはいえないため、相対的市場力規制の援用を要したと解される。

　ただし、2010年の事例Ⅲでは、同じくCarrefour社によるフランチャイズ契約条項に基づく経済的従属関係が否定されたのに対して、2011年の本案審決では、Carrefour社の確約後の条項が「代替的な解決方法」を備えるものか否かが、確約前後の条項の比較により慎重に評価された。評価の具体的な指標としてフランチャイズ分野の取引に関する告示の基準が用いられることにより、「代替的解決方法」を抽象的に厳格解釈した多くの否定例とは異なり、当該契約条項の詳細、具体的な検討により、新しい契約条項が基準に満たない限り、「代替的解決方法」の不存在が認定され、経済的従属関係の濫用が認められるとの判断枠組みが採用された点で意義がある。このような解釈論が定着することにより、同分野における購買力規制が進展することも予想される[80]。

第5節　小　括

　本章では、経済的従属関係の濫用規制が問題となった事例の分析を通じて、同規制が当初意図された需要者主導の購買力規制のみならず、供給者主導の垂直型の流通系列化、さらには不可欠な原料や施設の供給者による排除行為も対象としたことを概観した。相対的市場力規制である経済的従属関係の濫用規制は、地理的に特定された市場における市場支配的地位を要件とせずに、

---

[80] A.Wachsmann, «Engagements-dépendance économique-distribution alimentaire-contrat de franchise», *Concurrences* 2012, 1, Chronique, pp. 113-116 は、本案審決は契約条項の修正による問題解消という、いわば「古典的」な解決手法によったものであるが、Carrefour社にフランチャイザーから利益を得ることなく譲歩をさせた同審決の調整的な性質を失わせるものではない、と結論付けている。

流通系列化や縦型の競争制限的行為に適用可能な類型として、幅広い活用が模索された軌跡を読み取ることが可能である。市場占拠率が十分でない場合や、市場支配的地位を有する市場とは異なる市場において競争制限的効果が生じた場合の規制手段として、有効と考えられたからであろう。

　経済的従属関係の濫用規制が問題となった事例を概観すると、「経済的従属関係」要件の判断基準として「代替的解決方法」の要件がきわめて厳格に解釈されているようである。破毀院、競争当局により従属関係の考慮要素として、①従属事業者の行為者に対する取引依存度、②行為者が市場において占める地位の重要性、③従属事業者が取引を行為者に集中させた事情、等の複合的な基準が挙げられており、これらの基準は同時相関的に検討されるべきことが指摘されているにもかかわらず、①から③を満たしても、「代替的解決方法」要件を満たさないがゆえに適用が否定された例が多いようである。

　「代替的解決方法」要件の厳格解釈の背景には、同要件は、市場支配力に至らない事業者が相対的市場力ある「強制力ある当事者」に該当する場合を、その事業者の市場占拠率や市場における地位に依拠せずに判別する基準として機能しうるため、判例、審決例において厳密な解釈論が積み重ねられたと分析しうる。その結果、厳密にいえば代替的でない選択肢や、潜在的な取引先変更の可能性であっても、代替的な解決方法が存在すると判断され、経済的従属関係が否定されてきた。供給者主導の流通系列化や排除行為では、血液製剤のような特殊な分野の例を除いては、規制の試みは成功したとはいえないようである。また購買力規制についても、行為者の市場占拠率が相対的に高い場合や、従前の取引依存度が非常に高い場合であっても、適用が否定され、意図されたような成果は上がっていないようである。

　このような相対的市場力規制の適用における課題を克服する方向性のひとつとして、破毀院の判断枠組みの運用を精緻化することが考えられる。経済的従属関係の判断基準として定立された取引依存度、行為者の地位等の考慮要素と代替的解決方法要件との複合的な判断枠組みを再検討し、特定の考慮要素が決定的であれば（例えば取引依存度がきわめて高ければ）、「代替的解決方法」を見出す可能性は実際に低くなるのであろうから、同要件の充足の程度を緩和するなど、相関的な解釈の基準が模索されうるのではないだろうか。

また「代替的解決方法」要件の認定にあたっては、2011年のCarrefour社の本案審決[81]のように、問題解消措置の前後の規定を競争委員会の基準に従って検討し、「代替的解決方法」を満たすかをより具体的事情に基づいて判断する枠組みが採用されれば、同分野における規制は進展する可能性があろう。

　もうひとつの可能性としては、相対的市場力規制を補完する機能を営む商法典L.442-6条I項2号の規制の活用である。同条は当初、競争侵害要件のない「購買力、販売力、従属関係の濫用」の規制であったが、2008年改正により当事者の権利および義務における「著しい不均衡」の規制へと大幅に転換された[82]。改正後の規定が、「代替的解決方法」要件、および競争侵害要件から解き放たれて、相対的市場力規制を補完する有効な手段となりうるかは、同規定の性質論、適用実績の分析により解明すべき課題である。

　そこで次章では「著しい不均衡」規制について詳細な検討を行う。

---

81) Décision n° 11-D-20, *supra* note 75.
82) 拙稿・前掲注4) 225頁以下。2008年改正以後の商法典L.442-6条I項2号は「商業取引の一方当事者に対して、当事者の権利及び義務における著しい不均衡を生じさせるような義務に従わせ、又は従わせようとすること」を民事責任の対象として規制している。

第 4 章

フランス競争法における「著しい不均衡」規制の導入と課題

第1節　問題の所在

　本章では、商法典L.442-6条Ⅰ項2号の要件、すなわち「当事者の権利及び義務における『著しい不均衡』(déséquilibre significatif)を生じさせるような義務に従わせ、又は従わせようとすること」と規定する規制（以下、「著しい不均衡」規制）を検討対象とする。

　そもそもフランス競争法は、商法典第Ⅳ巻第Ⅱ編の「反競争行為に対する規制」と題する章において、カルテル規制（L.420-1条）、市場支配力の濫用規制（L.420-2条1項）、および相対的市場力規制である経済的従属関係の濫用規制（L.420-2条2項）を備えている[1]。その一方でフランス競争法は、商法典第Ⅳ巻第Ⅳ編の「透明性、競争制限行為、その他の禁止行為の規制」と題する章において、競争の公正性に関する規定を備えている。ここでは、「競争制限行為」(pratiques restrictives de concurrence)の規制類型が設けられ、L.442-6条以下で、競争そのものの機能には影響を与えていないが、競争相手や取引相手に損害を与えるような不公正な行動をとる事業者の濫用的、詐害的な行動を規制する諸規定が置かれる。「競争制限行為」の規制は、取引当事者の地位や権利義務関係に着目して一定の経済取引主体を保護し、その違反行為を民事罰（過料）、差止め、無効、損害賠償の対象として規制するものである。「競争制限行為」の規制は、市場における競争そのものを保護することを目的としておらず、競争への侵害ないし影響を要件としていない。この点で、市場における競争に影響を与えることを要件とするカルテル、市場支配力の濫用、企業結合等を規制する「反競争行為」(pratiques anticoncurrentielles)

---

1) フランス競争法における相対的市場力規制（経済的従属関係の濫用規制）の形成過程および適用基準については、拙稿「フランス競争法における相対的市場力規制の導入と展開」明治大学大学院法学研究論集41号（2014年）207頁以下、同「フランス競争法における相対的市場力規制の基準」明治大学大学院法学研究論集42号（2015年）315頁以下を参照。フランス競争法に関する主要な文献としては、第1章7）を参照。

第 4 章　フランス競争法における「著しい不均衡」規制の導入と課題

の類型とは区別される[2]。

　L.442-6 条以下の「競争制限行為」は、競争の公正性ないし当事者間の経済的衡平性を保護するものであり、大規模小売事業者に対する中小供給事業者のような特定の経済主体を保護することにより、配分的正義を追求するものと理解されている。そして、EU 競争法には、現時点で、これらの類型を、競争の機能への影響を要件とせずに、直接規制する類型は存在しないと解されている[3]。

　L.442-6 条以下の競争制限行為の規制のうち、とりわけ本章の対象とする L.442-6 条Ⅰ項 2 号 b は、もともと取引当事者間における「従属関係、購買力、又は販売力の濫用」を規制していた。L.420-2 条 2 項の経済的従属関係の濫用規制が、一方当事者の他方に優越する市場力を規制し、競争に与える影響を要件とする相対的市場力規制であるのに対して、L.442-6 条Ⅰ項 2 号 b は、競争への影響を要件としない点で、相対的市場力規制を補完する機能を期待されていた[4]。

　ところが経済現代化に関する 2008 年 8 月 4 日の法律である LME 法[5]により、L.442-6 条Ⅰ項 2 号の要件は「当事者の権利及び義務における『著しい不均衡』(déséquilibre significatif) を生じさせるような義務に従わせ、又は従わせようとすること」を構成要件とする「著しい不均衡」規制へと大幅に改

---

2) A. Decocq et G. Decocq, *Droit de la Concurrence*, 5e édition, Lextenso éditions, 2012, n° 288, pp. 405-406. ルイ・ヴォージェル／小梁吉章（訳）『欧州競争法』（信山社、2012 年）3 頁以下。L.420-2 条以下の「反競争法行為」規制は、自由競争と、市場支配力に対する対抗を目的とするのに対して、「競争制限行為」規制は、競争の公正性、当事者間の衡平を保護する。

3) 理事会規則 1/2003 号 3 条 2 項は、加盟国競争法が単独行為に関し、EU 競争法よりも厳格な規制を設けることを認める。また同条 3 項は、加盟国競争法が EU 競争法と「異なる目的」に基づく法律を採択し適用することを認め、同規則前文 9 条は、「異なる目的」の規制の例として、フランス法現行 L.442-6 条Ⅰ項の「……提供された役務の価値に対して明白に不釣り合いな……利益を獲得し又は獲得しようとすること」と類似の「不当、不釣り合い、又は代償を欠く取引上の条件を獲得し又は獲得しようとすること」を挙げる。

4) 第 1 章第 4 節を参照。また商法典 L.442-6 条を詳細に解説する最新の文献として、E. Kerguelen, *Les pratiques restrictives, L'application de l'article L.442-6 du Code de commerce à travers la jurisprudence*, Concurrences, 2015 が参考となる。

5) Loi n° 2008-776 du 4 août 2008 de modernisation de l'économie.

正された。この「著しい不均衡」規制の趣旨、要件解釈論における課題を明らかにすることが、本章の問題関心である。

本章ではまず、「著しい不均衡」規制の導入に影響を与えた立法時の議論を検討する。ここでは、主として相対的市場力規制との関係で「著しい不均衡」規制が期待された機能に着目する（第1節）。次に、改正直後の同要件の解釈論に関する議論を概観し、同じく「著しい不均衡」規制を擁する消費法典との関係についての議論にも言及する。また、同規制要件の明確性が争われた2010年の憲法院判例における解釈論を検討する（第2節）。さらに、2010年以降の裁判例における運用実績、要件解釈論および射程についての判断枠組みを検討する（第3節）。そして議論状況を踏まえた「著しい不均衡」規制の解釈論上の視点と課題を指摘することを試みる（第4節）。

「著しい不均衡」規制の導入から10年足らずの間に、フランスでは活発な議論と裁判例の蓄積がなされている。EUにおいても、欧州委員会は2013年にグリーンペーパー「欧州における食品及び非食品供給チェーンにおける事業者間の不公正な取引行為」[6]を公表し、取引当事者間の不公正な取引行為の規制について関心を示している。他方、我が国では、改正後の「著しい不均衡」規制の要件論および、相対的市場支配力規制を補完する同規制の運用実績について、競争法の観点から詳細に検討される機会は比較的少なかった[7]。本章では、一方当事者の他方に対して経済的に優越する関係につき、経済的従属関係の濫用規制に加えて、「著しい不均衡」という独自の規制を備えるフランス競争法から、我が国の優越的地位の濫用規制について示唆を

---

6) Livre Verte sur les pratiques commerciales déloyales dans la chaîne d'alimentaire et non- alimentaire interentreprises en europe. http://ec.europa.eu/internal_market/retail/docs/140715-communication_fr.pdf（2016年9月26日最終確認）。
　EUにおける不公正な取引行為の規制状況の分析については、公正取引委員会競争政策研究センター（CPRC）「諸外国における優越的地位の濫用規制等の分析」（2014年）を参照。http://www.jftc.go.jp/cprc/reports/index.files/cr-0214.pdf（2016年9月26日最終確認）。
7) 商法典L.442-6条に関する国内文献として、大澤彩「事業者間契約における不当条項規制をめぐる立法論的視点(1)(2完) 近時のフランス法を素材に」法學志林108巻4号（2011年）226頁、109巻1号（2011年）112頁、ジェローム・ファーブル／和久井理子（訳）「フランスの大規模小売分野における不公正取引の規制」公正取引769号（2014年）40頁以下などがある。

第4章　フランス競争法における「著しい不均衡」規制の導入と課題

得る可能性を探求する。

> # 第2節　「著しい不均衡」規制の導入過程

1　経済現代化法による「著しい不均衡」規制の導入

(1)　商法典 L.442-6 条Ⅰ項2号の変遷

(a)　商法典 L.442-6 条Ⅰ項2号の旧規定

商法典 L.442-6 条Ⅰ項2号 b は、2001 年5月15日の法律である NRE 法[8]以来、幾多の文言の改正を経て[9]、以下のような態様の従属関係、購買力又は販売力の濫用行為を、差止めおよび損害賠償請求の対象となる構成要件として、規制してきた。

> L.442-6 条Ⅰ項2号 b
> 「商業取引の相手方を不当な取引条件又は義務に従属させ、とりわけ契約上の約定の未履行に照らして不釣り合いな違約金を賦課するような、取引の相手方を拘束する従属関係、購買力又は販売力を濫用すること。いかなるものであれ優位性を与える恩恵の下に、より多くの製品を販売するような提案に拘束する行為は、取引時点において、同様な製品にアクセスすることを妨げるときは、販売力又は購買力の濫用を構成しうる」。

---

8) Loi n° 2001-420 du 15 mai 2001 relative aux nouvelles régulations économiques.
9) 同号は幾多の改正を経ている。2005 年8月2日の法律により、第2文の「いかなるものであれ優位性を与える恩恵の下に、より多くの製品を販売するような提案に拘束する行為は、取引時点において、同様な製品にアクセスすることを妨げるときは、販売力又は購買力の濫用を構成しうる」が追加された。さらに 2008 年1月3日の法律により、第1文に「とりわけ契約上の約定の未履行に照らして不釣り合いな違約金を賦課するような」の文言が挿入された。第1章第4節、拙稿・前掲注1）〔2014 年〕224 頁以下を参照。

135

(b) 商法典 L.442-6 条Ⅰ項 2 号の新規定

2008 年 8 月 4 日の経済現代化法（LME 法）[10]は、2008 年 1 月の改正の直後であったが、L.442-6 条Ⅰ項 2 号 b を大幅に改正し、差止めおよび損害賠償請求の構成要件を以下のように変更した。

商法典 L.442-6 条Ⅰ項 2 号
「商業取引の一方当事者に対して、当事者の権利及び義務における著しい不均衡を生じさせるような義務に従わせ、又は従わせようとすること」。

「従属関係、購買力又は販売力の濫用」規制に代えて「当事者の権利及び義務における著しい不均衡」の要件が導入された。立法者は「単純化し、現実化するという配慮の下に」、「……著しい不均衡」という概念が従前の概念に替わるものとなる、と明言する[11]。

(2)「著しい不均衡」規制導入の趣旨

「従属関係の濫用」要件が退けられた理由が、以上で述べた通りであるとしても、「従属関係の濫用」に替わる新たな基準として、なぜ「著しい不均衡」要件が採用されたかが問題となる。そこで、以下では「著しい不均衡」要件が導入された背景について、複数の視点に基づき分析する。

(a) 相対的市場力規制の限界

改正の動機として、詳細になり過ぎた行為要件の充足の立証は困難を伴い、行為要件の客観的な定義は、実際には非常に困難で、適用の困難性を生じる可能性があったことは疑いない[12]。立法者の言う「単純化し、現実化するという配慮の下に」、「より広汎でより取引的な関係における行為の現実に適合した基準」[13]とは、行為要件の明確化、緩和という文脈で理解しうる。

---

10) *Supra* note 5.
11) J. O., A. N., doc., 2008, n° 908, par M.Jean-Paul Charié, p. 115.
12) Rapport de Mme Marie-Dominique Hagelsteen, «La négociabilité des tarifs et des conditions générales de vente», rapport au ministre de l'économie, des finances et de l'emploi et au secrétaire d'État chargé de la consommation et du tourisme, 12 février 2008, pp. 29-30.

しかし、「著しい不均衡」要件への大胆な転換が要請された動機は、構成要件の「単純化」のみにとどまるものではないと解される。本質的な動機は、LME 法による改正を主導した、当時の法務大臣に宛てられた「Hagelsteen 報告書」[14]における指摘にみられる。すなわち同報告書は、従前の規定では、相対的市場力規制を補完し、主として大規模小売事業者の購買力の濫用を規制する、という意図が失敗に終わったことを指摘する。すなわち、従前の「従属関係、購買力又は販売力の濫用」規制では、条文上の要件ではないのに、一方当事者が他方に要求する義務が、競争上の優位または非優位を構成するかの検証が要求された[15]。また、「従属関係」について、L.420-2 条 2 項の経済的従属関係の濫用規制と同等の厳格な判断基準が援用され、従属関係を判定するための「代替的解決方法」の基準[16]が、L.442-6 条 I 項 2 号に該当しうる事案においても用いられた。

例えば、93-D-21 審決[17]、03-D-11 審決[18]において、競争評議会は、特定の納入事業者に対する、大規模小売事業者または購買センターによる要求が問題となった事案に対して、商法典 L.420-2 条 2 項の適用を検討し、「関連製品市場……又はこの譲渡から利益を得た小売事業者と他の事業者との間……で競争を制限することを目的とし、又は効果を得たということが明らかでない限り」、同様に「濫用的な合意および行為により、生産者の資本が小売事業者へ不当に譲渡されるに至らない限り」経済的従属関係の濫用により、

---

13) Décision n° 2010-85 QPC-13 janvier 2011, Etablissements DARTY et Fils, *Les Nouveaux Cahiers du Conseil constitutionnel*, Cahier n° 32., pp.3-4; J. O., A. N., doc., 2008, pp. 318-319.
14) Rapport Hagelsteen, *supra* note 12, pp. 21-22.
15) *Ibid*, pp. 29-30.
16) Cons. conc., 31 août 2001, n° 01-D-49, BOCC, 30 octobre 2001; Com., 3 mars 2004, pourvoi n° 02-14.529, Bull. 2004, IV, n° 44.「ある事業者が、その供給事業者を、技術的及び経済的に同等の条件における調達の要求に応えるような、単独又は複数の他の供給事業者に代替する可能性を備えていない状態」を基準とする。拙稿・前掲注 1)［2015 年］319 頁以下を参照。
17) Décision n° 93-D-21 du 8 juin 1993. 大規模小売事業者である Cora 社のグループ会社の行為に関する件である。
18) Décision n° 03-D-11 du 21 février 2003. 大規模小売事業者である Opéra 社の購買センターの行為に関する件である。

規制することはできないと判断した。そして、これらの行為がL.442-6条Ⅰ項2号の要件を満たす可能性を考慮することなく、不起訴の結論を出した。

「Hagelsteen報告書」は、以下のように述べる。「（本条の）司法的な手段は……供給事業者と大規模小売事業者との関係の規制に適用されると考えられた。しかし実際には、非常にわずかに適用されたにとどまる（2001年の採択以来、……わずか2つの判決にすぎない）。……裁判所は、経済的従属性又は購買力の概念に、要件の厳しい第2章の規制と……異なる意味を与えていない傾向がある……」。そして、「従属関係又は購買力の濫用を明確にするために本条を書き換える可能性が検討されたが、結局、退けられた。一切の『客観的な』定義、限界の画定は、実際には確立することが非常に困難で、本来的に悪しき結果を生じさせ得る……」と述べ、L.420-2条2項と同じ意味を与えられかねない「従属関係」の濫用基準ではなく、新たに構造の異なる基準を設ける必要性を提言した。

(b) 差別行為規制の削除との関係

着目すべきは、「Hagelsteen報告書」は、上記L.442-6条Ⅰ項2号の改正の提案と同時に、同じL.442-6条Ⅰ項1号における、価格に関する差別行為の禁止規定[19]の削除を強く求めている点である。同報告書は、フランスでは他国に比べて消費者物価の上昇が著しい点を指摘し「差別行為の禁止は、今日、交渉の創設にとって、司法上の障害を構成する」と述べる。同報告書を受けて、LME法は、L.442-6条Ⅰ項1号の差別行為の禁止規定を削除し、供給事業者および小売事業者に対して、価格の自由交渉の可能性を委ねることとした。これにより事業者間の価格交渉の自由化は強化されたが、反面、契約自由の原則の無制限な適用の弊害、すなわち、事業者間取引における濫用的な行動を規制する必要性も同時に意識された。そこで立法者は、「より強力な価格交渉可能性、及び取引関係におけるより強度の透明性を認める」目

---

[19] LME法による改正前のL.442-6条Ⅰ項1号は、「差別的で、実際の代償によって正当化されない価格、支払期限、販売条件もしくは販売又は購入の履行態様を、経済的相手方との関係において行使し、又は相手方から獲得し、このことによって、その相手方にとっての競争上の不利又は有利を生じさせること」を規制していた。

的を実現すべく、価格自由化とは反対の観点で、価格交渉における濫用的な行為をより強固に規制することを望んだ。その結果、採択された解決方法が、同項2号を刷新し、「著しい不均衡」規制を採用することであったといえる。

(c) フランス消費法典における「著しい不均衡」規制の影響

LME法の立法者は「著しい不均衡」の基準が、消費法典L.132-1条1項から着想を得ていることを明言する[20]。同条は、消費者と事業者間の濫用条項に関する1993年のEC指令[21]を国内法化するために、1995年2月1日の法律[22]により制定された。L.132-1条1項は以下のように規定する。

> **消費法典L.132-1条1項**
> 「専門業者及び非専門業者又は消費者の間の契約においては、非専門業者又は消費者にとっての損害を目的とし又は損害をもたらすことにより、契約当事者間の権利及び義務において著しい不均衡を有する条項は、濫用的である」。

その上で消費法典は、別表およびデクレにより濫用条項（clauses abusives）のリストを備えていた。さらに、LME法による改正により、濫用条項リストを拡充する2009年のデクレが制定された[23]。

消費法典に着想を得た事業者間取引における「著しい不均衡」規制の導入は、立法審議よりもむしろ、行政による強力な主導に基づくものであったことが指摘されている[24]。法改正に先立ち、取引行為審査委員会（Commission d'Examen des Pratiques Commerciales、以下、「CEPC」）[25]の論説において、

---

20) J. O., A. N., doc., 2008, *supra* note, pp. 318-319.
21) Directive 93/13/CEE du Conseil, du 5 avril 1993（消費者と締結される契約における濫用条項に関するEC指令93-13号）は、3条1項および6条1項において、濫用条項と性質決定される基準として「当事者の権利及び義務における著しい不均衡」の概念を用いる。
22) Loi n° 95-96 du 1 février 1995 concernant les clauses abusives et la présentation des contrats et régissant diverses activités d'ordre économique et commercial.
23) Décret n° 2009-302 du 18 mars 2009 portant application de l'article L.132-1 du code de la consommation. 消費法典における濫用条項の改正については、大澤彩「フランスにおける濫用条項のリストについて」法學志林107巻2号（2009年）37頁以下を参照。
24) Decocq et Decocq, *supra* note 2, n° 295, pp. 413-414.

Chagny は「価格交渉の規制」と題して、「取引の相手方に対して、その経済力を濫用的な態様で行使する場合は、立法者は、明白な不均衡、著しい不均衡又は明白に過剰な優位性を規制する義務がある」と提言した[26]。また「Hagelsteen 報告書」[27]は以下のように述べて「著しい不均衡」規制の利点を強調した。「CEPC の意見を受けて、実行行為者に責任を負わせ、民事的な制裁を課する行為を列挙する配慮を立法権に付託する、より大きな修正が検討されうる。法案は、消費法典 L.132-1 条の濫用条項についての規定から着想を得た可能性がある。（消費法典における）濫用条項は、濫用行為を特定するごとに法律に頼ることを避ける利点を備えており、（濫用条項）委員会の既得の経験から恩恵を受けることが可能であった」。

　これらの議論の主導により「著しい不均衡」規制の導入が議会において審議された。国民議会に派遣された Fsquelle は、「著しい不均衡」(déséquilibre significatif) ではなく、「不釣り合いな義務」(obligations disproportionnées) の概念を提案していた。しかし、立法報告者 Charié 議員は、この提案は「後退である」ことを理由に却下した[28]。なぜなら、消費法典における濫用条項に関する 1995 年 2 月 1 日の法律[29]は、「経済力の濫用」要件を廃止し、「著しい不均衡」要件を採用したが、LME 法の立法者は、競争法に関しても「消費法により伝授された動向に従うことを望んだ」からである[30]。

　「著しい不均衡」規制の導入は、少なくとも事業者における規制状況と消費者における規制状況との接近を導くものと解することが可能である。もちろん、この改正は事業者を消費者と当然に同一視するものではない。しかし、

---

25) 2001 年の NRE 法により創設された、競争制限行為の法適合性について、意見を述べ勧告する権限を有する専門機関である。
26) M. Chagny, «Le contrôle des abus dans négociation», Rapport de la Commission d'examen des pratiques commerciales 2007-2008, annexe 10, p. 142 et s.
27) Rapport Hagelsteen, *supra* note 12.
28) M. Malaurie-Vignal, «Le nouvel article L.442-6 du Code de commerce apporte-t-il de nouvelles limites à la négociation contractuelle?», *CCC.*, 2008, Dossier 5, n° 11, p. 12 et s.
29) Loi n° 95-96 du 1er février 1995 concernant les clauses abusives et la présentation des contrats et régissant diverses activités d'ordre économique et commercial.
30) M. Malaurie-Vignal, *supra* note 28, n° 11.

第4章　フランス競争法における「著しい不均衡」規制の導入と課題

Malaurie-Vignal は、「著しい不均衡」という「消費法と共通の概念の採用は、供給事業者—小売事業者—消費者の関係の、根本的な統一を示すものである」と述べる。すなわち、「もし供給事業者又は小売事業者に対して濫用することにより搾取するなら、消費者も同様に被害者であると考えられる」、「近時の国内及びEU競争法の発展は、小売事業の関係におけるこのような根本的な統一を示すものである」、「消費者はこの関係の中心にいる」[31]と述べて、「競争委員会は、競争法は、消費者の充足をその主要な目的とすると恒常的に……述べている」ことを論拠として挙げる。

2　「著しい不均衡」規制の規制手続および効果

(1) 民事規制手続

(a) 私的執行手続

商法典 L.442-6 条Ⅰ項は、2号の「著しい不均衡」規制を含む同項各号に該当する行為類型の違反について不法行為に基づく損害賠償責任が生じ、違反行為が私訴の対象となりうることを規定する。

(b) 公的執行手続

L.442-6 条Ⅲ項は、同条の違反行為が行われた場合の規制手続を定める。同項1号は、以下のように定める。

L.442-6 条Ⅲ項1号
「競争委員会長官が、その管轄に属する事件に際して、本条で規定される行為を認めるときは、全ての正当な利益を有する者、検察官、経済担当大臣、又は競争委員会長官により、権限を有する民事又は商事裁判所への訴訟手続がとられる」。

同項2号は違反行為に対する処分として、以下のように定める。

---

31) M. Malaurie-Vignal, «La LME affirme la liberté négociation et sanctionne le déséquilibre significatif», *CCC.*, 2008, Comm. 238, p. 28 et s.

L.442-6条Ⅲ項2号

「……経済担当大臣及び検察官は、提訴裁判所に対して、本条で規定される行為の停止を命じることを請求することができる。……これら全ての行為について、違法な条項又は契約の無効の確認を求め、不当な利得の回復を要求することもできる」。

さらに同号は、民事過料（amende civile）について、以下のように定める。

「同様に、500万ユーロを超えない過料（民事裁判所によって宣告される金銭罰）の宣告を請求することができる。ただし、これらの過料は、不法に支払われた金額の3倍を課すことができる」。

そして本条違反の行為は、損害賠償請求の対象となるが（L.442-6条Ⅰ項柱書）、民事過料と損害賠償請求を同時に請求することができる（同条Ⅲ項2号）。また判決の公表（同項3号）、astreinte（アストラント、罰金強制）を課すこと（同項4号）を命じることも可能である。

さらに商法典L.470-5条は、争点が商法典L.442-6条に基づく場合には、取引上の双方当事者を対立させている争点の範囲内で、経済担当大臣が訴訟参加することを認める。経済担当大臣は上記訴訟手続において、民事過料の宣告、行為の差止め、条項の無効、損害賠償の宣告を求めることができる。

上記L.442-6条Ⅲ項に基づく競争制限行為に対する経済担当大臣による訴訟追行については、経済・財政・産業省の下部組織である「競争・消費・不正行為防止総局」（La Direction Générale de la Concurrence, de la Consommation et de la Répression des Fraudes、以下「DGCCRF」）が担当する。DGCCRFは、上記の訴訟担当のほか、商法典第Ⅳ巻第Ⅳ編「透明性、競争制限行為、その他の禁止行為の規制」に基づき事業者間取引の公正性を保護し、小売事業者と納入事業者との間の均衡性を監視し、支払遅延等に関する勧告、刑事罰、行政罰を適用することを独自の任務としている。

この点、カルテルや市場支配的地位の濫用等の反競争行為（pratiques anticoncurrentielles）の規制権限は競争委員会（l'Autorité de la concurrence）の管轄に属することとされるのに対して、競争制限行為の規制はDGCCRFに

分掌されている点に着目すべきである。フランスのこのような規制制度は、事業者間の濫用的な取引行動について、市場力規制による公的エンフォースメントにより規制することが困難な場面では、DGCCRFにより民事規制（私的エンフォースメント）を発動させることが可能である点で特徴的である。またDGCCRFは消費者行政の担当局も兼ねていることから、DGCCRFによる民事規制においては、事業者間取引の規制と、事業者―消費者間取引の規制において共通の「著しい不均衡」の概念を導入することで、統一的な濫用条項の規制を行うことを指向していることが、制度上も予定されていることを読み取ることができる。

その一方で、競争委員会とDGCCRFの協働の仕組みにより、反競争行為の規制と競争制限行為の規制は分断されず、連携的に行われうる。すなわち、経済担当大臣による訴追およびDGCCRFによる訴訟追行は、競争委員会が競争制限行為違反を認めた事件について行われる（L.442-6条Ⅲ項1号）。他方、DGCCRFは反競争行為について競争委員会が調査を開始する前に、反競争行為の証拠提出に関して考慮すべき要素および方針を通知し（L.450-5条）、反競争行為に関する勧告および和解手続を担当する（L.464-9条）。小売事業者等による濫用的な行動に対して相対的市場力規制の適用が困難な場合は、「著しい不均衡」規制により補完し、他方で「著しい不均衡」規制では不十分な場合は相対的市場力規制に移行するような協働連関的な規制が、制度的にも担保されているといえる。

(2) 取引行為検査委員会（CEPC）への付託

2001年のNRE法[32]により、競争制限行為の法適合性について意見を述べ、勧告する権限を有する専門機関として、取引行為審査委員会（CEPC）[33]が設置された。裁判所は、L.442-6条で規定される競争制限行為について、CEPCの意見を求めることができる（L.440-1条Ⅳ項）。CEPCに付託する決定に対して上告することはできない。CEPCは、係属から最大4ヶ月の期間内

---

32) *supra* note 8.
33) CEPCの構成員は、上下院議員、裁判所職員、各事業者団体代表、法律専門職である。

にその意見を通知する。訴訟の内容に関するすべての判決は、意見の受領または、受領がない場合は前記4ヶ月の期間の満了まで延期される[34]。ただし、CEPCにより表明された意見は裁判所を拘束するものではない（同Ⅳ項）[35]。CEPCは「……請求書及び契約書を含む取引書類又は広告書類、及び、製造事業者、供給事業者及び販売事業者が従属するこれら事業者間の取引関係に関する行為について、意見を述べ、勧告を作成すること」、「法の適合性への意見を述べること」も任務とする（L.440-1条Ⅴ項1項、2項）。またCEPCは、「付託された質問及び同委員会の管轄に含まれる全ての事柄、とりわけ信義誠実による行為の発展に関する事柄について、勧告の採用を決定する……」。

CEPCは次節でも述べるように、あらかじめ具体的な事案を念頭に置いた詳細な解釈指針を公表しており、裁判における紛争解決を容易ならしめるのみならず、濫用的行動をする事業者、被害者たる事業者の双方に予測可能性を与えて、濫用的な行動および紛争を予防する機能を営むと考えられる。

第3節 「著しい不均衡」規制の要件解釈論の発展

1 「著しい不均衡」規制の立法趣旨を巡る議論

(1) 旧「従属関係、購買力又は販売力の濫用」要件との関連性

(a) 従属関係の濫用規制からの転換

商法典L.442-6条Ⅰ項2号の改正により、従前の「従属関係、購買力又は販売力」の要件に替わり、「当事者の権利及び義務における著しい不均衡を

---

[34] ただし、緊急または保全の必要的な手段がとられることが可能である。
[35] CEPCの意見は、意見を付託した裁判所による決定の後に、公表される。

生じさせるような義務に従わせ、又は従わせようとすること」の概念が採用された。立法者の意図によれば、この改正により、裁判所はL.420-2条2項の相対的市場力規制と、L.442-6条の競争制限行為の規制の性質、要件、効果を峻別し、濫用的な行動を、「著しい不均衡」基準を用いて、より容易に規制することが可能となるはずであった。

(b) 旧条文の解釈論との連続性の問題

しかしその一方で、「著しい不均衡」は概括的で抽象的な基準であり、それを補充する解釈指針が条文上与えられていないことに対して、理論上および実務上の懸念が表明された。「著しい不均衡」規制の導入を提言した「Hagelsteen 報告書」においても、司法判断における解釈基準が事案ごとに不統一となること、行為者の側から見れば行為の適法性に関する予測が不能であること、旧条文下での解釈基準との「断絶は不安定な時代の到来を予測させる」[36]ことが指摘された。例えば Malaurie-Vignal も「新しいL.442-6条の条文は、議会会期中にわずかの議論が割かれただけなので……、訴訟の豊富な源泉となる可能性がある。……法廷から大幅に忘れられた条文から、同条の過剰活用へと移行するのかもしれない。……多数の問題が法律によって取り決められていないだけに、ますます憂慮すべきである」と指摘する[37]。上記のような不確実性への懸念、解釈論の連続性、一貫性の観点から、法改正後も、旧「従属関係の濫用」規制の基準を再び採用して、相対的市場力規制の補充の趣旨と整合する解釈を模索すべきとする見解が主張された。

さらに異なる視点からも議論がある。すなわち、経済担当大臣による差止め、無効確認、民事罰の訴えは、被害者である供給事業者らの意向とは無関係に提起されうるから、経済担当大臣に私企業間の契約条項に介入するきわめて広汎な権限を認めることになる。私的自治に反して、かような市場および競争を保護する自律的な訴訟を認めることは、同条が単に契約上の不均衡を規制しているというのみでは正当化されない。競争法上の観点から、旧条

---

36) Rapport Hagelsteen, *supra* note 12, p.24, et s.
37) Malaurie-Vignal, *supra* note 28, n° 27.

文と同様に、一方当事者が経済的に「従属関係」にある場合の「濫用」を規制対象とするという解釈論が必要ではないか、と主張された[38]。

(2)「著しい不均衡」規制の法的性質を巡る見解

「著しい不均衡」の性質論を巡っては、以下のような学説が対立する。

第1の立場として、裁判所が、LME法による改正前と同様に、L.420-2条2項における従属性の要件を、L.442-6条Ⅰ項2号にも当てはめる条文解釈をする可能性を指摘するものがある。例えば、「購買力、販売力又は従属状態が、不利益な不均衡を課することを暗示する」場合、という要件を提言して、上記のような解釈を擁護する論者も存在する[39]。しかし、L.420-2条2項の条文の「従属関係」要件が厳格である限り、このような解釈論は、「著しい不均衡」への大規模な書き換えにより、濫用を効率的に規制する、という立法者の意思を徒労に終わらせる可能性がある、と批判されている[40]。

第2の立場は、逆に裁判所が「著しい不均衡」要件を字義通りに解釈し、契約法上の対価関係が不均衡である場合を規制する可能性を予測する[41]。しかしこの解釈では、司法判断の不統一、不確実性の問題があり、また行政および司法による私企業間の契約条項への行き過ぎた干渉の弊害が懸念されると批判される[42]。

折衷的な第3の立場として、規制を効率化しつつ、他方で行政および司法による不当な干渉を抑制することを試みる見解が存在する。Testuは「著しい不均衡」は、倫理的な黙示の意味を有する、と解釈する。事業者間の交渉力を濫用するような「著しい不均衡」は、契約上の信義誠実に対する違反を犯すものだが、「著しい不均衡」があるのみで、契約上の信義誠実の欠如を示すと非難されるのではない、従属状態の搾取または交渉力の濫用から信義誠実の欠如が生ずるのである、と主張する[43]。

---

38) *Ibid*, n° 5.
39) D. Ferrier et D. Ferré, «La réforme des pratiques commerciales: loi n° 2008-776 du 4 août 2008», *D.* 2008, p. 2234, n° 19.
40) Malaurie-Vignal, *supra* note 28, n° 18.
41) F. Rome, *D.* 2008 éditorial, p. 2337.
42) Malaurie-Vignal, *supra* note 28, n° 18.

Malaurie-Vignal は、Testu の立場を補充しつつ、以下のように述べる[44]。取引の相手方の従属状態の搾取の証明は、新しい L.442-6 条 I 項 2 号の適用に不可欠な要件ではないが、信義誠実の欠如を導き出すことの可能な徴表として、従属状態を考慮に入れることができる。ただし、ここにいう従属状態ないし従属関係概念は、L.420-2 条 2 項の経済的従属関係の濫用におけるように、もっぱら経済的な概念ではなく、契約上の観点から性質決定すべきである。例えば、過度に長期間続く排他的供給条項は、(L.420-2 条 2 項では、「代替的解決方法」要件を満たさず、従属関係が否定される可能性が高いが)、新しい L.442-6 条 I 項 2 号の適用対象になりうる。判例は、従前このような不均衡の規制に消極的であったが、「著しい不均衡」規制の導入により、従属関係の搾取状態に対する、私法的な規制が強化される可能性がある。

2 「著しい不均衡」規制における個別構成要件の解釈論の分析

「著しい不均衡」規制の構成要件は、(1)「当事者の権利及び義務における」、(2)「著しい不均衡」、(3)「従わせ、又は従わせようとする」(従属性) の各要件に分解して分析しうる。

(1)「当事者の権利及び義務における」要件

「著しい不均衡」規制は、小売事業者による購買力の濫用の規制を強く意識して導入されたものであるが、それ以外の類型も幅広く規制対象となるのかが問題となる[45]。

この点、立法時の国民議会の経済取引委員会 (commission des affaires économiques) は、「この規定は、誰が首謀者であろうと、不均衡な義務の賦課を規制することを目指すものである。……裁判官によって小売事業者の供

---

43) F-X. Testu, «La transposition en droit interne de la directive communautaire sur les clauses abusives», *D. Affaires*, 1996, chr. 372.
44) Malaurie-Vignal, *supra* note 28, n° 18.
45) 旧「従属関係、購買力又は販売力」の濫用規制は、相対的市場力規制と同様に、需要者主導型の従属関係 (購買力濫用型) と供給者主導型の従属関係 (販売力濫用型) に区別することが可能である。拙稿・前掲注 1) [2015 年] 321 頁以下を参照。

給事業者に対する従属関係を評価するために考慮される基準は、供給事業者の小売事業者に対する従属状態を評価するために根拠とされる基準と同様である。供給事業者による、相手方である小売事業者に対する従属関係の濫用と評価される行為……例えば、巨大ブランドが、消費者が……望む『輝かしい』製品を、小売事業者に……売らせないという威嚇の下に、全ての製品を一括して売りつける包括合意（accords de gamme）が例である」と述べる[46]。また、CEPC も、「『当事者の権利及び義務における著しい不均衡』という新しい概念は、……あらゆる場面を捕捉するのに適している。この概念は、取引当事者間の協定への適用に関して効力があると評価され得る。行為が取引当事者に損害を与えるような明白な不均衡をもたらすことを証明するためには、予め行為者が購買力又は販売力を保持していることの証明は要求されない」と述べる[47]。

このように「著しい不均衡」規制が、需要者主導、供給者主導を問わず、また、L.442-6 条の他の各号が規定する取引関係の破棄、返品・値引要請等の行為に該当するかを問わずに、広汎な分野において訴追され、裁判所により適用される可能性があることが、立法者、当局により明言された。このような解釈指針を前提としつつ、「著しい不均衡」規制の適用範囲を画定すべきことになる。

(2) 「著しい不均衡」要件

(a) 交渉の自由化の視点からの議論

「著しい不均衡」の基準に関して、Malaurie-Vignal は、目的論的解釈の見地から、以下のように述べる。「著しい不均衡」規制の解釈指針となる「基本原理は、交渉の自由化である。一切の代価がないことは、契約上の不均衡を示している。……不均衡は、一切の代償を負担しないような義務の軽減によって徴表される」と述べる[48]。他方で、あらゆる不均衡を規制するならば、

---

[46] Décision n° 2010-85, *supra* note 97, pp. 3-4; J. O., A. N., doc., 2008, *supra* note 37, pp. 318-319.

[47] CEPC, Les abus dans les relations commerciales, avis mis à jour le 10 juillet 2010.

同じ L.442-6 条 I 項 1 号の差別行為の禁止規定を削除した、LME 法の改正趣旨に抵触することを指摘する[49]。

　上記指摘は、LME 法が、差別行為規制を削除して交渉の自由化を図る L.442-6 条 I 項 1 号の改正と、「著しい不均衡」を導入して交渉過程における濫用的な行為の規制を強化した同項 2 号の改正を、同時に行った立法者意思を重視するものである。差別行為規制の削除による無制限な交渉の自由化を制限するために「著しい不均衡」規制が導入されたが、翻って、差別行為規制の削除がもたらす交渉の自由化が、「著しい不均衡」の解釈指針となりうる。すなわち、「不均衡」の行き過ぎた規制が、差別行為を禁止する効果を生ずるに至ってはならない、交渉の自由が奪われる状態をもたらすような「不均衡」（のみ）が規制対象とされるべきである、という解釈指針を示すものと解される。

(b) 消費法典の規範の援用可能性を巡る議論

　本章第 2 節で述べたように、立法者は、「著しい不均衡」の導入が、消費法典における L.132-1 条の「著しい不均衡」の概念の影響を受けたことを明言する[50]。この点、消費法典においては、「著しい不均衡」の解釈指針が判例上、詳細な発展を遂げてきた。そこで、競争法上の規程である L.442-6 条 I 項における解釈指針として、消費法典における解釈論を援用しうる可能性が議論された。

　確かに、競争法において消費法上の概念でもある「著しい不均衡」が導入されたことは、Malaurie-Vignal も指摘するように、事業者、消費者がそれぞれ置かれる状況の接近を推測させる[51]。すなわち Malaurie-Vignal は、この接近が競争法上の解釈論に与える影響について、以下のように示唆する。この改正は、「もちろん、事業者が消費者であることを意味するものではな

---

48) Malaurie-Vignal, *supra* note 28, n° 23.
49) *Ibid*.
50) Rapport Hagelsteen, *supra* note 12, p. 30 et s.
51) Malaurie-Vignal, *supra* note 28, n° 8 は、消費法分野で濫用条項委員会（Commission des clauses abusives）へ訴えるのと同様に、LME 法により、裁判所が CEPC へ申し立てることが承認されたことにより、接近は強化される、と強調する。

いが……むしろ、消費法と共通の概念の採用は、供給事業者―小売事業者―消費者の関係の根本的な統一を示すものとして理解すべきである」。「もし供給事業者又は小売事業者に対して濫用的に搾取するなら、消費者も同様に被害者であると考えられる。近時の国内およびEU競争法の発展は、小売事業の関係におけるこのような根本的な統一を示すものである」。「競争委員会は、競争法は、消費者の利益の充足をその主要な目的とする、と恒常的に述べており……消費者は（供給事業者―小売事業者―消費者）の関係の中心にいる」。Malaurie-Vignalの指摘は、近時、国内競争法のみならずEU競争法においても供給事業者―小売事業者―消費者の関係の、根本的な統一が議論されていることを強調するものといえる[52]。

では、消費法上の解釈論から参照すべき基準としていかなるものがあるか。この点、例えば以下のような消費法上の「著しい不均衡」を構成する違法性が高い条項の判別基準から、競争制限行為における「著しい不均衡」の解釈論の着想を得られることが指摘されている[53]。

(i) 契約を変更する一方的な支配力を与える条項
(ii) 正当な理由なく、代償のない有利性を与える条項
(iii) 不平等な契約上の危険を分配することを保証するもの
(iv) 過度に漠然としてそれ故に不明確な条項を含み、消費者の義務違反を詳細に確定できないもの
(v) 義務違反とそれに対する制裁との間に過度に大きな不均衡を定めるもの
(vi) 義務が相互的でないもの：義務が相互的であることは「著しい不均衡」を排除し、その結果、濫用を排除する。ただし、義務の相互性が認められることが、真の均衡を必然的に保障するものではない。

(c)「不均衡」の対象を巡る議論

「著しい不均衡」が評価される対象は何かが問題となる。この点、消費法典L.132-Ⅰ条7項は、「濫用条項の評価は……主な商品についても、価格の

---

52) Malaurie-Vignal *supra* note 31, pp. 28-30.
53) Malaurie-Vignal, *supra* note 28, n° 25.

適合についても、又は売買目的物である財産又は提供される役務の対価についても対象とするものではない[54]」と規定し、商品または役務とその対価との間の金銭的な不均衡を考慮しないことを明文で規定する。その趣旨は、消費法においては、契約上の不均衡を規制することが問題なのであり、給付と請求される価格との間の完全な等価値性を保障するものではないからであると説明される。

これに対して商法典L.442-6条Ⅰ項2号における「著しい不均衡」は、金銭的なものであると仮定する見解がある[55]。たとえ対価以外の条項（例えば過度に長期間にわたる不競争条項等）に不均衡が存在するとしても、商業取引上の交渉は、究極的には、金銭的対価に関するものだからである。

思うに、ここでも、LME法が「著しい不均衡」規制の導入と同時に、L.442-6条Ⅰ項1号の差別行為規制を削除したこととの関連性を意識することが重要である。差別行為規制の削除がもたらす価格交渉の自由化の副次的な主題として、裁判官は、価格に関する不公正な取引条件、明白な不均衡の徴表を、規制することができなければならないであろう[56]。とすれば少なくとも、一切の代償を負担しないような、一方当事者の義務の軽減があれば、価格交渉の自由が機能していないことの徴表といえ、「不均衡」と評価される可能性がある。

(d) 契約全体の経済的均衡性の考慮

さらに「不均衡」の意義について、個別の条項ごとに「不均衡」が評価されるのか、契約全体の経済的均衡性を考慮して評価されるのかが問題となる。小売事業者が供給事業者から製品を仕入れる場合、供給の代価として定めた

---

54) *Ibid.* ただし、裁判所および濫用条項委員会は、消費法典L.132-1条の付則に、金銭的な均衡の規制の例も加える。
55) *Ibid.* n° 20.
56) *Ibid.* L.442-6条Ⅰ項1号が「実際に提供された商業的役務に相応しない、又は、提供された役務の価値に対して明白に不釣り合いな、何らかの利益を獲得……」することを規制し、同条同項4号が、「取引関係の全部又は一部の性急な破棄の威嚇を用いて、価格に関する、明白に濫用的な取引条件を獲得し又は威嚇すること」を規制していることも根拠としうる。

価格について「不均衡」を評価するのか、それとも契約関係全体が問題とされ、価格に関する利益（値引き等）を控除した後の現実の購入価格について評価するのか、という疑問である。

この点、同じく商法典第Ⅳ巻第Ⅳ編における「価格の透明性」に関する L.441-7 条Ⅰ項第 1 文は、以下のように規定する。

> **L.441-7 条Ⅰ項第 1 文**
> 「供給事業者と、小売事業者又は役務の受領者との間で書面上締結される協定は、L.441-6 条及び L.442-6 条に関して、取引上の交渉の結果、価格の決定を目指して当事者が誓約した義務を定める」。

すなわち事業者間で締結される契約では、取引関係全体における利益に対応する費用の負担が考慮された上で、価格が決定されるのだから、「著しい不均衡」の評価も契約全体において行われるべき、との解釈が導かれる余地がある。

(3)「従わせ、又は従わせようとする」要件

(a)「従属性」要件の導入

「従わせ、又は従わせようとする」行為が対象とされ、従属性を意味する文言が用いられている。他方、消費法典 L.132-1 条は「契約当事者間の権利及び義務において著しい不均衡を有する条項」とのみ規定しており、従属ないし拘束の概念を用いていない。対比するならば、消費法典は、抵抗し難さ（irrésistibilité）の概念を問題とするのに対して、競争法では、従属（可能性）、または行為者の側から見れば拘束（可能性）を問題としていると解される[57]。

(b) 実行行為性を巡る議論

「著しい不均衡」を含む契約条項を作成すること自体が違反行為かが問題

---

57) I. Luc, «L'application judiciaire du déséquilibre significatif aux contrats d'affaires», *AJ Contrats d'affaires - Concurrence - Distribution* 2014, p. 109.

となる。この点について、CEPC は解釈指針[58]を公表し、「予め起案された条項を提案することは、当事者間の現実の交渉の結果、変更される可能性がある以上、禁止されない」が、「予め起案された契約への署名を獲得することは……『著しい不均衡』を示す可能性がある以上……L.442-6 条の適用により、規制される可能性がある」と述べる。

(4) CEPC による解釈指針の公表[59]

このように錯綜した議論状況においては統一的な解釈指針を見出すことは困難にも思われる。そこで CEPC は、「著しい不均衡」規制の導入の翌年の 2009 年に具体的な適用場面を想定しつつ各論点についての考え方を公表することにより、「著しい不均衡」規制の適用基準を明らかにすることを試みている。

(a) 不均衡な交渉についての考え方

「著しい不均衡」の概念をどのように理解すべきか、という論点について、CEPC は以下のように説明する。

　新しい「当事者の権利及び義務における著しい不均衡」の概念は、L.442-6 条の他の条項において規定される行為を構成するか否かを問わず、あらゆる状況を把握するのに適する。同概念は、当事者への協定条項の適用の効果に応じて評価されるだろう。取引当事者を害して著しい不均衡を生じる行為を証明するには、あらかじめ、その行為者が購買力または販売力を保持することの証明を要しない。

(b) 既成の統一契約約款について

普通取引約款およびあらかじめ起案された契約約款を参照することは適切

---

58) Avis n° 09-05 du 1er janvier. 2009, complétant les questions-réponses du 22 décembre 2008 sur la mise en œuvre de la loi de modernisation de l'économie, CEPC 09020501, Rapport de la Commission d'examen des pratiques commerciales 2009-2010, annexe 17, pp. 159-162.
59) *Ibid.*

か、という論点について、CEPC は以下のように説明する。

　当事者が、すべての契約当事者または相当数の契約当事者との間で、あらかじめ起案された契約条項を獲得する交渉を行うことは、彼らの取引関係における不均衡の存在を示す可能性がある。しかしながら、既成の条項を提案することは、当事者間の現実の交渉の結果、修正される可能性がある場合は、禁止されない。他方で、既成の契約への署名を獲得することは、当事者の権利および義務において「著しい不均衡」を示す場合は、商法典 L.442-6 条の適用により規制される可能性がある。

（c）海外口座について

　納入事業者が海外口座に資本分担金を払い込む約定は適法か、という論点について CEPC は以下のように説明する。

　　もしその分担金が契約及びその有効な実行がそれを正当化する約定に対応するのなら適法である。もし当事者の権利及び義務における「著しい不均衡」を生じるなら適法ではない。例えば、支払われた金額が既定であって、原則として、海外のセンターが何ら特段のサービスを提供せず、製品がフランス以外では取引されない場合、この不均衡は明白である。

（d）購買約款について

　普通取引約款に替えて、購買約款を供給事業者に課することは適法か、という論点について CEPC は以下のように述べる。

　　そのような行為は不適法である。取引約款は交渉の基盤を構成するものであり、当事者間の交渉の対象となる。それゆえ、契約当事者は、商法典 L.442-6 条の意味における著しい不均衡を生じない限りにおいて、合意により供給の条件を削除することを決定することができる。

（e）条項の交渉について

　「現在の販売条件は、供給事業者の書類、とりわけ取引約款に記載される全ての他の……条件を排除して適用される」と記載された契約書に署名させることは適法か、という論点について CEPC は以下のように述べる。

このような契約条項の獲得は不適法である。取引約款は交渉の基盤を構成するものであり、当事者間の交渉の対象となる。それゆえ、契約当事者は、商法典L.442-6条の意味における著しい不均衡を生じない限りにおいて、合意により、供給の条件を削除することを決定することができる。

(f) 値引交渉について

納入事業者の製品につき、納入事業者が競争関係にある（小売）事業者から発注を受けたことを唯一の理由として、納入事業者から価格の値引きを獲得することは適法かという論点について、CEPCは以下のように述べる。

> 新しいL.442-6条の規定は、取引条件の自由な交渉可能性を前提とする。しかし、この自由は「当事者の権利及び義務における著しい不均衡」（Ⅰ項2号）または「取引関係の全部又は一部の性急な破棄の強迫を用いて、売買契約上の義務に属しない、価格、支払期限、販売態様又は役務に関する、明白に濫用的な取引条件を獲得し又は獲得しようとすること」（第4号）を導く場合には制限される。小売事業者は、競争小売事業者にその製品を売ったことを唯一の理由として、納入事業者に対して、組織的に価格の値引きを要求する目的で、その購買力を利用してはならない。

(g) 同調的な交渉について

当該製品につき、競争関係にある（納入）事業者が販売価格を凍結することを予告した場合に、もし納入事業者が、競争者の周知の価格に同調することを可能ならしめる補償に同意しない場合に、突然に製品の発注を拒絶することは適法かという論点について、CEPCは以下のように述べる。

> 新しいL.442-6条は、取引交渉の自由の原則に結びつく。ただしこの自由は「当事者の権利及び義務における著しい不均衡」（商法典L.442-6条Ⅰ項2号）または「取引関係の全部又は一部の性急な破棄の強迫を用いて、売買契約上の義務に属しない、価格、支払期限、販売態様又は役務に関する、明白に濫用的な取引条件を獲得し又は獲得しようとすること」（同条同項4号）を導く場合には制約される。

(h) 支払遅延の場合の不均衡な損害金について

　顧客が、納入事業者からの（代金）請求書を 75 日決済で支払うにもかかわらず、顧客が納入事業者に対し、共同事業運営費の月払いを要求し、これにより供給事業者は財源から 2 万ユーロを前払いさせられ、その上、納入事業者は月払いを遅延したことにより、毎月 2.5％の損害金を課されている場合、このような行為は「著しい不均衡」に該当するか、という論点について、CEPC は以下のように述べる。

> このような小売事業者の要求は、商法典 L.442-6 条Ⅰ項 2 号における、「商業取引の一方当事者に対して、当事者の権利及び義務における著しい不均衡を生じさせるような義務に従わせ、又は従わせようとする」ような当事者の権利および義務における「著しい不均衡」を生じる性質であると解される可能性がある。

(5) CEPC の解釈指針の意義

　これらの解釈指針は、「著しい不均衡」規制の射程と解釈基準を詳細化、明確化することにより、きわめて簡潔で抽象的ともいえる L.442-6 条Ⅰ項 2 号の構成要件を補充する狙いがあると解される。また各例示が相当程度に具体的な事例に踏み込んでいることからみて、すでに大規模小売事業者の納入事業者に対する取引約款において散見され、当局において規制の必要性を認識していた具体例に基づき策定された可能性が高い。CEPC の意見は、具体的事件において紛争解決指針として活用されるのみならず、濫用的行動をする事業者、被害者たる事業者の双方に一般的な予測可能性を与えて、濫用的な行動および紛争の予防的機能を営むと考えられる。

3　「著しい不均衡」要件の合憲性判断——明確性の原則との関係

(1) 2011 年 1 月 13 日の憲法院による事後的違憲審査判決[60]

　CEPC の示した基準にもかかわらず、「著しい不均衡」の構成要件の曖昧性、不明確性について、事業者側から疑問が呈された。いずれも大規模小売事業者である DARTY et FILS 商会、Système U Centrale Nationale 社および

Leclerc 購入センターグループ社（GALEC）は、憲法院に対して、L.442-6 条 I 項 2 号は、罪刑法定主義の原則に適合するほどの明確性を備えていないと申し立てて、違憲審査を求めた[61]。

憲法院は、憲法先決問題の制度[62]により、事後的違憲審査を行い、2011 年 1 月 13 日の決定において、同号の定める民事過料が罪刑法定主義の原則に従うことを認めつつ、同規定が罪刑法定主義の要請する構成要件の明確性の原則に違反しないとして、請求を棄却した。憲法院の判断から「著しい不均衡」の解釈指針について示唆を得られる可能性があるため、以下において引用する。

(2) 憲法院の判断

(a) 罪刑法定主義の適用

憲法院は、最初に以下の内容を述べた。憲法 34 条に基づき立法者は民事および取引上の義務の基本原則を決定する権限を有する。公法秩序の分野で定められる目的を考慮すれば、経済分野において、特定の義務違反に罰則の性質を備える民事罰を付することは許される。経済担当大臣または検察官の請求に基づき商事裁判所によって宣告される民事罰は、損害の賠償ではなく、立法者による禁止行為の抑制を目的とする。この罰則規定は、1789 年の人権宣言の 8 条および 9 条の要請、とりわけ罪刑法定主義の原則を尊重しなければならない[63]。以上の理由で、商法典 L.442-6 条が罰則の性質を有する過

---

60) Décision n° 2010-85 QPC du 13 janvier 2011, Établissements Darty et Fils, *Les Nouveaux Cahiers du Conseil constitutionnel*, Cahier n° 32. http://www.conseil-constitutionnel.fr/conseil-constitutionnel/root/bank/download/201085QPCccc_85qpc.pdf（2016 年 9 月 26 日最終確認）。

61) 憲法院は、Carrefour France 簡易株式会社と、EMC Distribution 社の訴訟参加も認めた。個別の民事訴訟の詳細については、第 5 章第 2 節 2(2)事件、(7)事件、(9)事件を参照。

62) Question Prioritaire de Constitutionnalité（憲法院による違憲立法審査制度。以下、「QPC」）。なお、同時期の QPC において、商法典 L.442-6 条 III 項が、憲法上の人権である裁判を受ける権利、営業活動の自由、財産権を侵害するかについて、Système U Centrale Nationale 社、カルフール社により争われたが、合憲であると判断されている。Décision n° 2011-126 QPC du 13 mai 2011, *RJDA* 10/11 n° 844.

料（民事罰）を付することは許容されるが、罪刑法定主義の原則に従う旨を判示した。

(b)「明確性の原則」への適合性

次に、憲法院は、罪刑法定主義の求める構成要件の明確性の原則は「仲裁を避けるために十分なほど、明白かつ明確な文言」の規範に適合する必要がある旨を述べた。その上で、異議を申し立てられた L.442-6 条Ⅰ項 2 号の「当事者の権利及び義務における著しい不均衡」の構成要件は、罪刑法定主義の求める明確性の原則に適合すると判示した。憲法院は、同条の構成要件が、十分に明白かつ明確に解釈可能であることを裏付けるために、以下の根拠資料を詳細に引用した。

まず憲法院は、立法時における政府意見書である「Hagelsteen 報告書」[64]に現れる立法趣旨を引用し、従前の L.442-6 条Ⅰ項 2 号 b の「従属関係、購買力又は販売力の濫用」は、「例外的な態様でしか適用されておらず、ただし、裁判所は……競争制限行為を禁止している。これらの行為の禁止は、濫用の禁止のようにその効果、とりわけ競争に関する効果の評価に根拠を置くのではなく、もっぱら非難された行為自体の存在の証明に根拠を置く」ことを、構成要件の解釈指針として指摘する。

さらに憲法院は、商法典 L.442-6 条Ⅲ項により、裁判所が「著しい不均衡」該当性を判断する際に、CEPC の意見を求めることができること、CEPC のガイドラインが公表されていることを明確性の論拠とした。また憲法院は、「著しい不均衡」の概念は、消費法典 L.132-1 条 1 項において用いられている司法上の概念であり、消費者との間で締結される契約における濫用条項に関する 1993 年 4 月 5 日の EC 指令 93/13/CEE の 3 条の文言を取り入れていることを指摘し、同条の解釈論を参照しつつ、「著しい不均衡」要件を解釈することが可能であることを論拠とした。

以上の理由に基づき憲法院は、L.442-6 条Ⅰ項 2 号の「著しい不均衡」規

---

63) *Supra* note 60, p. 10.
64) Rapport Hagelsteen, *supra* note 12, p. 29 et s.

制が、罪刑法定主義に十分一致する明白かつ明確な定義を備えていると判断した。

(3) 憲法院の判断を待っていた2011年中は「著しい不均衡」に関する判決は抑制的であったものの、以後、合憲判断を前提としつつ「著しい不均衡」の適用肯定例の判決が多数なされた。これらの判決においては「明確性」の要請を受けて、きわめて簡潔な「著しい不均衡」規制の要件解釈を積極的に補充する意図がうかがえる。

第4節　裁判例における「著しい不均衡」規制の要件解釈論の発展

1　初期の裁判例

(1) 改正直後の裁判例の動向

前章で紹介した憲法院の憲法先決判断は、以下の2010年1月のCastorama事件、および同年2月のCarrefour社の事件の裁判例を引用して、これら判例法により解釈基準の形成が進展していることを「著しい不均衡」要件の明確性の根拠とした。もっとも、「著しい不均衡」規制の導入直後のこれらの裁判例は、旧規制の「従属関係」または「購買力」の濫用規制の基準を援用して「著しい不均衡」を認定しており[65]、「著しい不均衡」に関する独自の解釈論が未形成であったことを示している。

---

65) 後者の事件では、民事罰に刑罰不遡及の原則は適用されず、新法が適用されることが判示されたが、旧法の解釈基準が用いられた。

(2) Castorama 事件[66]

裁判所は、DIY 分野の小売事業者である Castorama 簡易株式会社（以下、「Castorama 社」）に対する経済担当大臣による申立てを認めて、違反行為の差止めおよび 30 万ユーロの民事罰を命じた。

(a) 割戻金の分割払いについて

本来、期末の決算に従い、総売上高に応じて精算され支払われるべき供給事業者からの割戻金の支払いについて、供給事業者に毎月分割支払いすることを強要した Castorama 社による行為が問題となった。裁判所は、CEPC のガイドライン[67]を引用し「顧客の支払遅延に関する要求……は、明白に供給事業者の資本回転に基づく資金調達の負担を重くする効果がある」。この要求は、商法典 L.442-6 条 I 項 2 号の意味における、「……著しい不均衡を生じる性質であるとみなされる可能性がある」と述べる[68]。結論として裁判所は、同社により 2009 年に行われた毎月の分割払いの要求は濫用的であり、同社にとって有利な「当事者の権利及び義務における不均衡」を生じると判断した。

(b) 口座振替による支払義務について

Castorama 社は、供給事業者に、分割金の支払いについて、銀行口座の引き落としを利用することを強要し、支払期日において、Castorama 社が取引口座を排他的に利用する方法を予定した。同社は供給事業者に対して、供給事業者の本来の決済の代償となりうる代金の請求を拒んだ。分割金の支払遅延に対する違約金は高額であり、供給事業者が口座を利用する強い圧力の手段となり、結局、供給事業者は口座利用を選択せざるをえなかった[69]。裁判所は、このような行為は濫用的であり「供給事業者の信用を毀損するよ

---

66) T. com. Lille, 6 janvier 2010, Inédit, Ministre de l'Économie c/ SAS Castorama, ファーブル／和久井（訳）・前掲注 7) 参照。
67) Avis n° 09-05, *supra* note 58.
68) 支払遅延に関する EU 指令 2005-35-CE の「……事業者がその供給事業者に、彼自身が利益を受けている条件を考慮して正当化されない支払条件に従うよう強要するときは、……濫用を構成する要素とみなされうる」との規範も引用した。

うな不均衡を強化する」と判示した。

(c) 供給事業者の負担金を修正する契約条項の不存在について

　Castorama 社は、バーゲンセールを考慮して、特定の場合は、供給事業者の要望に従い、毎月の負担金の分割支払額の値下げ修正を承諾した。しかし、同社は供給事業者との取引契約書に、契約期間中に、供給事業者との取引量を低下させる明確な手段を備えていなかった。同社はこの欠落を知っており、この契約がこの点において有益に補充される可能性があることを認めている。この条項の欠如は、Castorama 社から供給事業者に要求される負担金の分割支払額の不公正な過大評価を引き起こした[70]。実際、分割支払額は実行された取引高に対応していなかったため、納入事業者にとって深刻な損害を生じさせた。

　裁判所は、これらの行為が「著しい不均衡」に該当すると認め、Castorama 社に対して本件行為の差止めと、30万ユーロの民事過料を課した。

(3) Carrefour 事件[71]

　本件は、文房具と事務用家具の卸売事業者である GPV 社と、カルフール・グループの食品外製品の購買センターである Carrefour Hypermarchés France 簡易株式会社（以下、「Carrefour 社」）との間の、2003年12月16日当時の「顧客口座管理サービス」と呼ばれる年間の共同取引協定書への署名が、当時の商法典 L.442-6条I項2号b によって禁止される「従属関係、購買力、販売力の濫用」と性質決定されうるとして、経済担当大臣により訴追された事件である。裁判所は、経済担当大臣を代理する Ardèche 県の DGCCRF[72] の担当官の主張に従い、以下の事実を認定した。

　供給事業者に対する支払債務に関する、この2003年の協定は、Carrefour

---

69) その一方で、Castorama 社は、その本来の決済または違約金の支払いについて他の手段を禁じられていなかった。
70) 他方、同社は自分の側では購入量について何らの約定もしなかった。
71) T. com. annonay, 12 janvier 2007; Nimes, 25 février 2010, RG n° 07/00606, Ministre de l'économie c/ Carrefour.
72) DGCCRF の役割については、本章第2節2を参照。

社が 2004 年に、供給事業者である GPV 社に対して通常よりも有利な支払期限を獲得することを許容した[73]）。

　当事者間の年間取引高の 0.3％と定められる報酬[74]）の代償として Carrefour 社によって提案された、以下のような顧客管理サービスへの、GPV 社の預託が問題となった。この協定では、銀行口座による支払いを選択することができ、Carrefour 社のインターネットサイトからアカウントによりアクセスする。期限前のアクセスは、引出し可能な資金限度において同意され、インターネット上で決定した条項に従い、Agricole-Indosuez 銀行と共同で行われる。

　GPV 社は、取引協定によれば 100 日以上の期間により請求可能であった、2004 年 1 月、8 月、9 月にその債権の期限前の償還を申し立てた。これは Carrefour 社との計 470 万ユーロの取引高のうち、3 分の 2 にあたる 323 万 2374 ユーロの請求である。供給事業者は 4 ヶ月間における債権の支払期間を 40 日または 88 日に戻したにすぎない（2003 年 12 月 16 日の協定前の取引約款が予定していた期限である）。しかし、GPV 社が支払った金融利息は年利 5.08％から 6％であり、計 2 万 1361.47 ユーロに上る。この取引全体は、GPV 社の不利益による、2 つの会社の間の取引上の力の不均衡の性質を示しており、供給事業者の不利益となると主張された。その証拠として、代理人は、当時 Ardèche 県における農業銀行は、取引顧客との間でより安い貸付利率として 4.077％から 4.168％を合意していたことから、カルフール社は、パートナーである銀行により、通常より高い利率の金融利息を徴収したこと、それにより、代替的な製品の授与を受けつつ、同社自身の報酬の一部を取り戻したことを指摘した。

　代理人は、以下のように、これらの行為が文房具の流通の主導的な地位および購買力を濫用したものであると主張した。すなわち Carrefour 社は、供給事業者が同等の代替的手段を備えないような、取引上重要な購買センタ

---

73) 期限は、月末締め請求書から 30 日（発行後 30 から 60 日）または 10 日締め計算書から 90 日（発行後 100 から 130 日）とされた。
74) 2004 年の報酬は、当事者間の 470 万ユーロの取引高について、1 万 4100 ユーロに相当することには、争いがない。

であるが、同社は取引の相手方に対して、異常に高い水準の支払期限に同意させて、財源融資の欲求を引き起こした。よって、同社の行為は違法であり、不均衡な交渉をもたらし、供給事業者の純益を間接的に減らす。よって、同社はGPV社に対する購買力を濫用し、当時の商法典L.442-6条Ⅰ項2号bにより、GPV社を「著しい不均衡」を生じる義務に従わせた、と主張した。

第一審判決であるアノネー商事裁判所は以下のように判示して、同号違反行為を認定した。すなわち、確かに取引法は、小売事業者の一般購入条件よりも供給事業者の一般販売条件を優遇することを何ら強要せず、経済規制の枠内での取引上の交渉に従うが、本件では、供給事業者は、Carrefour社に報酬を生じさせるような、取引協定における金融取引に、当然に頼る義務はなかったと判示した。

しかし、控訴院は、旧L.442-6条Ⅰ項2号bの要件を引用して「これらの法律の規定は……とりわけ『取引の相手方との従属関係もしくはその購買力又は販売力を濫用し、その相手方を取引関係又は不当な義務に従わせる』損害を賠償する義務を規定する」と述べた。そして、Carrefour社による「同社の一般購買条件は……2003年12月16日付の取引約款に基づき、取引交渉の範囲内で、GPV社に受諾されたから、完全に適法であり、全ての大規模小売事業者において一般的なものである」との主張を受けて、「取引法は、小売事業者の購入条件よりも供給事業者の販売条件を優遇することを何ら強要せず、経済規制の枠内での取引上の交渉に従う」と判示した。

裁判所は、本件では供給事業者は、取引協定における金融取引に当然に頼る義務はなかったことを認定し、結論として、GPV社に関する差止め、民事過料の請求を棄却した。

本件では、裁判所は「著しい不均衡」規制の導入前の行為であっても「著しい不均衡」規制を遡及適用可能であることを認めつつも、「著しい不均衡」規制における、当事者の権利義務関係の均衡性の視点に基づく検討を行っておらず、旧規制の「従属関係」または「購買力」の濫用規制の基準を援用して「著しい不均衡」を認定している。このことは、「著しい不均衡」規制独自の解釈論が未発展であった状況を示すと評価することも可能であるし、または裁判所が「著しい不均衡」規制における独自の解釈論の発展に消極的な

立場を支持していたと解釈することも可能である。

2　裁判例における解釈基準の発展

(1) 解釈基準の発展

2011年にQPCによる「著しい不均衡」規制の合憲判決がなされたことを受けて、2011年以降、「著しい不均衡」規制の適用を求める訴訟が活発に提起され、控訴院の裁判例の蓄積が進んだ。裁判例では「著しい不均衡」のみならず、L.442-6条Ⅰ項2号の各構成要件の解釈論への言及がなされており、司法の立場から、適用基準を客観化し明確化する意図を読み取ることができる。

(2) 2011年以降の裁判例における解釈基準

(a) 「当事者の権利及び義務における」要件

(i) 規制対象となる取引分野

パリ控訴院判事であるLucは「著しい不均衡」規制が、特定の大規模小売事業者による行為を制限するために導入されたとしても、行為者および行為態様に関する適用範囲は一般的なものであり、大規模小売事業を超えて、以下のような広汎な分野において適用されうることを指摘する[75]。

①家具販売事業者イケア社とソファー供給者との関係[76]、②卸売—分配業者と薬局との関係[77]、③テーブルクロスおよびナプキンのリース[78]、④大型自動車[79]、または市街地施設[80]の長期リース、⑤コンピュータ・ハードウェア[81]またはコピー機の[82]ファイナンス・リース、⑥レコード流通販売

---

75) Luc, *supra* note 57, p. 109.
76) Paris, 23 mai 2013, n° 12/01166, *RTD com* 2013. 500, obs. M. Chagny. 第5章第2節2 (6)事件を参照。
77) Versailles, 4 juin 2013, RG n° 12/01171.
78) Colmar, 13 mai 2013, RG n° 11/05476.
79) Douai, 11 avril 2013, RG n° 12/02678.
80) Montpellier, 17 septembre 2013, RG n° 12/05690.

契約[83]、⑦助言および監督の援助のサービス[84]、⑧ガス供給の仲買業[85]、⑨船舶の委譲契約[86]等である。

(ii) 規制対象となる取引契約の態様

「著しい不均衡」規制は、規制される可能性のあるあらゆる型の契約または行為に適用され、単一の取引契約および役務契約を超えてさまざまな契約形態（複合型の契約[87]、さらには長期間のファイナンス・リース契約[88]、委譲契約、小売契約、仲買契約、融資契約を含む）に適用される。ただし、ナンシー控訴院は、賃貸借関係において、「著しい不均衡」に関する規範を適用することを拒んだ[89]。

(iii) 規制対象となる取引条項

裁判例では、あらゆる型式の条項、すなわち不競争かつ排他条項[90]、黙示の更新条項[91]、解除条項[92]、さらには違約条項[93]または責任限定条項[94]が訴訟の対象とされた。消費法典L.132-1条が、取引対象である財産または提供される役務の価格または対価の適合性に関する一切の審査を排除するのとは異なり、L.442-6条Ⅰ項2号には、このような制限はなく、いかなる形態の権利義務に対しても適用される可能性があるとされた。多数の商事裁判所判決[95]、および控訴院判決は、「契約当事者間において定められた価格が当

---

81) Colmar, 10 avril. 2013, RG n° 11/05050.
82) Paris, 7 juin 2013, RG n° 11/08674.
83) Paris, 22 mai 2013, RG n° 10/19022.
84) Douai, 23 mai 2013, RG n° 12/01628.
85) Paris, 12 septembre 2013, RG n° 11/22934.
86) Paris, 25 octobre 2013, RG n° 11/20079.
87) Paris, 4 juillet 2013, RG n° 12/07651.
88) Montpellier, 18 septembre 2012, RG n° 11/03272.
89) Nancy, 31 mai 2012, RG n° 09/2012. ただし、棄却の理由は、経済的な当事者関係の存在の要件が満たされなかったことである。
90) Paris, 12 septembre 2013, n° 11/22934; Paris, 17 octobre 2013, RG n° 11/19394.
91) Montpellier, 17 septembre 2013, RG n° 12/05690.
92) Paris, 25 octobre 2013, RG n° 11-20079; Douai, 11 avril 2013, RG n° 12/02678.
93) Paris, 19 janvier 2011, RG n° 08-08300; Colmar, 10 avril 2013, RG n° 11/05050.
94) Besançon, 19 décembre 2012, RG n° 11/02445.
95) T. com. Lille, 6 janvier 2010, n° 2009-05184; T. com Lille, 7 septembre 2011, RG n° 2009/05105; T. com Meaux, 6 décembre 2011, RG n° 2009/02295.

事者間の『著しい不均衡』をもたらす……か、この不均衡が『著しい』と性質決定されるほど十分に重大かを検討すること」は裁判官の役割であると強調した[96]。

(iv) 規制対象となる当事者

裁判例は、適用対象を、市場において経済活動を行っている行為者間の関係として把握し[97]、商人のみならず、自由業（例えば弁護士間の関係）に対しても適用を肯定した[98]。

破毀院の解釈は分かれており、ある事案では、確立した取引関係を尊重して、行為者と被害者との間の取引関係が、現在からさかのぼってすでに存在していた事案への条文の適用を制限した[99]。しかし、大部分の破毀院判決はそのようには判断せず、L.442-6条Ⅰ項2号は、「取引関係の性質又は形態に関して何ら留保（制限）することなく、取引上の当事者を対象とする」と明言している[100]。

(b) 「著しい不均衡」要件

(i) 「著しい不均衡」の考慮要素

Luc は、2つの基準を指摘する。第1に、消費法典における濫用条項規定との同等性を備える行為は「著しい不均衡」を構成する。例えば、弱い当事者の賠償請求権を剥奪しようとすることである[101]。第2に、当事者間で署名された特別約定書、または、他の契約書において、著しく不均衡な条項を挿入すること、例えば、不均斉な価格改定条項[102]、不明確な役務の対価に関する条項[103]、供給事業者の負担する売残り品の返品条項[104]、製品の性能

---

96) Montpellier, *supra* note 88.
97) 商法典 L.410-1 条を参照。
98) Angers, 24 avril 2012, RG n° 11/015.
99) Lyon, 16 mai 2013, RG n° 11-07152, *RTD com* 2013, 500, obs. M. Chagny.
100) Douai, 13 septembre 2012, RG n° 12/02832.
101) Luc, *supra* note 57, p. 112, Montpellier, *supra* note 88.
102) *Ibid*, Paris, 11 septembre 2013, RG n° 11/17941; Paris, 25 octobre 2013, RG n° 11/20079.
103) Montpellier, *supra* note 88.
104) Avis n° 09-05, 1er janvier 2009, CEPC 09020501.

不良による解約条項[105]、または不均斉な支払期限条項[106]を挿入することは、不均斉な義務を形成し、一方当事者に制御できない義務を課し、または一方当事者に過剰な利益を許容するがゆえに、明白な不均衡を構成することである。また不明確・不明瞭な条項も、一方当事者の差別的または裁量的な適用により「著しい不均衡」を生じさせる可能性がある。

　ただし、裁判例では、条項の性質により一律に判断するのではなく、事案により個別の評価を行う。例えば、売残り品の返品条項について、2013年7月4日のパリ控訴院判決[107]は、著しい不均衡を肯定した。本件では、注文契約において、供給事業者が、貸方の代償として、会計年度または季節セールの期間の終了時に売残り品の在庫を引き取ることの誓約が予定されていた。控訴院は、この条項はすべての供給事業者に無差別に適用される可能性があり、また、たとえ小売事業者が、取引高に影響を及ぼすすべての手段（転売価格の確定、場所の選択、販促活動）を有するとしても、返品条項は、供給事業者に対して、対価または代償もなく、製品の売行きの悪さの負担、返品費用をも課する効果があったことを指摘した。また、供給事業者は、売残り品の数量の予測可能性をまったく備えておらず、製品の販売を促進するよう、小売事業者に働きかけることができなかった。結局、売残り品の引取り義務は、供給事業者にとっての利益の点で、確実な代償を伴うものではなかった。

　これに対して、パリ控訴院の2013年5月22日の判決[108]は、小売事業者により、レコード製造事業者の負担として課せられた売残り品の引取り義務は、「著しい不均衡」に該当しないと判示した。控訴院は、引取り義務は、製造事業者に対して支払われた通常よりも高率の手数料により埋め合わされ、流通取引は、各当事者を効果的に利益に与らせており、とりわけ、製造事業者は、製造期間が非常に短いことを考慮して適合した供給を行うことが可能であり、供給事業者に対する売残り品の重大な危険を限定することが可能な

---

[105] Paris, 20 novembre. 2013, RG n° 12/04791.
[106] *Ibid*, Paris, 18 décembre 2013, RG n° 12/00150.
[107] Paris, 4 juillet 2013, RG n° 12/07651. カジノチェーンに対する適用肯定例（第5章第2節2(7)事件参照）。
[108] Paris, 22 mai 2013, RG n° 10/19022.

販売条件を通知されていたことを指摘した。

(ⅱ)「著しい不均衡」の定義

パリ控訴院の2014年10月1日、同年10月29日の2つの判決[109]は、いずれも「著しい不均衡」は「当事者間の義務が双方向的でないこと又は不釣り合いであることでありうる」と判示する。ただし、10月29日の判決が「当事者間の特殊な状況、当事者の力関係、及び当事者の双方向的な義務を考慮して、争われる条項が……明白に不釣り合いであるかどうかを確証する」ことを重視するのに対して、10月1日の判決は「対価又は法律上の理由なしに、不公平な義務又は利益を備える条項」であると定義しており[110]、義務の不均衡性と不公平性（不公正性）のいずれの性質を重視しているのかについて、微妙な差異を含んでいるようにも思われる。

(ⅲ) 契約全体の経済的均衡性の考慮

裁判例では個別の条項のみならず、契約全体の経済的均衡性も考慮されている[111]。濫用条項を規制する消費法典L.132-1条とは対照的に、L.442-6条Ⅰ項2号は「条項」ではなく「義務」を規制しているからである[112]。その結果、ある条項が不均衡な内容でも、他の条項が契約を均衡ならしめることが可能である。他方で、多様な条項による複合的な効果が「著しい不均衡」を構成しうる[113]。エヴリー商事裁判所は、2013年2月6日の判決[114]において「不均衡は、数又は量が禁止され得る過剰を引き起こすような、完全に適法な条項の複合からも生じ得る」と判示する。

パリ控訴院の2014年10月1日の判決[115]は、「特定の契約条項が、当事者の権利および義務に関する均衡を回復するべく、有効に互いに釣り合うのか

---

109) Paris, 1er octobre 2014, RG n° 13/16336. Carrefour社に対する適用肯定例（第5章第2節2(9)事件参照）; Paris, 29 octobre 2014, RG n° 13/11059. ラジオ局経済利益団体に対する適用肯定例（第5章第2節2⑽事件参照）。
110) M. Chagny, «Le déséquilibre significatif devant la cour d'appel de Paris», *RTD com.*, 2014, p. 785 et s.
111) Nancy, 14 décembre 2011, RG n° 10/02664.
112) Luc, *supra* note 57.
113) *Ibid.*
114) T. com. Evry, 6 février 2013, RG n° 2009/00727.
115) Paris, *supra* note 109.

を評価するために、もし援用されるならば、契約全体を考慮することができる」と述べる。その場合「証明の一般原則に従い、契約の全体的な経済的均衡性が、……条項を適法にすると主張する当事者が、証拠を提出しなければならない」と明言した[116]。

この判決に従えば、「著しい不均衡」を構成するように見える条項が存在する場合に、契約全体規模で評価を行うことは可能であるが、契約全体の経済的均衡性を援用し証明責任を負う者によって詳細な説明がなされるべきことになる。すなわち、例えば被害者である供給事業者が、一見適法に見える条項が複数あっても契約約款を全体として考慮すれば不均衡を構成すると主張するならば、被害者側が契約全体の経済合理性に基づく論拠を主張・立証すべきことになる。これに対して大規模小売事業者が、不公正とされる特定の条項が、他の契約条項により均衡性を回復していると主張するならば、その事業者が契約全体の経済的均衡性を主張・立証すべきことになる。

(c) 「従わせ、又は従わせようとする」（従属性）要件
(i) 従属性に関する議論

「従わせ、又は従わせようとする」、すなわち「従属性」要件の判断基準について、パリ控訴院の2013年9月18日の判決[117]は、大規模食品流通分野の事案において、同要件は「抵抗し難い圧力の行使」(irrésistibilité)ではなく、「より弱い当事者の服従を推論させるような当事者間における不均衡な経済力関係の存在」を意味すると述べた。パリ控訴院の2014年10月29日の判決[118]も同旨を述べる。さらに、パリ控訴院の2014年10月の2つの判決[119]はいずれも、同要件は「取引当事者間に存在する力関係の不均衡を理由として、不公平で双方的でない義務の影響を与え又は影響を与えようとすることである」という定義を明らかにした。

---

116) Chagny, *supra* note 110. 同じ当事者間で締結される別の契約を考慮するために、論証が拡大されうる余地も残る。
117) Paris, 18 septembre 2013, RG n° 12/03177, D., 2014, 893.
118) Paris, *supra* note 109.
119) *Ibid.*

(ⅱ) 実行行為性

不均衡な条項の提案自体が違反行為にあたるか、という点について、パリ控訴院は「あらかじめ起草された条項を提案することは……禁止されない」が、「……あらかじめ起草された契約への署名を獲得することは……規制される可能性がある」というCEPCのガイドライン[120]を援用する。その上で、パリ控訴院は、小売事業者がその賠償義務を免除されるためには、小売事業者が修正を受け入れ、供給事業者の要求に従って、条項が追加され、修正されたことを証明する義務を負う、と判断した[121]。

(3) 条項の適用効果の考慮

CEPCは、2008年12月22日の意見[122]において「『著しい不均衡』の概念は……当事者に対する約定の適用の効果に関する状況を重視する」と述べる。しかしこれに対して裁判例では、条項の具体的な適用効果は立証されず、違反行為それ自体が問題とされ、契約条項適用の効果が存在しないことまたは発生していないことは、考慮されていない[123]。

3　判例理論の分析

パリ控訴院の裁判例のうち「著しい不均衡」規制の違反が認定された判決の大半は、大規模小売事業分野において納入事業者と小売事業者との間で毎年交渉される特殊な契約に関するものであった[124]。これらの肯定例においては、納入事業者が従った行為に関しては、いかなる現実の交渉も存在しなかったことが強調された。

---

120) Avis n° 09-05, *supra* note 58.
121) Luc, *supra* note 57. 小売事業者の明示の回答がないことのみでは、不均衡な契約条項が適用されなかったとはいえない。
122) Avis de la CEPC au 22 décembre 2008 et réponse de la DGCCRF, n° 08112808.
123) Luc, *supra* note 57. ただし、学説においては、条項の適用効果を重視する見解が存在する。
124) 例外的に、ファイナンス・リース契約における解除条項に関する事案、燃料の供給における販売責任の制限条項に関する事案、建築分野の下請け契約における、注文者による、違約金のない解除条項に関する事案の肯定例がある。

裁判例は、当事者間の経済力に非常に差がある場合に、交渉が有効に行われないような問題ある条項を契約書に挿入することにより、当事者の「従属」が生じることを重視する。例えば、最近のパリ控訴院の 2014 年 10 月の２つの裁判例[125]は、「著しい不均衡」規制の以下の２つの要件を明確にする[126]。第１に「従わせ、又は従わせようとする」の要件、すなわち「取引上の相手方に対して、取引当事者間に存在する力関係の不均衡に基づき、不公平で双方向的でない義務の影響を与え又は影響を与えようとすること」である。第２に「著しい不均衡」の要件、すなわち「当事者間の義務が双方向的でないこと又は不釣り合いであること」が要求される、とする。

　このような解釈論は、当事者間の一定の「従属性」を読み込むことにより、「著しい不均衡」規制の適用を限定するという趣旨で理解することが可能である。すなわち、「著しい不均衡」の定義、または解釈基準の詳細化によっても、規制対象の判別が困難な抽象的な基準であることを免れない可能性がある。確かに裁判例の蓄積により、規制対象行為の類型化・具体化は進展するだろう。しかし、構成要件の曖昧かつ不明確性の問題は残存するように思われる。さらに、規制対象が無制限に拡大することにより、自由な交渉に委ねられるべき契約条項への、行政および司法の広汎な介入が懸念される[127]。

　そこで、事業者間の取引交渉の自由化、透明性の確保のために真に必要な範囲に限定して規制を行うためには、結局、当事者間の一定の特殊な「関係」を考慮せざるをえないことが認識された。それは、いみじくも、旧「従属関係……の濫用」規制を「著しい不均衡」規制に改正する際に克服されたはずの「従属関係」である。「著しい不均衡」規制の導入が、「従属関係の濫用」規制からの大幅な脱却を目指したにもかかわらず、再び「従属性」の参照が必要とされる現状がある。「著しい不均衡」規制の適用要件を、主として「著しい不均衡」要件と、「従属性」要件の２つの要件により判断するパリ控訴

---

125) Paris, *supra* note 109.
126) Chagny, *supra* note 110 は、第１は「行為の倫理的要件」、第２は「獲得又は探求の効果を構成する要件」である旨を述べる。
127) 契約全体の経済的均衡性を考慮することにより、規制範囲を限定する解釈論においても、司法が広汎な裁量を有するという問題は残る。

院の立場は、「(不均衡が) 信義誠実の欠如を導き出すことを許容する徴表として、従属状態を考慮に入れる」見解[128]と同様の発想に立つと思われる。しかしパリ控訴院の立場は条文上明記された「従わせ、又は従わせようとする」要件の解釈論として、「従属性」を読み込もうとする点で、より精緻化されていると評価することが可能である[129]。

第5節 小 括

1 「著しい不均衡」規制の性質論についての分析

本章では「著しい不均衡」規制の導入時の議論、要件解釈論の発展、および裁判例における運用状況を概観した。「著しい不均衡」規制は、導入から間もなく、さまざまな課題を喚起し多数の裁判例を創出しつつ、定説となりうる解釈基準を模索している。解釈の視点は、(1)相対的市場力規制の補完の視点、(2)消費法との統一的な理解、(3)EU競争法との調和的な理解に集約することができる。

2 「著しい不均衡」規制の解釈基準についての分析

(1) 相対的市場力規制の補完の視点
第1に、「従属関係の濫用」規制との関係の視点である。「著しい不均衡」規制は、L.420-2条2項の相対的市場力規制（経済的従属関係の濫用規制）を補

---

[128] Malaurie-Vignal, *supra* note 44.
[129] 「従わせ、又は従わせようとする」文言に「従属性」を読み込む解釈論がパリ控訴院で導入された契機は2013年9月18日のGALEC事件（第5章第2節2(5)事件を参照）とみられる。2011年のQPCによる違憲審査で、「著しい不均衡」規制の構成要件の明確性が争点とされたことが、「従属性」要件による限定解釈に影響を与えたとも解される。

完することを目指して導入された。旧L.442-6条Ⅰ項2号bの「従属関係……濫用」規制は、「従属関係」要件の厳格解釈と、条文上の要件ではないにもかかわらず、競争への影響を考察することにより、消極的な運用にとどまっていた。そこで2008年に導入された「著しい不均衡」規制は、これらの要件にとらわれないまったく新しい規制類型として、主として大規模小売事業者による購買力の濫用に積極的に対処することを目指すものである。導入直後には、「著しい不均衡」要件の不明確さが指摘され、旧規制と同じ「従属関係の濫用」要件に基づく解釈も行われた[130]。しかしその後、多数の控訴院判決において「著しい不均衡」の詳細な定義が試みられ、多数の運用実績が上げられた。

その一方で、広汎にあらゆる事業者間の取引に均衡を求めれば、自由かつ自律的に行われるべき事業者間取引への過度の介入となり、LME法が同時に導入した、差別行為の禁止による交渉の自由化に反することが懸念された。しかし、「著しい不均衡」要件の解釈論により規制対象を選別しても、運用基準を裁判所の広範な裁量に委ねる限り、不安定性は解消されない。そこでパリ控訴院は規制対象選別の基準として、当事者間の一定の地位ないし関係性に着目するに至った[131]。控訴院判決は「従わせ、又は従わせようとする」要件に、「従属性」を読み込む解釈論を展開しており、「著しい不均衡」規制が克服したはずの、「従属関係」要件の参照を復活させつつある。従属関係の濫用から「不均衡」規制への転換は、再び「不均衡」から「従属関係の濫用」へと回帰するのか、あるいは相対的市場力規制とは異なる意味の「従属性」を考慮する解釈論[132]が展開されるのかは、今後の判例の動向に委ねられている。

---

130) *Supra* note 66.
131) 日本の独占禁止法における優越的地位の濫用も、同様に「自己の取引上の地位が相手方に優越していること」に着目した規制を行っている。「著しい不均衡」規制が日本における解釈論に与える示唆については、第6章で詳述する。
132) Malaurie-Vignal, *supra* note 28, n° 18.

(2) 消費法との統一的な理解の視点

第2に、消費法との統一的理解の視点である。「著しい不均衡」規制は、消費法典 L.132-1 条の影響を受けて導入され、消費法における濫用条項リストが解釈基準とされうることが指摘された。しかし近時の控訴院判決は「消費法典 L.132-1 条……の解決方法から着想を得られるとしても……L.442-6 条は、事業者と消費者との間とは異なる、事業者間の力関係に適用される……ので、2つの条文の適用範囲は隔たっている」と述べて、従属的な事業者と消費者を単純に同一視することには消極的である[133]。他方で、小売事業者が供給事業者を搾取すれば、最終的な受益者である消費者の利益が害されることを理由に、消費者─小売事業者─供給事業者を統一的に理解しようとする見解も存在する[134]。消費者の利益に資する競争秩序という視点や、当事者間の交渉力に差がある関係性の類似性に着目して、今後、両法における「著しい不均衡」の解釈論が接近する余地も残されている。

(3) EU 競争法との調和的な理解

第3に、EU 競争法との調和的な理解という視点がある。そもそも消費法典 L.132-1 条の「著しい不均衡」は、消費者取引における濫用条項規制に関する 1993 年の EC 指令[135]を受けて導入された。競争法における「著しい不均衡」規制の導入は、事業者間取引における濫用条項規制という視点において、EU 法と共通の視点に立つものであり、EU 競争法と調和的に理解されうるという指摘がある[136]。

また事業者間の不公正取引の規制という観点においても、EU 競争法と調和的な解釈を目指しうる可能性がある。すなわち欧州委員会は、2011 年の

---

133) Paris, *supra* note 109.
134) Malaurie-Vignal, *supra* note 29, pp. 28-30. なお、オーストラリア「競争・消費者法」(Competition and Consumer Act 2010) は消費者法と競争法を統一し、非良心行為 (unconscionable conduct) の規制を消費者取引と事業者間取引の共通概念として適用している点で、フランスにおける「著しい不均衡」規制と類似した構造を持つことに着目すべきである。
135) *Supra* note 21.
136) Malaurie-Vignal, *supra* note 28, n° 28.

支払遅延防止に関する指令の改正[137]のほか、2013年にグリーンペーパー[138]を公表し、食品流通分野における「不公正な取引行為」(pratiques commerciales déloyales) の規制について問題意識を表明した。フランス競争法の「著しい不均衡」規制は、EU競争法に先駆けて、支払遅延行為[139]を含む広汎な態様の不公正な取引について規制実績を上げており、EU競争法における規制を主導する可能性がある。

　そこで次章では、フランスにおける購買力濫用型を中心とした最新の適用事例を紹介することにより、「著しい不均衡」規制が事業者間の濫用的な行動、不公正な取引を規制する上で有効な手段となりうることの実証的な分析を行う。

---

[137] Directive 2011/7/UE du parlement européen et du conseil du 16 février 2011.
[138] Commission, *supra* note 6. グリーンペーパーは「不公正な取引行為」の例として「曖昧な契約条項」、「契約書面の不交付」、「遡及的な契約条件の変更」、「取引上の危険の濫用的な移転」、「情報の濫用的な利用」、「取引関係の濫用的な停止」、「供給のテリトリー制」を挙げる。
[139] 支払い遅延に関するEU指令は商法典L.441-6条により実施される。同条およびL.442-6条は2014年に改正がなされた。

第 5 章

「著しい不均衡」規制の適用に関する裁判例

第1節　問題の所在

　本章では、フランスにおける購買力濫用型を中心とした最新の適用事例を紹介することにより、「著しい不均衡」規制が事業者間の濫用的な行動、不公正な取引行為を規制する上で有効な手段となりうることの実証的な分析を行う。

　経済的に優位する事業者による購買力の濫用行為の規制手段として当初念頭に置かれた市場支配的地位の濫用規制は、第2章で詳述したように、市場支配的地位要件、競争侵害要件の充足が困難であり、十分に機能しなかった。また、市場力の程度を一方当事者に相対的に優越する市場力に緩和し、競争侵害要件も緩和する相対的市場力規制（経済的従属関係の濫用規制）も、第3章で詳述したように各要件が厳格解釈された結果、規制は不活発なものに終わった。この点、2008年に導入された「著しい不均衡」規制は、市場力規制とは異なる、当事者の権利および義務における「著しい不均衡」に着目した規制を行うことにより、相対的市場力規制を補完することが期待されている。

　それでは実際に、フランスにおける購買力濫用型の規制手段の主流は市場力規制から「著しい不均衡」規制に移行しつつあるかについて、本章では、最近の適用事例に基づき実証的に検討することとしたい。憲法院による事後的違憲審査制度（QPC）によって合憲判決がなされた2011年以降、フランス市場における上位の大規模小売事業者らに対する、L.442-6条Ⅰ項2号に基づく訴訟においての各控訴院判決が着実に積み上げられ、破毀院判決に至るものも現れた。これらの規制実績を分析して、各判例の判断枠組み、規制の射程となる濫用的な行動、判例が着目した個別考慮要素等から、我が国の流通分野における大規模小売事業者の購買力濫用等の規制において重要な示唆を得られる可能性がある。しかしフランスの「著しい不均衡」規制に関する裁判例における運用実体の分析を行う国内文献は少なく[1]、最新の事例に

言及するものはほとんど見当たらないようである。

そこで本章では、2011年以降の「著しい不均衡」規制の適用事例の詳細を紹介し、フランスにおける同規制の実態を明らかにすることを試みる。前章においては判例法理に現れた「著しい不均衡」規制の要件解釈論の規範部分に焦点を当てた分析を行ったが、本章では、問題とされた行為、および各要件を具体的事案に当てはめる適用過程に着目して検討を行う。また、可能な限り各審級における判断を紹介することにより、結論に至る判例法理の形成過程を概観することを試みる。

第2節　近時の裁判例にみる「著しい不均衡」規制の適用事例

1　商法典L.442-6条Ⅰ項の規制の執行状況

　競争制限行為規制の執行機関である「競争・消費・不正行為防止総局」（DGCCRF）が公表した商法典L.442-6条の適用事例に関する統計[2]によれば、商法典L.442-6条Ⅰ項2号の「著しい不均衡」規制に関する判決件数は、以下のような推移をしており、2013年以降、平均約10件と安定した規制実績となっている。L.442-6条1項の規制類型の中で、2号の「著しい不均衡」規制の適用例が最も多く、次に多いのがL.442-6条Ⅰ項1号の、提供した役務に対して不相応または明白に不釣り合いな利益を獲得する行為の規制類型

1）「著しい不均衡」規制導入以降のL.442-6条Ⅰ項2号の適用例に言及した国内文献として、以下のものがある。公正取引委員会競争政策研究センター（CPRC）「諸外国における優越的地位の濫用規制等の分析」（2014年）59頁以下。http://www.jftc.go.jp/cprc/reports/index.files/cr-0214.pdf（2016年9月26日最終確認）。
　　ジェローム・ファーブル／和久井理子（訳）「フランスの大規模小売分野における不公正取引の規制」公正取引769号（2014年）40頁以下等。
2）DGCCRF, Le bilan de la jurisprudence civile et pénale 2012, 2012, 2013, 2014, 2015.

表

年	「著しい不均衡」規制に関する件 / L.442-6 条に関する訴訟
2012	3 件 / 23 件
2013	15 件 / 24 件
2014	7 件 / 21 件
2015	10 件 / 23 件

（la pratique d'obtention d'avantages sans contrepartie ou manifestement disproportionnés au regard de la valeur du service rendu）、およびL.442-6条Ⅰ項5号の予告なき取引関係の破棄（la rupture brutale de relation commerciale）の規制類型である。

2004年以降のL.442-6条に基づき宣告された民事過料額は、以下に図示するように、L.442-6条Ⅰ項のすべての規制類型についての年額の総額が、2004年が30万5000ユーロ、2005年が141万ユーロ、2006年が33万8000ユーロ、2007年が54万2800ユーロ、2008年が153万7300ユーロ、2009年が449万1301ユーロ、2010年が75万6500ユーロ、2011年が228万8000ユーロ、2012年が482万7000ユーロ、2013年が497万5000ユーロ、2014年が72万7000ユーロ、2015年が258万ユーロであった。

2008年の経済現代化法（LME）法による「著しい不均衡」規制の導入後、過料額は増加傾向にあるが、2010年および2014年にとりわけ落ち込んでいる。2010年の金額の低下の理由は、商法典L.442-6条Ⅰ項2号およびⅢ項について憲法院に2つの事後的違憲審査事件（QPC）[3]が付託され、それに由来する延期がなされ、そのために民事過料の宣告額が低下したためであると説明される[4]。2014年の金額の低下の理由は、特別な手続上の争点に関して上告中である多数の件を考慮して、宣告額が低下したためであると説明されている[5]。

---

[3] Décision n° 2010-85 QPC du 13 janvier 2011, Établissements Darty et Fils, *Les Nouveaux Cahiers du Conseil constitutionnel*, Cahier n° 32. http://www.conseil-constitutionnel.fr/conseil-constitutionnel/root/bank/download/201085QPCccc_85qpc.pdf（最終確認2016年9月26日）。およびDécision n° 2011-126 QPC du 13 mai 2011, RJDA 10/11 n° 844を参照。

[4] DGCCRF, *supra* note 2, 2014を参照。

表

年	民事過料総額
2008	1,537,300 €
2009	4,491,301 €
2010	756,500 €
2011	2,288,000 €
2012	4,827,000 €
2013	4,975,000 €
2014	727,000 €
2015	2,580,000 €

2　「著しい不均衡」規制に関する裁判例

　以下では、L.442-6条Ⅰ項2号の著しい不均衡規制の適用が問題となった2011年以降の代表的な裁判例について、適用の対象とされた条項および判決の解釈枠組みを紹介する。

(1) Eurauchan事件
事案の概要

　Eurauchan社は、フランスにおける小売流通グループの第5位のAuchan（オーシャン）[6]グループの購買センター[7]である。Eurauchan社が、納入事業者らとの間で締結することを求めた、以下の条項が問題とされた。

　(a) 納入事業者の価格におけるあらゆる原料価格の低下の義務的かつ即時の反

---

5) *Ibid.*
6) 日本貿易振興機構「平成23年度日本食品マーケティング調査（フランス）」（2012年）4頁参照。https://www.jetro.go.jp/ext_images/jfile/report/07000921/report.pdf（最終確認2016年9月26日）。
7) フランスにおける食品流通企業の物流は、購買センターを要とした商品の調達を行っている。購買センターが各企業内に全品目を統括した形態で存在している場合と、外部の専門企業に物流を委託している場合があり、また、それぞれが全国レベルで統括している場合と地方ごとに分割されている場合とに分けられる。

映を予定しつつ、契約年期間を通じた納入事業者のあらゆる価格の値上げを禁止し、違反の場合には協定を破棄通告する条項。
(b) 納入事業者の配送遅延の場合にしばしば重大なペナルティーを適用するが、小売事業者の同様な非効率性については制裁せず、納入事業者の損失により牽連性の欠如をもたらす条項。
(c) 100%近い在庫サービス率（taux de service）[8]についての非交渉、および納入事業者が手数料率を達成しない場合のペナルティー（違約金）条項。
(d) 小売事業者の購買に関する普通取引約款の強制、および納入事業者の販売に関する普通取引約款を排除する条項。

裁判所の判断

(i) 第一審判決

第一審であるリール商事裁判所判決[9]は、これらの条項は「有無を言わさぬ内容で、特異かつ予め『価格設定』以外の取引条件において、相手方との間で形成される交渉の余地を減少させるものである。このような契約上の解決方法は、（小売事業者の）有利になるような濫用的又は不均衡な条項の場合には、過重な義務をもたらし、もたらしてきたといえる」と述べて、商法典L.442-6条Ⅰ項2号の「著しい不均衡」規制の適用を肯定した上で、Eurauchan社に100万ユーロの民事過料を課した。

(ii) 控訴院判決

パリ控訴院判決[10]は、「著しい不均衡」の判断基準について以下のように判示した。

「不均衡とは、独自の契約における、納入事業者の負担となり経済（および消費者）にとって有害な、不公正な義務の存在により、著しいものでなければならない。経済担当大臣によって商法典L.442-6条Ⅰ項2号に基づき提起された訴訟は以下の修正を試みるものである。これらの義務が実行されたか否かは問題ではない、なぜなら法律は何らかの有利性の獲得又は『獲得の意図』を対象とするものであり、不均衡による具体的な効果が見積もられない

---

8)「在庫サービス率」とは、需要に対して在庫を提供できた割合を意味する。
9) T. com. Lille, 7 septembre 2011, RG n° 2009/05105.
10) Paris, 11 septembre 2013, Eurauchan c/ Ministre, RG n° 11/17941.

ことは問題ではない。Eurauchan 社は、交渉によって、他の契約条項が既に生じた著しい不均衡を埋め合わせるに至っている旨を援用するが、その事実を証明していない」。

控訴審はこの規範を充足する事情として、以下の事情を指摘した。前記(a)条項に関して、納入事業者は、最低予告期間を遵守しなければならず、あらゆる値上げの根拠を説明しなければならなかった。費用の低下の場合には、もし納入事業者が値下げしない場合には、Eurauchan 社は、一方的にいつでも協定の破棄を通告することができた。また、(c)条項に関して、最低在庫サービス率98.5％の適用は、重大なペナルティー制度を伴っており、現実的な交渉の対象となっていなかったことを指摘した。控訴院は以上の理由に基づき、第一審判決を追認し、Eurauchan 社は100万ユーロの民事過料を支払うことを命じた。

(iii) 破毀院判決

Eurauchan 社は、経済担当大臣による差止めは特定の契約条項に基づいておらず、違法と評価される条項を予防的に削除することを求めるものであることを理由として上告した。この点について破毀院判決[11]は、以下のように述べて、Eurauchan 社の不服申立てを棄却した。「同チェーンによって行われた行為の中止の要求は、Eurauchan 社によって交渉の対象として提案された取引契約における条項及び附属条項の分析に基づいており、同条項は2009年以来、修正なく実行されており、控訴院は、この条項の将来にわたる削除を対象とする要求の認容を宣言することにより、正確な適用を行ったものである」。

また、控訴院が問題となった条項のみならず契約全体を考慮した点について、Eurauchan 社は欧州人権条約7条（罪刑法定主義）、8条（私生活上の利益の保護）への適合性を争った。これに対して破毀院は以下のように述べて、控訴院によって行われた評価は、欧州人権条約に適合する旨を判示した。「しかし、商法典L.442-6条Ⅰ項2号は、契約が締結された文脈、その経済性、を評価すること、および争点となった協定によって規律される取引関係を分

---

11) Com., 3 mars 2015, Eurauchan c/ Ministre, pourvoi n° 13-27525.

析したことを要請している、判決は協定14条の修正は常に拒絶されたことを指摘し、Eurauchan社は同社が援用する交渉の成果、他の条項の修正がそれにもかかわらず契約の均衡を回復ならしめることについて証明していないことを確認する。このような状況において、控訴院は争点となっている条項のみを考慮して決定することなく、証明責任の転換もせず、欧州人権条約7条及び人権宣言8条を無視することもなく、商法典L.442-6条Ⅰ項2号の要請を充足した」。

そして「著しい不均衡」該当性について、破毀院は以下のように述べて、争点となった条項について、納入事業者にとっての著しい不均衡の存在を確認した控訴院の判決を支持した。

価格改定に関する(a)条項について、控訴院が、この条項の修正は常に拒絶され、Eurauchan社は、他の条項の修正が契約の均衡性を回復することを可能ならしめることを証明しなかったことを指摘し、他方ではそもそもEurauchan社または納入事業者が価格改定を実行する要件における牽連性の欠如が存在したことを指摘した点は正当である。

在庫サービス率に関する(c)条項について、控訴院は在庫サービス率に関する規定の漠然・不明確性を指摘し、牽連性および対価性を備えていないという条項の自動的な性質を確認した点は正当である。実際、条項の適用基準が不明で、制裁はチェーンの意思のみに依拠しているという事実、納入事業者の大半は在庫サービス率を達成していない事実、そしてこの条項は交渉可能でもなく、他の条項によって埋め合わされてもいないという事実があった。

(2) Darty et Fils事件
事案の概要

Etablissements Darty et Fils（以下、「Darty社」）は、フランス最大の家電量販チェーンである[12]。同社は2009年に納入事業者らとの間で取引契約を

---

[12] ジェトロ2011年の調査によれば、Darty社は家具・建具小売分野における売上げ第6位であった。日本貿易振興機構「フランスにおけるサービス産業基礎調査」（2011年）10頁。https://www.jetro.go.jp/ext_images/jfile/report/07000736/fr_service.pdf（最終確認2016年9月26日）。

締結したが、以下の契約条項が商法典 L.442-6 条 I 項 2 号の「著しい不均衡」を構成するとして、経済担当大臣が L.442-6 条Ⅲ項に基づいて訴追したものである。

(a) 在庫保証条項 (clause de protection de stock)
(b) 製品販売不振条項 (clause de mévente de produits)

裁判所の判断
(ⅰ) 第一審判決
ボビニー商事裁判所判決[13]は、以下の事実を考慮しつつ、「著しい不均衡」を認定した。争点となった条項は広い範囲を対象としており、それらの条項は時間的範囲についても、製品の範囲についても、財産の総額の観点においても限定されていない。さらに当該条項が兼ね備える可能性がある効果に関していえば、小売事業者は何らのリスクも負わない以上、財産を減らさないことを保障されている。小売事業者は、彼らが負うべき負担を納入事業者に転嫁している。納入事業者は、自身の料金を決定するための取引上の自由を制限されている、なぜなら、彼らは、小売事業者によって要求される賠償により生じる費用を考慮しなければならないからである。

最後に、これらの条項は取引条件について遡及的な効果を生じるとされるが、そのこと自体が著しい不均衡を構成するものである。

商事裁判所は以上のような理由で、問題となった条項は、Darty 社に当事者の権利および義務における「著しい不均衡」をもたらすような利益を与えるものであることを理由として、30万ユーロの民事過料、および納入事業者に対する不当利得総額 57万5000 ユーロの返還を命じた。

(ⅱ) 控訴院判決
パリ控訴院判決[14]は、L.442-6 条 I 項 2 号の適用対象となる条項に関して、以下のように判示した。大臣によって主導された手続に関与しない他の納入

---

13) T. com. Bobigny, 29 mai 2012, RG n° 2009/01541.
14) Paris, 25 novembre 2015, Darty c/ Ministre, RG n° 12/14513. 上告審が係属中である。

事業者との間で締結された契約および普通取引約款が問題とされる条項を含むかどうかは、「訴訟の範囲は大臣の選択に委ねられる」以上、重要ではないとする。

次に「従わせ、又は従わせようとする」（従属性）の要件について、以下のように判示して従属性を認定した。同社は、家電、映像・音響製品、マイクロコンピューターの小売分野の首位であり、フランスに221店舗を有しており、明白な交渉力を有していた。

「（Darty社の）主張に反して、従わせ又は従わせようとすることは、圧力又は強制の存在を示す証拠に依拠せず、当事者間に成立した契約にまさにこれらの条項を挿入することから生じる。この場合、供給者にとっての交渉の余地の不存在をもたらすような条項により、交渉力は同様ではない」からである。問題となっている条項が「関連する対象物によって限定され……又は期間によって限定され……又は明確なクレームの要件に従う限りにおいては……、特定の契約において発効しているこれらの条項の存在は『従わせ、又は従わせようとする』ことの存在についていかなる結論を引き出すことも許容するものではない」。

この点、本件では「問題とされる条項は一様に起案され……供給者の契約書類上の各条項に対する特別な限定は完全に削除されていた。また申し立てられた条項は完全に一般的で不明確なものである」。Darty社による条項の削除の要求は証明されなかった、また条項の適用態様に関する合意が具体的に一致していることは証明されなかった。とりわけ製品の販売不振に関する(b)条項について、控訴院は以下のように述べた。「大臣によって援用された全ての契約において存在した販売不振条項の挿入に関して、Darty社と納入事業者との間における実際の議論を確証することを認めるものはなにもない。さらに、このような条項の挿入についての納入事業者にとっての利益の明白な不存在は、このような条項が、納入事業者に強要されたことを証明するものである」。

さらに「著しい不均衡」について、以下のような規範を述べて、第一審判決の認定を追認した。問題とされた条項が相互的な形式で定立されていることは、必然的に義務の不存在を性質決定するものではない。問題とされた条

項は「自動的に取引上の危険(価格減少、販売不振)の負担の全体を、納入事業者に移転させるものであり、すなわち、Darty 社の利益となる製品販売契約に従って、納入事業者はもはや市場においてそれらの危険の増減を制御することができない」。

(3) Leclerc 事件
事案の概要

Leclerc グループ(以下、「Leclerc 社」)は、フランスの小売流通事業者として、カルフールに次いで第 2 位であり、スーパーマーケット「ルクレール」チェーンを展開する。Leclerc 社が納入事業者らに対して以下のような条項の締結を求めたことが、商法典 L.442-6 条 I 項 2 号の「著しい不均衡」を構成するとして、経済担当大臣により訴追された。

(a) 小売事業者の購買に関する普通取引約款にとって有利となるように、納入事業者の販売に関する普通取引約款を排除する条項(clause prévoyant l'exclusion des CGV des fournisseurs)。
(b) 支払期限における相互性(牽連性)が欠如した決済条項(clauses relatives aux conditions de règlement)。
(c) 納入事業者の一方的な負担による不均斉なペナルティーを適用する条項。
(d) 消費者による製品またはその包装の破損にかかる費用を納入事業者に負担させる条項(clause relative au retour des produits dégradés par la clientèle)。
(e) ペナルティー(違約金)条項(clause pénale)。

裁判所の判断

(i) 第一審判決

クレテイユ商事裁判所判決[15]は、経済担当大臣がすべての契約当事者に対して訴訟への参加を通知した旨の証拠を提出できなかったことを理由に却下

---

15) T. com. Créteil, 13 décembre 2011, RG n° 2009/01017. 同じく小売大手事業者である Système U 社に対する判決が同時になされた(T. com Créteil, 13 décembre 2011, RG n° 2009/01018)。

判決をした[16]。商事裁判所は、したがって、実体要件についての判示をしなかったが、経済担当大臣によって指摘される可能性があり、かつ訴訟の対象となる可能性のある、上記の取引上の契約条項についての詳しい説明を述べた。

(ⅱ) 控訴院判決

パリ控訴院判決[17]は、「義務に従わせ、又は従わせようとする」、すなわち「従属性」(soumission) 要件の充足が必要であることを前提として、以下のように判示した。「『従属性』は、納入事業者にとっての現実の交渉力が存在しない限りは……契約への条項の挿入によって生じる。しかも、2009 年において同社は小売市場のシェアの 16.9% を保持していた。他方、納入事業者は（その 3% のみが大規模グループであった）……彼らの取引関係又は受注をあえて中止することはできなかった。従って、必然的に、彼らにとっての、契約の締結時の要求への従属が生じていた」。

またパリ控訴院は「著しい不均衡」要件に関して、2011 年の Cretil 商事裁判所の判決で指摘された多数の条項を再度取り上げ、以下のように判示して、規制の対象とすべき旨を述べた。納入事業者の普通取引約款を排除する(a)条項に関して、チェーンの購買条件が不可偏向的であり、納入事業者とのすべての実際の交渉を排除すべく組織的に、一律に課されており、交渉は小売事業者の提案によって開始するのであって、商法典 L.441-6 条によって規定されているように納入事業者の提案によって開始するのではないがゆえに、納入事業者の犠牲において、当事者の権利および義務における著しい不均衡を構成するものである、と述べた。

支払期限に関する(b)条項について、納入事業者に、小売事業者によって実行された給付に対して、請求書の発送日から 30 日以内に支払うことを要求する、その一方、小売事業者はその納入事業者の製品の代金をより長い期限で支払うよう要求するものであり、供給者の犠牲において、当事者の権利お

---

[16] QPC, *supra* note 3 によれば、憲法院は、経済担当大臣の提起した訴訟が、商法典において予定されているように、同大臣が契約当事者に対してその訴訟への参加を通知することを遵守する限りにおいて憲法適合性を認めた。

[17] Paris, 18 décembre 2013, RG n° 12/00150. 上告審が係属中である。

よび義務における「著しい不均衡」をもたらす。この「著しい不均衡」は、この条項の組織的、一律的に課される性質、および当事者間の交渉の不存在に由来するものである、と述べた。さらに、Leclerc社はその契約において、製品購入に先立つ支払いの場合には、優待値引きを備えている。ところが、この値引きは互恵性あるものではない。したがって、役務の提供に先立つ支払いについて、小売事業者が納入事業者の利益となるような値引き、および小売事業者が支払うべき給付を負担しないことは、納入事業者の犠牲において、当事者の権利および義務における著しい不均衡をもたらすと指摘した。

　また、販売店の顧客による破損の危険負担を小売事業者から納入事業者に移転させることを目的とする(d)条項を非難した。控訴院は以下のように明言した。すなわち、この条項は、納入事業者が可能な手段によって（破損結果の発生を）まったく制御できないにもかかわらず、納入事業者に結果責任を負わせるものである。実際、製品の販促活動における、場所の選択、製品の陳列、および顧客の監視は小売事業者の責務である。裁判所は以下のように判示した。問題とされた条項は、製品販売に関する危険の現実の移転をもたらすものである。この危険は小売事業者が負担を引き受けるべきである。そしてその結果、この条項は、納入事業者の負担において、当事者の権利および義務における著しい不均衡をもたらす。

　納入事業者の違反のみを制裁するペナルティー（違約金）に関する(e)条項について、経済担当大臣は、購買条件における、経済的な実情および置かれた状況を考慮していない、納入事業者の違反のみを制裁する多数の違約金条項が存在すると指摘した。これに対して、控訴院は以下のように述べて、違約金の額が高額であることそのものを非難することはできないと指摘した。すなわち、違約金条項は、契約上の義務の不履行に対して制裁することを目的とし、実効性を備えるために、債権者が被った損害を上回る総額でなければならない。それゆえ、違約金の額を非難することはできない。見積もり（160ユーロ）によって、また、変動的な要素によって構成されるとしても（例えば法定利息の3倍の遅延利息）、違約金条項が明白に過重な性質を示している場合でも、裁判所の仲裁を求める権利が可能であれば、非難することはできない。控訴院は、多数の違約金条項の規定が、良好な調達の実行を目指すもの

であるならば、非難することはできないと付言した。

しかしながら、控訴院は、違約金条項が納入事業者の犠牲において著しい不均衡をもたらす場合には、商法典L.442-6条Ⅰ項2号の規制が適用される適格性がある旨を判示した。控訴院は当事者における義務の不履行に対する制裁が相互性（牽連性）を欠く場合について、同号が適用される可能性を確認した。すなわち、小売事業者には役務の提供に関する契約上の義務違反に対するいかなる違約金も課せられない。この義務違反は納入事業者に損害を与える可能性があるのにもかかわらず、小売事業者に対して違約金の負担を課する供給者の一般取引約款が、小売チェーンとその納入事業者との関係において適用されないならば一層、損害を与える可能性がある。

控訴院は、以上のような「著しい不均衡」に該当する条項は、当事者の義務の均衡を回復することを可能ならしめる他の契約条項によってしか条項は正当化されないことを指摘した上で、Leclerc社に、当該取引契約における条項において言及される行為を将来にわたり中止すること、および50万ユーロの過料を命じた。

(4) Provera事件
事案の概要

Provera France社（以下、「Provera社」）はフランス小売流通グループ第7位の大規模小売事業者であり、Coraチェーンのハイパーマーケット、Matchチェーンのスーパーマーケットを展開している。Provera社が納入事業者に締結を求めた以下の条項が、商法典L.442-6条Ⅰ項2号の「著しい不均衡」を構成するとして、経済担当大臣により訴追された。

(a) 小売事業者が、約定された製品の販売実績に従って、予告も違約金もなしに一方的に契約を解除しうる条項（Clause de résiliation pour sous-performance）。

(b) 販売協賛金のみ前払いとし、製品代金の支払いを後払いとする支払期限条項（Clause relative aux délais de paiement）。

裁判所の判断

（i）第一審判決

モー商事裁判所判決[18]は、以下のように判示して、各条項が「著しい不均衡」に該当することを認定した。

まず、販売実績に従って一方的に契約解除しうるとする(a)条項について、以下のように判示した。売上げの不振は小売事業者自身の活動、とりわけ小売事業者が製品を販売に供する際の条件に直接結びついているにもかかわらず、それを解除条項において規定しえないはずである。よって、それは（実質的には）随意に解除しうる条項である。

また、販売協賛金のみ前払いとする(b)条項について、以下のように判示した。(b)条項は、小売事業者がいまだなお現実化していないまたは一部のみ現実化している給付金の一部を受領することを可能ならしめる。それゆえに、対価なき支払いは、納入事業者の損失において、小売事業者の財政を有利ならしめるものである。

（ii）控訴院判決

パリ控訴院判決[19]は、義務に「従わせ、又は従わせようとする」（「従属性」要件）について、以下のように判示した。納入事業者の条項においてネットワーク型の約款を適用することは原則として疑わしいとはいえず、必要性に応える可能性がある。それに反して、契約タイプから生じる条項の修正の不存在は非難される可能性がある。「同社は、納入事業者から提示された条件又は追加条項についての同意又は不同意を知らせていない」。さらに「交渉が可能だとしても、（交渉の）実効性はない……、納入事業者に適用される契約は、実際は加盟契約である」、このような事実は「従属」を構成する。

またパリ控訴院は、以下のように判示して、経済担当大臣によって訴追された条項が、「著しい不均衡」要件を充足することを確認した。まず、「著しい不均衡」要件の判断基準について、L.442-6条Ⅰ項2号の適用は「消費法典L.132-1条が適用される場合に限られない」、そして「抽象的に、効果自

---

18) T. com. Meaux, 6 décembre 2011, PROVERA c/ Ministre, RG n° 2009/02295.
19) Paris, 20 novembre 2013, RG n° 12/04791.

体によって正当化されることを必要とせずに、その行為が公益に反することにより、取引当事者の排除及び投下資本を無為にすることを理由として、条項の不均衡性は確証される」と述べた。

そして、販売実績に基づく解約に関する(a)条項について、同条項は、書留郵便の発送から8日後に納入事業者の製品の販売実績に基づく理由で契約が解除されることを規定しており、たとえ条項の文言が「相互的な」運用を可能ならしめるとしても、とりわけ「小規模」納入事業者にとっては異なる態様で作用しており、納入事業者が発注拒否されるよりも前に対応することを許容していない。これらの条項はそれゆえに、著しい不均衡をもたらすものである。納入事業者はその他の条項によって代償を得てもいなかった。

さらに、支払期限に関する(b)条項について、以下のように判示した。納入事業者は、小売事業者によって保障される役務の対価を、交渉不能な30日以内の支払期間において、前払いで支払わなければならなかったが、その一方で製品の対価はより長い期限（かつ交渉可能）において支払われていた。このことは著しい不均衡をもたらすものである。「当事者の財政における実際の影響を調査することに注力すること」は必要でない。

控訴院は以上のように「著しい不均衡」該当性を認定した上で、Provera社に、25万ユーロの過料を命じた第一審判決を維持した。

(iii) 破毀院判決

Provera社は「著しい不均衡」該当性について争って、上告した。破毀院判決[20]は以下のような理由を述べて、「著しい不均衡」該当性を認定した控訴審判決を維持した。

販売実績に基づく解除に関する(a)条項について、納入事業者の損失による著しい不均衡の存在は、小売事業者が、製品の販売実績を理由として（それは小売事業者が製品を販売に供する条件に直結しているにもかかわらず）、一方的に、予告も違約金もなく、ある納入事業者に対して発注拒絶した事実によって性質決定されると述べた。

支払い期限に関する(b)条項について、その条項は小売事業者の役務が現実

---

[20] Com., 3 mars 2015, Ministre c/ Provera, pourvoi n° V 14/10907.

化する前に、小売事業者が納入事業者にそれに対する負担金を請求することを可能ならしめるものであり、その一方で小売事業者は購入代金を製品の受領後 30 日から 60 日以内に支払っている。納入事業者の製品の決済において小売事業者に認められている支払期間は交渉可能であるのに対して、小売業者の役務に対する負担金に認められた支払期間は不可侵であった。

以上より、2 つの条項から生じる当事者の権利および義務における「著しい不均衡」の存在は、取引契約における他の条項によって修正されていなかったことが確認され、控訴院判決が支持された。

(5) GALEC 事件

事案の概要

La société coopérative groupement d'achat des centres Leclerc（Leclerc 購買センターグループ協同会社、以下、「GALEC 社」）はフランス第 2 位の大規模小売事業者 Leclerc（ルクレール）[21]の製品調達を行う購買センターである。同社が 21 社の納入事業者に対して、同社自身が 2009 年 10 月 29 日のヴェルサイユ控訴院の判決[22]によって返金を命じられ支払われた 2100 万ユーロについて、納入事業者らに返金を求め、または返還請求の断念を要求した行為が商法典 L.442-6 条 I 項 2 号の「著しい不均衡」に該当するとして、経済担当大臣によって訴追された。

本件以前に、GALEC 社は、経済担当大臣が提起した前訴において、納入事業者らから不当に徴収した金銭の返金を命じる判決を受けていた。この返金は国庫を経由して実行されなければならなかった。ところが、GALEC 社は納入事業者らの住所地宛てに、あらかじめ作成した放棄書を送付することにより、これらの金員の受領を放棄するよう圧力をかけた。

控訴院判決

パリ控訴院判決[23]は、GALEC 社の行為は、納入事業者らを著しい不均衡

---

[21] Leclerc 社が主体となった事件として、本節(3)事件を参照。
[22] Versailles, 29 octobre 2009.

に従わせまたは従わせようとする意図を構成するものであると判断した。まず、パリ控訴院は、L.442-6条Ⅰ項2号の「非難の性質決定は2つの構成要素の結合を前提とする」、それは「取引相手方を従わせる意図、及び、その従わせる意図の効果であり、それが著しい不均衡の基礎である」と述べて、「著しい不均衡」規制の構成要件は、「従わせ、又は従わせようとする意図」、および、その意図の効果としての「著しい不均衡」であるという規範を述べた。

そして「従わせ、又は従わせようとする」（従属性）要件について、控訴院は「従わせる意図」は、抵抗不能な圧力の行使または強制を前提とするものではなく、むしろ、単なる暗示、強固な勧誘または圧力によって影響を受ける相手方の従属性を推認させるような、当事者間に存在する不均衡な経済力の関係の存在を前提とするものである。そして流通市場の「構造的に不均衡な」性質を考慮すれば、力関係により、特定の納入事業者が小売事業者によって強要される条件にあえて抵抗することはせず、裁判を起こすことはさらに一層少ないことを指摘する。この要件の充足に関してパリ控訴院は、以下のように述べる。

「納入事業者に対して、小売事業者に全額返還するよう要求する書状を送付することは、威嚇又は強制の性質を帯びなくても、自動的に直接的な勧告（厳命）として認識される、小売事業者の社長によって署名され、交渉期間中に発送されることによって、一層その性質を帯びる」。

「著しい不均衡」要件の判断基準について、パリ控訴院は、「著しい不均衡」は「当事者間の義務が双方向的でないこと又は不釣り合いであること」であり、当事者の義務の相互性の不存在又は不均斉により成立するという原則を確認した。また、控訴院は、消費法における「著しい不均衡」の概念は、商法典L.442-6条Ⅰ項2号の適用に「示唆」を与えうると述べた。そして本件では、納入事業者に対して裁判手続を通じて支払われた金額の返還を要望する通知書を発送したことから生じる著しい不均衡を評価するために、控訴院はとりわけ、「黒」条項と呼ばれる条項を列挙する消費法典L.132-1条を引

---

23) Paris, 18 septembre 2013, GALEC. RG n° 12-03177, Le bilan de la jurisprudence civile et pénale 2013, pp. 5-13. 上告されず確定した。

第 5 章　「著しい不均衡」規制の適用に関する裁判例

用した。

　さらに、「対価なく有利性を獲得するための当初の違反行為は、巨額の費用に関して、完全に、かつ明白に納入事業者に不利益をもたらすものであるが、その違反行為に従って、納入事業者が不当に支払った費用の返還を断念させるように試みる行為は、それ自体のみでも著しい不均衡を構成する」、「著しい不均衡」の「最も明白なケースの1つでありうる」と述べた。

　以上の理由に基づき、控訴院はGALEC社に対して200万ユーロの過料を宣告した。

(6) IKEA 事件

事案の概要

　Société Ikea Supply AG（以下、「Ikea社」）は家具販売分野において、2009年以来、フランス第1位であり、2009年時点においてフランスにおいて26店舗を展開している[24]。Ikea社がソファー納入事業者と締結した供給契約において固定された製品価格が商法典L.442-6条Ⅰ項2号の「著しい不均衡」を構成すること、Ikea社による調達契約の破棄が商法典L.442-6条5号の「契約関係の一方的破棄」に該当することを理由として、ソファー納入事業者が損害賠償等を求めて訴追した事案である。

裁判所の判断

　パリ控訴院判決[25]は、以下のように、「著しい不均衡」の概念の定義を定立した。判決は、「この著しい不均衡の概念は、消費法に示唆を受けており、実行行為者の責任に基づいて、経済活動を行う者が相手方当事者に対して、

---

24) ジェトロ2009年調査において、Ikea社の市場における地位、売上げ、供給事業者の国籍等が分析されている。日本貿易振興機構「フランスにおける家具市場調査」（2009年）20頁以下を参照。https://www.jetro.go.jp/ext_images/jfile/report/07000026/05001666_Part1.pdf（最終確認2016年9月26日）。
25) Paris, 23 mai 2013, RG n° 12/01166, Le bilan de la jurisprudence civile et pénale 2013, pp. 13-15. 第一審判決に関する資料は未入手である。商法典L.442-6条Ⅰ項5号の契約関係の一方的な破棄に関する請求についてのみ破毀院判決がなされており、損害賠償および民事過料が認容された（Com., 16 décembre, 2014, pourvoi n° 13-21363）。「著しい不均衡」規制にかかる請求については上告審が係属中である。

195

相手方当事者が提供する物に対する対価の価値が著しく不均斉(disproportionné)であるような取引条件を強要する行為を、規制することを導くものである」。

パリ控訴院は、当事者間において固定された価格がL.442-6条Ⅰ項2号の観点から検討されうる可能性を認めた上で、以下のように述べた。「仮に、Ikea社が主張するように……、自由かつ契約上の交渉に委ねられる価格を決定することは裁判所の権限ではないとしても、それにもかかわらず、本条の文言を考慮して、裁判所は、当事者間の契約上の価格が、当事者間において不均衡をもたらすか、またはもたらしたか、また、不均衡は著しいと性質決定されるために十分なほど重大なものかを検討しなければならない」。

その上で、本件においては「価格の条件は特段Ikea社に有利なものではない……当事者間の取引関係における著しい不均衡をもたらすとは評価され得ない」と判断した。控訴院は、ソファー納入事業者が被ったと主張する原料価格高騰の証拠を提出しなかったことも、棄却の理由として指摘した。

(7) EMC Distribution 事件

EMC Distribution(以下、「EMC社」)は、フランス小売チェーン第4位のCasinoチェーン[26]の代理店として、小売店舗における販売活動を事業の目的としている。EMC社が納入事業者らに対して以下のような条項の締結を求めたことが、商法典L.442-6条Ⅰ項2号の「著しい不均衡」を構成するとして、経済担当大臣により訴追された。

 (a) 売残り品の返品条項(Clause de retour des invendus)。
 (b) 料金変更条項(Clause de changements de tarifs)。

裁判所の判断

(ⅰ) 第一審判決

モー商事裁判所判決[27]は、以下のように判示して、各条項が「著しい不均

---

26) 日本貿易振興機構・前掲注6)を参照。
27) T. com. Meaux, 24 janvier 2012, RG n° 2009/02296.

衡」に該当することを認定した。

　売残り品の返品に関する(a)条項について、商事裁判所は以下の点を特に指摘した。このような条項は、小売事業者が製品の所有権と販売条件を保持しつつ、納入事業者に対して法律上の危険を移転させる効果を有していた。このような条項は、濫用的かつ制度的に強制されえない限りにおいて適法である。この条項は納入事業者との間で締結されたすべての契約において存在し、すべての契約上の製品に一律に関わるものである。

　価格および条件の変更に関する(b)条項について、商事裁判所は「販売価格を値上げする利益と、販売された製品の価格を構成するすべての要素を値引きする恩恵に浴する契約上の権利との間の厳格な条件における不均衡」を指摘した。実際、当該条項は納入事業者に対して製品価格の低下をもたらしうるすべての要素（原材料価格の低下、納入事業者が負担する費用）をあらかじめ定めており、これらを納入事業者の販売価格に上乗せするためには、義務的に小売事業者との協議の対象とされなければならず、違反すれば発注拒絶される。

　他方で、納入事業者による値上げは、小売事業者によって一方的に拒絶されることが可能であった。商事裁判所は、小売事業者自身は、契約条項において納入事業者の料金の低下を販売価格に反映させることを一切強制されず、当該条項はそれゆえに、小売事業者が、消費者に利益を与えることなく小売事業者の利益を増加させることを可能ならしめ、かつ、同時に「納入事業者の利益の握りつぶし」をもたらすものであることを指摘した。

　商事裁判所は、以上のように問題とされた契約条項に言及した上で、これらの行為の差止めを宣告した。商事裁判所は、経済担当大臣が、契約条項が用いられたことを示す証拠を提出しなかった点を考慮しつつ、EMC社に対して40万ユーロの民事過料を宣告した。

(ⅱ) 控訴院判決

　パリ控訴院判決[28]は、以下のように判示して、経済担当大臣によって訴追された条項が、「著しい不均衡」要件を充足することを確認した。

---

28) Paris, 4 juillet 2013, RG n° 12/07651.

控訴院は、最初に以下のような規範を述べた。「当事者の権利及び義務における著しい不均衡が、申し立てられた行動又は契約条項から生じる場合、そのような行為が契約当事者の一方に提案される場合、又はそのような意図が存在する場合には、規制することが望ましい。その分析は、もちろん、申し立てられた事案の性質、及び、当事者の特別な状況を考慮して行われなければならないが、しかしながら、原則として、一連の状況を全体的に考慮することは禁止されない。本件のように、契約書上の特定の条項に起因する不均衡であって納入事業者を無差別に対象としているものが告発されている場合は、特定の者は他の者よりも交渉できる場合であっても、当該製品が何であろうとも、一連の状況を考慮することは禁止されない。さらに、そのような状況においては、ある条項によってもたらされる当事者間の不均衡は、他の者との間の効果によって修正される可能性があることを仮定しうる。しかし、そのような均衡の回復の状況は立証される必要がある。最後に、条文が、意図の企てであっても、取引相手方を著しい不均衡に従せせるのと全く同様にその行為者に責任を負わせると規定している限りにおいて、条項が適用されたという証明がなされていないことは重要ではない」。

　控訴院は続けて、申し立てられた2つの条項の分析を行った。

　まず、売残り品の納入事業者への返品に関する(a)条項について、控訴院は「売残り品の返品条項は、納入事業者の負担において義務を負わせることに対して、いかなる対価も認めていない。この条項は当事者の権利及び義務における著しい不均衡をもたらすものである」と述べた。加えて、「いったん製品が配送されて、それゆえ小売事業者の所有となったならば、納入事業者は販売及び販促の条件に対する全ての支配を失う。販売不振が納入事業者のみに帰責される」ことにも反すると指摘した。この点、被告は「他の利益が、売残り品の返品の負担に対する現実の対価をもたらすこと」を証明していない。また、「大規模小売事業者のチェーンにとって、全ての納入事業者との間で締結する契約約款において、当事者の権利及び義務に関する明白な不均衡をもたらす条項を設けることは、これらの条項に、納入事業者は交渉の終結時にしか背くことはできないという傾向を与える。経済担当大臣が、契約条項が具体的に適用されたことを証明しなかったことは、この観点において

第5章 「著しい不均衡」規制の適用に関する裁判例

重要ではない」。

次に、料金の変更（改定）に関する(b)条項について、控訴院は、納入事業者によって要請された値上げ、または値下げに従って取引条件を変動させるものであると認定した。

控訴院は、以下のように判示する。「価格変更条項は適法であるが、一方当事者が片面的に、交渉なくして価格を決定できる場合は契約法の原則に反する。問題とされる条項の解読によれば、納入事業者が、費用の増加を理由として、契約期間中に価格を上昇させることを望む場合、小売事業者との堅固な条件の中で交渉しなければならず、小売事業者は値上げを拒絶する可能性を保持する。さらに当該製品の発注条件を見直す可能性を保持する。それに反して、納入事業者は、いかなる議論の余地もなく、EMC社の要求すら必要とされずに、値下げが認められる1つ又は複数の要素が競合する場合は価格を値下げする義務を負うことになる。価格に関する当事者間の不一致は、EMC社が製品の発注条件を見直すことを可能ならしめる」。また本件で、仮に「価格の値上げの条件が、客観的で測定可能な基準に依拠するとしても、最終的な決定の完全な制御を目的とする条項の起案と変わりがない」。

「これらの条項の結合は、納入事業者から、契約上の価格について必要で正当化される変化についての全ての制御を奪うものであり、価格改定の機会を小売事業者に委ねるものである。そのことはしかしながらこの特権の制御が、事業者の競争力にとってどれほど本質的であるかを無視することはできない。さらに、EMC社は、その条項が協定の均衡性に必要であることを証明しておらず、又はその不均衡が他の契約条項によって埋め合わされることを証明していない。このことからも当事者の権利及び義務における著しい不均衡が導き出される」。

最後に控訴院は、これらの条項が納入事業者にとって不利益な態様で（現実に）実行されたことの証明は、理論または性質決定に影響を与えないことを強調した。

結論として、控訴院はEMC社に、これらの条項を契約に記載することを将来に向けて禁止し、60万ユーロの過料を命じた。

(ⅲ) 破毀院判決

破毀院判決[29]は、上告理由となった争点について以下のように述べて、上告を棄却した。

L.442-6条Ⅰ項2号の適用範囲について、裁判所は、問題となる契約の客観的かつ全体的な評価を行わなければならない。控訴院が、EMC社が売残り品の返品費用を埋め合わせることを許容するような有利性を援用していないこと、同社は納入事業者がこの条項の除外について交渉する可能性を証明していないことを確認したことは正当である。

「著しい不均衡」を生じる義務に「従わせ、又は従わせようとする」（従属性）要件に関して、破毀院は以下のように述べる。EMC社は、問題となった条項が、合意内容を均衡ならしめるために必要であること、または他の契約条項によって不均衡が埋め合わされていることのいずれも証明していない。契約約款におけるこの条項の設定は、たいていの場合は交渉可能ではなく、EMC社にとって、納入事業者を著しい不均衡に従わせる意図を構成するものである。

(8) GALEC事件（第2次）

事案の概要

GALEC社[30]が多数の納入事業者らに対して、契約書において以下のような問題点のある年末割戻金RFA（remises de fin d'année）に関する条項を設けたことが、商法典L.442-6条Ⅰ項2号の「著しい不均衡」を構成するとして、経済担当大臣により訴追された。

各納入事業者との契約条項のうち、9件の契約条項は、割戻金の払込みを小売事業者が負担するいかなる義務にも依拠させていなかった。小売事業者は、割引に対応するいかなる実質的な義務も負っていなかった。27件の契約条項は小売事業者が負担すべき義務を明確にしていなかった。29件の契約条項は、年末割戻金の払込みを正当化する年間最低取引高を明確にしてい

---

29) Com., 29 septembre 2015, pourvoi n° 13-25043.
30) 本節(5)事件を参照。

なかった。57件の契約条項は、年末割戻金の払込みを正当化する年間最低取引高を前年に実現された取引高の半分以下と定めていた。

裁判所の判断
(ⅰ) 第一審裁判所

パリ商事裁判所判決[31]は、「従わせ、又は従わせようとする」（従属性）の要件に関して、小売チェーンが非難される「強制」（coercition）、「拘束」（contrainte）、「圧力」（pression）および「威嚇」（menace）を証明しなければならない、との規範を定立した。DGCCRFが納入事業者から聴取することの可能な調査手段を備えているなら、このような基準を設けることは正当であると述べた。そしてパリ控訴院は、大臣が交渉の不存在、強制、拘束または威嚇の存在を示す証拠を提出しなかったことを理由として、「著しい不均衡」規制の適用を認めることを拒絶した。

また、「著しい不均衡」の要件について、商事裁判所は、商法典L.442-6条Ⅰ項2号の規制と消費法典L.132-1条の類似性を指摘した上で、消費法典L.132-1条が販売された財産と価格との一致における著しい不均衡を排除する趣旨である以上、L.442-6条Ⅰ項2号の「著しい不均衡」も価格形成に関する条項を適用対象外とすると解すべきであり、憲法院が2011年の事後的違憲審査制度において価格と財産との一致を対象とすることができるとは理解しえない、と解されている旨を述べた。また、価格設定の自由を規定する商法典L.410-2条は、価格設定の自由を変更することを妨げると解すべきであると付言した。

(ⅱ) 控訴院判決

パリ控訴院判決[32]は、従属性要件の判断基準について、第一審判決と異なり、以下の事実に基づいて「従わせ、又は従わせようとする」要件について性質決定した。すなわち、納入事業者の普通取引約款に定められていない割引は、2009年から2010年に小売事業者によってあらかじめ起案された契約

---

31) T. com. Paris, 24 septembre 2013, RG n° 2011/058615.
32) Paris, 1ᵉʳ juillet 2015, Ministre c/ GALEC, RG n° 13/19251. 上告審が係属中である。

条項の附属条項2において予定されていた。控訴院は、小売事業者によってあらかじめ起案された附属条項2において割引率が定められている以上は、納入事業者に対して適用される割引率の違いは交渉の証拠とはならない旨を付言した。また、小売事業者の契約書が納入事業者によって修正しうる余地はなかった点も根拠として付言した。

次に、「著しい不均衡」が価格決定に関する条項にも適用されるかという争点について、パリ控訴院は、第一審判決とは異なり、価格に関する条項であっても、当事者の権利および義務における著しい不均衡の概念によって規制される可能性がある旨を判示した。すなわち、控訴院は以下のように述べる。LME法によってもたらされた自由な価格交渉可能性の原則は無制限ではなく、当事者の権利および義務における「著しい不均衡」を禁止する商法典の規定によって規制される。次に、裁判所は取引上の交渉に属する価格を規制することはできないが、その一方で裁判所は、商法典L.442-6条I項2号の適用によって競争制限行為を規制しなければならず、当事者の権利および義務における著しい不均衡をもたらす契約条項を禁止することができる。そしてそのことは、当該契約条項が価格決定に関するものである場合も異ならない。最後に、控訴院は以下のように付言した。LME法は、契約当事者間において負担する義務に対する対価または正当化の必要性を削除したものではない、これらの義務が取引上の協力関係における役務に分類されない場合ですらも。すなわち、値引きが納入事業者によって同意されたものであっても、値引きは納入事業者に対して小売事業者が負担する義務を原因とするものでなければならない。

控訴院は、本件では、GALEC社が当事者間の義務の均衡を回復することを可能ならしめる他の条項を主張しなかった以上、本件割引は契約当事者の権利および義務における著しい不均衡をもたらすものであると判示した。控訴院は、以下のような事情についても指摘した。すなわち納入事業者の多くは、小売事業者が彼らの商品代金を決済するより以前に年末割戻金を支払っており、このことは納入事業者の負担において小売事業者に財源上の有利性を与えるものといえる。この点は当事者の権利および義務における新たな著しい不均衡として性質決定する事情である。

以上を理由として、パリ控訴院は年末割戻金に関する多数の条項が著しい不均衡として性質決定されることを確認した。

(9) Carrefour 事件（パリ控訴院 2014 年 10 月 1 日判決）
事案の概要
　Carrefour 社はフランス小売流通グループ第 1 位の大規模小売事業者であり、ハイパーマーケット、スーパーマーケット等を展開している。Carrefour 社が納入事業者らに締結を求めた以下の条項が、商法典 L.442-6 条 I 項 2 号の「著しい不均衡」を構成するとして、経済担当大臣により訴追された。

(a) 納品が当事者間で取り決めた日時より後に実行される場合には、同チェーンが価格も費用も支払うことなく、発注を取り消し、納品を拒絶することを可能ならしめる、製品の配達日時に関する条項（Clause relative aux dates et horaires de livraison des produits）。
(b) 店舗の顧客によって破壊または破損された製品の返品を、納入事業者に強制する、破損した販売製品の返品に関する条項（Clause relative au retour des produits promotionnels dégradés）。
(c) 小売事業者の責に帰すべきペナルティー（違約金）を当事者間の交渉に委ねる、数量に関する約定の制限に関する条項（Clause relative à la limitation des engagements de volume）。
(d) 先行する納品と同じ消費期限または賞味期限の製品の納品を拒絶することを、同チェーンに可能ならしめる、製品の一致に関する条項（Clause relative à la conformité des produits）。
(e) 小売事業者は製品の代金を 45 日以内に納入事業者に支払うにもかかわらず、納入事業者は取引上の協力役務について 30 日以内に支払うことを強要する、支払期限に関する条項（Clause relative aux délais de paiement）。

裁判所の判断
(i) 第一審判決
　エヴリー商事裁判所判決[33]は、「著しい不均衡」要件の判断基準について、

---
[33] T. com. Evry, 26 juin 2013, RG n° 2009/00729.

個別の条項自体の客観的評価か、契約全体を考慮すべきか、という争点について、以下のように判示した。「ある条項が、一方当事者にとって有利又は不利であるという理由のみに基づき、濫用的であると宣言されることはできないであろう。実際条文上も、規制の対象となる不均衡は『当事者の権利及び義務』、すなわち契約全体を考慮して評価されなければならないとされていることから、以下のことが非常に明確に導き出される。この場合の『不均衡』は、完全に適法だが、数量のみが過剰を生じるような『義務』の集積によっても生じうる……、『不均衡』は、法が濫用的な条項であると定義する、契約の均衡性を乱すような条項の実施から生じる。裁判所による規制は、契約全体を付託される場合のみ行うことができる。ただし問題とされる条項がいかなる確実な対価も期待し得ないものである場合を除く……。民法典L.1170条によれば、条項が任意的であるが、L.1174条によって絶対的に無効である場合、全ての手続は対象を欠くことになる。従って、当裁判所は、問題とされる条項の禁止を宣言しなければならない。もし、任意性を欠くならば、いかなる契約であるかを問わず、その条項は性質上、不均衡である」。

　本件では、大臣は多数の条項について申し立てたが、契約全体について裁判所に付託していない。

　製品の配達日時を理由とする(a)条項について、商事裁判所は以下のように述べて「著しい不均衡」の成立を否定した。すなわちこの条項は、製品の配達日時に従って発注の取消しおよび商品の拒絶を生じさせるものであるが、このような条項は「小売チェーンの経営における極めて実際的な要求」に属するものであり、「自らの意図を逸脱した事柄に当事者が責任を負うとしても、権利及び義務において何ら濫用的ではない」。とりわけ、この納入事業者の義務は「契約上の他の条項によって埋め合わされることが可能である」。よって、本条項に関しては「著しい不均衡」の存在の証明が存在しない。

　次に、破損品の返品に関する(b)条項に関して、商事裁判所は「著しい不均衡」該当性を認めた。本件条項は、顧客によって破損された製品について、破損が販売促進に関連する場合には納入事業者に返品することに関する条項である。商事裁判所は以下のように指摘する。この条項によって、納入事業者は「小売事業者の販売態様に固有の危険」を負担することになる。たとえ

「納入事業者が店舗による監視の不十分さの結果を受け入れていないとしても」。「この条項の適用は、小売事業者の行為のみにおいて、契約について問題を惹起し、契約を本質的に不均衡にするものである。なぜなら、その商品がもはや価値を有しなくなった時から販売事業者に返品されるからである」、「他のいかなる契約条項もそれを埋め合わせるものではない」。納入事業者は「完全に小売事業者のなすがままである。対価を獲得する可能性もなく、法の基本的な原則が無視されている」。商事裁判所は以上の理由に基づき、本条項について商法典L.442-6条Ⅰ項2号の違反を認定し、Carrefour社に対して将来にわたり契約にこのような条項を設けることの差止めを命じた。

　契約数量の制限に関する(c)条項に関して、商事裁判所は「著しい不均衡」該当性を否定した。本条項は、納入事業者によって同意されたCarrefour社にとっての有利性（請求の端数の値引き、販売促進に対する報酬）はあらかじめ協定において設定されていたのに対して、Carrefour社は年末に契約数量を改訂することができ、納入事業者のみが拘束されている点が問題とされた。商事裁判所は、とりわけ契約の他の部分に鑑みて、また「納入事業者が発注低下のリスクを小売事業者に完全には移転できないことについては、依然として合理性があり、経済担当大臣は『著しい不均衡』を証明していない」と判断した。

　配送製品の（注文との）一致に関する(d)条項は、消費期限／賞味期限の日付順に従った製品配送を規定するものである。商事裁判所は立証の不存在、および契約全体の一般的な評価の不存在を理由に、著しい不均衡の主張を棄却した。

　最後に、支払期限に関する(e)条項について、商事裁判所は、「著しい不均衡」該当性を否定した。商事裁判所は、以下のような理由を述べた。製品代金の支払いと、取引上の協力役務の対価の支払いの期限の相違は、L.442-6条Ⅰ項2号に抵触する性質とはいえない。なぜなら「法は支払期限につきいかなる相互性も強制していない」し、大臣はこの相違の具体的な重要性（限界）を証明していないからである。それゆえに、この争点についての主張は棄却される。

(ⅱ) 控訴院判決

パリ控訴院判決[34]は、まず罪刑法定主義の争点について、商法典 L.442-6 条Ⅰ項2号の「著しい不均衡」規制は、EU 法上の慣習法に適合する旨を判示した。控訴院は、以下のように理由を述べた。欧州人権裁判所は以下のように判示する、禁止規定は、一連の禁止対象行為を規制するためにあえて、大規模な定式化を用いている。経済的な行為者が、見識ある助言を受けて、契約相手方が契約に基づいて負う義務が、行為者の利益になるように、著しい態様で契約を不均衡とするものであることを知っている場合には、すなわち、罪刑法定主義の原則は充足される。加えて、立法者が商法典 L.442-6 条Ⅰ項2号の適用範囲を開示し、裁判所に契約上の不均衡の存在を規制する任務を与えることにより、立法者は欧州人権条約7条の規定を無視するものではない。この点、商法典 L.442-6 条Ⅰ項2号は、経済的な行為者が、当事者の一方の利益における契約上の均衡性のあらゆる破棄は規制される可能性があることを認識することを可能ならしめるものであり、予見不能であるという非難を退けるものである。契約の経済性の規制は、伝統的に裁判所の職権に含まれており、契約への裁判所による干渉であるという非難は退けられる。

次に、「従わせ、又は従わせようとする」(従属性) 要件について、パリ控訴院は「取引相手方を義務に従わせ、又は従わせようとする」の概念は、当事者間において存在する不均衡な力関係に基づいて、不公正で双方向的でない義務を取引相手方に課することによって生じる、という規範を定立した。

次に「著しい不均衡」の要件について、パリ控訴院は、契約全体を考慮に入れて「著しい不均衡」を判断しうることを理由として、同社の契約における(a)から(e)の各条項は、商法典 L.442-6 条Ⅰ項2号の意味において不均衡であると認定した。控訴院は、以下のように付言する。もし特定の契約条項が、取引関係を濫用的な態様で不均衡にするものとして規制されうるならば、裁判所は、(小売事業者が) 援用するならば、特定の契約条項が、契約上の当事者の権利および義務における均衡性を回復するために、別の条項によって、有効に釣り合わされているかを評価するために、契約全体を考慮に入れるこ

---

[34] Paris, 1er octobre 2014, n° RG 13/16336. 上告審が係属中である。

とができる。
　以上の理由に基づき、控訴院は経済担当大臣を支持して、Carrefour 社に対する 50 万ユーロの過料を宣告した。

⑽　GIE Les Indépendants 事件
事案の概要
　GIE Les Indépendants（以下、「GIE」）は、「Les Indés」の通称で知られる経済利益団体であり、ローカルのラジオ局が広告市場へのアクセスを集中することを可能ならしめるために設立された利益団体であり、ラジオ局の視聴者を集約していた。ラジオ局である Radio Nova と TSF Jazz は、GIE に加盟していた。2011 年に、Radio Nova と TSF Jazz は、GIE に脱退を通告した。同社らは、他の放送局である Nova Régie に再加入することも通知し、放送開始以後、彼らの広告スペースの売出しを可能ならしめる態様で、Mediametrie の視聴率調査に含まれる各視聴者にあらかじめ知らせることを希望した。ところで、GIE はこの要求に反対し、GIE の加盟者に対して、GIE に対する契約解除予告が完了しない限りは、Mediametrie の視聴率結果への露出を止めることを禁止する内部規則の条項を援用した。そして違反した場合は、当該ラジオ局は、違約金名目で、広告の年間取引高の 30％ と同額の賠償金を支払わなければならないとされた。Radio Nova、TSF Jazz、Nova Régie はこのような条項の無効確認を求めて、GIE に対して提訴した。

裁判所の判断
　パリ控訴院判決[35]は、GIE は、L.442-6 条Ⅲ項において明記されている担当大臣および行政当局のみが、商法典 L.442-6 条Ⅰ項 2 号に基づき条項の無効主張することができると主張した。これに対して控訴院は、このような解釈を排斥して、経済担当大臣や行政当局に限定されず、契約当事者も無効主張することが可能である、と判示した。その理由として、商法典 L.442-6 条は、

---

35) Paris, 29 octobre 2014, RG n° 13/11059, Radio Nova, TSF Jazz, SARL Nova Régie c/ GIE Les Indépendants, SASU TF1 Publicité, *AJ Contrats d'affaires - Concurrence - Distribution* 2015, p. 39. 第一審判決に関する資料は未入手である。

公の経済秩序における無効、すなわち「絶対的無効であり、利害関係のある全ての者が援用することが可能である」と述べた。そしてこの違約金条項を控訴院は取り消し、同条項は当事者の権利および義務における著しい不均衡を挿入するものであると評価した。

　次に、控訴院は「従わせ、又は従わせようとする」（従属性）の要件について、抗拒不能な拘束を意味するとの立場を排斥し、以下のように判示した。

　「商法典 L.442-6 条Ⅰ項２号において規定されている『（取引相手方を）義務に従わせ、又は従わせようとする』とは、当事者間に力関係の不均衡が存在していることに基づいて、取引相手方に不公正かつ相互性を欠く義務を押しつけ又は押しつけようとすることを意味する。この概念は、抗拒不能とは定義されない」。そして控訴院は、本件において、控訴院は、内部規則（加盟に際してあらかじめ作成された）への従属、決定の態様、同グループの組織における２つのラジオ局の決定権を指摘し、「実際の議論の可能性なく、加盟者及び加入者に適用される内部規則」がもたらされたと結論付けた。

　「著しい不均衡」の判断基準について、控訴院は「著しい不均衡の違反の外縁を限定するために、消費法に基づく濫用条項に関する判例に示唆を受けることが」できる、しかしながら「類推解釈にとどまる可能性」に限らない、と判示した。そして控訴院は、消費法典 L.132-2 条で列挙される濫用的と推定される条項、とりわけ「義務を履行しない非事業者又は消費者に対して、明白に不均斉な金額の違約金を強制する」条項を明確に参照した。もっとも、控訴院は、消費法典 L.132-2 条の参照にとどまらず違約金条項の影響を具体的に分析した。判決は以下の点を指摘して、「著しい不均衡」を詳細に理由付けている。

(a) ラジオ局にとって、広告宣伝の開始前に、その視聴者の範囲が Mediametrie の視聴率調査に現れていることが必要である。

(b) GIE 自身がこれら２つのラジオ局が再加盟する前に彼らを組み込んでいたのであるから、同グループは上記(a)の事実を明確に意識していた、その結果、義務は均衡しておらず、相互的でもない。この条項は、同グループの独自の行為において、均衡的または釣り合いがとれているとは判断されない。同グループは、彼らの加盟者に対し、広告宣伝の提供前にあらかじめ視聴

者の調査に掲載されることの正当性を禁止した。そして2つの被通告者はこれを認めた。この条項の不均斉な性質は、GIE が自動的に加盟者の広告売上高における違約金高を徴収する可能性によって強調される。
(c) 「実際には、この条項は、Les indés に収益が集約されることからの逸脱を、加盟者に思いとどまらせることを目的とするものであった」。
(d) 2つのラジオ局は、GIE が課する違約金条項による財政上の負担を支えることができなかった。

第3節　裁判例の分析

1　規制対象となった事例の分析

　本章では、2011年から2015年のフランスにおける購買力濫用型を中心とした最新の適用事例を紹介した。以下では、複数の視点において分析を加える。

(1) 規制対象となった事業者の事業分野および市場における地位に関する分析

　適用対象となった事業者に着目すると、食品、家電、家具等の小売事業大手であり、小売流通業第1位(⑼事件)、第2位およびその発注センター(⑶、⑸、⑻事件)、第4位(⑺事件)、第5位(⑴事件)、第7位(⑷事件)、家電量販業1位(⑵事件)、家具量販業1位(⑹事件) 等が規制されており、小売流通分野の市場における上位事業者が軒並み規制されている[36]。なお、⑽事件はラジオ局の広告代理分野における、加盟局が系列外へ逸脱する行為の制限が規制された事案であるが、フランチャイズ分野における流通系列化規制と類似の構造が見てとれるのであり、広義において流通分野の規制事案といえる。

(2) 規制手段の選択に関する分析

　本章で検討した案件はいずれも商法典 L.442-6 条Ⅰ項 2 号の「著しい不均衡」規制の適用例である。規制手段として市場支配的地位の濫用規制が選択されなかったのは、フランスにおいては多国籍の大規模小売事業者が競合し、それぞれ 20％以下のシェアを分け合う状況があり、市場上位の事業者であっても小売市場におけるシェアは市場支配的地位を満たさないこと、かつ、行為の相手方は主として中小大規模納入事業者であるため市場における競争への直接の影響をみることが困難であることから、市場支配的地位の濫用規制が選択されなかったと解される。相対的市場力規制（経済的従属関係の濫用規制）が選択されなかったのは、同じく競争侵害要件の充足が困難であることに加えて、競争小売事業者への販路が否定されない以上、代替的解決方法要件に基づく「経済的従属関係」要件を満たさない可能性が高いことが考慮されたと推察される。これに対して取引上の経済的均衡性に着目した「著しい不均衡規制」は、競争侵害要件、および代替的解決方法要件に基づいて判断される「経済的従属関係」要件の問題を克服し、大規模小売事業者の納入事業者等に対する購買力の規制に有効であることを実証するものといえる。

(3) 規制対象となった行為態様の分析

　本章で検討した裁判例は(6)事件を除いて、いずれも適用肯定例であり、競争当局および裁判所による大規模小売事業者規制の強力な方針がうかがわれるものである。このような動きは、EU における大規模小売事業者の規制の動きと連動するものであると解される。すなわち前章第 5 節で述べたように、欧州委員会は、2011 年の支払遅延防止に関する指令の改正[37]のほか、2013 年にグリーンペーパー[38]を公表し、食品流通分野における「不公正な取引行

---

36) このような規制の動向は、日本においても平成 16 年以降、旧百貨店特殊指定および大規模小売事業者特殊指定に基づき、大規模小売事業者上位各社による納入事業者に対する値引き、返品、従業員派遣等の要求行為が、優越的地位の濫用規制により集中的に規制された状況（第 6 章第 3 節 2 を参照）とも一致しており、この分野における市場構造が普遍的であること、購買力規制が世界的な潮流であることを示している。
37) 第 4 章 137) を参照。
38) 第 4 章 138) を参照。

為」（pratiques commerciales déloyales）の規制について問題意識を表明し、各加盟国における対応を求めている。本章で検討したように、フランス競争法の「著しい不均衡」規制は、EU競争法に先駆けて、支払遅延のみならず、より広範な態様の不公正な取引、例えば以下のような行為を要求する内容の契約条項を一方的に納入事業者らにのみ課する行為について、規制実績を上げており、EU競争法における規制を主導しているように思われる。

① 納入事業者の普通取引約款の排除（(1)事件、(2)事件、(3)事件）
② 支払遅延（(3)事件、(4)事件、(9)事件）
③ 販売不振等を理由とする一方的な料金改定（(1)事件、(2)事件、(7)事件）
④ 値引き・割戻し（(8)事件）、売残り品等の返品（(7)事件、(9)事件）
⑤ 陳列時の破損品の返品・費用負担（(3)事件、(9)事件）
⑥ 一方的に不利なペナルティー（(1)事件、(2)事件、(3)事件、(9)事件）
⑦ 一方的な解除条項（(4)事件、(6)事件）
⑧ その他の不利益の要求（(5)事件、(6)事件、(10)事件）

2 不公正条項規制のアプローチについての分析

また各裁判例の検討の結果、「著しい不均衡」規制は不公正な契約条項または取引約款の規制を主として行っていることが明らかとなってきた。この点、第4章第3節2で検討したように、「著しい不均衡」規制の適用に関するCEPCのガイドラインも不公正条項規制を念頭に置いている。条文上は必ずしも契約条項の規制に限定されていないにもかかわらず、条項規制が主流である理由については、以下のように分析しうるのではなかろうか。

理由の第1は「著しい不均衡」規制が示唆を受けたことを明言する、消費法典L.132-1条1項、およびEUにおける濫用条項指令[39]が消費者と事業者との間の濫用条項規制としての運用を予定している点である。

---

39) Directive 93/13/CEE du Conseil, du 5 avril 1993（消費者と締結される契約における濫用条項に関するEC指令93-13号）は、3条1項および6条1項において、濫用条項と性質決定される基準として「当事者の権利及び義務における著しい不均衡」の概念を用いる。

211

第2は、経済力に格差のある当事者間の契約において生じる不当な取引条件について、伝統的に民事法規制が行われ、当該契約が信義誠実の原則違反、権利濫用、公序良俗違反、非良心的行為等に該当することを理由に規制する制度がとられてきたことから[40]、不公正ないし濫用的な条項規制のアプローチがとられたと考えられる。

　すなわちフランスでは、値引き、返品、ロイヤルティ、ペナルティー（違約金）などに関する不当な取引条件、濫用的な購買約款は、あらかじめ小売事業者に有利な購買・納入契約上の条項として合意され、そのことにより同種の多数の納入事業者に共通の条件として課されている例が多い。それゆえ、特定の契約書の契約全体としての経済的不均衡性を認定しうるならば、同じ契約が適用されていた同種事案を一挙解決しうるという利点がある。

　第3に、多数の納入事業者に対して統一的に適用される不公正な契約条項の違法性を問題とすることにより、規制対象として取り上げるべき組織的事案、継続的事案、関係当事者が多く取引上の影響の大きい事案を選別することが可能となることも不公正条項規制のアプローチがとられた理由と考えられる[41]。これに対して日本における優越的地位の濫用規制の小売流通分野における規制では、次章第3節2で詳述するように、初期の事例である三越事件[42]や以降の各大手量販店等の規制例にみられるように、商品・役務の購入要請、売場改装費負担要請、協賛金負担要請等の、本来の購買・納入契約とは無関係の不当な取引慣行が規制され、または、契約上明確に合意されていないが、納入取引上要求される陳列作業への従業員派遣要請、不当な値引き、返品要請等が規制されてきたことと対照的であるように思われる[43]。

---

[40] 高橋岩和「優越的地位の濫用と競争法──国際比較にみる『取引上の地位の不当利用』規制のあり方を中心として」公正取引686号（2007年）16頁以下参照。

[41] これらの考慮要素は、日本独占禁止法上の優越的地位の濫用規制においては、「行為の広がり」として要件解釈上の位置付けが議論されている。第6章第2節3(5)を参照。

[42] 公取委同意審決昭57・6・17審決集29巻31頁、第6章第3節3を参照。

[43] これに対して日本のフランチャイズ分野においては、不当な加盟店契約の適用が、優越的地位の濫用により規制されている。第6章第3節1(3)フランチャイズガイドライン、同第3節3(4)のセブン-イレブン・ジャパン事件を参照。

3　裁判例における「著しい不均衡」規制の判断基準についての分析

　本章第1節で検討した各判決により、「著しい不均衡」規制の要件について(1)「従属性」(soumission)と(2)「著しい不均衡」(déséquilibre significatif)の2つの要件によって判断する解釈論が確認され、今後定着していくことが予想される。

(1)「従属性」要件
　「従わせ、又は従わせようとする」要件において「従属性」を読み込む要件解釈論が確立した。そしてこの「従属性」の判断基準については、「圧力又は強制の存在を示す証拠に依拠せず、当事者間に成立した契約にまさにこれらの条項を挿入することから生じる。この場合、供給者にとっての交渉の余地の不存在をもたらすような条項により、交渉力は同様ではない」((2)事件控訴審判決、(3)事件控訴審判決も同旨)、「『従わせる意図』は、抵抗不能な圧力の行使又は強制を前提とするものではなく、むしろ、単なる暗示、強固な勧誘又は圧力によって影響を受ける相手方の従属性を推認させるような、当事者間に存在する不均衡な経済力の関係の存在を前提とするものである」((5)事件控訴審判決)、「当事者間において存在する不均衡な力関係に基づいて、不公正で双方向的でない義務を取引相手方に課すことによって生じる」((9)事件控訴審判決)等の基準が定立されている。

(2)「著しい不均衡」要件
　「当事者の権利及び義務における著しい不均衡」とは、「当事者間の義務が双方向的でないこと又は不釣り合いであること」((5)事件控訴院判決)という判断基準が定立された。この「著しい不均衡」は、条項が組織的に運用されるという性質、および当事者間の交渉の不存在に由来するものである((3)事件控訴審判決)。また「抽象的に、効果自体によって正当化されることを必要とせずに、その行為が公益に反することにより、取引当事者の排除、及び投下資本を無価値ならしめることを理由として、条項の濫用性は確証される」

((4)事件控訴審判決)。そして契約全体の経済的均衡性を考慮すべきか、という論点に関して「もし特定の契約条項が、取引関係を濫用的な態様で不均衡にするものとして規制され得るならば、裁判所は、(小売事業者が)援用するならば、特定の契約条項が、契約上の当事者の権利及び義務における均衡性を回復するために、別の条項によって、有効に釣り合わされているかを評価するために、契約全体を考慮に入れることができる」((9)事件控訴審判決)という基準が確立されつつある。

(3) 「従属性」要件と「著しい不均衡」要件の関係に関する分析

上述のように、「著しい不均衡」要件は「当事者間の義務が双方向的でないこと又は不釣り合いであること」と解されており、その結果、取引当事者の規模が小さくても、取引依存度が高くなくても、取引先変更可能性があったとしても、契約全体の経済性の欠如等を理由に、差止め、民事罰、損害賠償の対象として規制することが可能である。

このような「著しい不均衡」要件の広汎性、漠然・不明確性については、QPCおよび本章(9)事件控訴審判決等において、憲法、欧州人権条約上の罪刑法定主義、EU法上の慣習法にも反しないことが確認されたものの、きわめて広範な規制として運用される危険をはらむものであり、規制の活発化は他方で、競争法上の観点からは小売事業者の事業活動の制限となるおそれがある。

一方当事者に不利益な条項規制を無限定に規制すれば、第4章で詳述したように、2008年のLME法が価格交渉の自由を徹底するために差別行為規制を削除した趣旨[44]と矛盾を来し、むしろ競争の効率化に反しかねないという危険をはらむ可能性もある。(8)事件で検討された、価格決定にも「著しい不均衡」規制が及ぶかという争点は、このような問題意識を示すものと解される。この点、(8)事件控訴院判決は価格決定にも「著しい不均衡」規制が及ぶ可能性がありうることを認める[45]。このように「著しい不均衡」要件を充足する取引が無定型に広がりすぎ、価格交渉の自由や当事者事業活動に対する

---

44) 第4章第3節2(2)を参照。

過剰な介入とならないよう、適用対象となる行為を調整する趣旨で、フランスの判例法理は「従わせ、又は従わせようとする」の文言に「従属性」要件を補充するに至ったと評価しうるのではなかろうか。

　フランスの「著しい不均衡」規制の判例法理に関する上述のような評価の適否についてはフランスの学説における判例の評価等の分析により、さらに精緻に検討すべきと思われる。また「従属性」要件を読み込む判断基準の確立によって、「著しい不均衡」規制により克服されたはずのL.420-2条2項の「経済的従属関係の濫用」規制と同様に、取引当事者間の従属関係を厳格に解する規制へと回帰する方向性まで読み取るべきか、それとは異なる独自の「従属性」要件が確立されたと評価すべきかについては、現段階で急速に結論を出すことはできず、学説における議論や、フランスの判例法理のさらなる蓄積に基づき、さらに詳細に分析することが必要である。

　本章でみたようなフランスにおける購買力規制の運用実績および解釈論の発展が、フランスの「著しい不均衡」規制と同様に、取引上の地位に着目した規制を行う日本独占禁止法上の優越的地位の濫用規制の要件解釈論において、いかなる示唆を与えるかについては、次章において詳細に検討する。

---

45) また、(6)事件控訴院判決は、「この著しい不均衡の概念は、消費法に示唆を受けており、実行行為者の責任に基づいて、経済活動を行う者が相手方当事者に対して、相手方当事者が提供する物に対する対価の価値が著しく不均斉（disproportionné）であるような取引条件を強要する行為を、規制することを導くものである」と述べて、対価の不均衡が「著しい不均衡」を構成しうることを正面から認めているようである。ただし同判決は、結論として、本件の価格条件は「著しい不均衡」には該当しないと判断した。

第6章

我が国の小売業者主導型の優越的地位の濫用規制への示唆

第 1 節　問題の所在

　本章では、フランス競争法上の相対的市場力規制およびそれを補完する「著しい不均衡」規制が、日本の流通分野における大規模小売業者による購買力濫用の規制に示唆を与える可能性について考察を行う[1]。

　我が国の大規模小売業者と納入業者との間の取引においては、大規模小売業者が巨大な購買力（バイイング・パワー）を利用して、継続的取引を背景に、納入業者に対して不当な協賛金の負担要請や不当な返品など事前の契約とは無関係の要求を行い、あるいは、あらかじめ合意された取引条件を事後的に変更するような取引を行わせる場合がしばしばみられる。大規模小売業者によるこのような行為は、自らの合理的な取引条件の設定を妨げ、コスト意識に基づく合理的な経営行動に逆行するものである。さらに、この結果、市場メカニズムに基づく公正な取引が阻害されることにより市場の効率性が損われ、効率化のメリットが消費者に還元されなくなる可能性もある[2]。また、

---

[1] 流通分野における大規模小売業者による購買力の濫用規制を論じた文献として、十合暁「大規模小売業者とバイイング・パワーの問題点」ジュリスト 775 号（1982 年）91 頁、岡谷直明「大規模小売店の納入業者に対する『購買力の濫用』規制の問題点について——食品産業を中心に」公正取引 576 号（1998 年）76 頁、杉浦市郎「優越的地位の濫用規制——大規模小売業とフランチャイズを中心にして」日本経済法学会年報 27 号（2006 年）59 頁、長谷河亜希子「フランチャイズ・システムと優越的地位の濫用(1)(2) (3 完)」公正取引 721 号（2010 年）9 頁、723 号（2011 年）71 頁、724 号（2011 年）60 頁、渕川和彦「欧米の流通市場における買手市場支配力の競争への影響について：大規模小売業を中心として」公正取引 745 号（2012 年）18 頁、齋藤英樹＝金沢卓哉「大規模小売業者と納入業者との取引に関する実態調査について」公正取引 745 号（2012 年）13 頁、渕川和彦「買手市場支配力規制における違法性判断基準——米国における展開を中心として」日本経済法学会年報 35 号（2014 年）99 頁、長谷河亜希子「フランチャイズ本部の濫用行為とその法規制」日本経済法学会年報 36 号（2015 年）117 頁等を参照。また公正取引委員会競争政策研究センター「流通市場における買手パワー（Buyer Power）の競争への影響について」を参照。http://www.jftc.go.jp/cprc/reports/index.files/cr-0410abstract.pdf（2016 年 9 月 26 日最終確認）。なお、本章の日本法に関する記述部分においては、講学上および実務上の用例に従い、「小売業者」、「納入業者」の用語を用いている。

大規模小売業者がフランチャイザーの立場で、フランチャイジーである加盟店にとって一方的に不利な加盟店契約を押し付け、または加盟店を不当に拘束する行為も問題となる[3]。

前章までにおいて検討したように、フランス競争法においては「経済的従属関係」要件、および競争侵害要件の充足の困難性が原因で、購買力濫用行為を規制する手段の主流が、商法典L.420-2条2項の相対的市場力規制（経済的従属関係の濫用規制）から商法典L.442-6条Ⅰ項2号の「著しい不均衡」規制へと転換しつつあるという実態がみられる。本章では、フランスにおけるこのような経験が、我が国の流通分野の購買力等の濫用規制における優越的地位の濫用規制の要件解釈論に示唆を与える可能性を検討する。

我が国の独占禁止法（私的独占の禁止及び公正取引の確保に関する法律）上の優越的地位の濫用規制は、メーカー主導型の下請取引分野と並んで、とりわけ大規模小売業者主導型の流通取引の分野において発展してきた。小売流通分野において、百貨店等の大規模小売業者が問屋や中小納入業者に対して要求する商慣習を逸脱した不当な費用負担、人員派遣、返品、値引き要求等が問題となり、これらの行為は中小事業者の事業活動に対して不当な影響を与えるとともに、小売業者の競争者である中小小売業者との競争においても不当な影響を与えることから、優越的地位の濫用規制の重要な規制対象分野として認識され、流通・取引慣行ガイドライン[4]、優越的地位濫用ガイドライン[5]、

2）「大規模小売業者による納入業者との取引における特定の不公正な取引方法」（以下「大規模小売業特殊指定」）および運用基準を参照（平成17年6月29日事務総長通達第9号）。http://www.jftc.go.jp/dk/guideline/unyoukijun/daikibokouri.html（2016年9月26日最終確認）。

3）公正取引委員会平成14年4月24日「フランチャイズ・システムに関する独占禁止法上の考え方について」（以下、「フランチャイズ・ガイドライン」）参照。http://www.jftc.go.jp/dk/guideline/unyoukijun/franchise.html（2016年9月26日最終確認）。

4）公正取引委員会平成3年7月11日「流通・取引慣行に関する独占禁止法上の指針」は、大規模小売業者の納入業者に対する優越的地位の濫用行為の規制ルールを明確化していた。http://www.jftc.go.jp/dk/guideline/unyoukijun/ryutsutorihiki.html（2016年9月26日最終確認）。

5）公正取引委員会平成22年11月30日「優越的地位の濫用に関する独占禁止法上の考え方」、以下「優越的地位濫用ガイドライン」と略す。http://www.jftc.go.jp/hourei.files/yuuetsutekichii.pdf（2016年9月26日最終確認）。

旧百貨店業特殊指定[6]および大規模小売業特殊指定[7]に基づく規制が活発に行われてきた。近年の優越的地位の濫用規制においても流通分野の事案が多く、ホームセンター、ドラッグストア、食品スーパー、ディスカウントストア、総合スーパー、コンビニエンスストア等のさまざまな業態の事業者による行為が規制されている[8]。

　本章ではまず取引上の優越的地位の濫用規制の要件の判断枠組みに関する議論状況を概観する。その上で、流通分野における大規模小売業者による行為の規制状況を概観し、そのうち優越的地位の濫用（独占禁止法2条9項5号、旧一般指定14項）の適用が問題となり、独占禁止法19条違反が認定された代表的な事例である三越事件、ローソン事件、ドン・キホーテ事件、セブン－イレブン・ジャパン事件、日本トイザらス事件における事案と判断枠組みの詳細を紹介する。そしてさらに、これらの審決における判断枠組みおよび考慮要素を、フランスにおける大規模小売業者の規制制度との比較の視点で検討し、我が国の要件解釈論を発展させる上で、フランスの規制制度から得られる示唆を指摘することを試みる。

第2節　優越的地位の濫用規制の概要

1　優越的地位の濫用規制の概要

　取引上の優越的地位の濫用規制は、独占禁止法2条9項5号において規定され、同号に該当する行為は、不公正な取引方法の一類型として違法となる

---

6)「百貨店業における特定の不公正な取引方法」（昭和29年公正取引委員会告示第7号（平成17年11月1日廃止）。以下、「百貨店業特殊指定」と略す。

7)　前掲注2)「大規模小売業特殊指定」および運用基準を参照。

8)　公正取引委員会「大規模小売業者と納入業者との取引に関する実態調査報告書」（2012年）。http://www.jftc.go.jp/houdou/pressrelease/h22/may/10052602.files/10052602hontai.pdf（2016年9月26日最終確認）。

(同法19条)。

2条9項　柱書
　この法律において「不公正な取引方法」とは、次の各号のいずれかに該当する行為をいう。
　第5号
　自己の取引上の地位が相手方に優越していることを利用して、正常な商慣習に照らして不当に、次のいずれかに該当する行為をすること。
イ　継続して取引する相手方（新たに継続して取引しようとする相手方を含む。ロにおいて同じ。）に対して、当該取引に係る商品又は役務以外の商品又は役務を購入させること。
ロ　継続して取引する相手方に対して、自己のために金銭、役務その他の経済上の利益を提供させること。
ハ　取引の相手方からの取引に係る商品の受領を拒み、取引の相手方から取引に係る商品を受領した後当該商品を当該取引の相手方に引き取らせ、取引の相手方に対して取引の対価の支払を遅らせ、若しくはその額を減じ、その他取引の相手方に不利益となるように取引の条件を設定し、若しくは変更し、又は取引を実施すること。

　上記条文上の規定から読み取ることのできる成立要件は、①自己の取引上の地位が相手方に優越していること（「優越的地位」）を利用して、②「正常な商慣習に照らして不当」な行為（濫用行為）を行うことである。そして、各号に違反する行為を「継続して」行ったときは課徴金が課される（同法20条の6）。すなわち取引当事者の一方が他方に対して、取引関係における立場の優越性を不当に利用することを、違法として規制する点に制度的特色がある[9]。優越的地位の濫用は、規制対象となる行為の市場への影響が明らかでない点で競争法上異質な制度であるため、同規制の法的性質論または公正競争阻害性のとらえ方を巡って、後述するように活発に議論がなされてきた。以下では優越的地位の濫用規制の各要件の解釈基準について、学説および実務における議論状況[10]を概観する。

---

9) 高橋岩和「優越的地位の濫用と独禁法」日本経済法学会年報27号（2006年）1頁。

2 「優越的地位」要件の分析

(1)「優越的地位」の意義

　取引上の優越的地位は、取引上の地位、取引相手方との関係により決まるのであるから、市場において競争者との関係で取引上の地位が優越していることは必要なく、取引上の相手方に対する相対的な優越性があれば足りると解される[11]。他方、行為者が寡占的事業者であることを何ら排除するものではなく、市場支配的事業者であっても差し支えない。「優越的地位」とは、通説的な見解によれば競争原理が機能するための前提である取引選択の自由が、一方にのみ有利に働く場合において、そのことに基づく優越的地位と解されている[12]。取引相手方の側面から捉えれば、取引相手方が行為者に経済

---

10) 優越的地位の濫用規制の要件解釈を論じた主要な文献として以下が参考となる。今村成和『独占禁止法 新版』（有斐閣、1978 年）146 頁以下、正田彬『全訂独占禁止法Ⅰ』（日本評論社、1980 年）410 頁以下、田中誠二＝菊地元一＝久保欣哉＝福岡博之＝坂本延夫『コンメンタール独占禁止法』（勁草書房、1981 年）297-311 頁〔久保欣哉〕、田中寿編著「不公正な取引方法──新一般指定の解説」別冊 NBL9 号（1982 年）91 頁以下、今村成和＝丹宗昭信＝実方謙二＝厚谷襄児編『注解経済法 上巻』（青林書院、1985 年）251-261 頁〔奥島孝康〕、実方謙二『独占禁止法 第 3 版』（有斐閣、1995 年）336-353 頁、菊地元一＝佐橋一雄＝波光巖＝滝川敏明『続コンメンタール独占禁止法』（勁草書房、1995 年）396-403 頁〔菊地元一、森平明彦〕、厚谷襄児＝糸田省吾＝向田直範＝稗貫俊文＝和田健夫編著『条解独占禁止法』（弘文堂、1997 年）206-217 頁〔谷原修身〕、谷原修身『現代独占禁止法要論 三訂版』（中央経済社、1998 年）233-244 頁、川越憲治編著『実務経済法講義』（民事法研究会、2005 年）239-259 頁〔川越憲治〕、日本経済法学会編『優越的地位の濫用』日本経済法学会年報 27 号（2006 年）、舟田正之『不公正な取引方法』（有斐閣、2009 年）534 頁以下、白石忠志『独占禁止法 第 2 版』（有斐閣、2009 年）263-281 頁、宮坂富之助＝本間重紀＝髙橋岩和＝近藤充代『現代経済法 第 2 版』（三省堂、2010 年）116-123 頁〔髙橋岩和〕、松下満雄『経済法概説 第 5 版』（東京大学出版会、2011 年）153-158 頁、203-207 頁、公正取引協会編『優越的地位濫用規制の解説（別冊公正取引 1 号）』（公正取引協会、2011 年）、村上政博『独占禁止法 第 6 版』（弘文堂、2014 年）332-362 頁、白石忠志＝多田敏明編著『論点体系 独占禁止法』（第一法規、2014 年）86-98 頁〔石井崇〕、日本経済法学会編『優越的地位の濫用規制の展開』日本経済法学会年報 35 号（2014 年）、村上政博編集代表『条解独占禁止法』（弘文堂、2014 年）157-180 頁、金井貴嗣＝川濱昇＝泉水文雄編著『独占禁止法 第 5 版』（弘文堂、2015 年）348-364 頁〔金井貴嗣〕、根岸哲＝舟田正之『独占禁止法概説 第 5 版』（有斐閣、2015 年）271-287 頁。
11) 優越的地位濫用ガイドライン第 2-1 参照。

的に従属した地位にある場合ということができる。

　典型的には、行為者である事業者（例えば大規模小売業者）は必ずしも相手方事業者（例えば中小納入業者）と取引しなければならない状況にはないが、相手方事業者にとっては行為者との取引関係を維持することが、事業を継続する上で死活問題となっており、取引先を行為者以外のものへ切り替えることが事実上不可能である、すなわち、取引先転換が事実上制約されている場合の、行為者の地位が優越的地位にあたることになる。

　例えば行為者の取引量およびブランド力により相手方が取引を強く望む場合、相手方が行為者に合わせて特化した生産体制を備えている場合（下請取引）や、商品・役務の特性（プライベート・ブランドの場合など）から相手方がその取引先を変更できない場合、などに優越的地位が認められる。

(2) 公正取引委員会の立場

　「優越的地位濫用ガイドライン」（2010年）[13]によれば、「優越的地位」とは、取引の相手方が取引先を他に変更することが困難で、相手方にとって著しく不利益な条件でも受け入れざるをえないような場合をいう。「相手方に優越している」とは、当該取引相手との関係で取引上の地位が相対的に優越していれば足り、市場における競争者との関係で優越していることまでは必要ないと解されている。そして一方が他方に対して優越的地位にあるか否かは、取引相手の当該事業者との取引依存度、当該事業者の市場における地位、取引相手が取引先を変更する可能性、取引当事者間の事業規模の格差、取引の対象となる商品・役務の需給関係等を総合的に考慮して判断されるとする（同ガイドライン第1-2)。

(3) 優越的地位の認定基準に関する問題点

　取引上の優越性は、相対的な優越性を意味するため、取引上の個別事情相互の連関により評価が変動しうるから（例えば取引依存度がきわめて高くても、

---

12) 今村・前掲注10) 152頁。
13) 公正取引委員会・前掲注5) 優越的地位濫用ガイドラインを参照。

取引先変更の可能性があれば優越的地位は否定されうる)、ガイドラインが挙げるような、個別要素の総合考慮により優越的地位を判断せざるをえない点については異論がないように思われる。ただし、相対的優越性の程度については議論の余地がありうるようにも思われる。取引先変更が事実上不可能であることまで要するのか[14]、取引を行う必要性が高いことで足りるのか、何らかの強制力を行使することを可能ならしめるような地位であることを要するのか、また当事者の地位がどのような段階に至ったときに優越的地位を取得すると解すべきなのか、等さまざまな観点において検討されるべき課題があるように思われる。

この点について、優越性の程度について、取引先変更の不可能性まで要求すれば、厳密には取引先変更が不可能ではないが変更がもたらす不利益がきわめて大きい場合を保護しえないのではないかという懸念がある。しかし他方で、取引当事者間において地位の格差、事業規模の格差があることは通常であるし、取引規模の大きい事業者は当然に有力な取引先であり、同等の取引相手方への変更は困難であることが一般的であろうから、相手方にとっての取引の必要性、重要性を理由に、安易に優越的地位を認定することには慎重であるべきであろう。

以下はいまだ着想の域にとどまるのであるが、いかなる優越性を備えれば「優越的地位」要件を充足するかの判断基準として、優越的地位に対応した取引相手方の「従属性」の視点が、基準の明確化に有用ではないかと考える[15]。すなわち日本独占禁止法上の優越的地位の濫用規制における行為者の「優越的地位」要件は、相手方当事者との間の「相対的優越性」であることから、この相対的優越性を取引相手方の側面から捉え直して、取引相手方の行為者への「従属性」として評価することが可能である。

これまで取引相手方の「従属性」は、ガイドライン上重要な考慮要素とさ

---

[14] 根岸＝舟田・前掲注10) 276頁は「『取引先転換の容易性』があるか否かが、取引上の優越的地位の有無を決定することが通常であろう。しかし、これだけを優越的地位の判断基準とするのは狭きに失する」と述べる。
[15] このような指摘は、本章第3節で述べるように、フランス競争法上の相対的市場力規制に着想を得ている。

れる、「取引依存度」、「取引先変更の可能性」において考察されてきたともいえる。ただし、従前の取引における依存度の考察には、当該濫用行為を甘受せざるをえなかった相手方事業者の従属性が、厳密にいえば包含され尽くしていないようにも思われる。相手方当事者の当該濫用行為への「従属性」とは、相手方当事者が、自己にとって経済的合理性のない要求を受け入れざるをえない地位、立場を意味しうる[16]。このような「従属性」を考慮するという視点においては、相手方当事者が自己にとって経済的に不合理な要求（例えば代償なき値引き、返品、人員派遣等）を受け入れたという実態から「従属性」を認定し、そのような「従属性」をもたらすことを可能ならしめた行為者の「優越的地位」が導かれるという解釈手法を発想することができるように思われる。

取引相手方の「従属性」に着目した認定は、「優越的地位」は相対的な優越性であるとする我が国の通説的な見解に適合することに加えて、行為の相手方が、自身にとって一方的に不利益な要求に従い、甘受したという事実については、客観的な主張・立証が比較的容易であるため、そのような「従属性」に相当する優越的地位を推認することにより、当事者間の従前の取引状況等から「優越的地位」を認定よりも、事後的、客観的な認定に資するという利点があるように思われる。

3 「濫用行為」要件の分析

(1) 優越的地位を「利用して」の解釈論

これまで相手方に対する取引上の優越的地位の「利用」それ自体は、独立の要件として捉えるべきではなく、具体的な行為と取引上の優越的地位を論理的に結びつける機能を果たすにすぎないと一般的に解されてきた。行為の客観的な性格から優越的地位の濫用は判断されるから「利用して」に優越的地位を利用する主観的意図まで読み込む必要はなく[17]、優越的地位にある行為

---

[16] 根岸＝舟田・前掲注10) 276頁は「取引上の優越的地位は、単なる企業規模の違いなどから生じるのではなく、取引の相手方が濫用行為を受け、不当な不利益を甘受しなければならないような関係があることを意味する」と述べる。

者が、相手方に対して不当に不利益を課して取引を行えば、その優越した地位を「利用」したものと解されるとされ、「利用」は具体的な行為と取引上の優越的地位を論理的に結びつける機能を果たすにすぎないとされる[18]。また優越的地位と濫用行為の因果関係を示す文言であるとの指摘もある[19]。

これに対して「利用して」に独自の意義を認める解釈論の根拠として、2条9項5号ハにみられるように、濫用行為は強制的である必要はなく、優越的地位の一方的な利用行為があればよいのであり、「利用して」はそのことを示す要件である点が指摘されている[20]。また、既存ではない優越的地位を新たに作出する行為を規制対象とするために、同要件を活用しうる可能性も指摘されている[21]。また、実効性をもって行われた優越的地位の「利用行為」があればそこから「経済的従属関係」の存在を推認しうるし、また利用行為の前提となる「自由・自主性の侵害」をも認定しうるという意味で、「利用行為」に独自の意義を持たせる可能性も有力に主張されている[22]。

(2)「正常な商慣習に照らして」の解釈論

「正常な商慣習」は、現にある商慣習ではなく、公正な競争秩序の観点から認識される商慣習であると解する見解が通説的であり[23]、「正常な商慣習に照らして不当に」とは、濫用行為についての判断基準を示したものであって、競争原理が機能している場合ならば行われることのないような行為を意味していると解されている。すなわち「正常な商慣習に照らして不当に」とは、現に存在する商慣習に合致しているからといって、直ちにその行為が正当化されることにはならないことを意味する限度で同要件の意義を認めるのが一般であろうが[24]、同要件に独自の意味を持たせず「不当に」と同義と解

---

17) 田中寿・前掲注10) 91頁参照。
18) 根岸＝舟田・前掲注10) 278頁を参照。
19) 白石忠志ほか鼎談「優越的地位濫用をめぐる実務的課題」ジュリスト1442号 (2012年) 16頁、22頁〔長澤哲也発言〕。
20) 同上21頁〔伊永大輔発言〕。
21) 伊永大輔「優越的地位濫用の成立要件とその意義」日本経済法学会年報35号 (2014年) 11頁、19頁以下。
22) 高橋岩和「改正下請法の評価と課題」公正取引765号 (2014年) 17頁、21-22頁。
23) 根岸＝舟田・前掲注10) 275頁。

する見解[25]も存在する。

　この点、優越的地位濫用ガイドラインは、「『正常な商慣習』とは、公正な競争秩序の維持・促進の立場から是認されるものをいう」としている。ガイドラインの趣旨に照らして「正常な商慣習に照らして」の意義を、以下のように解することが可能である。「正常な商慣習」は、現にある商慣習ではなく、公正な競争秩序の観点から是認される商慣習をいう。現実の取引においては、取引当事者間に取引上の地位の格差があるのが通常である。その結果、一方当事者の取引条件や内容等が他方当事者に比べて不利となることは、事業者の事業活動において日常的に発生していることであり、それ自体が独占禁止法上問題となるわけではない。「正常な商慣習」とは、取引条件の決定は、原則として、当事者間の自主的な決定に委ねられることを考慮し、当該業界で定着している商慣習は一応経済的に合理的な取引条件を示すものと判断されるが、この商慣習は、競争政策の観点からみて是認されるものでなければならないという趣旨で理解されうる。

(3) 「不当に」の解釈論——規制の法的性質論および公正競争阻害性に関する議論状況[26]

　2条9項5号の規制が、取引上の地位の優越性に着目した規制である点に鑑みると、同号の公正競争阻害性が意味する違法性（正常な商慣習に照らして「不当」要件の意義）については、市場における競争への影響の有無やその競争手段としての不公正さとの関係が明らかではなく、他の不公正な取引方法とは異質的な性格と解される余地がある。そこで本規制がいかなる意味で公正競争阻害性（「不当」性）を有するかが問題となる。この点は、不公正な取引方法における公正競争阻害性の本質論、優越的地位の濫用規制の法的性質論に関する争点として、これまで活発に議論されてきた。

---

24) 同上。
25) 金子晃＝実方謙二＝根岸哲＝舟田正之『新・不公正な取引方法』（青林書院新社、1983年）232頁〔金子晃〕参照。
26) 以下の学説の整理においては、厚谷ほか編著・前掲注10) 206頁以下〔谷原修身〕、向田直範「優越的地位の濫用」日本経済法学会編著『経済法講座3 独禁法の理論と展開(2)』(2002年) 161頁以下を参照している。

(a) 今村説[27]

　今村説は、不公正な取引方法における「公正競争阻害性」概念を、第1に公正な競争（能率競争を本位とする競争）に悪影響を及ぼす行為、すなわち競争手段自体が非難に値するもので、これを放任しておくことが公正な競争秩序を維持していく上で好ましくない場合と、第2に自由な競争（市場参入の自由・市場における競争の自由）を困難にするような経済力の集中または特定の事業者の市場からの排除という観点から捉え、この点、優越的地位の濫用規制は、上記いずれの意味における公正競争維持の観点から説明できず、「競争原理が働かない取引関係において認められる優越的地位の不当利用を不公正な取引方法とするものである点において、他の各号とは著しく異なる特色を有している」と述べる。そしてこの類型に公正競争阻害性要件のほうを歩み寄らせて、自己の取引上の地位を不当に強化すること、取引相手方である中小企業の健全な発達を妨げることによりその者の競争者としての地位を弱めることに公正競争阻害性を見出すことを検討するが、結論としては採用せず、「本来、このような形で理解されるべき性質のものではなく、むしろ、不公正な取引方法の禁止とは拘わりのない別個の規制として定むべきものであったろう」、結局「この行為の公正競争阻害性は、競争原理が働かないことを利用しての、優越的地位の濫用行為であること自体に求めるより外はない」と結論付ける。今村説は、2条9項5号は他の不公正な取引方法とは異なる異質な規定であるが、「公正かつ自由な競争」の確保という独占禁止法の目的からして、現に競争が機能しないために生じている不当な結果をも、規制の対象に取り入れようとすることは不自然なことではないとする。

(b) 正田説[28]

　これに対して正田説は、市場機能を市場に参加する個々の取引主体の競争

---

27) 今村・前掲注10) 146頁以下、今村成和『独占禁止法入門 第4版』（有斐閣双書、1993年）165-169頁。なお実方・前掲注10) 338頁は「優越的地位の濫用の禁止は、競争による代替関係（取引先の転換が可能であること）を通じての取引条件の公正さの確保という、独占禁止法の正統的手法が機能しない場合についての、補完的な濫用規制と位置づけることができ、その意味で競争政策の一環だといえる」と述べて、旧今村説と同様に、補完的な濫用規制、予防的規制としての位置付けを積極的に認める。

228

機能を中心として検討する見地から、公正競争阻害性の本質について「公正な競争秩序の一つの基本的な要素である事業者の自主性、競争機能の自由な行使が制限されたり、あるいはかかる状態を前提として、事業者の自主性、競争機能の自由な行使が確保されていれば受けることのない不利益……を強制されることが『公正な競争』を阻害するおそれを伴う」点に求める。同説は、取引の場における支配的、優越的な「力」とそれによる支配を前提としながら、「公正な競争秩序の維持を媒介として、従属者の権利を擁護し、その自主性、競争機能の自由な行使の確保を図るためには、支配力の行使の制限という方式をとらざるをえない……濫用規制というかたちをとることになる」と本規制の性質を説明し、「本号は、……取引の場における支配力・優越的な力の、濫用規制に関する包括的なわくを定めるものとして理解される」と述べて、優越的地位の濫用の禁止規定を、不公正な取引方法禁止の体系の中心と捉える見解である。

(c) 松下説[29]

松下説は、取引上の優越的地位の濫用規制は、構造規制、集中規制、私的独占規制等の伝統的競争政策が十分に機能しないところに発生するのであり、「その発生からみて、その本質的性格は、横の競争の抑止力による縦の関係の公正競争の維持が期待できぬ場合、縦の関係の取引に法が直接介入をして、取引上の力の不均衡の是正をするものであろう」と述べて、優越的地位の濫用規制は、本質的には公正競争の確保に向けられたものではなく、公正競争を回復できぬという想定で公正取引を確保するもの」であるとする。すなわち、取引の一方当事者が他方当事者に対して優越的地位に立った上で行う「経

---

28) 正田・前掲注10) 410頁以下、同『独占禁止法研究』同文舘出版 (1976年) 169頁以下。舟田・前掲注10) 534頁以下も「優越的地位の濫用規制は、競争の前提である取引の相手方の取引の自由が不当に侵害されないことを確保しようとするものであ」ると述べて、正田説を支持する。また田中ほか編・前掲注10) 298-299頁〔久保〕も、優越的地位の濫用規制にこそ、「競争政策の基本方針が読み取られなければ成らない。自主的に決し、自主的に行動する主体の存在は、競争の論理的前提をなす」と述べて、優越的地位の濫用規制の総括的ないし網羅的性格を認める。
29) 松下満雄「『優越的地位濫用規定』の射程距離 (5完)」NBL187号 (1979年) 36頁、同・前掲注10) 153頁以下。

済力の濫用がはなはだしくなり抑圧的行為が頻発する状態が一般化することは、自由な競争を基盤とする公正な取引秩序を歪曲するものであり、自由な競争の前提である公正な取引秩序を維持することが優越的地位の濫用規制である」と述べる。

(d) 根岸説[30]

根岸説は、昭和57年独占禁止法研究会報告の立場を継承し、今村説と正田説を調和して、不公正な取引方法の公正競争阻害性を、自由な競争、競争手段の公正、自由競争基盤の確保の3分類により捉えた上で、優越的地位の濫用規制の公正競争阻害性については「取引主体が取引の諾否及び取引条件について自由かつ自主的に判断することによって取引が行われるという、自由な競争の基盤を侵害する点に」求める。

すなわち根岸説は、今村説における違法性である「優越的地位にあるものが取引の相手方の自主性を抑圧して不当に不利益な条件を押しつけるような濫用行為（取引上著しく不公正な行為）」を行うことが、正田説における違法性である「各当事者が自主的に取引することを基盤として成立している公正かつ自由な競争秩序の形成」を困難にするものであるとして規制を加えるところに優越的地位の濫用規制の趣旨があると解して、両説を折衷するものといえる。

(e) 一般集中規制としての性質に着目する見解

上記見解とは異なる点において優越的地位の濫用規制を競争法上位置付けるものとして、優越的地位の濫用規制を経済力集中規制ないし一般集中規制

---

30) 独占禁止法研究会報告「不公正な取引方法に関する基本的な考え方」公正取引383号（1982年）60頁、根岸哲『独占禁止法の基本問題』（有斐閣、1990年）160頁以下、田中寿・前掲注10）100頁以下を参照。根岸説は、今村説に対する批判として「優越的地位の濫用についても公正競争阻害性を有するものとして説明できるように公正競争阻害性の意味内容を捉えなければならない」と指摘する。また正田説に対しては、事業者の自主的な競争機能の自由な行使の妨害を、排他条件付取引や再販売価格の拘束等の類型にも妥当する一般性をもつと主張している点を批判し、自由競争減殺型の公正競争阻害性と峻別すべき点を指摘する。

の一環と捉える来生説および辻説[31]が提唱される。また関係特殊的投資が行われる場合のホールドアップ問題の規制であると捉えて、情報の不完全性による市場の失敗の規制の一般条項と捉える大録説[32]がある。

(f) EU 型の市場支配的地位の濫用規制との関係で捉える見解

優越的地位の濫用規制を、EU 型の市場支配的地位の濫用規制に近づけてみる金子説[33]、狭く設定された市場ないし準市場でもつ圧倒的な力を濫用することにより、自由競争の経済的な機能をゆがめて行動することに基本的性格があり、支配型の私的独占の補充的予備的な規定だとする川越説[34]、狭い市場概念を前提として、優越的地位の濫用を競争減殺の究極形態と捉え、EU 機能条約 102 条における搾取的濫用規制と同種の規制であるとする白石説[35]が提唱されている。

(g) 経済的見地から捉える見解

不完備契約における事後の機会主義的な行動を規制することによって社会的に望ましい取引・投資を促進することに求める見解[36]などがある。

---

31) 来生新「優越的地位の濫用法理の再検討――競争原理との矛盾と調整」今村教授退官記念『公法と経済法の諸問題〔下〕』(有斐閣、1982 年) 324 頁以下、なお来生新『経済活動と法――市場における自由の確保と法規制』133 頁 (放送大学教育振興会、1987 年) では改説されている。辻吉彦「事業支配力の過度の集中と優越的地位の濫用――その独占禁止政策上の位置づけと独占禁止法上の地位について」公正取引 383 号 (1982 年) 9 頁参照。
32) 大録英一「優越的地位の濫用規制について (1)」香川法学 19 巻 3・4 号 (2000 年) 1 頁以下参照、同「優越的地位の濫用と取引上の地位の不当利用」駿河台法学 15 巻 2 号 (2001 年) 125 頁、同「優越的地位の濫用と取引上の地位の不当利用について」公正取引 626 号 (2002 年) 8 頁参照。
33) 金子ほか編著・前掲注 25) 207 頁、226 頁以下参照。
34) 川越編著・前掲注 10) 242-243 頁。
35) 白石・前掲注 10) 83-84 頁、白石忠志「支配的地位と優越的地位」日本経済法学会年報 35 号 (2014 年) 46-58 頁。
36) 川濱昇＝瀬領真悟＝泉水文雄＝和久井理子『ベーシック経済法 第 4 版』(有斐閣アルマ、2014 年) 276-277 頁〔泉水文雄〕。

(h) **競争減殺型の不公正な取引行為との一元的な解釈を試みる見解**

高橋説[37]は、根岸説における3分類の「自由競争基盤の確保」の充足条件のひとつである「自由かつ自主的に判断すること」は、「公正競争阻害性の判断のところで問題となるというよりは、その前提となる優越的地位の『濫用行為』の成立のところで問題となる事柄ではないかと思われる」と述べて、行為要件該当性の問題であると解する。その上で、公正競争阻害性要件については、2条9項の公正競争阻害性は「公正な競争」の観点からすべての行為類型について一元的に判断されるべきであり、かつ「公正な競争を阻害するおそれ」の水準で足りることから、初期の今村説において検討されたように「第一に、自己の競争者としての地位を不当に強化することであり、第二に、それによって、中小企業の……競争者としての地位を弱めることである」という市場における競争への間接的な影響で足りると解する。そしてこのように行為要件および公正競争阻害性要件を解釈することにより、優越的地位の濫用規制は、①「取引の相手方の自由かつ自主的な判断による取引を阻害する」という行為要件該当性を起点として、そのことによる競争関係の歪みから、②「取引の相手方はその競争者との関係において競争上不利となる一方で、行為者はその競争者との関係において競争上有利となる」点を判断することにより、行為者が、競争者との関係で競争上有利となる点に公正競争阻害性をみることが可能であるとする。このように解すれば、縦の拘束行為のもたらす横の競争への間接的な影響を測ろうとする点で、拘束条件付取引における公正競争阻害性の判断枠組みと同質性を有するとも解しうることか

---

37) 高橋岩和「優越的地位の濫用と公正競争阻害性」公正取引626号（2002年）5頁以下、同「『公正な競争』と『自由な競争』（二完）」神奈川法学36巻2号（2003年）259-260頁、同「最近の優越的地位の濫用事件」公正取引721号（2010年）2頁、7頁以下参照。松下・前掲注10）154頁は、高橋説を伝統的な競争観を前提として優越的地位の濫用規制の位置付けを図るものとする。また森平明彦「ドイツ競争法制における『利益強要（Anzapfen）』の禁止【1】——自由保護と公正保護を架橋する競争歪曲の概念」高千穂論叢47巻1号（2012年）72頁は、高橋説を、優越的地位の濫用規制の趣旨を全面的に生かすため、公正競争阻害性を緩和した間接的競争侵害説であると位置づける。なお実方・前掲注10）338-340頁は従前の今村説を支持しつつ、優越的地位の濫用規制は「当該抑圧行為によって自由競争が阻害されるのを防止する役割も果たしており」、「縦の関係での抑圧性が横の関係での競争の阻害をもたらしている点を考慮することが有益かつ必要であり」と述べて同様の視点を述べている。

ら、優越的地位の濫用の禁止規定が一般的包括的規定であり、価格、取引先、販売地域、販売方法等については個別行為類型ごとに各種の拘束条件付取引としての規制が行われるものとして、一元的に解しうるとする。

(4) 公正取引委員会の立場

公正取引委員会は、優越的地位濫用ガイドライン[38]において公正競争阻害性の判断基準について、以下のように述べる。

「第1に、事業者相互間の自由な競争が妨げられていないこと及び事業者がその競争に参加することが妨げられていないこと（自由な競争の確保）。第2に、自由な競争が価格・品質・サービスを中心としたもの（能率競争）であることにより、自由な競争が秩序付けられていること（競争手段の公正さの確保）。第3に、取引主体が取引の諾否及び取引条件について自由かつ自主的に判断することによって取引が行われているという、自由な競争の基盤が保持されていること（自由競争基盤の確保）。これは、①自由な競争、②競争手段の公正さの確保を可能ならしめる前提条件でもある」とする。そして優越的地位の濫用の公正競争阻害性については、第3の公正競争阻害性である自由競争基盤の侵害に基づくとする。

そして、優越的地位の濫用の行為は、「第一に、不利益を押しつけられる相手方は、その競争者との関係において競争条件が不利となり、第二に、行為者の側においても、価格・品質による競争とは別の要因によって有利な取扱を獲得して、競争上優位に立つこととなるおそれがある」とされ、独占禁止法上の規制を行うか否かについては「不利益の程度、行為の広がり等を考慮」するとされている。

同ガイドラインの立場は、第一の部分については正田説の自由・自主性に係る要件、第二の部分については今村説の競争優位性の要件に基づいており、

---

38) 公正取引委員会・前掲注5) を参照。公正取引委員会の見解は、従前の今村説と正田説を折衷したものと評価しうるが、これに対して今村・前掲注27) 166-167頁は公正取引委員会の「自由競争基盤を侵害する行為であるという観点から説明する説」は……「行為の基盤としてある状態であって行為の結果ではない」……濫用行為を排除することで、「自由競争基盤が確保されることになるというのも理由のない説である」と批判する。

公正取引委員会は、正田説と今村説の折衷的な立場で実務の運用を行っていると評価することができる。

(5)「行為の広がり」を巡る議論

公正取引委員会は、公正競争阻害性の判断においては、問題となる不利益の程度、「行為の広がり」等を考慮して、個別の事案ごとに判断することになるとしている。「行為の広がり」の判断においては、相手方の数、組織的・制度的なものかどうか、行為の波及性・伝播性の有無等が考慮要素となる。例えば、①行為者が多数の取引の相手方に対して組織的に不利益を与える場合、②特定の取引の相手方に対してしか不利益を与えていないときであっても、その不利益の程度が強い、またはその行為を放置すれば他に波及するおそれがある場合には、公正な競争を阻害するおそれがあると認められやすいとされる。

上記「行為の広がり」要件の位置付けを巡っては、違法性要件ではなく公取委が取り上げるべき事件選択の基準を示しているとの見解[39]があるのに対して、「行為の広がり」は違法性要件であり公正競争阻害性要件における公正な競争阻害する「おそれ」の解釈において、個別的抑圧性と併せて「行為の広がり」を読み込むという立場[40]も有力である。

(6) 公正競争阻害性の判断における考慮要素

上記(2)で概説した各学説における公正競争阻害性の性質の捉え方の差異によって、具体的な事案における公正競争阻害性の判断基準についてどのような違いが生じるかは必ずしも明確ではないように思われる。本規制が個別取引における地位に着目した規制であることから、濫用行為の認定に関しても「正常な商慣習に照らして不当」か否かの判断は、事件ごとに個別的に判断されることになろう。

この点、上記(3)で説明した公正取引委員会の考え方によれば、公正競争阻

---

[39] 白石・前掲注10) 108-109頁。
[40] 高橋・前掲注37)（2002年）2頁、5-6頁。

害性は、第1に行為自体が取引相手の自由な判断を抑圧するような性格を有しているかによって判断され、第2に当該取引の相手方はその競争者との関係において競争上不利となる一方で行為者はその競争者との関係において競争上有利となるおそれがあるかによって判断される。この場合、行為者の取引段階および相手方の取引段階における競争への影響を立証する必要はないと解されている。そして審決・判例およびガイドラインにおいて、①当該取引条件が相手方に与える不利益の程度、②当該取引条件が広く用いられているか、③当該取引条件があらかじめ明確にされているか、④当該取引条件を相手方に要請する場面・過程、⑤取引相手との合意ないし同意の有無等の考慮事情が挙げられている[41]。

さらに(3)(h)で参照した高橋説[42]は「①自由・自主性に係る要件は、その侵害なしに利用行為をなしえず、また、当該利用行為の実施により行為者における競争力の獲得がなされるのであるから、②競争優位性に係る要件中に吸収されうると考えられよう。したがって、『正常な商慣習に照らして不当に』という公正競争阻害性に係る要件は実質的に②のみを意味するものであるということになろう。そして①の要件は……利用行為の判断における実効性の基準として理解するということになろう」、「自由・自主性の侵害に基づいて行われる利用行為から生み出される行為者における利益が行為者の競争力に転化し、そのことが行為者の競争上の有利性を生み出していると認定することも可能となるであろう」として、優越的地位の「利用行為」から行為要件としての①自由・自主性の侵害を推認し、そのことの論理的帰結として②の競争優位性（間接的競争侵害）という公正競争阻害性を推認しうる、という推認過程に従って判断することを提唱する。

---

[41] 金井ほか編・前掲注10) 335頁。
[42] 高橋・前掲注22) 21-22頁。

第3節 大規模小売業者による優越的地位の濫用規制の運用状況

1 公正取引委員会における規制指針

(1) 公正取引委員会は1991年に「流通・取引慣行ガイドライン」を公表して、大規模小売業者の納入業者に対する優越的地位の濫用の規制ルールを明確化した。その後、2010年には「優越的地位濫用ガイドライン」を公表し、優越的地位の濫用規制の各要件の考え方を明らかにしている。以下では、本章において参照している優越的地位の濫用の要件解釈の総論部分である同ガイドライン第1から第3の部分を引用して紹介する。

> **第1　優越的地位の濫用規制についての基本的考え方**
> 1　事業者がどのような条件で取引するかについては、基本的に、取引当事者間の自主的な判断に委ねられるものである。取引当事者間における自由な交渉の結果、いずれか一方の当事者の取引条件が相手方に比べて又は従前に比べて不利となることは、あらゆる取引において当然に起こり得る。
> 　しかし、自己の取引上の地位が相手方に優越している一方の当事者が、取引の相手方に対し、その地位を利用して、正常な商慣習に照らして不当に不利益を与えることは、当該取引の相手方の自由かつ自主的な判断による取引を阻害するとともに、当該取引の相手方はその競争者との関係において競争上不利となる一方で、行為者はその競争者との関係において競争上有利となるおそれがあるものである。このような行為は、公正な競争を阻害するおそれがあることから、不公正な取引方法の一つである優越的地位の濫用として、独占禁止法により規制される。
> 　どのような場合に公正な競争を阻害するおそれがあると認められるのかについては、問題となる不利益の程度、行為の広がり等を考慮して、個別の事案ご

とに判断することになる。例えば、①行為者が多数の取引の相手方に対して組織的に不利益を与える場合、②特定の取引の相手方に対してしか不利益を与えていないときであっても、その不利益の程度が強い、又はその行為を放置すれば他に波及するおそれがある場合には、公正な競争を阻害するおそれがあると認められやすい。

2 優越的地位の濫用として問題となる行為とは、「自己の取引上の地位が相手方に優越していることを利用して、正常な商慣習に照らして不当に」行われる、独占禁止法第2条第9項第5号イからハまでのいずれかに該当する行為である。

第2 「自己の取引上の地位が相手方に優越していることを利用して」の考え方

1 取引の一方の当事者（甲）が他方の当事者（乙）に対し、取引上の地位が優越しているというためには、市場支配的な地位又はそれに準ずる絶対的に優越した地位である必要はなく、取引の相手方との関係で相対的に優越した地位であれば足りると解される。甲が取引先である乙に対して優越した地位にあるとは、乙にとって甲との取引の継続が困難になることが事業経営上大きな支障を来すため、甲が乙にとって著しく不利益な要請等を行っても、乙がこれを受け入れざるを得ないような場合である。

2 この判断に当たっては、乙の甲に対する取引依存度、甲の市場における地位、乙にとっての取引先変更の可能性、その他甲と取引することの必要性を示す具体的事実を総合的に考慮する。

甲が乙に対し、取引上の地位が優越しているかどうかは、次の(1)から(4)までに記載された具体的事実を総合的に考慮して判断するので、大企業と中小企業との取引だけでなく、大企業同士、中小企業同士の取引においても、取引の一方当事者が他方の当事者に対し、取引上の地位が優越していると認められる場合があることに留意する必要がある。

(1) 乙の甲に対する取引依存度

乙の甲に対する取引依存度とは、一般に、乙が甲に商品又は役務を供給する取引の場合には、乙の甲に対する売上高を乙全体の売上高で除して算出される。乙の甲に対する取引依存度が大きい場合には、乙は甲と取引を行う必要性が高くなるため、乙にとって甲との取引の継続が困難になることが事業経営上大きな支障を来すことになりやすい。

(2) 甲の市場における地位

甲の市場における地位としては、甲の市場におけるシェアの大きさ、その順位等が考慮される。甲のシェアが大きい場合又はその順位が高い場合には、甲と取引することで乙の取引数量や取引額の増加が期待でき、乙は甲と取引を行う必要性が高くなるため、乙にとって甲との取引の継続が困難になることが事業経営上大きな支障を来すことになりやすい。

(3) 乙にとっての取引先変更の可能性

乙にとっての取引先変更の可能性としては、他の事業者との取引開始や取引拡大の可能性、甲との取引に関連して行った投資等が考慮される。他の事業者との取引を開始若しくは拡大することが困難である場合又は甲との取引に関連して多額の投資を行っている場合には、乙は甲と取引を行う必要性が高くなるため、乙にとって甲との取引の継続が困難になることが事業経営上大きな支障を来すことになりやすい。

(4) その他甲と取引することの必要性を示す具体的事実

その他甲と取引することの必要性を示す具体的事実としては、甲との取引の額、甲の今後の成長可能性、取引の対象となる商品又は役務を取り扱うことの重要性、甲と取引することによる乙の信用の確保、甲と乙の事業規模の相違等が考慮される。甲との取引の額が大きい、甲の事業規模が拡大している、甲が乙に対して商品又は役務を供給する取引において当該商品又は役務が強いブランド力を有する、甲と取引することで乙の取り扱う商品又は役務の信用が向上する、又は甲の事業規模が乙のそれよりも著しく大きい場合には、乙は甲と取引を行う必要性が高くなるため、乙にとって甲との取引の継続が困難になることが事業経営上大きな支障を来すことになりやすい。

第3 「正常な商慣習に照らして不当に」の考え方

「正常な商慣習に照らして不当に」という要件は、優越的地位の濫用の有無が、公正な競争秩序の維持・促進の観点から個別の事案ごとに判断されることを示すものである。

ここで、「正常な商慣習」とは、公正な競争秩序の維持・促進の立場から是認されるものをいう。したがって、現に存在する商慣習に合致しているからといって、直ちにその行為が正当化されることにはならない。

第4 優越的地位の濫用となる行為類型

　ここでは、優越的地位の濫用につながり得る行為であることが、独占禁止法第2条第9項第5号イからハまでの規定から明らかな行為を中心に、行為類型ごとに、優越的地位の濫用の考え方について明らかにする。

　なお、優越的地位の濫用として問題となるのは、これらの行為類型に限られるものではない。優越的地位の濫用として問題となる種々の行為を未然に防止するためには、取引の対象となる商品又は役務の具体的内容や品質に係る評価の基準、納期、代金の額、支払期日、支払方法等について、取引当事者間であらかじめ明確にし、書面で確認するなどの対応をしておくことが望ましい。

1　独占禁止法第2条第9項第5号イ（購入・利用強制）

　独占禁止法第2条第9項第5号イの規定は、次のとおりである。

> イ　継続して取引する相手方（新たに継続して取引しようとする相手方を含む。ロにおいて同じ。）に対して、当該取引に係る商品又は役務以外の商品又は役務を購入させること。

　この規定における「当該取引に係る商品又は役務以外の商品又は役務」には、自己の供給する商品又は役務だけでなく、自己の指定する事業者が供給する商品又は役務が含まれる。

　また、「購入させる」には、その購入を取引の条件とする場合や、その購入をしないことに対して不利益を与える場合だけではなく、事実上、購入を余儀なくさせていると認められる場合も含まれる。

(1)　取引上の地位が相手方に優越している事業者が、取引の相手方に対し、当該取引に係る商品又は役務以外の商品又は役務の購入を要請する場合であって、当該取引の相手方が、それが事業遂行上必要としない商品若しくは役務であり、又はその購入を希望していないときであったとしても、今後の取引に与える影響を懸念して当該要請を受け入れざるを得ない場合には、正常な商慣習に照らして不当に不利益を与えることとなり、優越的地位の濫用として問題となる。

(2)　他方、取引の相手方に対し、特定の仕様を指示して商品の製造又は役務の提供を発注する際に、当該商品若しくは役務の内容を均質にするため又はその改善を図るため必要があるなど合理的な必要性から、当該取引の相手方に対して当該商品の製造に必要な原材料や当該役務の提供に必要な設備を購入させる場合には、正常な商慣習に照らして不当に不利益を与えることとならず、優越

的地位の濫用の問題とはならない。
2　独占禁止法第2条第9項第5号ロ
独占禁止法第2条第9項第5号ロの規定は、次のとおりである。

> ロ　継続して取引する相手方に対して、自己のために金銭、役務その他の経済上の利益を提供させること。

この規定における「経済上の利益」の提供とは、協賛金、協力金等の名目のいかんを問わず行われる金銭の提供、作業への労務の提供等をいう。
(1) 協賛金等の負担の要請
ア　取引上の地位が相手方に優越している事業者が、取引の相手方に対し、協賛金等の名目による金銭の負担を要請する場合であって、当該協賛金等の負担額及びその算出根拠、使途等について、当該取引の相手方との間で明確になっておらず、当該取引の相手方にあらかじめ計算できない不利益を与えることとなる場合や、当該取引の相手方が得る直接の利益等を勘案して合理的であると認められる範囲を超えた負担となり、当該取引の相手方に不利益を与えることとなる場合には、正常な商慣習に照らして不当に不利益を与えることとなり、優越的地位の濫用として問題となる。

イ　事業者が、催事、広告等を行うに当たり、取引の相手方に対し、その費用の一部として協賛金等の負担を要請することがある。このような要請は、流通業者によって行われることが多いが、流通業者が商品の納入業者に協賛金等の負担を要請する場合には、当該費用を負担することが納入商品の販売促進につながるなど当該納入業者にとっても直接の利益となることがある。協賛金等が、それを負担することによって得ることとなる直接の利益の範囲内であるものとして、取引の相手方の自由な意思により提供される場合には、正常な商慣習に照らして不当に不利益を与えることとならず、優越的地位の濫用の問題とはならない。

(2) 従業員等の派遣の要請
ア　取引上の地位が相手方に優越している事業者が、取引の相手方に対し、従業員等の派遣を要請する場合であって、どのような場合に、どのような条件で従業員等を派遣するかについて、当該取引の相手方との間で明確になっておらず、当該取引の相手方にあらかじめ計算できない不利益を与えることとなる場合や、従業員等の派遣を通じて当該取引の相手方が得る直接の利益等を勘案し

て合理的であると認められる範囲を超えた負担となり、当該取引の相手方に不利益を与えることとなる場合には、正常な商慣習に照らして不当に不利益を与えることとなり、優越的地位の濫用として問題となる。

取引の相手方に対し、従業員等の派遣に代えて、これに相当する人件費を負担させる場合も、これと同様である。

イ　メーカーや卸売業者が百貨店、スーパー等の小売業者からの要請を受け、自己が製造した商品又は自己が納入した商品の販売等のためにその従業員等を派遣する場合がある。こうした従業員等の派遣は、メーカーや卸売業者にとって消費者ニーズの動向を直接把握できる、小売業者にとって専門的な商品知識の不足が補われる等の利点を有している場合がある。従業員等の派遣が、それによって得ることとなる直接の利益の範囲内であるものとして、取引の相手方の自由な意思により行われる場合には、正常な商慣習に照らして不当に不利益を与えることとならず、優越的地位の濫用の問題とはならない。また、従業員等の派遣の条件についてあらかじめ当該取引の相手方と合意し、かつ、派遣のために通常必要な費用を自己が負担する場合も、これと同様である。

(3) その他経済上の利益の提供の要請

ア　協賛金等の負担の要請や従業員等の派遣の要請以外であっても、取引上の地位が相手方に優越している事業者が、正当な理由がないのに、取引の相手方に対し、発注内容に含まれていない、金型（木型その他金型に類するものを含む。以下同じ。）等の設計図面、特許権等の知的財産権、従業員等の派遣以外の役務提供その他経済上の利益の無償提供を要請する場合であって、当該取引の相手方が今後の取引に与える影響を懸念してそれを受け入れざるを得ない場合には、正常な商慣習に照らして不当に不利益を与えることとなり、優越的地位の濫用として問題となる。

イ　一方、前記アに列記した経済上の利益が無償で提供される場合であっても、当該経済上の利益が、ある商品の販売に付随して当然に提供されるものであって、当該商品の価格にそもそも反映されているようなときは、正常な商慣習に照らして不当に不利益を与えることとならず、優越的地位の濫用の問題とはならない。

3　独占禁止法第2条第9項第5号ハ

独占禁止法第2条第9項第5号ハの規定は、次のとおりである。

ハ　取引の相手方からの取引に係る商品の受領を拒み、取引の相手方から

> 取引に係る商品を受領した後当該商品を当該取引の相手方に引き取らせ、取引の相手方に対して取引の対価の支払を遅らせ、若しくはその額を減じ、その他取引の相手方に不利益となるように取引の条件を設定し、若しくは変更し、又は取引を実施すること。

　この独占禁止法第2条第9項第5号ハには、「受領拒否」、「返品」、「支払遅延」及び「減額」が優越的地位の濫用につながり得る行為の例示として掲げられているが、それ以外にも、取引の相手方に不利益を与える様々な行為が含まれる。
(1) 受領拒否
ア　取引上の地位が相手方に優越している事業者が、取引の相手方から商品を購入する契約をした後において、正当な理由がないのに、当該商品の全部又は一部の受領を拒む場合であって、当該取引の相手方が、今後の取引に与える影響等を懸念してそれを受け入れざるを得ない場合には、正常な商慣習に照らして不当に不利益を与えることとなり、優越的地位の濫用として問題となる。
イ　他方、①当該取引の相手方から購入した商品に瑕疵がある場合、注文した商品と異なる商品が納入された場合、納期に間に合わなかったために販売目的が達成できなかった場合等、当該取引の相手方側の責めに帰すべき事由がある場合、②商品の購入に当たって当該取引の相手方との合意により受領しない場合の条件を定め、その条件に従って受領しない場合、③あらかじめ当該取引の相手方の同意を得て、かつ、商品の受領を拒むことによって当該取引の相手方に通常生ずべき損失を負担する場合には、正常な商慣習に照らして不当に不利益を与えることとならず、優越的地位の濫用の問題とはならない。
(2) 返　品
ア　取引上の地位が相手方に優越している事業者が、取引の相手方に対し、当該取引の相手方から受領した商品を返品する場合であって、どのような場合に、どのような条件で返品するかについて、当該取引の相手方との間で明確になっておらず、当該取引の相手方にあらかじめ計算できない不利益を与えることとなる場合、その他正当な理由がないのに、当該取引の相手方から受領した商品を返品する場合であって、当該取引の相手方が、今後の取引に与える影響等を懸念してそれを受け入れざるを得ない場合には、正常な商慣習に照らして不当に不利益を与えることとなり、優越的地位の濫用として問題となる。
イ　他方、①当該取引の相手方から購入した商品に瑕疵がある場合、注文した商品と異なる商品が納入された場合、納期に間に合わなかったために販売目的

が達成できなかった場合等、当該取引の相手方側の責めに帰すべき事由により、当該商品を受領した日から相当の期間内に、当該事由を勘案して相当と認められる数量の範囲内で返品する場合、②商品の購入に当たって当該取引の相手方との合意により返品の条件を定め、その条件に従って返品する場合、③あらかじめ当該取引の相手方の同意を得て、かつ、商品の返品によって当該取引の相手方に通常生ずべき損失を自己が負担する場合、④当該取引の相手方から商品の返品を受けたい旨の申出があり、かつ、当該取引の相手方が当該商品を処分することが当該取引の相手方の直接の利益となる場合には、正常な商慣習に照らして不当に不利益を与えることとならず、優越的地位の濫用の問題とはならない。

(3) 支払遅延
ア　取引上の地位が相手方に優越している事業者が、正当な理由がないのに、契約で定めた支払期日に対価を支払わない場合であって、当該取引の相手方が、今後の取引に与える影響等を懸念してそれを受け入れざるを得ない場合には、正常な商慣習に照らして不当に不利益を与えることとなり、優越的地位の濫用として問題となる。

また、契約で定めた支払期日より遅れて対価を支払う場合だけでなく、取引上の地位が優越している事業者が、一方的に対価の支払期日を遅く設定する場合や、支払期日の到来を恣意的に遅らせる場合にも、当該取引の相手方に正常な商慣習に照らして不当に不利益を与えることとなりやすく、優越的地位の濫用として問題となりやすい。

イ　他方、あらかじめ当該取引の相手方の同意を得て、かつ、対価の支払の遅延によって当該取引の相手方に通常生ずべき損失を自己が負担する場合には、正常な商慣習に照らして不当に不利益を与えることとならず、優越的地位の濫用の問題とはならない。

(4) 減　額
ア　取引上の地位が相手方に優越している事業者が、商品又は役務を購入した後において、正当な理由がないのに、契約で定めた対価を減額する場合であって、当該取引の相手方が、今後の取引に与える影響等を懸念してそれを受け入れざるを得ない場合には、正常な商慣習に照らして不当に不利益を与えることとなり、優越的地位の濫用として問題となる。

契約で定めた対価を変更することなく、商品又は役務の仕様を変更するなど対価を実質的に減額する場合も、これと同様である。

イ 他方、①当該取引の相手方から購入した商品又は提供された役務に瑕疵がある場合、注文内容と異なる商品が納入され又は役務が提供された場合、納期に間に合わなかったために販売目的が達成できなかった場合等、当該取引の相手方側の責めに帰すべき事由により、当該商品が納入され又は当該役務が提供された日から相当の期間内に、当該事由を勘案して相当と認められる金額の範囲内で対価を減額する場合、②対価を減額するための要請が対価に係る交渉の一環として行われ、その額が需給関係を反映したものであると認められる場合には、正常な商慣習に照らして不当に不利益を与えることとならず、優越的地位の濫用の問題とはならない。

(5) その他取引の相手方に不利益となる取引条件の設定等

前記第4の1、第4の2及び第4の3(1)から(4)までの行為類型に該当しない場合であっても、取引上の地位が優越している事業者が、取引の相手方に正常な商慣習に照らして不当に不利益となるように取引の条件を設定し、若しくは変更し、又は取引を実施する場合には、優越的地位の濫用として問題となる。

一般に取引の条件等に係る交渉が十分に行われないときには、取引の相手方は、取引の条件等が一方的に決定されたものと認識しがちである。よって、取引上優越した地位にある事業者は、取引の条件等を取引の相手方に提示する際、当該条件等を提示した理由について、当該取引の相手方へ十分に説明することが望ましい。

ア 取引の対価の一方的決定

(ア) 取引上の地位が相手方に優越している事業者が、取引の相手方に対し、一方的に、著しく低い対価又は著しく高い対価での取引を要請する場合であって、当該取引の相手方が、今後の取引に与える影響等を懸念して当該要請を受け入れざるを得ない場合には、正常な商慣習に照らして不当に不利益を与えることとなり、優越的地位の濫用として問題となる。

この判断に当たっては、対価の決定に当たり取引の相手方と十分な協議が行われたかどうか等の対価の決定方法のほか、他の取引の相手方の対価と比べて差別的であるかどうか、取引の相手方の仕入価格を下回るものであるかどうか、通常の購入価格又は販売価格との乖離の状況、取引の対象となる商品又は役務の需給関係等を勘案して総合的に判断する。

(イ) 他方、①要請のあった対価で取引を行おうとする同業者が他に存在すること等を理由として、低い対価又は高い対価で取引するように要請することが、対価に係る交渉の一環として行われるものであって、その額が需給関係を反映

したものであると認められる場合、②ある品目について、セール等を行うために通常よりも大量に仕入れる目的で、通常の購入価格よりも低い価格で購入する場合（いわゆるボリュームディスカウント）など取引条件の違いを正当に反映したものであると認められる場合には、正常な商慣習に照らして不当に不利益を与えることとならず、優越的地位の濫用の問題とはならない。

イ　やり直しの要請

(ア)　取引上の地位が相手方に優越している事業者が、正当な理由がないのに、当該取引の相手方から商品を受領した後又は役務の提供を受けた後に、取引の相手方に対し、やり直しを要請する場合であって、当該取引の相手方が、今後の取引に与える影響等を懸念してそれを受け入れざるを得ない場合には、正常な商慣習に照らして不当に不利益を与えることとなり、優越的地位の濫用として問題となる。

(イ)　他方、①商品又は役務の内容が発注時点で取り決めた条件に満たない場合、②あらかじめ当該取引の相手方の同意を得て、かつ、やり直しによって当該取引の相手方に通常生ずべき損失を自己が負担する場合、③具体的な仕様を確定させるために試作品を作製することを含む取引において、当該試作品につきやり直しを要請し、かつ当該やり直しに係る費用が当初の対価に含まれていると認められる場合には、正常な商慣習に照らして不当に不利益を与えることとならず、優越的地位の濫用の問題とはならない。

ウ　その他

(ア)　前記第4の3(1)から(4)まで並びに第4の3(5)ア及びイの行為類型に該当しない場合であっても、取引上の地位が優越している事業者が、一方的に、取引の条件を設定し、若しくは変更し、又は取引を実施する場合に、当該取引の相手方に正常な商慣習に照らして不当に不利益を与えることとなるときは、優越的地位の濫用として問題となる。

(イ)　次に掲げる想定例は、通常、これまでに述べた行為類型のいずれにも当てはまらないものと考えられるが、独占禁止法第2条第9項第5号ハに該当すれば、優越的地位の濫用として問題となる。

(ウ)　なお、次のとおり、フランチャイズ・チェーンの本部が、加盟者に対し、見切り販売の取りやめを余儀なくさせ、加盟者が自らの合理的な経営判断に基づいて自己の負担を軽減する機会を失わせている行為が、優越的地位の濫用として問題となったことがある。

　　（以下、略）

(2) 大規模小売業特殊指定

公正取引委員会は旧百貨店業特殊指定（1954年）[43]により百貨店業態に固有の不公正名取引方法について特殊指定を置いていたが、2005年にはこの告示を現代における多様な業態に対応させるために「大規模小売業特殊指定」[44]を定め、ホームセンター、ドラッグストア、食品スーパー、ディスカウントストア、総合スーパー、コンビニエンスストア等のさまざまな業態の事業者を対象とした規制を行っている。以下では大規模小売業特殊指定の内容を概観する。

大規模小売業特殊指定における定義によれば、「大規模小売業者」とは、一般消費者により日常使用される商品の小売業を行う者であって、前事業年度における売上高（特定連鎖化事業を行う者にあっては、当該特定連鎖化事業に加盟する者の売上高を含む）が100億円以上である者または、一定の規模以上の面積の店舗を有する者をいう[45]。

また「加盟者」とは、大規模小売業者が行う特定連鎖化事業に加盟する者をいい、「納入業者」とは、大規模小売業者またはその加盟者が自ら販売し、または委託を受けて販売する商品を当該大規模小売業者または当該加盟者に納入する事業者（その取引上の地位が当該大規模小売業者に対して劣っていないと認められる者を除く）をいう。大規模小売業者が加盟者または納入業者との取引において特定の禁止行為、すなわち、①不当な返品、②不当な値引き、③不当な委託販売取引、④特売商品等の買いたたき、⑤特別注文品の受領拒否、⑥押し付け販売等、⑦納入業者の従業員等の不当使用等、⑧不当な経済上の利益の収受等、⑨要求拒否の場合の不利益な取扱い、⑩公正取引委員会への報告に対する不利益な取扱いを行った場合、不公正な取引行為に該当するこ

---

43) 前掲注6）参照。
44) 前掲注2）を参照。
45) 大規模小売業特殊指定「備考」欄によれば東京都の特別区の存する区域および地方自治法（昭和22年法律第67号）252条の19第1項の指定都市の区域内にあっては、店舗面積（小売を行うための店舗の用に供される床面積をいう。以下同じ）が3000平方メートル以上の店舗、それ以外の地域にあってはイに掲げる市以外の市および町村の区域内にあっては、店舗面積が1500平方メートル以上の店舗を有する者が該当する。

とを規定する。以下では、特殊指定の規定内容および運用基準に基づき、各行為類型を紹介する。

(a) **不当な返品**

不当な返品とは、大規模小売業者が、自己またはその加盟者が納入業者から購入した商品の全部または一部を当該納入業者に対して返品すること（購入契約を委託販売契約に切り替えて返品すること、他の商品と取り替えること等、実質的に購入した商品の返品となる行為を含む）を意味する。ただし、以下の場合は除外される。

① 納入業者の責めに帰すべき事由により、当該商品を受領した日から相当の期間内に、当該事由を勘案して相当と認められる数量の範囲内で返品する場合
② 商品の購入に当たって納入業者との合意により返品の条件を定め、その条件に従って返品する場合
③ あらかじめ納入業者の同意を得て、かつ、商品の返品によって当該納入業者に通常生ずべき損失を大規模小売業者が負担する場合
④ 納入業者から商品の返品を受けたい旨の申出があり、かつ、当該納入業者が当該商品を処分することが当該納入業者の直接の利益となる場合

具体的には、以下のような行為が想定されている。

・展示に用いたために汚損した商品を返品すること。
・小売用の値札が貼られており、商品を傷めることなくはがすことが困難な商品を返品すること。
・大規模小売業者がメーカーの定めた賞味期限とは別に独自にこれより短い販売期限を定め、この販売期限が経過したことを理由として返品すること。
・大規模小売業者のプライベート・ブランド商品を返品すること。
・月末または期末の在庫調整のために返品すること。
・セール終了後に売れ残ったことを理由に返品すること。
・大規模小売業者の独自の判断に基づく店舗または売場の改装や棚替えを理由に返品すること。

・購入客から大規模小売業者に返品されたことを理由に返品すること。

(b) **不当な値引き**

大規模小売業者が、自己等が納入業者から商品を購入した後において、当該商品の納入価格の値引きを当該納入業者にさせること。ただし、当該納入業者の責めに帰すべき事由により、当該商品を受領した日から相当の期間内に、当該事由を勘案して相当と認められる金額の範囲内で納入価格の値引きをさせる場合は例外とされる。

具体的には、以下のような行為が想定されている。

・セールで値引販売したことを理由に、値引販売した額に相当する額を納入業者に値引きさせること。
・在庫商品について、従来の店頭表示価格から値引販売しているところ、当該値引販売に伴う利益の減少に対処するために必要な額を納入業者に値引きさせること。
・毎月、一定の利益率を確保するため、当該利益率の確保に必要な金額を計算して、それに相当する額を納入業者に値引きさせること。

(c) **不当な委託販売取引**

大規模小売業者が、大規模小売業者と納入業者との取引以外の一般の委託販売取引における正常な商慣習に照らして納入業者に著しく不利益となるような条件をもって、当該納入業者に自己等と委託販売取引をさせることは不公正な取引方法に該当する。

例えば、買取仕入れにおいては商品の売残りリスク等を大規模小売業者が負うことを考慮すると、買取仕入れから委託仕入れに変更した場合、通常の取引条件の交渉であれば、その委託手数料は従来の買取仕入れにおける粗利に比べると相当程度低くなるにもかかわらず、委託手数料を従来の買取仕入れにおける粗利と同じとするような取引条件を設定するような場合が挙げられる。

また例えば、従来、甲商品の粗利をＡ円として買取仕入れにより仕入れてきたところ、突然、仕入方法を買取仕入れから委託仕入れに変更し、他の

取引条件等が変わらないにもかかわらず、委託仕入れにおける委託手数料を従前の粗利と同じA円とすることも、不当な委託販売取引に該当しうるとされる。

(d) **特売商品等の買いたたき**

大規模小売業者が、自己等が特売等の用に供する特定の商品について、当該商品と同種の商品に係る自己等への通常の納入価格に比べて著しく低い価格を定め、当該価格をもって納入業者に納入させることは不公正な取引方法に該当する。

例えば自社のセールに供する商品について、納入業者と協議することなく、納入業者の仕入価格を下回る納入価格を定め、その価格で納入するよう一方的に指示して、自社の通常の納入価格に比べて著しく低い価格をもって納入させることは、買いたたきに該当しうるとされる。

(e) **特別注文品の受領拒否**

大規模小売業者が、納入業者に対してあらかじめ特別の規格、意匠、型式等を指示して特定の商品を納入させることを契約した後において、当該納入業者の責めに帰すべき事由がないのに、当該商品の全部または一部の受領を拒むことは不公正な取引方法に該当する。ただし、あらかじめ納入業者の同意を得て、かつ、商品の受領を拒むことによって当該納入業者に通常生ずべき損失を当該大規模小売業者が負担する場合は例外とされる。

具体的には、以下のような行為が想定されている。

・納入業者が大規模小売業者の発注に基づきプライベート・ブランド商品を製造し、当該商品を納入しようとしたところ、売行き不振を理由に当該商品の受領を拒否すること。
・納入業者が大規模小売業者の発注に基づきプライベート・ブランド商品を製造し、当該商品を納入しようとしたところ、売場の改装や棚替えに伴い当該商品が不要になったとして、当該商品の受領を拒否すること。

(f) **押し付け販売等**

　大規模小売業者が、正当な理由がある場合を除き、納入業者に自己の指定する商品を購入させ、または役務を利用させることは不公正な取引方法に該当する。

　例えば、次のような方法によって自己または自己の指定する者から商品を購入させ、または役務を利用させる場合は、本項の押し付け販売等に該当するとされる。

- 仕入担当者等の仕入取引に影響を及ぼしうる者が購入を要請すること（例えば、仕入担当者から納入業者に対し、自社で販売する中元商品、歳暮商品の購入を要請すること）。
- 納入業者に対し、組織的または計画的に購入を要請すること（例えば、あらかじめ仕入部門ごとに販売目標数を定めた上で、納入業者を対象とする新商品の展示販売会を開催し、仕入担当者から納入業者に対し当該商品の購入を要請すること）。
- 購入する意思がないとの表明があった場合、またはその表明がなくとも明らかに購入する意思がないと認められる場合に、重ねて購入を要請し、または商品を一方的に送付すること。
- 購入しなければ今後の納入取引に影響すると受け取られるような要請をし、またはそのように受け取られるような販売の方法を用いること。

(g) **納入業者の従業員等の不当使用等**

　大規模小売業者が、自己等の業務に従事させるため、納入業者にその従業員等を派遣させ、またはこれに代えて自己等が雇用する従業員等の人件費を納入業者に負担させることは不公正な取引方法に該当する。ただし、以下の場合は例外とされる。

① あらかじめ納入業者の同意を得て、その従業員等を当該納入業者の納入に係る商品の販売業務（その従業員等が大規模小売業者の店舗に常駐している場合にあっては、当該商品の販売業務および棚卸業務）のみに従事させる場合（その従業員等が有する販売に関する技術または能力が当該業務に

有効に活用されることにより、当該納入業者の直接の利益となる場合に限る）
② 派遣を受ける従業員等の業務内容、労働時間、派遣期間等の派遣の条件についてあらかじめ納入業者と合意し、かつ、その従業員等の派遣のために通常必要な費用を大規模小売業者が負担する場合

例えば、次のような場合は、本項の納入業者の従業員等の不当使用等に該当するとされる。

- 自社の店舗の新規オープンに際し、あらかじめ納入業者の同意を得ることなく一方的に、当該納入業者が納入する商品の陳列補充の作業を行うよう納入業者に要請し、当該納入業者にその従業員を派遣させること。
- 自社の店舗の改装オープンに際し、納入業者との間で当該納入業者の納入する商品のみの販売業務に従事させることを条件として、当該納入業者の従業員を派遣させることとしたにもかかわらず、その従業員を他社の商品の販売業務に従事させること。
- 自社の棚卸業務のために、派遣のための費用を負担することなく、当該業務を行うよう納入業者に要請し、当該納入業者にその従業員を派遣させること。
- 大規模小売業者が従業員の派遣のための費用を負担する場合において、個々の納入業者の事情により交通費、宿泊費等の費用が発生するにもかかわらず、派遣のための費用として一律に日当の額を定め、交通費、宿泊費等の費用を負担することなく、当該納入業者にその従業員を派遣させること。
- 自社の棚卸業務のために雇用したアルバイトの賃金を納入業者に負担させること。

(h) **不当な経済上の利益の収受等**

大規模小売業者が、自己等のために、納入業者に本来当該納入業者が提供する必要のない金銭、役務その他の経済上の利益を提供させ、または当該納入業者が得る利益等を勘案して合理的であると認められる範囲を超えて金銭、役務その他の経済上の利益を提供させることは不公正な取引方法に該当する。

例えば、次のような場合は、本項の不当な経済上の利益の収受等に該当するとされる。

・大規模小売業者の決算対策のために協賛金を要請し、納入業者にこれを負担させること。
・店舗の新規オープンに際し、当該店舗の粗利益を確保するため、事前に協賛金の負担額、算出根拠、目的等について明確にすることなく、一定期間にわたり、納入業者の当該店舗に対する納入金額の一定割合に相当する額を協賛金として負担させること。
・一定期間に一定の販売量を達成した場合に大規模小売業者にリベートを供与することをあらかじめ定めていた場合において、当該販売量を達成しないのに当該リベートを要請し、納入業者にこれを負担させること。
・店舗の新規オープン時のセールにおける広告について、実際に要する費用を超える額の協賛金を要請し、納入業者にこれを負担させること。
・物流センター等の流通業務用の施設の使用料について、その額や算出根拠等について納入業者と十分協議することなく一方的に負担を要請し、当該施設の運営コストについて納入業者の当該施設の利用量等に応じた合理的な負担分を超える額を負担させること。
・納入業者が納期までに納品できなかった場合に当該納入業者に対して課すペナルティについて、その額や算出根拠等について納入業者と十分協議することなく一方的に定め、納品されて販売していれば得られた利益相当額を超える額を負担させること。
・配送条件を変更すること（例えば、従来に比べ配送を小口化し、配送回数を増加させること）により、納入業者の費用が大幅に増加するにもかかわらず、納入業者と十分協議することなく一方的に配送条件の変更を要請し、配送条件の変更に伴う費用増加を加味することなく、従来と同様の取引条件で配送させること。

(ⅰ) **要求拒否の場合の不利益な取扱い**

　納入業者が前各項に規定する行為に係る要求に応じないことを理由として、大規模小売業者が、当該納入業者に対して代金の支払いを遅らせ、取引の数量を減じ、取引を停止し、その他不利益な取扱いをすることは不公正な取引方法に該当する。

　例えば、次のような場合は、本項の要求拒否の場合の不利益な取扱いに該当する。

・従業員の派遣要請を拒否した納入業者に対し、拒否したことを理由に一方的に、これまで当該納入業者から仕入れていた商品の一部の発注を停止すること。
・決算対策協賛金の負担を拒否した納入業者に対し、拒否したことを理由に一方的に、当該納入業者からの仕入数量を減らすこと。

(j) 公正取引委員会への報告に対する不利益な取扱い

大規模小売業者が前各項に規定する行為をした場合または当該行為をしている場合に、納入業者が公正取引委員会に対しその事実を知らせ、または知らせようとしたことを理由として、当該大規模小売業者が、当該納入業者に対して代金の支払いを遅らせ、取引の数量を減じ、取引を停止し、その他不利益な取扱いをすることは不公正な取引方法に該当する。

「事実を知らせ、又は知らせようとした」ことについて、知らせる手段は、書面、口頭等を問うものではなく、また、公正取引委員会の書面調査に協力して違反事実を知らせた場合も該当するとされる。

(3) フランチャイズ・ガイドライン

フランチャイズ契約においては、本部が加盟者に対し、商品、原材料、包装資材、使用設備、機械器具等の注文先や店舗の清掃、内外装工事等の依頼先について本部または特定の第三者を指定したり、販売方法、営業時間、営業地域、販売価格などに関し各種の制限を課すことが多い。フランチャイズ契約におけるこれらの条項は、本部が加盟者に対して供与（開示）した営業の秘密を守り、また、第三者に対する統一したイメージを確保すること等を目的とするものと考えられ、このようなフランチャイズ・システムによる営業を的確に実施する限度にとどまるものであれば、直ちに独占禁止法上問題となるものではない。しかしながら、フランチャイズ契約または本部の行為が、フランチャイズ・システムによる営業を的確に実施する限度を超え、加盟者に対して正常な商慣習に照らして不当に不利益を与える場合には、独占禁止法2条9項5号（優越的地位の濫用）に該当することがある。

このような問題意識をふまえて、公正取引委員会は、昭和59年の旧フラ

ンチャイズ・ガイドライン[46]を策定後、その後のコンビニエンスストア等のフランチャイズ・システムを活用した事業活動の増大や各市場におけるその比重の高まり等の変化をふまえて2006年に新たなフランチャイズ・ガイドライン[47]を策定し、公表した。以下ではガイドラインのうち、優越的地位の濫用規制に関する部分を紹介する。

(1) 優越的地位の濫用について

加盟者に対して取引上優越した地位にある本部が、加盟者に対して、フランチャイズ・システムによる営業を的確に実施する限度を超えて、正常な商慣習に照らして不当に加盟者に不利益となるように取引の条件を設定し、若しくは変更し、又は取引を実施する場合には、フランチャイズ契約又は本部の行為が独占禁止法第2条第9項第5号（優越的地位の濫用）に該当する。

(a) フランチャイズ・システムにおける「優越的地位」の考え方

フランチャイズ・システムにおける本部と加盟者との取引において、本部が取引上優越した地位にある場合とは、加盟者にとって本部との取引の継続が困難になることが事業経営上大きな支障を来すため、本部の要請が自己にとって著しく不利益なものであっても、これを受け入れざるを得ないような場合であり、その判断に当たっては、加盟者の本部に対する取引依存度（本部による経営指導等への依存度、商品及び原材料等の本部又は本部推奨先からの仕入割合等）、本部の市場における地位、加盟者の取引先の変更可能性（初期投資の額、中途解約権の有無及びその内容、違約金の有無及びその金額、契約期間等）、本部及び加盟者間の事業規模の格差等を総合的に考慮する。

(b) 優越的地位の濫用に該当する可能性のある個別行為の例

フランチャイズ・システムにおける本部と加盟者との取引において、個別の契約条項や本部の行為が、独占禁止法第2条第9項第5号（優越的地位の濫用）に該当するか否かは、個別具体的なフランチャイズ契約ごとに判断されるが、

---

46)「フランチャイズ・システムに関する独占禁止法上の考え方について」（昭和58年9月20日公正取引委員会事務局）。
47) 前掲注3)、向井康二＝玉木史『「フランチャイズ・システムに関する独占禁止法上の考え方について』の改訂について」公正取引620号（2002年）44頁を参照。

取引上優越した地位にある本部が加盟者に対して、フランチャイズ・システムによる営業を的確に実施するために必要な限度を超えて、例えば、次のような行為等により、正常な商慣習に照らして不当に不利益を与える場合には、本部の取引方法が独占禁止法第2条第9項第5号（優越的地位の濫用）に該当する。

(i) 取引先の制限

本部が加盟者に対して、商品、原材料等の注文先や加盟者の店舗の清掃、内外装工事等の依頼先について、正当な理由がないのに、本部又は本部の指定する事業者とのみ取引させることにより、良質廉価で商品又は役務を提供する他の事業者と取引させないようにすること。

(ii) 仕入数量の強制

本部が加盟者に対して、加盟者の販売する商品又は使用する原材料について、返品が認められないにもかかわらず、実際の販売に必要な範囲を超えて、本部が仕入数量を指示し、当該数量を仕入れることを余儀なくさせること。

(iii) 見切り販売の制限

廃棄ロス原価を含む売上総利益がロイヤルティの算定の基準となる場合において、本部が加盟者に対して、正当な理由がないのに、品質が急速に低下する商品等の見切り販売を制限し、売れ残りとして廃棄することを余儀なくさせること。コンビニエンスストアのフランチャイズ契約においては、売上総利益をロイヤルティの算定の基準としていることが多く、その大半は、廃棄ロス原価を売上原価に算入せず、その結果、廃棄ロス原価が売上総利益に含まれる方式を採用している。この方式の下では、加盟者が商品を廃棄する場合には、加盟者は、廃棄ロス原価を負担するほか、廃棄ロス原価を含む売上総利益に基づくロイヤルティも負担することとなり、廃棄ロス原価が売上原価に算入され、売上総利益に含まれない方式に比べて、不利益が大きくなりやすい。

(iv) フランチャイズ契約締結後の契約内容の変更

当初のフランチャイズ契約に規定されていない新規事業の導入によって、加盟者が得られる利益の範囲を超える費用を負担することとなるにもかかわらず、本部が、新規事業を導入しなければ不利益な取扱いをすること等を示唆し、加盟者に対して新規事業の導入を余儀なくさせること。

(v) 契約終了後の競業禁止

本部が加盟者に対して、特定地域で成立している本部の商権の維持、本部が加盟者に対して供与したノウハウの保護等に必要な範囲を超えるような地域、期間又は内容の競業禁止義務を課すこと。

(c) フランチャイズ契約全体として優越的地位の濫用に該当しうる場合
　上記(b)のように個別の契約条項や本部の行為が独占禁止法第2条第9項第5号（優越的地位の濫用）に該当する場合があるほか、フランチャイズ契約全体としてみて本部の取引方法が同項に該当すると認められる場合がある。フランチャイズ契約全体としてみて本部の取引方法が独占禁止法第2条第9項第5号（優越的地位の濫用）に該当するかどうかは、個別具体的なフランチャイズ契約ごとに判断されるが、上記(b)に例示した事項のほか、例えば、次のようなことを総合勘案して判断される。
(i) 取扱商品の制限、販売方法の制限については、本部の統一ブランド・イメージを維持するために必要な範囲を超えて、一律に（細部に至るまで）統制を加えていないか。
(ii) 一定の売上高の達成については、それが義務的であり、市場の実情を無視して過大なものになっていないか、また、その代金を一方的に徴収していないか。
(iii) 加盟者に契約の解約権を与えず、又は解約の場合高額の違約金を課していないか。
(iv) 契約期間については、加盟者が投資を回収するに足る期間を著しく超えたものになっていないか。あるいは、投資を回収するに足る期間を著しく下回っていないか。

2　公正取引委員会による小売業者主導型の優越的地位の濫用事例の規制状況

　以下では、流通分野における小売業者主導型の優越的地位の濫用の規制状況を概観する。

(1) 大規模小売業者による納入業者に対する優越的地位の濫用の適用事例
① **三越事件**（公取委同意審決昭57・6・17審決集29巻31頁、後掲(1)事件）
　旧一般指定10項の適用により、当時の百貨店業界第1位、小売業界全体2位を占める百貨店が、納入業者に対する特定の役務、商品の購入要請、売場改装費負担要請等を要求した行為が問題とされた。

② **ローソン事件**（公取委勧告審決平成10・7・30審決集45巻136頁、後掲(2)事件）

旧一般指定14項2号の適用により、有力コンビニエンスストアが納入業者に対して仕入れ割戻し予算の達成のため、金銭の提供および一定商品の1円納入を要求した行為が問題とされた。

③ **ポスフール事件**（公取委勧告審決平成16・4・14審決集51巻408頁）

旧百貨店業特殊指定2項の適用により、総合量販店大手事業者による、納入業者に対する納入価格の値引きが問題とされた。

④ **山陽マルナカ事件**（公取委勧告審決平16・4・15審決集51巻412頁）

旧百貨店業特殊指定1項、2項、6項の適用により、総合量販店による納入業者に対するセール対象商品の納入価格の値引き、返品、セール陳列作業等への従業員等の派遣要請が問題とされた。

⑤ **ミスターマックス事件**（公取委勧告審決平16・11・11審決集51巻526頁）

旧一般指定14項2号、旧百貨店業特殊指定1項、6項の適用により、総合ディスカウントストア事業者による、納入業者に対するオープンセール等への協賛金等の負担の要請、返品、従業員等の派遣要請が問題とされた。

⑥ **カラカミ観光事件**（公取委勧告審決平成16・11・18審決集51巻531頁）

旧一般指定14項1号の適用により、北海道における観光ホテル業第1位の旅館業者が、納入業者に対し自社のホテル宿泊券を購入させ、参加費用を徴収して開催する宴会に参加させていたことが問題とされた。

⑦ **コーナン商事事件**（公取委勧告審決平成16・12・6審決集51巻538頁）

旧一般指定14項2号、旧百貨店業特殊指定6項の適用により、ホームセンター業全国第2位の事業者が、納入業者に対し協賛金等の負担の要請、従業員の派遣要請を行ったことが問題とされた。

⑧ **ユニー事件**（公取委勧告審決平17・1・7審決集51巻543頁）

旧一般指定14項2号、旧百貨店業特殊指定6項の適用により、総合量販店業界第4位の大規模小売業者が行った、低価格納入要請、従業員の派遣要請等が問題とされた。

⑨ **フジ事件**（公取委勧告審決平17・5・12審決集52巻376頁）

旧百貨店業特殊指定2項、6項の適用により、四国地方最大手の総合量販店が行った、従業員の派遣要請、低価格納入要請等が問題とされた。

⑩ バロー事件（公取委排除措置命令平 18・10・13 審決集 53 巻 881 頁）

　旧一般指定 14 項 1 号、旧百貨店業特殊指定 6 項、7 項、8 項の適用により、東海地方の食料品スーパー第 1 位、ホームセンター業第 3 位の事業者による、納入業者に対するギフト商品券購入、協賛金、在庫商品の買取等の要請が問題とされた。

⑪ ニシムタ事件（公取委排除措置命令平 19・3・27 審決集 53 巻 911 頁）

　大規模小売業特殊指定 1 項、2 項、7 項の適用により、九州南部の住関連商品販売の最大手である事業者による、売残り品の返品、従業員等の派遣要請が問題とされた。

⑫ ドン・キホーテ事件（公取委同意審決平 19・6・22 審決集 54 巻 182 頁、後掲(3)事件）

　旧一般指定 14 項 2 号、旧百貨店業特殊指定 6 項の適用により、総合ディスカウントストア国内第 1 位の事業者による、従業員の派遣要請、協賛金の負担の要請等が問題とされた。

⑬ マルキョウ事件（公取委排除措置命令平 20・5・23 審決集 55 巻 671 頁）

　大規模小売業特殊指定 1 項、2 項、7 項の適用により、九州北部の食料品スーパー最大手の事業者による、返品、値引き、従業員の派遣要請等が問題とされた。

⑭ エコス事件（公取委排除措置命令平 20・6・23 審決集 55 巻 684 頁）

　大規模小売業特殊指定 2 項、7 項、8 項の適用により、関東および福島県における食料品スーパー大手事業者による従業員の派遣、値引き、協賛金要求等が問題とされた。

⑮ ヤマダ電機事件（公取委排除措置命令平成 20・6・30 審決集 55 巻 688 頁）

　大規模小売業特殊指定 7 項に基づき、大規模家電量販業者が、納入業者に従業員派遣を要請していたことが問題とされた。

⑯ 島忠事件（公取委排除措置命令平成 21・6・19 審決集 56 巻第二分冊 3 頁）

　大規模小売業特殊指定 1 項、2 項、7 項の適用により、ホームセンター業大手事業者による納入業者に対する、返品、割引、従業員派遣要請などが問題とされた。

⑰ **日本トイザらス事件**（公取委排除措置命令審決、課徴金納付命令審決に対する審判請求一部認容審決平成27・6・4、後掲(5)事件）

独禁法2条9項5号の適用により、子供・ベビー用品販売国内最大手の事業者による納入業者に対する、売上不振商品等の返品、代金値引き要求等が問題とされた。

(2) フランチャイズ・チェーンによる加盟店に対する優越的地位の濫用に関する適用事例

セブン−イレブン・ジャパン事件（公取委排除措置命令平成21・6・22審決集56巻第二分冊6頁、後掲(4)事件）

フランチャイズ・チェーン本部による加盟店に対するデイリー商品のメーカー指定期限前の廃棄指導、廃棄製品の原価を考慮しないロイヤルティの算定、デイリー商品のメーカー指定期限前の見切り販売の禁止等の指導が問題とされた。

3　大規模小売業者による優越的地位の濫用事例の分析

(1) 三越事件[48]

ここでは、旧一般指定10項が単独で適用された最初の審決である三越事件を検討する。

---

[48] 公取委同意審決昭57・6・17審決集29巻31頁。本件の解説として吉田邦雄「担当官解説」公正取引383号（1982年）16頁、鈴木満「解説」NBL262号（1982年）13頁、利部脩二「判批」ジュリスト775号（1982年）84頁、根岸哲「判批」重判昭和57年度（ジュリスト臨増792号）（1983年）243頁、今村成和「判批」『独禁法審決・判例百選（第3版）』（1984年）162頁、川濱昇「判批」『独禁法審決・判例百選（第4版）』（1991年）198頁、上杉秋則「解説」『独禁法審決・判例百選（第5版）』（1997年）198頁、中川寛子「判批」『独禁法審決・判例百選（第6版）』（2002年）192頁、杉浦市郎「判批」『経済法判例・審決百選』（2010年）172頁等を参照。

事実の概要

　三越は、昭和52年当時、売上高が百貨店業界で第1位、小売業界全体で第2位であり、老舗百貨店として高い信用を得ていた。小売業者に対し、その販売する商品を納入する事業者にとって、三越はきわめて有力な取引先であり、同社に商品を納入する事業者は、三越と納入取引を行うことを強く望んでいる状況にあった。

(a) **購入要請等について**

　三越は、従前から、その販売する商品・役務のうち特定のものについて、販売目標額およびこれを達成すべき期間を定め、同社の本社、本店または支店の各組織の全部または一部に属する従業員を多数動員して、主として売場外で各従業員の業務上のまたは個人的な縁故関係を通じて積極的に販売すること（以下、「店頭外販売」という）を強力に推進しているが、これにより納入業者に対しても納入取引関係を利用して当該商品または役務の購入を要請し、その売込みを行っている。商品または役務の購入の要請を受けた納入業者としては、同社と商品の納入取引を継続して行う立場上、その購入を余儀なくされていた。

　例えば、①「R作戦」と題してマージン率が一般の商品よりもかなり高い宝石、時計、陶器、漆器、絵画、絨毯などを購入要請した行為、②三越が東宝と共同制作の映画「燃える秋」の前売入場券を納入高に応じた販売目標数を定めて購入要請した行為、③昭和46年以降毎年夏、「軽井沢ソン・エ・ルミエール」と称する花火大会等のショーの入場券の購入要請をした行為、④昭和52年5月から6月にかけて実施した「パリ三越開店7周年記念ツアー」の海外旅行に参加要請をした行為等が問題とされた。

(b) **売場改装費用、催事費用等の負担要請について**

　次に三越は、自己の店舗の売場改装の一部について、その費用の全部または一部を納入業者の負担によって賄うため、納入業者に対し、当該改装がその納入する商品に係ることを理由として、特段の基準を設けることなくその負担を要請しているが、要請を受けた納入業者は、当該売場もしくは商品陳

列用什器の一定部分が、期間を定めてその納入業者の納入する商品の販売にもっぱら供されることが約されている等の合理的な理由がなく、また納入業者の負担する費用の算出根拠が明らかでないにもかかわらず、三越と商品の納入取引を継続して行う立場上、その負担を余儀なくされていた。

　また三越は、大売出し等特定の商品の販売のために各売場が行う催事の一部について、その費用の全部または一部を納入業者の負担によって賄うため、納入業者に対し、当該催事がその納入する商品に係ることを理由として、特段の基準を設けることなくその負担を要請しているが、要請を受けた納入業者は、当該催事の広告にその納入業者の名称または商標が掲載されている等の合理的な理由がなく、また納入業者の負担する費用の算出根拠が明らかでないにもかかわらず、三越と商品の納入取引を継続して行う立場上、その負担を余儀なくされていた。

　さらに三越は、前記催事のほか、特定の商品の販売を直接の目的としない種々の催物の一部について、その費用の全部または一部を納入業者の負担によって賄うため、納入業者に対し、その負担を要請しているが、要請を受けた納入業者は、その負担について合理的な理由が示されていないにもかかわらず、三越と商品の納入取引を継続して行う立場上、その負担を余儀なくされた。例えば(a)で述べた催事である①「軽井沢ソン・エ・ルミエール」と称する花火大会等のショーの費用の一部を納入業者の名入りちょうちん飾付け費用等の名目で納入業者の負担によって賄うこととし、その目標額を定め、これを要請し負担させた。また②三越が毎年開催の「大銀座まつり」に参加して花自動車、パレード等の費用を負担し、同社銀座支店の壁面にちょうちんを飾り付けているが、これらの費用の一部を納入業者の負担によって賄うこととし、その目標額を定め、これを要請し負担させた。さらに③三越大阪支店の催事「さくらまつり」にちょうちんを飾り付けたが、同催事の費用を納入業者の負担によって賄うこととし、その目標額を定め、これを要請し負担させた行為も問題とされた。

同意審決の要旨

主　文

1　被審人は店頭外販売を主とした組織的又は計画的な販売方法その他これに類する販売方法を実施するに当たって、納入業者に対し、納入取引関係を利用して、商品又は役務の購入を要請してはならない。
2　被審人は自己の店舗における売場改装の費用について、当該売場に係る納入業者に対し、次の各号のすべてに該当する場合を除き、その負担を要請してはならない。
　(1) 当該改装に係る売場又は商品陳列用什器の一定部分を、期間を定めてその費用を負担する納入業者の納入に係る商品の販売に専ら供する場合等であって、納入業者が負担する費用の額が合理的な範囲内のものである場合
　(2) 費用の負担について納入業者の明示の同意がある場合
3　被審人は特定の商品の販売を目的とした催事の費用について、当該商品に係る納入業者に対し、次の各号のすべてに該当する場合を除き、その負担を要請してはならない。
　(1) 当該催事の広告に、費用を負担する納入業者の名称又は商標を掲載する場合等であって、納入業者が負担する費用の額が合理的な範囲内のものである場合
　(2) 費用の負担について納入業者の明示の同意がある場合
4　被審人は特定の商品の販売を直接の目的としない催事の費用について、納入業者に対し、正常な商慣習に照らし許容される場合を除き、その負担を要請してはならない。
5　今後、1から4までの要請を行わない旨を納入業者に対し、周知徹底させなければならない。

法令の適用

三越は、自己の取引上の地位が納入業者に対して優越していることを利用して、正常な商慣習に照らして納入業者に不当に不利益な条件で納入業者と取引しているものであって、これは不公正な取引方法（昭和28年公取委告示

11号）の10に該当し、独禁法19条の規定に違反するものである。公取委は、これらの事実をもって、旧一般指定の10（現独禁法2条9項5号イ）に該当し、独禁法19条に違反するとした。

本審決の検討

(a) 本件は、一般指定10項が単独で適用された最初の審決である点で、重要な意義を有する。昭和54年4月に公取委が、三越による行為が不公正な取引方法に該当し、独禁法19条に違反するとして違反行為をやめるよう勧告したのに対し、審判開始決定がなされたが、審判中に三越が審判開始決定書記載の「事実及び法令の適用」を認めて、その後の審判手続を経ないで審決を受ける旨を申し出るとともに、当該違反行為を排除するためにとるべき具体的措置に関する計画書を提出し、公取委がこの計画書を適当と認めて同意審決を行うことにより終結した。

(b)「優越的地位」要件について

三越は、自己の取引上の地位はすべての納入業者に対して優越しているわけではないと主張した。この点について、公取委がどのような程度の優越性、依存性を要求しているかについては、同意審決で終了したため明確にはされていない。本審決は審判開始決定書記載の事実をすべて認める形で決着しているため、同事実を参照すると、「売上高が百貨店業界で第1位、小売業界全体で第2位の地位を占めており、老舗として高い信用を得ている」事実、および納入業者にとって、「三越は極めて有力な取引先であり」、納入業者は、「三越と納入取引を行うことを強く望んでいる状況にあった」という取引実態に基づき優越的地位を認定しているといえる。

このような考え方は、現行の優越的地位濫用ガイドライン第2-1、2の「甲が取引先である乙に対して優越した地位にあるとは、乙にとって甲との取引の継続が困難になることが事業経営上大きな支障を来すため、甲が乙にとって著しく不利益な要請等を行っても、乙がこれを受け入れざるを得ないような場合である。この判断に当たっては、乙の甲に対する取引依存度、甲の市場における地位、乙にとっての取引先変更の可能性、その他甲と取引するこ

との必要性を示す具体的事実を総合的に考慮する」との解釈指針と一致する考え方により認定がなされていると評価することが可能である。

(c)「正常な商慣習に照らして不当に不利益」要件について

　三越側からは店頭外における納入業者への販売行為は、他の百貨店等の大型小売業において、古くから慣行的に行われてきているものであり、このような慣習的な行為を「正常な商慣習に照らして不当」かどうかを判断するには、「正常な商慣習」とは何か、「不当に不利益」とは何か、「不利益な条件で取引する」とはどのような行為か、「条件」は明示的なものであることを要するか等の争点が提起されたが、同意審決で終了したため、これらの争点についての判断基準は明らかにはされなかった。以下では現行のガイドラインに基づき検討する。

(i)「押し付け販売」について

　本審決は、「商品又は役務の購入の要請を受けた納入業者は、同社と商品の納入取引を継続して行う立場上、その購入を余儀なくされていた」事実に着目して「不当な不利益」を認定している。

　この点、現行の優越的地位濫用ガイドライン第4-1(1)は「その購入を希望していないときであったとしても、今後の取引に与える影響を懸念して当該要請を受け入れざるを得ない場合には、正常な商慣習に照らして不当に不利益を与えることとなり、優越的地位の濫用として問題となる」とする。また現行の大規模小売業特殊指定は「押し付け販売」に該当する例として「納入業者に対し、組織的又は計画的に購入を要請すること（例えば、あらかじめ仕入部門ごとに販売目標数を定めた上で、納入業者を対象とする新商品の展示販売会を開催し、仕入担当者から納入業者に対し当該商品の購入を要請すること）」、「購入しなければ今後の納入取引に影響すると受け取られるような要請をし、又はそのように受け取られるような販売の方法を用いること」等を挙げている。

　本審決では、ガイドラインおよび特殊指定と同様の取引関係上の影響に関する事情に基づき、「不当に不利益」の認定が行われているといえよう。

(ii)「協賛金等の負担の要請」について

　本審決では「要請を受けた納入業者は、その負担について合理的な理由が

示されていないにもかかわらず、三越と商品の納入取引を継続して行う立場上、その負担を余儀なくされている」事実に着目して「不当な不利益」を認定している。

　この点、現行の優越的地位濫用ガイドライン第 4-2(1)アは「当該協賛金等の負担額及びその算出根拠、使途等について、当該取引の相手方との間で明確になっておらず、当該取引の相手方にあらかじめ計算できない不利益を与えることとなる場合や、当該取引の相手方が得る直接の利益等を勘案して合理的であると認められる範囲を超えた負担となり、当該取引の相手方に不利益を与えることとなる場合には、正常な商慣習に照らして不当に不利益を与えることとなり、優越的地位の濫用として問題となる」とする。また現行の大規模小売業特殊指定は「不当な経済上の利益の収受等」の例として「大規模小売業者の決算対策のために協賛金を要請し、納入業者にこれを負担させること」、「店舗の新規オープンに際し、当該店舗の粗利益を確保するため、事前に協賛金の負担額、算出根拠、目的等について明確にすることなく、一定期間にわたり、納入業者の当該店舗に対する納入金額の一定割合に相当する額を協賛金として負担させること」を挙げている。

　本審決は、現行の優越的地位濫用ガイドラインと同様に、取引の相手方が得る直接の利益等を勘案しても、取引相手方の負担が合理的であると認められる範囲を超えている点に着目して、「不当に不利益」の認定がなされているといえよう。

(2) ローソン事件[49]

　次に、三越事件に続き、小売業者による優越的地位の濫用が問題となった事案として、コンビニエンスストア業界におけるローソン事件を検討する。

---

49) 公取委勧告審決平成 10・7・30 審決集 45 巻 136 頁。本件の解説として渡邊静二・岩淵権「担当官解説」公正取引 576 号 (1998 年) 87 頁、米田文子「解説」NBL654 号 (1998 年) 24 頁、山部俊文「判批」ジュリスト 1158 号 (1999 年) 116 頁、柴田潤子「判批」重判平成 10 年度 (ジュリスト臨増 1157 号) (1999 年) 243 頁、栗田誠「判批」『独禁法審決・判例百選 (第 6 版)』 (2002 年) 194 頁、栗城利明「判批」『経済法審決・判例百選』 (2010 年) 174 頁等を参照。

事実の概要

　ローソンは、フランチャイズ・システムの本部機能を有する事業者であって、日本において、「LAWSON」という統一的な商標の下、食品、飲料、日用雑貨品等の小売市場で、いわゆるコンビニエンスストア・チェーン店（以下、「ローソンチェーン店」）の一部を自ら営むほか、フランチャイズ・システムに基づくローソンチェーン店の事業・経営について、統一的な方法で統制、指導および援助等を行う事業者であった。

　ローソンは、平成10年当時、ローソンチェーン店を全国に6649店展開しており、その店舗数は日本におけるコンビニエンスストア・チェーン業界において第2位にあたる。また、ローソンチェーン店の平成9年度における売上高の合計は約1兆1000億円であり、これは、コンビニエンスストア・チェーン業界においては第2位、小売業界全体においては第5位の地位を占め、ローソンチェーン店の店舗数および売上高は毎年増加していた。ローソンは、ローソンチェーン店が取り扱う日用雑貨品を選定するとともに、製造販売業者または卸売業者との間でローソンチェーン店における仕入価格の取引条件を決定する等、すべてのローソンチェーン店の仕入業務を一括して行っていた。

　ローソンは、全国的に店舗を展開し、売上高が多く、納入業者にとってきわめて有力な取引先であり、消費者に対する信用度が高まることから、多くの納入業者がローソンとの継続的な納入取引を強く望んでいた。このため、ローソンと継続的な納入取引関係にある納入業者の大部分は、ローソンからの要請に従わざるをえない立場にあった。

　ローソンは、割戻予算を達成するために、同社の決算期である平成10年2月頃、特段の算出根拠が明らかでない一定の金額を日用品納入業者に対し提供するよう要請していた。

　またローソンは、ローソンチェーン店の取扱優先度が高いいわゆる標準棚割商品の統一的な陳列を行うこととし、平成10年1月23日頃に開かれた会合において、主要納入業者約70名に対し、標準棚割商品の一定個数をローソンチェーン店に無償で納入するよう要請した。ローソンは、この会合の以後、会計処理の便宜上、1円での納入の要請に変更し、約13億円を納入業

者に負担させることとし、要請に応じないとした納入業者および会合に参加しなかった納入業者に再三にわたり1円納入の要請を行った。要請を受けた日用品納入業者の大部分は、店舗における商品の統一的な陳列の実現に要する費用は、本来ローソンまたはローソンチェーン店が負担すべきであり、1円納入の要請に応じるべき合理的理由がないにもかかわらず、日用品納入業者は、要請の時期が次期において取り扱われる商品の選定時であって、ローソンと納入取引を継続して行う立場上、要請に応じることを余儀なくされた。

勧告審決の要旨
主　文
一　株式会社ローソンは、次の1および2の事項を日用雑貨品の納入業者に、次の2の事項を自己の仕入担当の従業員に、それぞれ周知徹底させなければならない。この周知徹底の方法については、あらかじめ、当委員会の承認を受けなければならない。
  1　日用雑貨品の納入業者に対して、株式会社ローソンの決算期である平成10年2月ころ、特段の算出根拠がなく、かつ、同納入業者にとって提供すべき合理的理由がない金銭を提供するよう要請していた行為並びに同年1月ころ以降、同社が本部機能を有するフランチャイズ・システムにおける加盟店および直営店に対し日用雑貨品を1円で納入するよう要請していた行為を取りやめている旨
  2　今後、納入業者に対し、前記1と同様の方法により、経済上の利益を提供させる行為を行わない旨
二　株式会社ローソンは、前項に基づいて採った措置を速やかに当委員会に報告しなければならない。

法令の適用
　公取委は、ローソンが、自己の取引上の地位が納入業者に優越していることを利用して、正常な商慣習に照らして不当に、納入業者に割戻予算達成のための金銭の提供を要請することと、1円納入をさせることは、旧一般指定14項2号（現行独禁法2条9項5号ロ）に該当し、独禁法19条の規定に違反

すると認定した。

本審決の検討

(a) 本件は、小売業者による優越的地位の濫用事件として、三越事件に続く２件目であり、コンビニエンスストア業界を対象とする初の事件である。公取委はローソンによる各行為は自己の取引上の地位が納入業者より優越していることを利用して、不当に経済上の利益を提供させていたものであることを認定し、独占禁止法19条に違反するものとして、違反行為の排除勧告を行い、ローソンがこの勧告を応諾する旨申し出たため、勧告審決により終結した。

(b) **「優越的地位」要件について**

本審決は、ローソンが店舗数、売上高ともにコンビニエンスストア・チェーン業界において第２位であり、全国的に店舗を展開し、平成９年度の売上高の合計は約１兆1000億円にのぼり売上高が多く、「納入業者にとって極めて有力な取引先であり、消費者に対する信用度が高まることから、多くの納入業者がローソンとの継続的な納入取引を強く望んでいた」という取引実態に基づき優越的地位を認定している。

この点、現行の優越的地位濫用ガイドライン第2-1、2は「甲が取引先である乙に対して優越した地位にあるとは、乙にとって甲との取引の継続が困難になることが事業経営上大きな支障を来すため、甲が乙にとって著しく不利益な要請等を行っても、乙がこれを受け入れざるを得ないような場合である。この判断に当たっては、乙の甲に対する取引依存度、甲の市場における地位、乙にとっての取引先変更の可能性、その他甲と取引することの必要性を示す具体的事実を総合的に考慮する」との解釈指針を示しているが、本審決は、ガイドラインと一致する考え方により認定がなされていると評価することができる。

(c) **「正常な商慣習に照らして不当に不利益」要件について**

本件で認定された優越的地位の濫用行為である、割戻予算達成のための金

銭の提供要請と、1円納入の要請の各行為について、公正競争阻害性の認定部分を検討する。

(ⅰ)「割戻予算達成のための金銭の提供要請」について
　本審決はローソンから要請を受けた主要日用品納入業者の大部分は、当該金銭を提供すべき合理的理由がなく、かつ、その金銭について特段の算出根拠が明確になされていないにもかかわらず、要請が行われたのは次期において取り扱われる商品の選定時期であり、ローソンと取引を継続して行う立場上、要請に従うことを余儀なくされた事実に着目して「不当な不利益」を認定した。
　このような認定は現行の優越的地位濫用ガイドライン第4-2(1)アの「当該協賛金等の負担額及びその算出根拠、使途等について、当該取引の相手方との間で明確になっておらず、当該取引の相手方にあらかじめ計算できない不利益を与えることとなる場合や、当該取引の相手方が得る直接の利益等を勘案して合理的であると認められる範囲を超えた負担となり、当該取引の相手方に不利益を与えることとなる場合には、正常な商慣習に照らして不当に不利益を与えることとなり、優越的地位の濫用として問題となる」と一致する考え方に基づくものといえよう。

(ⅱ)「1円納入の要請」について
　ローソンは、標準棚割商品の一定個数を無償で納入させることにより約13億円を納入業者に負担させることとし、要請に応じないとした納入業者および会合に参加しなかった納入業者に再三にわたり1円納入の要請を行った事実、1円納入の要請に応じるべき合理的理由がないにもかかわらず、要請の時期が次期において取り扱われる商品の選定時であり、ローソンと納入取引を継続して行う立場上、要請に応じることを余儀なくされた事実に着目して「不当な不利益」を認定しており、現行の優越的地位濫用ガイドライン第4-2(1)アの「当該協賛金等の負担額及びその算出根拠、使途等について、当該取引の相手方との間で明確になっておらず、当該取引の相手方にあらかじめ計算できない不利益を与えることとなる場合や、当該取引の相手方が得る直接の利益等を勘案して合理的であると認められる範囲を超えた負担とな

り、当該取引の相手方に不利益を与えることとなる場合には、正常な商慣習に照らして不当に不利益を与えることとなり、優越的地位の濫用として問題となる」と一致する考え方に基づき「不当に不利益」を課したとの認定がなされているといえよう。

(3) ドン・キホーテ事件[50]

その後、優越的地位の濫用規制の適用は、近時、急速に拡大している総合ディスカウント型業態の大規模小売業者に対する適用も問題とされた。ドン・キホーテ事件は、総合ディスカウントストア事業者から納入業者に対して従業員派遣要請等がされた事案である。

事実の概要

ドン・キホーテは、総合ディスカウントストア業者の中では国内最大手である。ドン・キホーテと継続的な取引関係にある、身の回り品、日用雑貨品、家庭用電気製品、食料品等の納入業者約1500社にとって、ドン・キホーテは重要な取引先であり、納入業者の多くは、被審人との納入取引の継続を強く望んでいる状況にある。このため、納入業者の多くは、被審人との納入取引を継続する上で、被審人からの種々の要請に従わざるをえない立場にあった。

(a) 新規オープン時の納入業者に対する従業員の派遣要請について

ドン・キホーテは、遅くとも平成15年頃以降、自社の店舗の新規オープンに際し、自社の販売業務のための商品の陳列等の作業（以下、「陳列等作業」）を納入業者に行わせることとし、あらかじめ納入業者との間でその従業員等を派遣する条件について具体的に合意することなく、納入業者との間の納入取引に影響を及ぼしうる仕入担当者から、納入業者に対し、陳列等作業を行わせるためにその従業員等の派遣を受けることを必要とする店舗、日時等を

---

[50] 公取委同意審決平成19・6・22審決集54巻182頁。本件の解説として林秀弥「判批」ジュリスト1361号（2008年）178頁以下、野尻俊明「判批」『経済法判例・審決百選』（2010年）168頁以下等がある。

連絡し、納入業者の負担で、その従業員等を派遣するよう要請している。

　これらの要請を受けた納入業者の多くは、被審人との納入取引を継続して行う立場上、陳列等作業を行うためのものであるにもかかわらず、その要請に応じることを余儀なくされている。例えば、被審人は、平成15年8月頃から同16年11月頃までの間に、33店舗の新規オープンに際し、当該店舗において陳列等作業を行わせるため、納入業者に対し、その従業員等を派遣するよう要請しており、納入業者に少なくとも延べ約5200人の従業員等を派遣させ、使用している。

(b) **棚卸し等への従業員の派遣要請について**
　またドン・キホーテは、かねてから、半期ごとに実施する棚卸しおよび必要に応じて実施している棚替え等に際し、自社の棚卸し、棚替え等の作業を納入業者に行わせることとし、あらかじめ納入業者との間でその従業員等を派遣する条件について具体的に合意することなく、納入業者に対し、自社の棚卸し、棚替え等の作業を行わせるためにその従業員等の派遣を受けることを必要とする店舗、日時等を連絡し、納入業者の負担で、その従業員等を派遣するよう要請している。これらの要請を受けた納入業者の多くは、被審人との納入取引を継続して行う立場上、棚卸し、棚替え等の作業を行うためのものであるにもかかわらず、その要請に応じることを余儀なくされている。

　例えば、平成16年8月19日から同年11月11日までの間に実施した棚卸しに際し、97店舗において棚卸作業を行わせるため、納入業者に少なくとも延べ約1万4300人の従業員等を派遣させている。また、平成15年7月頃から同16年12月頃までの間に実施した棚替え等に際し、延べ200店舗において棚替え等の作業を行わせるため、納入業者に対し、その従業員等を派遣するよう要請しており、納入業者に少なくとも延べ約3600人の従業員等を派遣させている。

(c) **新規オープン店舗への協賛金要求について**
　さらにドン・キホーテは、協賛金負担額およびその算出根拠、使途等について、あらかじめ納入業者との間で明確にしていなかったにもかかわらず、

平成15年7月から同16年6月までの1年間に新規オープンした店舗に対する協賛金として、平成16年5月頃から同年7月頃までの間に、納入業者に対し、当該店舗における納入業者の初回納入金額に一定率を乗じて算出した額、前記期間等における納入業者の納入金額の1％に相当する額等の金銭をさかのぼって提供するよう要請し、これらの要請を受けた納入業者の多くは、被審人との納入取引を継続して行う立場上、その要請に応じることを余儀なくされ、平成16年7月頃までに、少なくとも、総額約2億9200万円を提供していた。

同意審決の要旨

① 被審人は、自社の店舗の新規オープンに際し、自社の販売業務のための商品の陳列等の作業を行わせるために、その取引上の地位が自社に対して劣っている自社と継続的な取引関係にある身の回り品、日用雑貨品、家庭用電気製品、食料品等の納入業者に対し、その従業員等を派遣するよう要請している行為を取りやめなければならない。

② 被審人は、自社の棚卸し、棚替え等のための作業を行わせるために、納入取引関係を利用して、自社と継続的な取引関係にある前記納入業者に対し、その従業員等を派遣するよう要請している行為を取りやめなければならない。

③ 被審人は、負担額およびその算出根拠、使途等について、あらかじめ明確にすることなく、新規オープンした店舗に対する協賛金として、納入取引関係を利用して、自社と継続的な取引関係にある前記納入業者に対し、当該店舗における納入業者の初回納入金額に一定率を乗じて算出した額、納入業者の一定期間における納入金額の1％に相当する額等の金銭をさかのぼって提供するよう要請する行為を取りやめている旨を確認することを取締役会において決議しなければならない。

④ 被審人は、前3項に基づいて採った措置等を自社と継続的な取引関係にある前記納入業者に通知するとともに、自社の従業員に周知徹底しなければならない。この通知および周知徹底の方法については、あらかじめ、当委員会の承認を受けなければならない。

⑤ 被審人は、今後、第1項ないし第3項の行為と同様の行為を行ってはならない。
⑥ 被審人は、今後、第1項ないし第3項の行為と同様の行為を行うことがないよう、独占禁止法遵守に関しての行動指針を作成し、当該行動指針に基づく仕入担当者に対する独占禁止法に関する研修および法務担当者による定期的な監査を行うために必要な措置を講じなければならない。この措置の内容については、あらかじめ、当委員会の承認を受けなければならない。
⑦ 被審人は、前記第1項ないし第4項および第6項に基づいて採った措置を速やかに当委員会に報告しなければならない。

法令の適用
　公正取引委員会は、ドン・キホーテが大規模小売業に該当し、その取引上の地位が自己に対して劣っている納入業者に対し、自己の販売業務のためにその従業員等を派遣させて使用しているものであり、これは、旧百貨店業特殊指定6項（大規模小売業特殊指定7項）および旧一般指定14項2号（現行独占禁止法2条9項5号ロ）に該当することを認定し、独占禁止法19条の規定に違反するとした。

本審決の検討
　(a) 本件は、大規模小売業者の中で、我が国最大手の総合ディスカウント型業態の大規模小売業者を対象とする点で重要な意義を有する。平成17年3月に公取委がドン・キホーテに対して勧告したものの、ドン・キホーテは応諾しなかった。そのため審判開始決定がなされたが、審判中にドン・キホーテから同意審決の申出があり終結した。

　(b)「優越的地位」要件について
　ドン・キホーテは、総合ディスカウントストア業者の中で国内最大手の業者である。納入業者にとって、ドン・キホーテは重要な取引先であり、納入業者の多くは、被審人との納入取引の継続を強く望んでいる状況にあり、被

審人との納入取引を継続する上で、被審人からの種々の要請に従わざるをえない立場にあった。このような取引実態に基づき優越的地位が認定されている。

この点、現行の優越的地位濫用ガイドライン第2-1、2は「甲が取引先である乙に対して優越した地位にあるとは、乙にとって甲との取引の継続が困難になることが事業経営上大きな支障を来すため、甲が乙にとって著しく不利益な要請等を行っても、乙がこれを受け入れざるを得ないような場合である。この判断に当たっては、乙の甲に対する取引依存度、甲の市場における地位、乙にとっての取引先変更の可能性、その他甲と取引することの必要性を示す具体的事実を総合的に考慮する」との解釈指針を示している。

本審決は、上記ガイドラインと同様に、納入取引の継続を強く望んでいる状況に着目して、優越的地位の認定がなされていると評価しうる。

(c)「正常な商慣習に照らして不当に不利益」要件について

本件では従業員の派遣要請、棚卸し等への従業員の派遣要請、新規オープン店舗への協賛金要請の各行為が優越的地位の濫用行為として認定されているため、各行為について以下検討する。

(i) 従業員派遣要請について

従業員派遣要請について、本審決は、ドン・キホーテが平成15年8月頃から同16年11月頃までの間に、新規オープンに際して納入業者に少なくとも延べ約5200人の従業員等を派遣させ使用した行為、平成16年8月19日から同年11月11日までの間に、棚卸作業を行わせるため、納入業者に少なくとも延べ約1万4300人の従業員等を派遣させた行為、さらに平成15年7月ころから同16年12月頃までの間に棚替え等の作業を行わせるために、納入業者に少なくとも延べ約3600人の従業員等を派遣させて使用した行為について、旧百貨店業特殊指定6項の「自己の販売業務のために、納入業者にその従業員等を派遣させて使用し」た行為に該当することを認定している。そしてこれらの要請を受けた納入業者の多くが、被審人との納入取引を継続して行う立場上、棚卸し、棚替え等の作業を行うためのものであるにもかかわらず、その要請に応じることを余儀なくされている事実に基づき、濫用行

為を認定している。

この点、現行の優越的地位濫用ガイドライン第4-2(2)の「従業員等の派遣の要請」では、「どのような条件で従業員等を派遣するかについて、当該取引の相手方との間で明確になっておらず、当該取引の相手方にあらかじめ計算できない不利益を与えることとなる場合や、従業員等の派遣を通じて当該取引の相手方が得る直接の利益等を勘案して合理的であると認められる範囲を超えた負担となり、当該取引の相手方に不利益を与えることとなる場合には、正常な商慣習に照らして不当に不利益を与えることとなり、優越的地位の濫用として問題となる」と述べている。

本審決は、派遣された従業員の人数、要請された棚卸し、棚替え等の作業が、もっぱらドン・キホーテの業務であること等に着目して取引業者の不利益を認定し、取引業者はそのような不利益にもかかわらず、納入取引を継続して行う立場上、要請に応じることを余儀なくされたことを認定しており、上記ガイドラインと一致する考え方に基づくものといえよう。

(ii)「協賛金の要請」について

ドン・キホーテが、平成15年7月から同16年6月までの1年間に新規オープンした店舗に対する協賛金として総額約2億9200万円を納入業者に提供させた事実、要請を受けた納入業者の多くが、ドン・キホーテとの納入取引を継続して行う立場上、その要請に応じることを余儀なくされ、協賛金の提供に応じた事実等に着目して「不当な不利益」を認定しており、現行の優越的地位濫用ガイドライン第4-2(1)アの「当該協賛金等の負担額及びその算出根拠、使途等について、当該取引の相手方との間で明確になっておらず、当該取引の相手方にあらかじめ計算できない不利益を与えることとなる場合や、当該取引の相手方が得る直接の利益等を勘案して合理的であると認められる範囲を超えた負担となり、当該取引の相手方に不利益を与えることとなる場合には、正常な商慣習に照らして不当に不利益を与えることとなり、優越的地位の濫用として問題となる」と一致する考え方に基づき「不当に不利益」を課したとの認定がなされたといえよう。

(4) セブン-イレブン・ジャパン事件[51]

前述のローソン事件は、フランチャイズ・チェーンによる納入業者に対する行為が問題とされたのに対して、次に検討するセブン-イレブン・ジャパン事件は、コンビニエンスストア本部の加盟店に対するフランチャイズ・システムに基づく行為について優越的地位の濫用が問題となった事案である。

事実の概要

株式会社セブン-イレブン・ジャパンは (以下、「セブン-イレブン」) は、「セブン-イレブン」という統一的な商標等の下に、「コンビニエンスストアに係るフランチャイズ事業」を営む事業者であり、店舗数および売上額のいずれについても、我が国においてコンビニエンスストアに係るフランチャイズ事業を営む者の中で最大手の事業者である。これに対して、加盟者はほとんどすべてが中小の小売業者である。

(a) 加盟店基本契約の内容に基づく優越的地位

① セブン-イレブンは、加盟者との間で、加盟者が使用することができる商標等に関する統制、加盟店の経営に関する指導および援助の内容等について規定する加盟店基本契約を締結している。加盟店基本契約の形態には、加盟者が自ら用意した店舗で経営を行うAタイプおよびセブン-イレブンが用意した店舗で加盟者が経営を行うCタイプがある。

② 加盟店基本契約においては、契約期間は15年間とされ、当該契約期間の満了までに、加盟者とセブン-イレブンの間で、契約期間の延長または契約の更新について合意することができなければ、加盟店基本契約は終了することとされている。加盟店基本契約においては、Aタイプの加盟者に

---

[51] 公取委排除措置命令平成21・6・22審決集56巻第二分冊6頁。本件の解説として川濱昇「判批」重判平成21年度 (ジュリスト臨増1398号) (2010年) 287頁、向田直範「判批」NBL936号 (2010年) 65頁以下、平林英勝「判批」ジュリスト1384号 (2009年) 100頁以下等を参照。なお本件に関する独禁法25条に基づく損害賠償請求訴訟 (東京高判平成25・8・30判時2209号10頁) の解説として、和久井理子「判批」重判平成25年度 (ジュリスト臨増1466号) (2014年) 266頁、若林亜里砂「判批」公正取引769号 (2014年) 33頁、洪淳康「判批」ジュリスト1480号 (2015年) 111頁等を参照。

あっては、加盟店基本契約の終了後少なくとも1年間は、コンビニエンスストアに係るフランチャイズ事業を営むセブン-イレブン以外の事業者のフランチャイズ・チェーンに加盟することができず、Cタイプの加盟者にあっては、加盟店基本契約の終了後直ちに、店舗をセブン-イレブンに返還することとされている。

③ セブン-イレブンは、加盟店基本契約に基づき、「推奨商品」およびその仕入先を加盟者に提示している。加盟者が当該仕入先から推奨商品を仕入れる場合はセブン-イレブンのシステムを用いて発注、仕入れ、代金決済等の手続を簡便に行うことができるなどの理由により、加盟店で販売される商品のほとんどすべては推奨商品となっている。

④ セブン-イレブンは、加盟店が所在する地区に「OFC」と称する経営相談員を配置し、加盟店基本契約に基づき、OFCを通じて、加盟者に対し、加盟店の経営に関する指導、援助等を行っているところ、加盟者は、それらの内容に従って経営を行っている。

⑤ これら①から④までの事情等により、加盟者にとっては、セブン-イレブン・ジャパンとの取引を継続することができなくなれば事業経営上大きな支障を来すこととなり、このため、加盟者は、セブン-イレブンからの要請に従わざるをえない立場にある。したがって、セブン-イレブンの取引上の地位は、加盟者に対し優越している。

(b) 問題とされた行為

(i) デイリー商品に係る販売価格、廃棄処分、ロイヤルティ算定の方針における問題点

① 加盟店基本契約においては、加盟者は、加盟店で販売する商品の販売価格を自らの判断で決定することとされ、商品の販売価格を決定したときおよび決定した販売価格を変更しようとするときは、セブン-イレブンに対し、その旨を通知することとされている。

② セブン-イレブンは、加盟店基本契約に基づき、推奨商品についての標準的な販売価格（以下、「推奨価格」）を定めてこれを加盟者に提示しているところ、ほとんどすべての加盟者は、推奨価格を加盟店で販売する商品の

販売価格としている。
③ セブン-イレブンは、推奨商品のうちデイリー商品（品質が劣化しやすい食品および飲料であって、原則として毎日店舗に納品されるもの）について、メーカー等が定める消費期限または賞味期限より前に、独自の基準により販売期限を定めているところ、加盟店基本契約等により、加盟者は、当該販売期限を経過したデイリー商品についてはすべて廃棄することとされている。
④ 加盟店で廃棄された商品の原価相当額については、加盟店基本契約に基づき、その全額を加盟者が負担することとされているところ、セブン-イレブンは、セブン-イレブンがフランチャイズ事業における対価として加盟者から収受しているロイヤルティの額について、加盟店基本契約に基づき、加盟店で販売された商品の売上額から当該商品の原価相当額を差し引いた額に一定の率を乗じて算定することとし、ロイヤルティの額が加盟店で廃棄された商品の原価相当額の多寡に左右されない方式を採用している。
⑤ 加盟者が得る実質的な利益は、売上総利益からロイヤルティの額および加盟店で廃棄された商品の原価相当額を含む営業費を差し引いたものとなっているところ、平成19年3月1日から平成20年2月29日までの1年間に、加盟店のうち無作為に抽出した約1100店において廃棄された商品の原価相当額の平均は約530万円となっている。

(ii) 指導方針における問題点

セブン-イレブンは、かねてから、OFCを通じて、従業員に対して指導方針の周知徹底を図っているところ、加盟店で廃棄された商品の原価相当額の全額が加盟者の負担となる仕組みの下で
① OFCは、加盟者がデイリー商品に係る別紙1記載の行為（以下、「見切り販売」）を行おうとしていることを知ったときは、当該加盟者に対し、見切り販売を行わないようにさせる
② OFCは、加盟者が見切り販売を行ったことを知ったときは、当該加盟者に対し、見切り販売を再び行わないようにさせる
③ 加盟者が前記①または②にもかかわらず見切り販売を取りやめないときは、OFCの上司らは、当該加盟者に対し、加盟店基本契約の解除等の不利益

な取扱いをする旨を示唆するなどして、見切り販売を行わないようまたは再び行わないようにさせる

など、加盟者に対し、見切り販売の取りやめを余儀なくさせている。これらの行為によって、セブン－イレブンは、加盟者が自らの合理的な経営判断に基づいて廃棄に係るデイリー商品の原価相当額の負担を軽減する機会を失わせている。

法令の適用

公正取引委員会は、セブン－イレブンが、自己の取引上の地位が加盟者に優越していることを利用して、正常な商慣習に照らして不当に、取引の実施について加盟者に不利益を与えているものであるとして、旧一般指定14項4号（現行独占禁止法2条9項5号ハ）に該当し、独占禁止法19条に違反すると認定した。

排除措置命令の要旨

① セブン－イレブンは加盟者に対し、見切り販売の取りやめを余儀なくさせ、もって、加盟者が自らの合理的な経営判断に基づいて廃棄に係るデイリー商品の原価相当額の負担を軽減する機会を失わせている行為を取りやめなければならない。

② セブン－イレブンは、前項の行為を取りやめる旨および今後、前項の行為と同様の行為を行わない旨を、取締役会において決議しなければならない。

③ セブン－イレブンは、前2項に基づいて採った措置を加盟者に周知し、かつ、自社の従業員に周知徹底しなければならない。これらの周知および周知徹底の方法については、あらかじめ、公正取引委員会の承認を受けなければならない。

④ セブン－イレブンは、今後、第1項の行為と同様の行為を行ってはならない。

⑤ セブン－イレブンは、今後、次の事項を行うために必要な措置を講じなければならない。

本審決の検討

（a）本件は、フランチャイズ・システムを採用するコンビニエンスストア本部の加盟店に対する行為について、公取委が優越的地位の濫用規定を適用した先駆的な事例である点で重要な意義を有する。

（b）「優越的地位」要件について

フランチャイズ・ガイドラインでは、優越的地位の判断基準について、以下のように示されている。すなわち「加盟者にとって本部との取引の継続が困難になることが事業経営上大きな支障を来すため、本部の要請が自己にとって著しく不利益なものであっても、これを受け入れざるをえないような場合であり」、その判断にあたっては、①加盟者の本部に対する取引依存度（本部による経営指導等への依存度、商品および原材料等の本部または本部推奨先からの仕入割合等）、②本部の市場における地位、③加盟者の取引先の変更可能性（初期投資の額、中途解約権の有無およびその内容、違約金の有無およびその金額、契約期間等）、④本部および加盟者間の事業規模の格差等を総合的に考慮するとされる。これは現行の優越的地位濫用ガイドライン第2-1、2の「甲が取引先である乙に対して優越した地位にあるとは、乙にとって甲との取引の継続が困難になることが事業経営上大きな支障を来すため、甲が乙にとって著しく不利益な要請等を行っても、乙がこれを受け入れざるを得ないような場合である。この判断に当たっては、乙の甲に対する取引依存度、甲の市場における地位、乙にとっての取引先変更の可能性、その他甲と取引する地位、乙にとっての取引先変更の可能性、その他甲と取引することの必要性を示す具体的事実を総合的に考慮する」との解釈指針を示している。

本審決は、上記ガイドラインと同様に、納入取引の継続を強く望んでいる状況に着目して、優越的地位の認定がなされていると評価しうる。

本件においても、上記ガイドラインの判断枠組みに従った判断がなされており、(i)「セブン-イレブン」は、店舗数および売上額のいずれについても、我が国においてコンビニエンスストアに係るフランチャイズ事業を営む者の中で最大手の事業者であるのに対して、加盟者はほとんどすべてが中小の小売業者であること（前記②および④該当事実）、(ii)加盟店基本契約においては、

契約期間は15年間とされ、当該契約期間の満了までに、加盟者とセブン－イレブンの間で、契約期間の延長または契約の更新について合意することができなければ、加盟店基本契約は終了することとされ、契約終了後1年間は他のフランチャイズ・チェーンに加盟することができないこと（前記③該当事実）、(iii)加盟店で販売される商品のほとんどすべてはセブン－イレブンから提示された推奨商品であること（前記①該当事実）、(iv)セブン－イレブンは、加盟店が所在する地区に「OFC」（経営相談員）を配置し、加盟店基本契約に基づき、OFCを通じて、加盟者に対し、加盟店の経営に関する指導、援助等を行い、加盟者は、それらの内容に従って経営を行っていること（前記①該当事実）、という取引実態に基づき優越的地位が認定されている。

(c)「正常な商慣習に照らして不当に不利益」要件について

同要件の判断基準について、フランチャイズ・ガイドラインでは「個別具体的なフランチャイズ契約ごとに判断されるが、取引上優越した地位にある本部が加盟者に対して、フランチャイズ・システムによる営業を的確に実施するために必要な限度を超えて、例えば、次のような行為等により、正常な商慣習に照らして不当に不利益を与える場合には」優越的地位の濫用に該当するとされる。

(i)「見切り販売の制限」について

フランチャイズ・ガイドラインでは、(a)「廃棄ロス原価を含む売上総利益がロイヤルティの算定の基準となる場合において、本部が加盟者に対して、正当な理由がないのに、品質が急速に低下する商品等の見切り販売を制限し、売れ残りとして廃棄することを余儀なくさせること」、(b)「コンビニエンスストアのフランチャイズ契約においては、売上総利益をロイヤルティの算定の基準としていることが多く、その大半は、廃棄ロス原価を売上原価に算入せず、その結果、廃棄ロス原価が売上総利益に含まれる方式を採用している。この方式の下では、加盟者が商品を廃棄する場合には、加盟者は、廃棄ロス原価を負担するほか、廃棄ロス原価を含む売上総利益に基づくロイヤルティも負担することとなり、廃棄ロス原価が売上原価に算入され、売上総利益に含まれない方式に比べて、不利益が大きくなりやすい」とされている。

本審決では、セブン-イレブンは、デイリー商品について、メーカー等が定める消費期限または賞味期限より前に、独自の基準により販売期限を定めているところ、加盟店基本契約等により、加盟者は、当該販売期限を経過したデイリー商品についてはすべて廃棄することとされており（前記(i)③の事実）、加盟店で廃棄された商品の原価相当額については、加盟店基本契約に基づき、その全額を加盟者が負担することとされており（前記(i)④の事実）、セブン-イレブンは、セブン-イレブンがフランチャイズ事業における対価として加盟者から収受しているロイヤルティの額について、加盟店基本契約に基づき、加盟店で販売された商品の売上額から当該商品の原価相当額を差し引いた額に一定の率を乗じて算定することとし、ロイヤルティの額が加盟店で廃棄された商品の原価相当額の多寡に左右されない方式を採用しており、その結果加盟店が負担させられた廃棄ロス減価の平均は年間約530万円に上っていた（前記(i)⑤の事実）ことが認定されている。

　本審決では、フランチャイズ・ガイドラインが問題とする前記(b)にいう廃棄ロス原価を加盟店の負担とする方式行為に該当することに着目して、公正競争阻害性が認定されたといえよう。

　(ii) 本部による指導方針について

　本審決では、上記のような廃棄ロスの負担方式の下で、加盟店がデイリー商品の「見切り販売」を行ったこと、行おうとしていることを知ったとき、OFCは以後見切り販売を行わないようにさせる（前記(ii)①、②の事実）、加盟者が見切り販売を取りやめないときは、OFCの上司らは、当該加盟者に対し、加盟店基本契約の解除等の不利益な取扱いをする旨を示唆するなどして、見切り販売を行わないようまたは再び行わないようにさせる（前記(ii)③の事実）等の方針が採られたことが認定され、これらの行為によりセブン-イレブンは、加盟者に対し見切り販売の取りやめを余儀なくさせ、結果として、加盟者が自らの合理的な経営判断に基づいて廃棄に係るデイリー商品の原価相当額の負担を軽減する機会を失わせていることが認定された。

　本審決が認定した上記行為は、前記フランチャイズ・ガイドライン(a)にいう「正当な理由がないのに、品質が急速に低下する商品等の見切り販売を制限し、売れ残りとして廃棄することを余儀なくさせること」に該当する。本

審決では、このような見切り販売の制限に該当する取引実態に基づき、公正競争阻害性が認定されたといえよう。

(5) 日本トイザらス事件[52]

日本トイザらス事件は、玩具等の販売チェーンによる優越的地位の濫用行為に対して、課徴金が導入された後、初めて課徴金納付が命じられた件として重要な意義を有するため、詳細に検討する。

事案の概要
(a) **当事者の地位**
① 日本トイザらスは、肩書地に本店を置き、「トイザらス」または「ベビーザらス」の名称で、全国に167店舗を展開し、インターネット通販を行い、玩具、育児用品、子供衣料、文具、学用品、家庭用ゲーム機、ゲームソフトウェア、書籍、スポーツ用品等の子供・ベビー用品全般を専門的に取り扱う小売業を営む事業者である。
② 納入業者は日本トイザらスが販売する商品の製造業者または卸売業者であり、日本トイザらスは、自社が販売する商品のほとんどすべてを納入業者から買取りの方法により仕入れており、納入業者との間で、事前に当該商品の仕入価格等の取引条件を決定していた。
③(ア) 日本トイザらスの平成23年1月期の年間売上高は約1624億円であるところ、日本トイザらスは、我が国に本店を置く、子供・ベビー用品全般を専門的に取り扱う小売業者の中で最大手の事業者であり、納入業者の中には、日本トイザらスとの取引額の維持または増加を期待する者が存在する。

---

[52] 公取委審判請求一部認容審決（排除措置命令の一部および課徴金納付命令の一部を取り消す審決）平成27・6・4。本件の解説として、柴田潤子「判批」公正取引779号（2015年）59頁、長谷河亜希子「判批」公正取引781号（2015年）2頁以下、花本浩一郎「判批」公正取引781号（2015年）10頁以下、渕川和彦「判批」ジュリスト1487号（2015年）79頁以下、瀬領真悟「判批」公正取引784号（2016年）66頁、滝澤紗矢子「判批」重判平成27年度（ジュリスト臨増1492号）（2016年）251頁、池田毅「判批」ジュリスト1485号（2015年）6頁以下等がある。

(イ) 納入業者の中には、当該納入業者の売上高に占める日本トイザらスに対する売上高の割合が高いなど、日本トイザらスを主な取引先とする者が存在する。

(ウ) 納入業者の中には、他の事業者との取引を開始することまたは拡大することにより日本トイザらスに対する売上高と同程度の売上高を確保することが困難な者が存在する。

(エ) 前記(ア)から(ウ)までの事情等により、特定納入業者は、日本トイザらスとの取引の継続が困難になれば事業経営上大きな支障を来すことになり、このため、日本トイザらスとの取引を継続する上で、納入する商品の納入価格等の取引条件とは別に、日本トイザらスからの種々の要請を受け入れざるをえない立場にあり、その取引上の地位は日本トイザらスに対して劣っていた。

(b) 問題とされた行為

日本トイザらスは、遅くとも平成21年1月6日以降、特定納入業者に対して、次の行為を行っていた。なお公正取引委員会が審査を開始したところ、日本トイザらスは、平成23年2月1日以降、以下の(ⅱ)の行為を取りやめている。

(ⅰ) 売上不振商品等の返品

売上不振商品等を納入した特定納入業者63社に対し、当該売上不振商品等について当該特定納入業者の責めに帰すべき事由がなく、当該売上不振商品等の購入にあたって当該特定納入業者との合意により返品の条件を定めておらず、かつ、当該特定納入業者から当該売上不振商品等の返品を受けたい旨の申出がなく、あるいは当該申出があったとしても当該特定納入業者が当該売上不振商品等を処分することが当該特定納入業者の直接の利益とならないにもかかわらず、当該売上不振商品等を返品していた。

この返品を受けた特定納入業者63社は、日本トイザらスとの取引を継続して行う立場上、その返品を受け入れることを余儀なくされていた。また、日本トイザらスは、この返品によって当該特定納入業者に通常生ずべき損失を負担していなかった。この行為により、日本トイザらスは、平成21年1

月 6 日から平成 23 年 1 月 31 日までの間に、特定納入業者 63 社に対し、総額約 2 億 3320 万円に相当する売上不振商品等の返品を行っていた。

(ii) 売上不振商品等についての代金減額

自社が割引販売を行うこととした売上不振商品等を納入した特定納入業者 80 社に対し、当該売上不振商品等について当該特定納入業者の責めに帰すべき事由がないにもかかわらず、当該割引販売における自社の割引予定額に相当する額の一部または全部を、当該特定納入業者に支払うべき代金の額から減じていた。

この減額を受けた特定納入業者 80 社は、日本トイザらスとの取引を継続して行う立場上、その減額を受け入れることを余儀なくされていた。この行為により、日本トイザらスは、平成 21 年 1 月 6 日から平成 23 年 1 月 31 日までの間に、自社の売上不振商品等の割引販売に際し、特定納入業者 80 社に対し、総額約 4 億 746 万円を当該特定納入業者に支払うべき代金の額から減じていた。

(c) 排除措置命令審決[53]の概要

日本トイザらスの行為は独占禁止法 2 条 9 項 5 号（一般指定 14 項）に該当し、独占禁止法 19 条の規定に違反し、独占禁止法 20 条 2 項において準用する独占禁止法 7 条 2 項 1 号に該当する者であること、違反行為が長期間にわたり組織的に行われていたことを理由として排除措置命令審決がなされた。

(d) 課徴金納付命令審決[54]の概要

日本トイザらスの行為は、独占禁止法 2 条 9 項 5 号に該当し、独占禁止法 19 条の規定に違反するものであり、かつ、独占禁止法 20 条の 6 に規定する継続してするものである。日本トイザらスが国庫に納付しなければならない課徴金の額は、3 億 6908 万円である。

---

53) 公取委排除措置命令平成 23・12・13。
54) 公取委課徴金納付命令平成 23・12・13。

一部認容審決の概要

平成25年改正前の旧独占禁止法49条6項、旧法50条4項に基づき日本トイザらスは審判請求を行い、本件行為の優越的地位の濫用該当性（争点1）、公正競争阻害性（争点2）、本件違反行為の期間（争点3）の争点について判断がなされた。

(a) **争点1（本件返品および本件減額は優越的地位の濫用に該当するか）について**

(i) 優越的地位の濫用規制の趣旨について

優越的地位の濫用が不公正な取引方法のひとつとして規制されているのは、自己の取引上の地位が相手方に優越している一方の当事者が、取引の相手方に対し、その地位を利用して、正常な商慣習に照らして不当に不利益を与えることは、当該取引の相手方の自由かつ自主的な判断による取引を阻害するとともに、当該取引の相手方はその競争者との関係において競争上不利となる一方で、行為者はその競争者との関係において競争上有利となるおそれがあり、このような行為は公正な競争を阻害するおそれ（公正競争阻害性）があるといえるからである（ガイドライン第1-1参照）。

(ii) 優越的地位について

前記(1)のような優越的地位の濫用規制の趣旨に照らせば、取引の一方の当事者（以下、「甲」）が他方の当事者（以下、「乙」）に対し、取引上の地位が優越しているというためには、甲が市場支配的な地位またはそれに準ずる絶対的に優越した地位にある必要はなく、取引の相手方との関係で相対的に優越した地位にあれば足りると解される。また、甲が取引先である乙に対して優越した地位にあるとは、乙にとって甲との取引の継続が困難になることが事業経営上大きな支障を来すため、甲が乙にとって著しく不利益な要請等を行っても、乙がこれを受け入れざるをえないような場合をいうと解される（ガイドライン第2-1参照）。

ところで、取引の相手方に対し正常な商慣習に照らして不当に不利益を与える行為（以下、「濫用行為」ということもある）は、通常の企業行動からすれば当該取引の相手方が受け入れる合理性のないような行為であるから、甲が

濫用行為を行い、乙がこれを受け入れている事実が認められる場合、これは、乙が当該濫用行為を受け入れることについて特段の事情がない限り、乙にとって甲との取引が必要かつ重要であることを推認させるとともに、「甲が乙にとって著しく不利益な要請等を行っても、乙がこれを受け入れざるを得ないような場合」にあったことの現実化として評価できるものというべきであり、このことは、乙にとって甲との取引の継続が困難になることが事業経営上大きな支障を来すことに結びつく重要な要素になるものというべきである。

また、乙の甲に対する取引依存度が大きい場合には、乙は甲と取引を行う必要性が高くなるため、乙にとって甲との取引の継続が困難になることが事業経営上大きな支障を来すことになりやすく（ガイドライン第2-2(1)参照）、甲の市場におけるシェアが大きい場合またはその順位が高い場合には、甲と取引することで乙の取引数量や取引額の増加が期待でき、乙は甲と取引を行う必要性が高くなるため、乙にとって甲との取引の継続が困難になることが事業経営上大きな支障を来すことになりやすく（同(2)参照）、また、乙が他の事業者との取引を開始もしくは拡大することが困難である場合または甲との取引に関連して多額の投資を行っている場合には、乙は甲と取引を行う必要性が高くなるため、乙にとって甲との取引の継続が困難になることが事業経営上大きな支障を来すことになりやすい（同(3)参照）ものといえる。

したがって、甲が乙に対して優越した地位にあるといえるか否かについては、甲による行為が濫用行為に該当するか否か、濫用行為の内容、乙がこれを受け入れたことについての特段の事情の有無を検討し、さらに、①乙の甲に対する取引依存度、②甲の市場における地位、③乙にとっての取引先変更の可能性、④その他甲と取引することの必要性、重要性を示す具体的事実を総合的に考慮して判断するのが相当である。

　(iii) 本件の濫用行為について
　(ア) 被審人と納入業者らとの取引は、一部の例外を除き買取取引である。
　(イ) このような買取取引において、取引の相手方の責めに帰すべき事由がない場合の返品および減額は、一旦締結した売買契約を反故にしたり、納入業者に対して、売残りリスクや値引き販売による売上額の減少など購入者が負うべき不利益を転嫁する行為であり、取引の相手方にとって通常は何ら合

理性のないことであるから、そのような行為は、原則として、取引の相手方にあらかじめ計算できない不利益を与えるものであり、当該取引の相手方の自由かつ自主的な判断による取引を阻害するものとして、濫用行為にあたると解される。

(ウ) もっとも、返品に関しては、例外的に、①商品の購入にあたって、当該取引の相手方との合意により返品の条件を明確に定め、その条件に従って返品する場合、②あらかじめ当該取引の相手方の同意を得て、かつ、商品の返品によって当該取引の相手方に通常生ずべき損失を自己が負担する場合、③当該取引の相手方から商品の返品を受けたい旨の申出があり、かつ、当該取引の相手方が当該商品を処分することが当該取引の相手方の直接の利益となる場合などは、当該取引の相手方にあらかじめ計算できない不利益を与えるものではなく、濫用行為にはあたらないと解される（ただし、上記①については、返品が当該取引の相手方が得る直接の利益等を勘案して合理的であると認められる範囲を超えた負担となり、当該取引の相手方に不利益を与えることとなる場合には、当該取引の相手方の自由かつ自主的な判断による取引を阻害するものとして、濫用行為にあたることとなる）。

(エ) また、減額に関しても、例外的に、①対価を減額するための要請が対価に係る交渉の一環として行われ、その額が需給関係を反映したものであると認められる場合、②当該取引の相手方から値引き販売の原資とするための減額の申出があり、かつ、当該値引き販売を実施して当該商品が処分されることが当該取引の相手方の直接の利益となる場合などは、当該取引の相手方にあらかじめ計算できない不利益を与えるものではなく、濫用行為にはあたらないと解される。

(オ) 以上のとおり、取引の相手方の責めに帰すべき事由がない場合の返品および減額については、前記(ウ)および(エ)のような例外と認められるべき場合（以下、これに該当する場合の事情を「例外事由」という）はあるものの、通常は取引の相手方にとって何ら合理性のないことであるから、例外事由にあたるなどの特段の事情がない限り、当該取引の相手方にあらかじめ計算できない不利益を与えるものと推認され、濫用行為にあたると認めるのが相当である。

(b) 争点 2（本件行為または本件返品および本件減額に公正な競争を阻害するおそれがあるか否か）について

(i) 優越的地位の濫用の公正競争阻害性の考え方

独占禁止法第 19 条において優越的地位の濫用行為が規制されているのは、自己の取引上の地位が相手方に優越している一方の当事者が、取引の相手方に対し、その地位を利用して、正常な商慣習に照らして不当に不利益を与えることは、当該取引の相手方の自由かつ自主的な判断による取引を阻害するとともに、当該取引の相手方はその競争者との関係において競争上不利となるおそれがある一方で、行為者はその競争者との関係において競争上有利になるおそれがあり、このような行為は公正な競争を阻害するおそれ（公正競争阻害性）があるからである。

そして、どのような場合に公正競争阻害性があると認められるのかについては、問題となる不利益の程度、行為の広がり等を考慮して、個別の事案ごとに判断すべきである（ガイドライン第 1-1 参照）。

(ii) 本件における公正競争阻害性の認定

被審人は、すでに認定したとおり、本件排除措置命令が認定した本件違反行為の相手方である特定納入業者（117 社）のうち D および L を除いた 115 社という多数の取引の相手方に対して、遅くとも平成 21 年 1 月 6 日から平成 23 年 1 月 31 日までの 2 年以上もの期間にわたり、被審人の組織的かつ計画的に一連の行為として本件濫用行為を行ったものであり、これにより、115 社にあらかじめ計算できない不利益を与え、115 社の自由かつ自主的な判断による取引が阻害されたものであり、これは、115 社が、返品や減額によって、その競争者との関係において競争上不利となる一方で、被審人が、当該返品や減額によって、その競争者との競争において競争上有利となるおそれを生じさせたものであるから、その点ですでに本件濫用行為には公正競争阻害性があることが認められる。

(c) 争点 3（本件違反行為の期間）について

優越的地位の濫用規制の趣旨に照らせば、独占禁止法 2 条 9 項 5 号または旧一般指定 14 項（1 号ないし 4 号）に該当するような濫用行為は、これが複

数みられるとしても、また、複数の取引先に対して行われたものであるとしても、それが組織的、計画的に一連のものとして実行されているなど、それらの行為を行為者の優越的地位の濫用として一体として評価できる場合には、独占禁止法上ひとつの優越的地位の濫用として規制されることになり、課徴金算定の基礎となる違反行為期間についても、それを前提にして、濫用行為が最初に行われた日を「当該行為をした日」とし、濫用行為がなくなったと認められる日を「当該行為がなくなる日」とするのが相当である。

審決の要旨
① 平成23年12月13日付の排除措置命令（平成23年（措）第13号）のうち、別紙審決案の別表1の番号欄9および10記載の各事業者に関する部分を取り消す。
② 平成23年12月13日付の課徴金納付命令（平成23年（納）第262号）のうち、2億2218万円を超えて納付を命じた部分を取り消す。
③ 被審人のその余の審判請求をいずれも棄却する。

法令の適用
被審人の本件審判請求は、本件排除措置命令のうち別表1の番号欄9および10記載の各事業者（DおよびL）に関する部分の取消し並びに本件課徴金納付命令のうち2億2218万円を超える部分の取消しを求める限度で理由があり、その余はいずれも理由がないから、独占禁止法66条3項および2項の規定により、主文のとおり審決することが相当である。

本審決の検討
(a) 本件は、平成22年1月施行の独占禁止法改正により、優越的地位の濫用規制に課徴金が導入された後、初めて審判審決が確定し、課徴金納付が命じられた点できわめて注目される事案である。

(b)「優越的地位」要件について
現行の優越的地位濫用ガイドライン第2-1,2は「甲が取引先である乙に

対して優越した地位にあるとは、乙にとって甲との取引の継続が困難になることが事業経営上大きな支障を来すため、甲が乙にとって著しく不利益な要請等を行っても、乙がこれを受け入れざるを得ないような場合である。この判断に当たっては、乙の甲に対する取引依存度、甲の市場における地位、乙にとっての取引先変更の可能性、その他甲と取引することの必要性を示す具体的事実を総合的に考慮する」とする。

　本件でも、基本的には上記ガイドラインの指針に沿った認定がなされており、「甲が乙に対して優越した地位にあるといえるか否かについては、甲による行為が濫用行為に該当するか否か、濫用行為の内容、乙がこれを受け入れたことについての特段の事情の有無を検討し、さらに、①乙の甲に対する取引依存度、②甲の市場における地位、③乙にとっての取引先変更の可能性、④その他甲と取引することの必要性、重要性を示す具体的事実を総合的に考慮して判断するのが相当である」と述べた上で、濫用行為の全部または一部の成立が結論として認められた納入業者14社に対して、日本トイザらスの優越的地位を認めている。14社のうちには、①「取引依存度」が90％以上の者から0.5％にすぎない者まで幅広く含まれていたが、取引依存度が低くても取引額や数量が大きいことや、主な取扱商品の取引依存度が高いこと等が優越的地位の認定に影響を与えているようである。また③「取引先変更の可能性」については、他の事業者との取引を開始することまたは拡大することにより日本トイザらスに対する売上高と同程度の売上高を確保することが困難であること、そのことを納入業者が認識していたこと、といった事実に基づいて認定がなされている。その際、「通常の企業行動からすれば当該取引の相手方が受け入れる合理性のないような行為であるから、甲が濫用行為を行い、乙がこれを受け入れている事実が認められる場合、これは、乙が当該濫用行為を受け入れることについて特段の事情がない限り、乙にとって甲との取引が必要かつ重要であることを推認させる」と述べて、納入業者が不利益な取引を受け入れている事実を重視して、優越的地位を認定している点が特徴的である。

(c)「正常な商慣習に照らして不当に」要件について

本件では、売上不振商品等についての返品および代金減額行為が問題とされた。

(i)「返品」について

優越的地位濫用ガイドライン第4-3(2)「返品」では「どのような場合に、どのような条件で返品するかについて、当該取引の相手方との間で明確になっておらず、当該取引の相手方にあらかじめ計算できない不利益を与えることとなる場合、その他正当な理由がないのに、当該取引の相手方から受領した商品を返品する場合であって、当該取引の相手方が、今後の取引に与える影響等を懸念してそれを受け入れざるを得ない場合には、正常な商慣習に照らして不当に不利益を与えることとなり、優越的地位の濫用として問題となる」という基準を述べる。その上で、例外的に「返品」が濫用に該当しない例として、①当該取引の相手方から購入した商品に瑕疵がある場合、注文した商品と異なる商品が納入された場合、納期に間に合わなかったために販売目的が達成できなかった場合等、当該取引の相手方側の責めに帰すべき事由により、当該商品を受領した日から相当の期間内に、当該事由を勘案して相当と認められる数量の範囲内で返品する場合、②商品の購入にあたって当該取引の相手方との合意により返品の条件を定め、その条件に従って返品する場合、③あらかじめ当該取引の相手方の同意を得て、かつ、商品の返品によって当該取引の相手方に通常生ずべき損失を自己が負担する場合、④当該取引の相手方から商品の返品を受けたい旨の申出があり、かつ、当該取引の相手方が当該商品を処分することが当該取引の相手方の直接の利益となる場合を挙げる。

本審決は、「取引の相手方の責めに帰すべき事由がない場合の返品および減額は、取引の相手方にとって通常は何ら合理性のないことであるから、そのような行為は、原則として、取引の相手方にあらかじめ計算できない不利益を与えるものであり、当該取引の相手方の自由かつ自主的な判断による取引を阻害するものとして、濫用行為に当たる」という原則を述べた上で、「返品」が例外的に不当な不利益にあたらない例として、上記ガイドライン②から④とほぼ同じ例示がなされている。もっとも、あらかじめ当該取引の相手

方の同意を得ている場合（上記ガイドライン②の事由）であっても、「返品が当該取引の相手方が得る直接の利益等を勘案して合理的であると認められる範囲を超えた負担となり、当該取引の相手方に不利益を与えることとなる場合には、当該取引の相手方の自由かつ自主的な判断による取引を阻害するものとして、濫用行為に当たることとなる」と付言する。その上で、本件で濫用行為にあたるとされた返品では、上記の例外事由にあたる等の特段の事情は認められないことを理由に濫用行為が認定された。

(ⅱ)「代金減額」について

優越的地位濫用ガイドライン第4-3(4)「減額」では、「正当な理由がないのに、契約で定めた対価を減額する場合であって、当該取引の相手方が、今後の取引に与える影響等を懸念してそれを受け入れざるを得ない場合」、「契約で定めた対価を変更することなく、商品又は役務の仕様を変更するなど対価を実質的に減額する場合」は、正常な商慣習に照らして不当に不利益を与えることとなり、優越的地位の濫用として問題となるとされている。その上で、例外的に「減額」が濫用に該当しない場合の例として、「①当該取引の相手方から購入した商品又は提供された役務に瑕疵がある場合、注文内容と異なる商品が納入され又は役務が提供された場合、納期に間に合わなかったために販売目的が達成できなかった場合等、当該取引の相手方側の責めに帰すべき事由により、当該商品が納入され又は当該役務が提供された日から相当の期間内に、当該事由を勘案して相当と認められる金額の範囲内で対価を減額する場合、②対価を減額するための要請が対価に係る交渉の一環として行われ、その額が需給関係を反映したものであると認められる場合には、正常な商慣習に照らして不当に不利益を与えることとならず、優越的地位の濫用の問題とはならない」とする。

本審決は「取引の相手方の責めに帰すべき事由がない場合の返品及び減額は、取引の相手方にとって通常は何ら合理性のないことであるから、そのような行為は、原則として、取引の相手方にあらかじめ計算できない不利益を与えるものであり、当該取引の相手方の自由かつ自主的な判断による取引を阻害するものとして、濫用行為に当たる」という原則を述べた上で、「代金減額」が例外的に濫用にあたらない例として、上記ガイドライン②とほぼ同

じ例示がなされているといえよう。

(iii) 公正競争阻害性について

本審決では、優越的地位の濫用の公正競争阻害性について、「当該取引の相手方の自由かつ自主的な判断による取引を阻害するとともに、当該取引の相手方はその競争者との関係において競争上不利となるおそれがある一方で、行為者はその競争者との関係において競争上有利になるおそれがあり」と述べて、取引相手方である納入業者の「自由・自主性」の侵害と「競争上の有利・不利」（間接的競争侵害）にあることを明示し、かつ行為の広がりについても言及している。

(iv) 課徴金納付命令について

本審決では、課徴金算定の基礎となる濫用行為の期間について「組織的、計画的に一連のものとして実行されているなど、それらの行為を行為者の優越的地位の濫用として一体として評価できる場合には、独占禁止法上一つの優越的地位の濫用として規制される」ことを前提として、濫用行為が最初に行われた日を「当該行為をした日」とし、濫用行為がなくなったと認められる日を「当該行為がなくなる日」とするという立場を採用している。この考え方によれば、納入業者ごとに複数の違反行為が成立するとして個別に課徴金の算定期間を判断するのではなく、複数の濫用行為が一体として一つの濫用行為と評価できる場合には、その一体の濫用行為に含まれるすべての濫用行為の相手方との当該期間中の取引額が課徴金の基礎とされることになる。

第4節 「優越的地位」要件に関するフランス競争法からの示唆

1 日本独占禁止法上の「優越的地位」の考え方

第2節および第3節で検討した日本独占禁止法上の取引上の優越的地位の

濫用規制について、フランス競争法上の相対的市場力規制（経済的従属関係の濫用規制）および「著しい不均衡」規制から得られる示唆について以下、検討を進めていく。

　本章第2節で述べたように、「優越的地位」とは、優越的地位濫用ガイドラインによれば、取引の相手方が取引先を他に変更することが困難で、相手方にとって著しく不利益な条件でも受け入れざるをえないような場合をいう。「相手方に優越している」とは、当該取引相手との関係で取引上の地位が相対的に優越していれば足り、市場における競争者との関係で優越していることまでは必要ないという考えが通説的である。そして一方が他方に対して優越的地位にあるか否かは、①取引相手の当該事業者との取引依存度、②当該事業者の市場における地位、③取引相手の取引先変更の可能性、④その他の取引の必要性を示す具体的事実として、甲との取引の額、甲の今後の成長可能性、取引の対象となる商品または役務を取り扱うことの重要性、甲と取引することによる乙の信用の確保、甲と乙の事業規模の相違等が考慮され、これらを総合的に考慮して判断される（第2-2(1)〜(4)）。

　これまでの審決において、例えばドン・キホーテ事件では、行為者が市場における大規模小売業者であること、三越事件では加えて三越がブランドを有することを理由として、それ以上に細かな事情を検討することなく「納入業者の多くは……納入取引の継続を強く望んでいる状況にある」ことを認定している。

　これに対して例えばセブン－イレブン・ジャパン事件においては、①セブン－イレブンが業界大手の業者であるのに対して加盟店のほとんどが中小の小売業者であること、②加盟店基本契約は期間15年で両当事者の合意が得られなければ終了し、店舗の提供を受けている加盟店は終了後店舗を返還しなければならないこと、③セブン－イレブンは加盟店の推奨商品とその仕入れ先を提示し、加盟店は推奨商品については同社の発注・仕入れ・決済システムを利用できる便宜が得られること、④加盟店に対してセブン－イレブンの経営相談員が経営指導、援助等を行っている等の事情から、同社の優越的地位を認定している。

2 フランス競争法上の相対的市場力規制から「優越的地位」について得られる示唆

(1) フランスの相対的市場力規制の構造からの示唆

　フランス競争法上の相対的市場力規制は経済的従属関係の濫用を規制しており、同規制における「従属関係」の判断基準から示唆を得られる可能性がある。本章第2節2(3)で指摘したように、日本独占禁止法の優越的地位の濫用規制における行為者の「優越的地位」は、取引相手方の側面からみれば、取引相手方の行為者への「従属関係」ないし「従属性」として評価することが可能である。

　フランス競争法上の市場支配的地位の濫用規制と経済的従属関係の濫用規制との関係について、経済的従属関係ある取引相手方に対して相対的に優越する市場力を備える事業者は、市場支配的地位にある事業者と同様に強制力を行使しうる地位にある事業者であり、強制力を契機として濫用行為を行うという点で、市場支配的地位の垂直型濫用と類似した構造をもつと理解されていることを述べてきた[55]。すなわち、フランス競争法上の相対的市場力規制は、取引相手方に優越する市場力を規制するものである。これに対して、日本独占禁止法上の優越的地位の濫用規制は、取引上の「優越的地位」の利用の規制であり、競争者または取引相手方に相対的に優越する市場力を直接規制しておらず、取引上の地位に着目した規制である点で異なっているため、単純な概念比較により要件解釈上の示唆を得ることは適切ではない可能性もありうる。

　しかし、相手方事業者の従属関係は、行為者にとっての強制力ある地位をもたらし、強制力を契機として濫用行為をもたらすという構造関係は、流通系列における事業者の取引関係において普遍的なものであり、このような構造を前提としたフランスにおける相対的市場力規制から示唆を得ることは可能と考える。そこでフランス法上の相対的市場力規制の構造から示唆を得て、

---

[55] 第1章第3節3(4)、第2章第2節2(1)(e)を参照。

「優越的地位」の判断において、当該濫用行為に対する取引相手方の「従属性」を判断基準として用いて、自己にとって経済的合理性のない要求（例えば代償なき値引き、返品等）を受け入れざるをえなかった地位にあるという「従属性」から、当該濫用行為を行いうるような強制力をもちうる行為者の「優越的地位」を推認する、という発想を持つことができる。すなわち日本独占禁止法上の優越的地位の濫用規制における行為者の「優越的地位」要件は、相手方当事者との間の「相対的優越性」であることから、この相対的優越性を取引相手方の側面から捉え直して、取引相手方の行為者への「従属性」として評価することが可能である。「従属性」の存在の認定により、そのような従属性をもたらすことを可能ならしめた「優越的地位」の推認を行うという解釈手法を採ることになる。

このような「従属性」に着目した判断基準は、「優越的地位」は、相対的な優越性を意味すると解する我が国の通説的な見解に適合することに加えて、以下のような利点がある。すなわち、優越的地位の濫用規制が審理対象となる事案においては、行為の相手方が何らかの不利益な要求を受け入れた事実は、客観的かつ比較的容易に主張・立証することができ、そこから「従属性」を認定し、「従属性」概念を媒介として優越的地位を推認するほうが、当事者間の従前の取引状況等から「優越的地位」そのものを認定よりも、客観的な認定が可能となり、このことは立証活動の容易性ももたらすであろう。

またこのような捉え方は、高橋説[56]における優越的地位の利用行為が実効性をもって行われたことから、実効性をもって利用行為を行いうる地位を推認しうるという考え方、さらに平成27年の日本トイザらス事件審判審決における、濫用行為の存在自体から優越的地位を推認するような判断手法との接近を指摘することができる。すなわち同審決は、「取引の相手方に対し正常な商慣習に照らして不当に不利益を与える行為（以下、「濫用行為」ということもある）は、通常の企業行動からすれば当該取引の相手方が受け入れる合理性のないような行為であるから、甲が濫用行為を行い、乙がこれを受け入れている事実が認められる場合、これは、乙が当該濫用行為を受け入れるこ

---

56) 高橋・前掲注22) 22頁参照。

とについて特段の事情がない限り、乙にとって甲との取引が必要かつ重要であることを推認させるとともに、『甲が乙にとって著しく不利益な要請等を行っても、乙がこれを受け入れざるを得ないような場合』にあったことの現実化として評価できるものというべきであり、このことは、乙にとって甲との取引の継続が困難になることが事業経営上大きな支障を来すことに結び付く重要な要素になるものというべきである」と述べており、「通常の企業行動からすれば当該取引の相手方が受け入れる合理性のないような行為」を納入業者が受け入れている事実に着目して、「甲が乙にとって著しく不利益な要請等を行っても、乙がこれを受け入れざるを得ないような場合」にあったことの現実化を認定し、このことから優越的地位を導き出す判断枠組みを採用している[57]。

(2) 経済的従属関係の考慮要素からの示唆

フランス競争法の相対的市場力規制であるL.420-2条2項における「経済的従属関係」要件の判断は、従前より「代替的解決方法」基準の厳格解釈により運用されていた。「代替的解決方法」基準は、フランスの判例法理において「ある事業者が、その供給事業者を、技術的及び経済的に同等の条件における調達の要求に応えるような、単独又は複数の他の供給事業者に代替する可能性を備えていない状態」と定義されており、公正取引委員会の挙げる考慮事由における「取引依存度」より厳格な基準として適用されていると解される。すなわちフランスでは、判例が「経済的従属関係」の考慮要素としてブランドの著名性、関連市場および小売事業者の取引高におけるシェアの重要性、そして小売事業者が代替的な製品につき他の供給事業者を獲得する

---

[57] 瀬領・前掲注52) 67頁以下は、優越的地位の認定には、(1)濫用行為と優越的地位が相関連しているので全体として一体的に認定するとみる立場（根岸＝舟田・前掲注10) 277頁）からは、本審決は、法運用上問題なしと主張しうるが、他方、(2)優越的地位と濫用行為を別個の独立した要件だとみる見解からすれば、(1)の見解は循環論法であり、(1)に依拠する本審決はガイドライン等で従前に示された考え方から乖離しており問題となる旨を指摘する。長谷河・前掲注52) 3頁は、本審決が「推認」という手法で優越的地位と濫用の関連性・一体性（(1)の見解）を地位の認定に用いていることを指摘する。

ことの不可能性等を挙げるものの、実質的には上記「代替的解決方法」基準のきわめて厳格な運用により、抽象的に他の事業者から調達・供給を得る可能性が認定されれば、その他の考慮要素は十分に考慮されないまま「経済的従属関係なし」との結論が出されてきたように思われる。フランスでは、日本の優越的地位濫用ガイドライン第2-2に列挙された取引依存度、行為者の市場における地位、取引先変更の可能性、取引高、取引することによる信用の確保等の具体的事実を「総合的に」考慮するという判断基準の詳細化や、フランチャイズ・ガイドラインや、セブン－イレブン・ジャパン審決における①から④のような個別事情の総合的な考慮による判断基準の精緻化は進んでいなかったように思われる。

　ただし、第3章第4節2で検討したフランスのフランチャイズ案件である2011年のCarrefour事件審決では、(a)同社の規模、(b)同社と加盟店との資本関係、(c)店舗の貸借関係等の実質的な事情が考慮されており、これらは公正取引委員会ガイドラインに挙げられた考慮要素およびセブン－イレブン・ジャパン事件に挙げられた考慮要素に類似している。フランスにおいて「経済的従属性」の基準を緩和する発想に立つのであれば、優越的地位の認定に積極的な日本の優越的地位の認定における考慮要素および総合判断による判断枠組みを取り入れることは有用である可能性がある。

　他方で、Carrefour事件審決は、(d)同社が修正を確約した後の加盟店契約の内容が従前よりも厳格なものではないか、加盟店契約期間や競業避止義務等の点で、加盟店が系列外へ移転することを可能ならしめる内容であるかを詳細に考察しており、これは公取委の考慮要素にいう「取引先変更の可能性」に類似するが、(d)の基準は、経済的従属関係の濫用規制を流通系列化の規制手段として運用するという目的に、より適合した基準として設定されており、このような考慮要素の設定は、我が国のフランチャイズ案件の規制と問題意識を共通にすると考えられる。すなわち、我が国のフランチャイズ・ガイドラインも、個別行為の例としてフランチャイズ契約後の契約内容の不利益変更、契約終了後の競業禁止等を規制する。また、「フランチャイズ契約全体としてみて本部の取引方法が同項に該当すると認められる場合」の考慮事情として、加盟者に契約の解約権、または解約の場合の高額の違約金の有無を

考慮することを求めている。

上記に類似した判断過程は、三越事件の同意審決においても違反行為の排除計画の審査手続にもみられるが、Carrefour 事件審決における、勧告を受けて修正を加える前後の契約条項を、詳細に比較検討する判断手法は、我が国のフランチャイズ・ガイドラインを具体的に運用する上でも有用と思われる。

3　フランス競争法上の「著しい不均衡」規制から「優越的地位」について得られる示唆

(1) フランス競争法上の「著しい不均衡」規制の制度的特徴

フランス競争法における商法典 L.442-6 条Ⅰ項 2 号の「著しい不均衡」規制は、行為者の競争者または取引相手方に優越する市場力を前提とせず、当事者間の取引関係、取引上の地位に着目した規制を行うという点では、日本独占禁止法上の取引上の優越的地位の濫用規制と共通の性質を備える。

ただし「著しい不均衡」規制は、行為者の取引上優越的な地位、または当事者間の経済的従属関係の存在という要件を条文上の要件としては不要とし、「当事者の権利及び義務における著しい不均衡」すなわち「当事者間の義務が双方向的でないこと又は不釣り合いであること」、契約全体の経済的均衡性の欠如等を理由に規制している点で、日本の優越的地位の濫用規制とは異なっている。その結果、取引当事者の規模が小さくても、取引依存度が高くなくても、取引先変更可能性があったとしても、当該取引自体の性質に基づき、差止め、民事過料、損害賠償等の対象として規制することが可能とされる。また「著しい不均衡」規制は、第 5 章で検討した運用実績によれば、もっぱら契約条項上の経済的な均衡の欠如に着目して不公正条項規制に純化した運用を行っており、この点においても優越的地位の濫用規制の運用との違いがある。日本ではもともと小売流通分野においては、三越事件やドン・キホーテ事件にみられるように、むしろ契約条項化されていない押し付け販売、協賛金要請、従業員派遣要請等の、不公正な取引慣行の事実行為の規制に主眼があったと解される。ただし、フランチャイズ分野においては、ローソン

事件、セブン‐イレブン事件のように、フランチャイズ契約上の条項の運用が問題とされている。

(2) 取引行為自体の経済的均衡性に着目した規制からの示唆

「著しい不均衡」規制は取引当事者間の権利義務関係の不均衡に着目し、いわば純化させた規制であるが、フランスにおける運用が順調である背景には、権利義務関係の不均衡自体が、民事規制の審判機関である裁判所において事後的、客観的に判断しやすいという利点があるように思われる。この利点は、日本の優越的地位の濫用規制における優越的地位の認定を客観的に行う上で示唆に富むものである。すなわち、実際に行われた要求内容の経済的均衡性の欠如に着目して、そのような経済的均衡性のない行為を受け入れさせる優越的地位を認定するという手法を発想することが可能である。

この点、本節2(2)では、取引相手方の「従属性」に着目して「優越的地位」を認定するという解釈論について検討した。「著しい不均衡」規制は、近時の判例法上の運用においては、第5章において述べたように、①取引行為において当事者が負う義務の経済的均衡性の欠如の要件（「著しい不均衡」要件）と、②不均衡な義務に「従わせ、又は従わせようとする」要件（「従属性」要件）によって適用がなされている。ただし、「著しい不均衡」規制における「従属性」要件には、厳密には以下のような特徴がある。すなわちフランス商法典L.420-2条2項の経済的従属関係の濫用規制や、我が国の取引上の優越的地位の濫用規制では、「優越的地位」、「経済的従属関係」は当該違反行為の前提となる従前の取引関係における地位の要件と解される。他方で「著しい不均衡」規制における「従属性」要件は、当該「経済的合理性のない義務」自体に「従わせ、従わせようとする」という当該違反行為への従属に着目した要件となっている。判例理論上も「著しい不均衡」規制における「従属性」は、「より弱い当事者の服従を推論させるような当事者間における不均衡な経済力関係の存在」、「当事者間において存在する不均衡な力関係に基づいて、不公正で双方向的でない義務を取引相手方に課することによって生じる」と解されており[58]、「経済的従属関係」要件や「優越的地位」要件とはややニュアンスが異なり、当該違法行為自体への「従属性」を意味し、経済的に不

合理な取引が実効性をもって行われたことを実質的に意味するものであり、「著しい不均衡」要件と一体的に認定される可能性があることに留意すべきである。

このような当該違法行為自体への「従属性」に着目した「優越的地位」要件の解釈手法は、我が国の優越的地位の濫用が問題となる事案において、一方当事者にとって不利益な要求の存在、およびその要求自体への従属の事実は、客観的かつ容易な主張・立証が可能であることから、利点があるといえる。要求内容が一方当事者にとって経済的合理性を欠いていたか、当該経済的均衡性を欠いた取引が実効性をもって行われたかは、客観的、事後的な判断になじみやすいであろう。

この点、前述の日本トイザらス審決は、「取引の相手方に対し正常な商慣習に照らして不当に不利益を与える行為……は、通常の企業行動からすれば当該取引の相手方が受け入れる合理性のないような行為であるから、甲が濫用行為を行い、乙がこれを受け入れている事実が認められる場合、これは、乙が当該濫用行為を受け入れることについて特段の事情がない限り、乙にとって甲との取引が必要かつ重要であることを推認させるとともに、『甲が乙にとって著しく不利益な要請等を行っても、乙がこれを受け入れざるを得ないような場合』にあったことの現実化として評価できるものというべきであり」と述べており、経済的合理性のない行為要求が受け入れられた事実を徴表として、優越的地位を認定しているとみる余地もある。

このように「著しい不均衡」規制に示唆を得た、取引行為自体の経済的な不均衡性と、当該不均衡な取引への「従属性」に着目したアプローチは、審判機関が事後的、客観的認定を容易に行いうるという利点があり[59]、我が国における規制においても参照されるべき余地があると思われる。

---

58) 第5章第3節3を参照。
59) 長澤哲也「優越的地位濫用の認定における実務上の諸論点」日本経済法学会年報35号（2014年）59頁、66頁以下は、トイザらス審決にみられるような、ガイドライン上典型的な不利益行為から「自由かつ自主的な判断」の侵害を認定し、そのような不利益を相手方が受け入れたことおよび取引必要性を間接事実として優越的地位を認定する手法は立証負担の軽減に資することを指摘する。

(3) 我が国の特殊指定制度による規制との関係における示唆

　我が国では、大規模小売事業およびフランチャイズ事業の分野においては、特殊指定による詳細な行為類型の指定、およびその運用基準の公表により、行為や契約条項の性質上、優越的地位の濫用に該当しうる行為が特定されており、公正競争阻害性を充足する場合には、独占禁止法19条のエンフォースメントを発動させることが可能である。

　このような規制のあり方は、個別行為の性質に着目して購買力規制を行う点で「著しい不均衡」規制、およびフランス商法典L.442-6条Ⅰ項のその他の競争制限行為のリスト[60]との近接性を指摘しうる。しかし、我が国の特殊指定制度は独禁法2条9項5号の優越的地位の濫用規制の一環であるのに対して、「著しい不均衡」規制は、それ自体が民事過料、損害賠償、差止め、無効等の私法上のエンフォースメントを発動させることが可能であり、経済的従属関係の濫用規制との一体的な規制は必ずしも予定されていないという違いがある（ただし経済的従属関係の濫用規制は行為要件としてL.442-6条を準用しており、「著しい不均衡」規制が経済的従属関係の濫用規制を機能的に補完することが予定されている）。

　我が国では、本章第3節2、3で示したように、1980年代以来、旧百貨店業特殊指定、大規模小売業特殊指定に基づく購買力濫用の規制が活発に行われてきた実績があり、第5章で検討したように、フランスにおける購買力濫用規制が2008年の「著しい不均衡」規制の導入以降、ようやく軌道に乗ったとみられる状況と比較しても、むしろ我が国の規制制度設計は十分に実効性を備えたものであるとも評価することが可能である。独禁法2条9項5号に優越的地位の濫用行為の一般的規定を置いた上で、優越的地位の濫用に該

---

60) 商法典L.442-6条Ⅰ項においては、「著しい不均衡」規制（2号）の他に、提供した役務に対して不相応または明白に不釣り合いな利益を獲得する行為（1号）、書面による契約を伴わずに発注契約締結の前提条件として利益を獲得すること（3号）、取引拒絶の強迫を用いて濫用的な取引条件を獲得すること（4号）、予告なき取引関係の破棄（5号）、競争法上禁止される選択的・排他的流通制への参加（6号）、支払遅延（7号）、商品の受領拒絶・返品（8号）、以下13号まで多様な行為の規制類型が列挙されている。ただし第5章第2節1でみたように、実際に適用されるのは2号が最も多く、次いで1号、5号の規制が多い。

当しうる行為をガイドラインおよび特殊指定において具体化する運用は、規制対象に応じた機動性、柔軟性を備えた利点がある。この点、フランスの L.442-6 条Ⅰ項の行為類型のうち実際に最も活用されているのは、構成要件が抽象的でⅠ項の他の行為類型を包含しうる同項2号の「著しい不均衡」規制であり、同規制がいわば一般的規定となり、「著しい不均衡」に該当する具体的行為について、Ⅰ項の他の列挙行為および取引行為検査委員会（CEPC）が公表するガイドラインを参照するという運用が確立しつつあるようである。フランスにおけるこのような状況のほうがむしろ、日本における優越的地位の濫用規制と大規模小売業特殊指定による購買力濫用規制制度による運用に接近しつつあるようにも思われる。

(4) 我が国の下請法制度との関係における示唆

「著しい不均衡」規制における、個別の取引行為または契約条項自体の濫用的な性質に着目した規制手法は、我が国の下請法にもみられる。しかし下請法においては違反行為に対する勧告自体は違法行為の除去の直接的な効果を生じず、勧告を媒介として独占禁止法上のエンフォースメントを課することにより違法行為が除去されるのに対して、「著しい不均衡」規制はそれ自体が私法上のエンフォースメントを発動させることが可能であり、経済的従属関係の濫用規制との一体的な規制は必ずしも予定されていないという違いがある（ただし経済的従属関係の濫用規制は行為要件として L.442-6 条を準用しており、「著しい不均衡」規制が経済的従属関係の濫用規制を機能的に補完することが予定されている）。また既述のように、フランスでは、構成要件が最も抽象的で包括的な L.442-6 条Ⅰ項2号の「著しい不均衡」規制がいわば一般的規定となり、「著しい不均衡」に該当する具体的行為について、Ⅰ項各号の列挙行為およびCEPC が公表するガイドラインを参照するという運用がなされているようである。すなわち L.442-6 条Ⅰ項は小売分野に特有の不公正な取引行為の類型について禁止行為を、不公正条項一般の禁止規定である「著しい不均衡」規制（2号）と、他のより詳細な行為類型規定（1号および3号から13号）により明確化し、当局の主導により違法な取引条件を除去する運用がなされているという意味において、小売流通分野において我が国の下請法のような役割

を果たしているという視点で評価することも可能である。

　L.442-6 条 I 項と我が国の下請法とを比較するという視点においては、小売流通分野における規制制度設計のあり方（独禁法上の行為類型の詳細化、特殊指定方式、特別法立法の各方式の適否）、L.442-6 条 I 項の備えるエンフォースメント（民事過料、損害賠償、差止め、無効等）と我が国の下請法のエンフォースメントの比較、下請法違反の勧告に従わない場合の独占禁止法上の優越的地位の濫用規制適用における行為要件充足の認定のあり方、優越的地位の濫用規制自体の規制要件を下請法に接近させる等の論点に示唆を与えるものと思われる[61]。

第 5 節　「正常な商慣習に照らして不当」要件に関するフランス競争法からの示唆

1　日本独占禁止法上の優越的地位の濫用規制の公正競争阻害性についての考え方

　日本独占禁止法上の優越的地位の濫用の公正競争阻害性要件について、公正取引委員会は「自由競争基盤の侵害」に根拠を求めており、自己の取引上の地位が相手方に優越している一方の当事者が、取引の相手方に対し、その地位を利用して、正常な商慣習に照らして不当に不利益を与えることは、第 1 に当該取引の相手方の自由かつ自主的な判断による取引を阻害するとともに、第 2 に当該取引の相手方はその競争者との関係において競争上不利とな

---

[61] 横田直和「最近の優越的地位の濫用規制等の動向——下請法化する濫用規制と独占禁止法化する下請法」公正取引 757 号（2013 年）13 頁以下は、大規模小売業における優越的地位の濫用事件および下請法違反事件の運用状況をふまえると、優越的地位の濫用事件の判断基準が下請法の基準に接近し、下請法違反が独占禁止法上の優越的地位の濫用と同様に違法性の高いものと取り扱われていることを指摘する。

る一方で行為者はその競争者との関係において競争上有利となるおそれがあり、競争者との競争で優位に立つための手段として行われるという点で、公正な競争を阻害するおそれがあるとしている。具体的には、「問題となる不利益の程度、行為の広がり等を考慮し」て、個別の事案ごとに判断することになるとしている。「行為の広がり」の判断においては、相手方の数、組織的・制度的なものかどうか、行為の波及性・伝播性の有無等が考慮要素となるとされる。

　上記のような公正取引委員会の考え方によれば、公正競争阻害性は、第1に行為自体が取引相手の自由な判断を抑圧するような性格を有しているかによって判断され、第2に当該取引の相手方はその競争者との関係において競争上不利となる一方で、行為者はその競争者との関係において競争上有利となるおそれがあるかによって判断される。行為者の取引段階および相手方の取引段階における競争への影響を立証する必要はないと解されている。そして審決・判例およびガイドラインにおいては、①当該取引条件が相手方に与える不利益の程度、②当該取引条件が広く用いられているか、③当該取引条件があらかじめ明確にされているか、④当該取引条件を相手方に要請する場面・過程、⑤取引相手との合意ないし同意の有無等の考慮事情が挙げられている。

2　フランス競争法上の相対的市場力規制から公正競争阻害性について得られる示唆

　これに対してフランス競争法における経済的従属関係の濫用規制は相対的市場力規制であることから[62]、市場における競争の機能または構造に影響を与える可能性が要件とされる。その結果、中小・零細規模の供給事業者、フランチャイジーが被る競争上の不利益やこれらの事業者の消滅が、市場レベルにおいて影響を生じることが稀であるため、競争侵害要件を充足することは困難であった（市場支配的地位の濫用規制の適用においても、当然、同様の限界

62）第1章第3節3(4)参照。

に直面する)。そのためフランスにおいては、競争侵害要件のない「著しい不均衡」規制が、大規模小売業者による濫用行為の規制手段として選択されるに至った経緯がある。

　規制制度の枠組みが本質的に異なるため、単純に制度自体の比較検討をすることは適切ではないものの、フランスにおける経験は、仮に我が国の優越的地位の濫用規制において、市場における直接の競争減殺を公正競争阻害性とするならば、大規模小売業者による購買力の濫用の規制において、フランスと同様の要件充足の困難性に直面する可能性を示唆すると考えられる[63]。大規模小売業者により購買力が濫用され、小規模な納入業者が従属状態にある場合、小売業者による濫用的な行動は、その小規模な納入業者の競争力の減退や競争単位としての消滅をもたらす可能性があるが、従属する事業者は、当該市場にわずかなシェアしか保持していないため、そのような影響が市場レベルで顕著な影響を生ずることは稀である。このような市場が受ける影響を公正競争阻害性要件の基準としてみる限り、同要件の充足は困難となるであろう。

　この点において、日本における通説的な見解が、取引上の優越的地位の濫用の公正競争阻害性を自由競争基盤の侵害と解し、自由かつ自主的な判断による取引の阻害および間接的競争侵害を要件充足の基準とした必要性が裏付けられるといえる。EUおよびフランスにおける市場支配的地位の濫用規制、フランスにおける経済的従属関係の濫用規制(相対的市場力規制)はいずれも、購買力濫用型の類型に関しては、市場における競争の機能や構造に影響が生じないため競争侵害要件を充足しないことが原因で規制実績を上げられなかったことからして、日本独占禁止法上の優越的地位の濫用規制をEU型の市場支配的地位の搾取型濫用と同視する解釈論には問題があることを想起しうるようにも思われる。

---

63) 第2章第2節2(3)(c)参照。

3 「著しい不均衡」規制から公正競争阻害性について得られる示唆

(1) フランス競争法上の「著しい不均衡」規制の制度的特徴

　他方で、フランス競争法が近時導入した「著しい不均衡」規制は、第4章で検討したように、競争侵害要件を不要とする点で、市場力規制の性質を有さず、市場における競争制限とも、競争上の有利・不利（間接的競争侵害）とも、条文上は直接の関連性を有しない規制であるといえる。さらに、公取委が公正競争阻害性の第1の基準として挙げる「自由かつ自主的な判断による取引の阻害」にも直接の理論的根拠を置くともいえないと解される。なぜなら「著しい不均衡」規制においては、仮に取引相手方が不利益な契約条項に合意ないし同意していても、「当事者の権利及び義務における著しい不均衡」すなわち「当事者間の義務が双方向的でないこと又は不釣り合いであること」という契約全体の経済性の欠如等を理由に規制されるからである。

　もっとも、「著しい不均衡」規制の導入の経緯に着目すれば、我が国の取引上の優越的地位の濫用規制との共通した制度的背景を見出しうるのではなかろうか。すなわち「著しい不均衡」規制は従前の相対的市場力規制（経済的従属関係の濫用規制）が「経済的従属関係」要件および競争侵害要件の充足が困難であるという限界が認識された結果、新たな視点において取引関係における経済的不均衡性に着目した不公正条項規制として、小売事業者主導型の主要な手段となることを期待されて、商法典L.442-6条Ⅰ項2号bの「従属関係、購買力、販売力の濫用」禁止規定を大幅に改正する形で2008年に導入された経緯がある。

　他方、日本の取引上の優越的地位の濫用の禁止規定は、下請取引において発注単価の引下げ、下請代金の支払遅延等の不公正な行為と、流通取引における百貨店等による不当な返品、従業員派遣要求、納入価格の値引き要求等の不公正な行為について対処すべき社会的実情の認識の下に[64]、1953年9月の独禁法改正時に「不当な事業能力の格差の排除に関する規定が削られた

---

64) 高橋（2002）・前掲注37) 2-3頁。

のに対処して、大規模事業者や事業者の結合体等がその優越した地位を利用して、中小企業その他を不当に圧迫するような取引を行う場合にこれを厳に取り締まる為」新たに追加されたものであると説明される[65]。このような立法趣旨からすると、相対的な地位の違い、格差から発生してくる不当に不利益な条件を押し付ける類型を規制する趣旨であると解される[66]。

このように両規制は、取引上の地位の格差に基づき取引相手方に課される、不当に不利益な条件を規制して、取引上の地位の不当利用の規制を競争法として行う点において、きわめて特徴的な制度設計を行う点が共通する[67]。このような相似性に着目して、フランスの「著しい不均衡」規制における違法性の判断基準から、我が国の取引上の優越的地位の濫用規制の公正競争阻害性の判断枠組みに関して示唆を得ることには重要な意義があると思われる。

(2) 優越的地位の濫用規制における公正競争阻害性の判断枠組みにおける示唆

フランスにおける「著しい不均衡」規制の判断基準における視点から、日本独占禁止法上の優越的地位の濫用における公正競争阻害性の判断枠組みを考察する上で、以下のような示唆を得られる可能性がある。優越的地位の濫用規制の公正競争阻害性の性質については、本章第2節3(3)で紹介したように、さまざまな視点に基づく諸説が提唱されているが、この論点について、フランスの「著しい不均衡」規制に着想を得て、優越的地位ある事業者によって相手方に要求された不利益のもたらす「当事者間の経済的な不均衡」の

---

65) 公正取引委員会事務局編『改正独占禁止法解説』(日本経済新聞社、1954年)。
66) 川越憲治ほか座談会「一般指定改正の意義について」別冊 NBL9 号 (1982 年) 36 頁〔根岸哲発言〕。
67) 高橋岩和「優越的地位の濫用と競争法——国際比較にみる『取引上の地位の不当利用』規制のあり方を中心として」公正取引 686 号 (2007 年) 18 頁以下は、各国における制度を、優越的地位の濫用規制制度を、規制水準に着目して、第1類型(「市場支配的地位の濫用」という要件を立てる法制)、第2類型(「相対的市場力」の濫用という要件を立てる法制)、第3類型(取引上の地位の不当利用を規制する法制)の3つに分類し、第1から第3の順に競争侵害の程度が緩和された濫用規制として発展してきたことを指摘する。この分類によればフランスの経済的従属関係の濫用規制は第2類型に分類され、フランスの「著しい不均衡」規制および日本独禁法上の優越的地位の濫用規制は第3類型に分類されよう。

形成を中心的な基準として捉えるという試論をもちうるのではないだろうか。
　取引上の優越的地位の濫用の違法性については、条文上、明確に「相手方に不当に不利益」を生ぜしめることが、違法性の徴表となっている点に、他の競争減殺型の行為類型と異なる顕著な特色がある。同号は取引の相手方に対し、不当に不利益を課することとなるような、経済力の濫用行為を対象としているといえる[68]。現行条文上の行為要件においても、2条9項5号イ「当該取引に係る商品又は役務以外の商品又は役務を購入させること」、ロ「……経済上の利益を提供させること」、ハ「……取引の相手方に不利益となるように取引の条件を設定し、若しくは変更し、又は取引を実施すること」とされ、相手方に不当な不利益を与えることが違法性の徴表とされている。このことから、同号の行為の違法性である公正競争阻害性は、行為要件で規定されるような相手方当事者が被る不当な不利益のもたらす違法性であるべきである。ただし、端的に「不当に不利益」を与えることそのものを公正競争阻害性であると解して、近時の今村説[69]のように「競争原理が働かない事を利用しての、優越的地位の濫用行為であること自体」に公正競争阻害性をみる立場によることは適切ではないように思われる。競争侵害要件を明確に欠くフランスの「著しい不均衡」規制とは異なり、我が国の取引上の優越的地位の濫用規制が公正競争阻害性を要件とする限り、競争への影響を違法要件として考慮せざるをえないからである。
　するとそのような違法性は、行為者が経済的代償なく経済的利益を獲得した結果として競争力を増強し、他方で取引相手方が経済的合理性のない不利益を被ることにより競争力を弱体化させることを内実としていると解することが妥当ではないかと考える[70]。行為者によって相手方に対して直接課される「不当な不利益」がもたらすそのような違法性は「当事者間の経済的な不均衡」の形成にほかならないといえ、この点を公正競争阻害性の中心的な基準と解することは可能であり、条文上の要件とも整合するように思われる。
　この点、高橋説[71]は、経済的合理性のない取引は優越的地位の利用行為を

---

68) 今村・前掲注10) 151 以下を参照。
69) 今村・前掲注27) 166 頁以下を参照。

推認させ、優越的地位の「『利用行為』は『自由・自主性の侵害』なしに利用行為は行いえないという意味で、自由・自主性の侵害を認定することになるのであるから、自由・自主性の侵害に基づいて行われる利用行為から生み出される行為者における利益が行為者の競争力に転化し、そのことが行為者の競争上の有利性を生み出していると認定することも可能となる」と述べる。この指摘は、経済的合理性を欠く取引行為が、「自由・自主性の侵害」（行為要件）と「競争上の有利・不利」（公正競争阻害性）を備えることについて、首尾一貫した理論的根拠を与えうるように思われる。

ただし、優越的地位の「利用行為」概念を媒介として公正競争阻害性を推認する場合に懸念されるのは、「利用行為」の認定において、地位を「利用」したと言いうるためには、優越的地位と経済的合理性を欠く取引との何らかの結びつき（利用の主観的意図ないし因果関係）の認定に近い推認過程が必要となり、事後的、客観的な認定において困難な問題を生ずるのではないかという点である。

そこで、この点について端的に、「当事者間の経済的な不均衡」の形成、すなわち経済的合理性を欠く取引の存在自体を中心的な基準として、公正競争阻害性の認定を行いえないかを考察してみる。

すなわち、優越的地位の濫用が問題とされる事案において、相手方当事者が「経済的に不均衡」すなわち自己にとって一方的に不利益な要求に従ったという事実自体が、明確な基準として機能しうるのではないか。優越的地位濫用ガイドラインも、2条9項5号ロおよびハの「経済的な利益」の解釈論の文脈において、正常な商慣習に照らして不当な不利益として、「取引の相手方が得る直接の利益等を勘案して合理的であると認められる範囲を超えた

---

70) このような捉え方は旧今村説（今村・前掲注10）148-149頁）、高橋説（高橋（2002年）・前掲注37）5頁以下）が公正競争阻害性として「第一に、……自己の競争者としての地位を不当に強化することであり、第二に、それによって、中小企業の……競争者としての地位を弱めることである」を挙げる立場と結論として同旨である。ただし、本書における立場は、とりわけ行為要件に規定される「不利益」に着目し、この「不利益」が徴表する違法性は、「当事者間の経済的な不均衡」の形成にほかならず、この「経済的な不均衡」により行為者および相手方の競争力が強化・弱体化される点を根拠としている。

71) 高橋・前掲注22）21-22頁。

負担となり、当該取引の相手方に不利益を与えることとなる場合」を問題として、当事者間の取引条件における利益が均衡しているかを基準として挙げているのであり[72]、当事者間の取引における経済的な不均衡の形成を「不当性」の内実として捉えているようである[73]。

　取引相手方にとって一方的に不利益な要求への従属（不利益な要求の実効性）[74]が認定された場合、その不利益が単なる契約上の対価的均衡性の不調和をもたらすにとどまり正常な事業活動として私的自治の範囲内で解決されうるのか、それとも競争法上違法と評価されるような経済的不均衡をもたらすのか、という認定は、客観的、事後的な認定になじみやすいように思われる。「経済的な不均衡」性の認定にあたっては、公取委の挙げる①当該取引条件が相手方に与える不利益の程度、②当該取引条件が広く用いられているか、③当該取引条件があらかじめ明確にされているか、④当該取引条件を相手方に要請する場面・過程、⑤取引相手との合意ないし同意の有無等の考慮事情が評価に役立つのではなかろうか。

　上記③、④、⑤の事情によりその不利益な要求の甘受が、相手方当事者が経営戦略上の有利性を獲得するために自ら選択したものとして経済的に合理的であることを認定しうる場合は、「当事者間の経済的な不均衡」の形成は

---

72) 優越的地位濫用ガイドラインのうち2条9項5号ロに関する第4-2(1)「協賛金の負担の要請」アおよび(2)「従業員等の派遣の要請」ア、並びに2条9項5号ハに関する第4-3(2)アは、いずれも「当該取引の相手方にあらかじめ計算できない不利益を与えることとなる場合や……当該取引の相手方が得る直接の利益等を勘案して合理的であると認められる範囲を超えた負担となり、当該取引の相手方に不利益を与えることとなる場合には、正常な商慣習に照らして不当に不利益を与えることとなり、優越的地位の濫用として問題となる」とする。

73) 伊永・前掲注21) 18-19頁は、この点を指摘し、「不利益」要件の意義について「優越的地位濫用の規制趣旨としては、優越的地位を利用して与えた『不利益』の排除に重きが置かれていると考えるべきように思われる」と述べる。他方、舟田・前掲注10) 537頁以下は、正田説の立場から「『不利益』は取引の自由（……『取引主体の自由かつ自主的な判断』）を侵害したこと自体を意味する」、と述べて「不利益」とは「取引をすること、または取引条件についての強制（取引の自由を抑圧すること）の徴表」であるとされ、ガイドラインが示す「不利益」（経済的な不利益）とは異なる意味を与えている。

74) 本書第4節3(2)を参照。この場合の「従属性」は当該違法行為自体への「従属性」を意味し、経済的に不合理な取引が実効性をもって行われたことを実質的に意味するものであり、「経済的な不均衡」性と一体的に認定されることになる。

なく、同時に公取委の挙げる相手方の「自由・自主性の侵害」も「競争上の有利・不利」も生じないであろう。また、①の事情により、一見契約上の対価的均衡性を欠く取引活動が行われたようにみえるが、相手方は他に有利な給付を受けており、優越的地位にある事業者も相応の出捐をしていることが認定される場合は、「経済的な不均衡の形成」はなく、行為者の「競争上の有利」性は生じないであろう。これに対して、①から⑤あるいはそれ以外の事情により、その不利益な要求が、競争法上違法と評価されるような経済的不均衡を形成する場合には、経済的合理性のない取引を自由な意思で甘受するはずがないという意味で、「自由・自主性の侵害」を経済的合理性のない不利益のもたらす「競争上の有利・不利」という公正競争阻害性を充足するであろう。

(3) 日本トイザらス審決における判断枠組みにおける「経済的合理性」の考察

「著しい不均衡」規制に示唆を受けた、当事者間の経済的不均衡の形成——契約全体の経済的合理性の欠如——の考慮の視点は、平成27年6月4日の日本トイザらス事件審決における以下のような認定とも近接しうるように思われる。すなわち同審決は「このような買取取引において、取引の相手方の責めに帰すべき事由がない場合の返品および減額は、一旦締結した売買契約を反故にしたり、納入業者に対して、売れ残りリスクや値引き販売による売上額の減少など購入者が負うべき不利益を転嫁する行為であり、取引の相手方にとって通常は何ら合理性のないことであるから、そのような行為は、原則として、取引の相手方にあらかじめ計算できない不利益を与えるものであり、当該取引の相手方の自由かつ自主的な判断による取引を阻害するものとして、濫用行為に当たると解される」、問題となる不利益の程度、行為の広がり等を考慮すれば、「被審人の組織的かつ計画的に一連の行為として本件濫用行為を行ったものであり、これにより、115社にあらかじめ計算できない不利益を与え、115社の自由かつ自主的な判断による取引が阻害されたものであり、これは、取りも直さず、115社が、返品や減額によって、その競争者との関係において競争上不利となる一方で、被審人が、当該返品や減

額によって、その競争者との競争において競争上有利となるおそれを生じさせたものであるから、その点で既に本件濫用行為には公正競争阻害性があることが認められる」と述べる[75]。

上記審決は、取引の相手方にとって合理性のない取引は、原則として相手方に不利益を与えるものであり、当該取引の相手方の自由かつ自主的な判断による取引を阻害し、かつ相手方がその競争者との間で競争上不利になる一方で、行為者がその競争者との競争において競争上有利となるおそれを生じさせるものとして濫用行為にあたる、という判断枠組みを採用したものと評価しうるが、経済的合理性のない取引を起点として「自由・自主性の侵害」、「競争上の有利・不利」を認定している点で、「著しい不均衡」規制における、取引当事者の経済的な不均衡の形成、契約全体の経済性の欠如を基準とする発想に、近接した解釈論としての側面をもつようにも思われる。

(4) 優越的地位の濫用規制の公正競争阻害性に関する試論

優越的地位の濫用規制の公正競争阻害性の捉え方については、「公正な競争を阻害するおそれ」概念の本質の捉え方をふまえて、より精緻な議論を重ねるべき論点と思われる。現時点では、以下のような視点を指摘するにとどめたい。

フランスにおける「著しい不均衡」規制は取引上の地位の不当利用を規制する法制であるという点で、我が国の優越的地位の濫用規制と共通した制度的特徴を備える。「著しい不均衡」規制に関する近時の判例法理は、第4章および第5章で検討したように、「従わせ、又は従わせようとする」要件に「従属性」を読み込む解釈論を発展させており、「従属性」と「著しい不均衡」の2つの要件によって判断する要件解釈論が、判例理論の判断枠組みとして定着している[76]。そしてこの「従属性」の考慮は、「著しい不均衡」要件の抽象性ゆえに規制対象となる取引が無限定に広がらないように限定する趣旨であると解される[77]。このような「著しい不均衡」規制の判断基準は、我が国の優越的地位の濫用規制が「優越的地位」要件と「正常な商慣習に反して

---

[75] このような認定が立証責任を軽減しうる可能性について、長澤・前掲注59) を参照。

第 6 章　我が国の小売業者主導型の優越的地位の濫用規制への示唆

不当」要件により規制を行っている規制制度と比較して、優越的または従属的地位の要件と、違法性要件に基づく規制を行っている点で、一定の相似性を見出すことができるように思われる。

　このように制度的特徴が類似するフランス競争法における「著しい不均衡」規制に着想を得て、優越的地位の濫用規制の公正競争阻害性の判断について、優越的地位ある事業者によって相手方に要求された不当な不利益のもたらす「当事者間の経済的な不均衡」の形成を中心的な基準として捉えることは、条文上の要件との整合性という観点からも、公正競争阻害性に関する通説的な理解との整合性という観点においても、有益と思われる。

　すなわち、取引上の優越的地位の濫用の違法性については、条文上明らかに「相手方に不当に不利益」を生ぜしめることが、違法性の徴表となっていることに着目すべきである。このことから、同号の行為の違法性である公正競争阻害性は、行為要件で規定されるような相手方当事者が被る不当な不利益のもたらす違法性であるべきである。そしてそのような違法性は、行為者が経済的代償なく経済的利益を獲得した結果として競争力を増強し、他方で取引相手方が経済的合理性のない不利益を被ることにより競争力を弱体化させることを内実とすると解することができる。行為者によって直接負荷される「不当な不利益」がもたらすそのような違法性は「当事者間の経済的な不均衡の形成」にほかならないといえ、この点を公正競争阻害性の中心的な基準と解することは可能であり、条文上の要件とも整合するように思われる。近時の審決にも「経済的な不合理性」に着目した公正競争阻害性の認定がみ

---

76) ただし、この「従属性」は、「より弱い当事者の服従を推論させるような当事者間における不均衡な経済力関係の存在」、「当事者間において存在する不均衡な力関係に基づいて、不公正で双方向的でない義務を取引相手方に課すことによって生じる」と解されており、当該違法行為自体への「従属性」を意味し、経済的に不合理な取引が実効性をもって行われたことを実質的に意味するものであり、「著しい不均衡」要件と一体的に認定される可能性があることに留意すべきである。
77) 第 5 章第 3 節 3 を参照。「従わせ、又は従わせようとする」文言に「従属性」を読み込む解釈論がパリ控訴院で導入された契機は 2013 年 9 月 18 日の GALEC 事件（第 5 章第 2 節 2 (5)事件）とみられる。2011 年の QPC による違憲審査で、「著しい不均衡」規制の構成要件の明確性が争点とされたことが、「従属性」要件による限定に影響を与えたとも解される。

315

られることから、このような解釈論は、事後的、客観的な認定の容易な基準の設定、立証活動の容易性という観点においても有用である可能性があると解される。

第6節 小 括

1 本章における分析の対象

　本章では、フランスにおける相対的市場力規制および「著しい不均衡」規制が、我が国の流通分野における購買者主導型の優越的地位の濫用規制を考察する上での示唆を分析した。また、本章では、日本独占禁止法上の優越的地位の濫用規制の概要を説明した上で、流通分野における購買者主導型の規制に関する各ガイドライン、特殊指定の内容を紹介し、審決における運用実態を分析した。その上で、フランスにおける相対的市場力規制および「著しい不均衡」規制が、我が国の取引上の優越的地位の濫用規制における、優越的地位要件および公正競争阻害性要件に与える示唆についてそれぞれ検討した。

2 「優越的地位」要件への示唆

(1) 優越的地位の濫用規制における「優越的地位」の解釈論
　「優越的地位」要件に関して、我が国の優越的地位の濫用規制における通説的見解は、取引の相手方が取引先を他に変更することが困難で、相手方にとって著しく不利益な条件でも受け入れざるをえないような場合をいい、「相手方に優越している」とは、当該取引相手との関係で取引上の地位が相対的に優越していれば足り、市場における競争者との関係で優越していることまでは必要ないと解されている。

(2) フランス競争法上の相対的市場力規制（経済的従属関係の濫用規制）からの示唆

これに対して、フランス競争法上の相対的市場力規制は、取引相手方に優越する市場力の規制である。これに対して、日本独占禁止法上の優越的地位の濫用規制は取引上の地位に着目した規制であり、競争者または取引相手方に相対的に優越する市場力を直接規制するものではないという差異がある。しかし、相手方事業者の従属関係は、行為者にとっての強制力ある地位をもたらし、強制力を契機として濫用行為をもたらすという構造関係は、流通系列における事業者の取引関係において普遍的なものであることから、フランス法上の相対的市場力規制の構造から示唆を得て、「優越的地位」の判断において、当該濫用行為に対する取引相手方の「従属性」を判断基準として用い、自己にとって経済的合理性のない要求（例えば代償なき値引き、返品等）を受け入れざるをえなかった地位にあるという「従属性」から、当該濫用行為を行いうるような強制力をもちうる行為者の「優越的地位」を推認するという発想をもちうる可能性がある。

(3) フランス競争法上の「著しい不均衡」規制からの示唆

一方、フランス競争法における商法典L.442-6条Ⅰ項2号の「著しい不均衡」規制は、行為者の競争者または取引相手方に優越する市場力を前提とせず、当事者間の取引関係、取引上の地位に着目した規制を行うという点では、日本独占禁止法上の取引上の優越的地位の濫用規制と共通の性質をもつ。フランスの「著しい不均衡」規制から示唆を得て、優越的地位の濫用規制においても、行為者による要求が一方当事者のみに不利益であるという取引内容の経済的均衡性の欠如に着目して、そのような経済的均衡性のない行為を受け入れさせる優越的地位を認定するという解釈論を発想しうるのであり、このような解釈論は、「優越的地位」の事後的、客観的認定に資する可能性がある。

3 公正競争阻害性要件への示唆

(1) 優越的地位の濫用規制の公正競争阻害性の解釈論

日本独占禁止法上の優越的地位の濫用規制の公正競争阻害性要件について、公正取引委員会は「自由競争基盤の侵害」に根拠を求めており、自己の取引上の地位が相手方に優越している一方の当事者が、取引の相手方に対し、その地位を利用して、正常な商慣習に照らして不当に不利益を与えることは、第1に当該取引の相手方の自由かつ自主的な判断による取引を阻害するとともに、第2に当該取引の相手方はその競争者との関係において競争上不利となる一方で行為者はその競争者との関係において競争上有利となるおそれがあり、競争者との競争で優位に立つための手段として行われるという点で、公正な競争を阻害するおそれがあるとする考え方を採用している。

(2) フランス競争法上の相対的市場力規制（経済的従属関係の濫用規制）からの示唆

これに対して、フランス競争法における相対的市場力規制（経済的従属関係の濫用規制）は、市場における競争の機能または構造に影響を与える可能性を要件とした結果、中小・零細規模の納入事業者、フランチャイジーが被る競争上の不利益やこれらの事業者の消滅が、市場レベルにおいて影響を生じることが稀であるため、競争侵害要件を充足することは困難であった。市場支配的地位の濫用規制においても同様の困難性が生じる。そのためフランスにおいては競争侵害要件のない「著しい不均衡」規制が、大規模小売業者による濫用行為の規制手段として選択されるに至った経緯がある。仮に優越的地位の濫用規制の法的性質をEU型の市場支配力の濫用規制と理解し、または市場における直接ないし間接の競争減殺を公正競争阻害性とするならば、大規模小売業者による購買力の濫用の規制において、フランスと同様の困難性に直面する可能性を指摘しうる。

(3) フランス競争法上の「著しい不均衡」規制からの示唆

　フランスにおける「著しい不均衡」規制の判例法理は、「従わせ、又は従わせようとする」要件において、当事者間の「従属性」を読み込む解釈論を発展させており、判例法理の分析によれば、「従属性」と「著しい不均衡」の2つの要件によって判断する要件解釈論が定着しているとみられる。このようなフランスにおける判例理論の動向と、我が国の優越的地位の濫用規制が「優越的地位」要件と「正常な商慣習に反して不当」要件により規制を行っている規制制度は、優越的または従属的地位要件と違法性要件に基づく規制を行っている点では、一定の相似性を指摘しうる。

　ただし、「著しい不均衡」規制は、競争侵害要件が不要である点で市場力規制の性質を有さず、市場における直接の競争侵害との関連性を有しない規制であると解される。また、仮に相手方が不利益な契約条項に合意ないし同意していても、契約全体の経済性の欠如等を理由に規制される点で、「自由かつ自主的な判断による取引の阻害」に直接の理論的根拠を置くともいえないと解される。このようなフランスの「著しい不均衡」規制から着想を得て、我が国の優越的地位の濫用規制における公正競争阻害性について、「当事者間の経済的な不均衡」の形成を中心的基準として捉えうるかを検討してきた。

　この点、我が国の優越的地位の濫用規制が、条文上、明確に「相手方に不当に不利益」を生ぜしめることが違法性の徴表となっていることに着目して、日本独占禁止法上の優越的地位の濫用における公正競争阻害性の判断枠組みにおいて、優越的地位ある事業者によって相手方に要求された不利益のもたらす「当事者間の経済的な不均衡」の形成を、中心的な基準として捉えうる可能性を指摘した。優越的地位の濫用規制の公正競争阻害性は、行為要件で規定されるような相手方当事者が被る不当な不利益のもたらす違法性であるべきであり、そのような違法性は、行為者が経済的代償なく経済的利益を獲得した結果として競争力を増強し、他方で取引相手方が経済的合理性のない不利益を被ることにより競争力を弱体化させることを内実とすると解される。行為者によって直接課される「不当な不利益」がもたらすそのような違法性は、「当事者間の経済的な不均衡」の形成にほかならないといえ、この点を公正競争阻害性の中心的な基準と解することは可能であり、条文上の要件と

も整合するように思われる。

また「当事者間の経済的な不均衡」の形成がなされたという事実から、通説が公正競争阻害性として挙げる「自由・自主性の侵害」、「競争上の有利・不利」が生じうることを整合的に説明しうることを説明した。近時の日本トイザらス事件審決における解釈論も、経済的合理性のない取引を起点として「自由・自主性の侵害」、「競争上の有利・不利」を認定している点で、「著しい不均衡」規制における、取引当事者の権利義務関係の経済的な不均衡の形成、契約全体の経済性の欠如の考察に接近した発想に立つものと解する余地があるだろう。

4　今後の検討課題

(1) 各規制制度の導入理由との関係における再検討

すでに各章において検討したように、我が国の取引上の優越的地位の濫用に類似したフランスの各制度は以下のような契機で導入された。すなわち当初はEU型の市場支配的事業者の市場力の濫用規制が導入された。しかし流通分野における小売事業者主導型の濫用的な取引行為の規制に関して、市場支配的地位の濫用規制が市場支配的地位要件、競争侵害要件との関係で抱える限界が認識されて、これらの限界を克服するために1986年に相対的市場力規制（経済的従属関係の濫用規制）が導入された。しかしこのような相対的市場力規制についても「経済的従属関係」要件および競争侵害要件との関係で限界が認識され、その結果新たな視点において2008年に「著しい不均衡」規制が導入され、取引関係における経済的均衡性に着目した不公正条項規制として、小売事業者主導型の主要な手段として発展しつつある。

これに対して日本の取引上の優越的地位の濫用の禁止規定は、下請取引や、流通取引における百貨店等による不当な返品、従業員派遣要求、納入価格の値引き要求等の不公正な行為について対処すべき社会的実情の認識の下に、大規模事業者や事業者の結合体等がその優越した地位を利用して、中小企業その他を不当に圧迫するような取引を行う行為を取り締まるために導入されたものであり、相対的な地位の違い、格差から発生してくる不当に不利益な

条件を押し付ける類型を規制する趣旨で導入されており、両制度には、取引上の地位の不当利用を規制するという共通した制度趣旨が認められる。本章では、このような制度的な類似性を前提として「経済的な不均衡」の形成に着目した違法性概念の構築可能性について検討を行ってきた。

　もっとも、「著しい不均衡」規制の制度趣旨、要件解釈論を巡っては、フランスにおいて多様な解釈論が展開されており、例えば「著しい不均衡」要件は、行為の倫理的要件であるという解釈論も存在しており[78]、行為の反倫理性の意味内容の解釈によっては、日本における「自由・自主性の侵害」に公正競争阻害性を見出す見解に接近した問題意識を見出しうる可能性もある。今後の課題として、フランスにおける解釈論の展開に着目しつつ比較法的検討を行い、取引上の地位の不当利用に関する法制度における違法性要件について、統一的な解釈論を探求していく必要があると思われる。

　他方で、第4章で検討したように、フランスの「著しい不均衡」規制は、消費法典上の消費者・事業者間の取引における「著しい不均衡」要件を、競争法上の事業者間取引における中小事業者に対する不公正取引の規制制度に導入したものであるという立法的沿革が指摘されているのであり[79]、優越的な事業者—中小事業者—消費者間の一連の取引における「不公正」条項の規制について、共通の「著しい不均衡」要件により規律しようという着想を見出すことが可能であると指摘されている[80]。このような「著しい不均衡」規制の制度的特徴との比較法的観点から、我が国の取引上の優越的地位の濫用規制と消費者法との関係についても、経済法における中小事業者と消費者の位置付けを巡り、両者が経済的弱者であり従属の対象となる取引主体である点で、その保護法制について統一的視点をもちうるのかについて考察を深め

---

78) M. Chagny, «Le déséquilibre significatif devant la cour d'appel de Paris», *RTD com.*, 2014, p. 785 et s.
79) 第4章第2節1(2)(c)を参照。
80) M. Malaurie-Vignal, «La LME affirme la liberté négociation et sanctionne le déséquilibre significatif», *CCC.*, 2008, Comm. 238, p. 28 et s. なお、オーストラリアの競争・消費者法（Competition and Consumer Act 2010）は消費者法と競争法を統一し、非良心行為（unconscionable conduct）の規制を消費者取引と事業者間取引の共通概念として適用している点で、「著しい不均衡」規制と類似した構造をもつことが注目される。同規制については高橋・前掲注67) 18頁を参照。

ていく余地があると思われる[81]。

(2) 優越的地位の濫用規制と民事法規制との射程範囲の問題

購買力の濫用等の優越的地位の濫用行為について、それが契約上の行為として行われた場合には、我が国では民法上の契約当事者間において対価的均衡性を回復するための諸規定（債務不履行責任、同時履行の抗弁、瑕疵担保責任、解除、相殺等）の適用可能性があり、また、経済法違反行為についての公序良俗違反による無効、不当利得、不法行為責任等により、相手方当事者の保護が図られる可能性もある。

この点、フランスの相対的市場力規制（経済的従属関係の濫用規制）の違反は無効の効果を生じることが競争法上法定され[82]、また同規制違反行為は民事損害賠償の対象となると解されている。他方「著しい不均衡」規制に関しては、同規制に違反する条項の無効、損害賠償請求権が法定されており[83]、民事上の不当条項規制との接近が顕著である。

小売業者・納入業者間の取引を含む事業者間の取引関係は、常に取引条件についての一定の不均衡性を内在させることから、当該取引条件の不均衡が、民事契約法の枠内における保護を受けるにとどまるのか、いかなる場合に経済的に不均衡、経済的に不合理な取引であるとして経済法の介入の対象となるかについての解釈基準が問題となるだろう。さらに経済法の介入がなされ

---

[81] 正田彬＝金井貴嗣＝畠山武道＝藤原淳一郎『現代経済法講座1 現代経済社会と法』三省堂（1990年）36頁以下、40頁以下、53頁〔正田彬〕は、中小事業者と消費者はいずれも現代の経済社会における支配構造において「従属者ないしは経済的弱者としてとらえられる取引主体の地位と権利とが問題とされる」と指摘する。ただし、「中小事業者の権利は、事業者としての経済的な権利である点で……消費者の場合と異な」（4頁）り、「事業者が従属的地位におかれる等の形でその権利を侵害される場合には、それによってこうむる不利益・負担を、他の取引主体あるいはその雇用する労働者に転嫁することが可能であるのが一般的である。それに対して、消費者は、そのこうむった負担・不利益を他に転嫁する可能性をもたない」（37頁）点で両者の権利を同列に語ることはできないとされる。

[82] フランス商法典L.420-3条。拙稿「競争法違反に対する損害賠償請求に関するEU損害賠償指令2014/104/EUの成立とフランスにおける国内法化の動向」国際商事法務44巻9号（2016年）1309頁以下を参照。

[83] フランス商法典L.442-6条Ⅲ項。第4章第2節2(1)を参照。

た場合の効果として、私法上どのような効果が生じるのか、無効、不当利得、損害賠償請求等の私法上のエンフォースメントをいかなる要件で発動させるべきか、という優越的地位の濫用規制と民事法規制の相互の射程範囲、補完関係が問題となる。これらの問題を解決するためには、独占禁止法が目的とする「公正かつ自由な競争」に基づく経済秩序と、民法等の私法が規律する私法秩序との関係について、本質的な考察を行うことが必要となろう[84]。また消費者法を含む民事契約法上の不当条項規制とフランス競争法上の不当条項規制との関係については、民事契約法分野からの比較法的研究の成果等[85]もふまえて、探求すべき課題が残されていると思われる。

---

[84] 独占禁止法違反行為の私法上の効力についての学説の分類については、金井ほか編著・前掲注10) 533頁以下、松下・前掲注10) 261頁以下を参照。

[85] 三間地光宏「フランスにおける濫用的契約条項規制の展開」山口経済学雑誌45巻2号 (1996年) 187頁以下、大澤彩『不当条項規制の構造と展開』有斐閣 (2010年) 151頁以下等を参照。

結 章

第1節　総括および検討課題に対する成果

　本書では、フランス競争法における濫用規制の構造について、市場支配的地位の濫用規制、相対的市場力規制（経済的従属関係の濫用規制）、「著しい不均衡」規制の3つの規制制度の導入過程、要件解釈、運用実績に焦点を当てて論じてきた。

　3つの規制制度の導入過程を概観すると、フランスでは1945年以来、市場支配的地位の濫用規制を行っていたが、1970年代以降に台頭した大規模小売事業者による購買力の濫用に対して、市場力要件および競争侵害要件を充足せず同規制は十分に機能しなかった。そこで1986年に、市場力の相対的な優劣に着目した経済的従属関係の濫用規制（相対的市場力規制）が導入された。しかし「経済的従属関係」および競争侵害要件の厳格解釈の結果、相対的市場力規制の規制実績は乏しかった。そこで活用が検討されたのが商法典L.442-6条Ⅰ項2号である。同号は競争侵害を要件とせずに、濫用的な取引行為を民事過料、損害賠償等の対象として規制していたが、2008年に「著しい不均衡」の規制に改正され、大規模小売事業者の購買力濫用型行為について規制実績を挙げている。

　このようにフランス競争法においては、市場支配的地位の濫用規制の限界を補完するために相対的市場力規制が導入され、相対的市場力規制の限界を克服するために「著しい不均衡」規制の活用が図られるという制度相互の構造関係が存在するといえる。

　本書では、フランス競争法が3つの制度を相互補完的に協働させることにより、各制度の要件上の限界を克服し、幅広い態様および規模にわたる経済力の濫用行為の規制を実現しつつあるという規制構造を明らかにし、これまで我が国で紹介されることの少なかったフランス競争法上の濫用規制に関する制度、学説、判例について一定の理論的整理を示すことができたと考える。ただし、フランスにおける規制制度が、実際に過不足なく濫用行為を捕捉し、

競争法理念に矛盾することなく適切に規制しうるのかについては、なお慎重に、各規制に関するフランスにおける解釈論および規制実績の動向を注視する必要があると思われる。

第2節　今後の課題の指摘

1　フランス競争法上の濫用規制に関する課題

フランス競争法上の濫用規制に関連する未解決の課題として、以下の点を指摘することができる。

(1) 市場支配的地位の濫用規制に関する課題

まず、市場支配的地位の濫用規制との関連では、本書では単独の市場支配力の濫用規制について分析を行ったが、複数の事業者による集団的市場支配力の濫用規制についてはカルテル規制との関係が問題となる。また大規模小売事業者の市場力規制の手段として企業結合規制が重要な機能を果たしている可能性がある。カルテル分野、企業結合規制分野における購買力規制のあり方について、市場支配的地位の濫用規制との規制手段の棲分け等について、判例、学説上の理論状況を分析して整理する必要がある。

(2) 相対的市場力規制に関する課題

次に、経済的従属関係の濫用規制（相対的市場力規制）との関連では、EU競争法上、近年、とりわけ食品流通分野における不公正な取引行為の規制が活発に議論されているが、フランスにおける相対的市場力規制がEU競争法に与える影響について、EUにおける議論、判例等もふまえて分析する必要がある。EU理事会規則1/2003号3条2項が許容する、各加盟国の実情に応じたより厳格な単独行為規制の許容は、フランスをはじめとする各加盟国

が流通分野において、相対的市場力規制等の制度を運用して効果的な規制を行うことを促進するものであるが、さらに進んで、EU競争法自体が、統一的な相対的市場力規制を導入する可能性を想定すべきかについても検討の対象となる。

(3) 「著しい不均衡」規制に関する課題

「著しい不均衡」規制との関連では、フランスにおける不公正条項規制のアプローチは、消費者の利益に資する競争秩序という観点から、「著しい不均衡」という共通の概念を用いて、消費者―小売事業者―納入事業者の関係を統一的に理解するという視点に基づく制度と評価することが可能である。すなわち、小売事業者による納入業者に対する行為によって公正な取引が阻害されることにより、市場の効率性が損なわれ、効率化のメリットが消費者に還元されなくなる可能性があるという視点[1]、および「消費者と事業者との間の情報の質及び量並びに交渉力の格差」(消費者契約法1条)から、事業者は消費者に対し優越的地位にあるという視点[2]により、消費者―小売事業者―納入事業者の関係を統一的に理解することが可能である。そこでフランス競争法上の「著しい不均衡」規制が立法的に影響を受けたとされるフランス消費法典L.132-1条における事業者と消費者との間の濫用条項規制と、事業者間取引における「著しい不均衡」規制との関係をさらに分析する必要がある。消費法典上の濫用条項規制については、民事法分野からの詳細な研究が行われているが[3]、競争法分野の観点からの研究が引き続き課題となると思われる。この観点から、EU法における消費契約に関する濫用条項指令の分析も必要である[4]。

さらに、商法典L.442-6条Ⅰ項2号の「著しい不均衡」規制と、同項1号および3号以下に列挙された他の禁止行為類型のリスト[5]との関係は、フラ

---

1) 「大規模小売業者による納入業者との取引における特定の不公正な取引方法」の運用基準（平成17年6月29日事務総長通達第9号）を参照。http://www.jftc.go.jp/dk/guideline/unyoukijun/daikibokouri.html（最終確認 2016年9月26日）。
2) 根岸哲＝舟田正之『独占禁止法概説 第5版』有斐閣（2015年）277頁参照。
3) 第6章85) を参照。

ンスの文献においてもいまだ明らかでない点が多く、今後解明すべき課題が残されていると考える。

2 EU 競争法および各加盟国競争法における濫用規制に関する課題

　本書においては、フランス競争法における規制制度に焦点を当てて論じたものの、EU 競争法および EU 各加盟国の競争法における購買力の濫用規制については、今後検討すべき問題が残されている。これまで EU 競争法上、購買力の濫用に対する市場支配的地位の濫用規制の適用例は少なかった。そこで欧州委員会は、2013 年報告書において流通分野における「不公正な取引行為」の規制が課題であると指摘して、各加盟国における対応を求めた。この点、TFEU102 条より厳格な、フランスにおける相対的市場力規制、および「著しい不均衡」規制は EU 競争法における流通分野の規制を補完する可能性がある。とりわけ「著しい不均衡」規制は、事業者間の濫用的な契約条項を規制し、実質的に相対的市場力規制を補完する機能を営むため、今後、他の加盟国や EU レベルにおける規制に影響を与える可能性がある。フランスのみならず、フランスが相対的市場力規制を継受したドイツ、さらにイタリア、ギリシャ等も相対的市場力規制に類似した制度を備えており、EU 域

4）消費者契約における濫用条項指令およびその国内法化を論じた文献として、谷本圭子「ドイツでの『消費者契約における濫用条項に関する EG 指令』国内法化の実現——約款規制法（AGBG）改正法の成立・施行」立命館法学 247 号（1996 年）277 頁以下、谷本圭子「イタリアにおける濫用条項の規制」立命館法学 298 号（2004 年）215 頁以下等を参照。

5）商法典 L.442-6 条 I 項においては、「著しい不均衡」規制（2 号）の他に、提供した役務に対して不相応または明白に不釣り合いな利益を獲得する行為（1 号）、書面による契約を伴わずに発注契約締結の前提条件として利益を獲得すること（3 号）、取引拒絶の強迫を用いて濫用的な取引条件を獲得すること（4 号）、予告なき取引関係の破棄（5 号）、競争法上禁止される選択的・排他的流通制への参加（6 号）、支払遅延（7 号）、商品の受領拒絶・返品（8 号）、以下 13 項まで多様な行為の規制類型が列挙されている。各行為類型の詳細については、L.442-6 条の最新の解説書である、E. Kerguelen, *Les pratiques restrictives, L'application de l'article L.442-6 du Code de commerce à travers la jurisprudence*, Concurrences, 2015 が参考となる。

内における規制を発展させつつあり、今後は各国における規制制度および運用実績を分析する必要がある。

　EU 競争法および各加盟国競争法上の規制類型の行為要件、競争侵害要件、規制効果等について、フランスの制度を基軸として比較法的研究を行い、EU 域内において整合性のある規制のあり方を検討することは、今後の課題として重要な意義を有すると思われる。

3　日本独占禁止法上の優越的地位の濫用規制の分析における課題

　我が国の取引上の優越的地位の濫用規制は、取引相手方に相対的に優越する取引上の地位に着目した濫用規制を行う点で、フランスの相対的市場力規制（経済的従属関係の濫用規制）および「著しい不均衡」規制と類似した構造を備える。本書においても、我が国の小売事業者主導型の優越的地位の濫用規制の解釈論を行う上で、フランスの相対的市場力規制および「著しい不均衡」規制の要件解釈論から得られる可能性のある示唆について検討を行い、当事者間の「経済的な不均衡」の形成が、我が国の取引上の優越的地位の濫用規制における公正競争阻害性の中心的な基準として機能しうる可能性について、現段階における試論を述べた。今後はより精緻な分析により、独占禁止法規定および実務における運用と整合性のある要件解釈論を、具体的に発展させていくことが課題である。その際には、不公正な取引方法における「公正競争阻害性」を独占禁止法 1 条の掲げる目的である「公正かつ自由な競争」概念との関係でどのように位置付けるかという本質的な視点に立った考察が必要となるように思われる[6]。また、近時の公取委審決では購買力の濫用規制に関して、新たな判断枠組みも提示されており、理論的・実務的な観点からさらに詳細な事例研究を行った上で、フランスにおける購買力濫用規制の実態との比較検討を行うことも課題となる。

---

6) 高橋岩和「『公正な競争』と『自由な競争』（一）（二完）」神奈川法学 30 巻 3 号（1996 年）63 頁、36 巻 2 号（2003 年）251 頁参照。

結　章

4　発展的課題

　フランス競争法にみられる相対的市場力規制と個別取引規制を組み合わせる制度設計は、今後、世界的な潮流となる可能性がある。すなわち相対的市場力規制はすでに EU 主要国および我が国で導入されアジアにおける追随の動きもある[7]。また、フランスにおける「著しい不均衡」規制は、共通の「著しい不均衡」概念を用いて、消費者─小売事業者─供給事業者の関係の統一的な解釈を図る点においても先駆的といえる。

　この点、我が国の大規模小売業特殊指定および下請法も、取引上の地位の格差や取引行為自体の濫用的な性質に着目した特別の規制を置いており、「著しい不均衡」規制との類似点がある。また例えばオーストラリア「競争・消費者法」は「非良心行為」の規制を消費者取引と事業者間取引の共通概念とする点で、「著しい不均衡」規制と類似の構造を指摘しうる。

　また、民事規制である「著しい不均衡」規制の発展は、私的エンフォースメントによる競争法執行の強化という側面においても理解しうる。近時 EU では損害賠償指令が採択され、競争法違反行為に対する被害者からの損害賠償請求訴訟に関する、加盟国における統一ルールが制定された[8]。これらの動きは損害賠償請求、不当利得返還、無効、差止め、民事罰等の私法上の制度によって競争法違反行為の成果を除去し、違反行為の抑止を図るものであり、公的エンフォースメントとの協働により効果的な規制制度の設計が可能となろう。

　各国の相対的市場力規制および類似の制度について比較法研究を行い、よ

---

[7] 韓国の公正取引法は優越的地位の濫用に相当する規制を置く（公正取引法 23 条 1 項 4 号）。韓都律「韓国における優越的地位の濫用の規制」日本経済法学会年報 35 号（2014 年）76 頁以下。

[8] EU 競争法および加盟国競争法違反に対する損害賠償請求訴訟に関する EU 指令 2014/104/EU は、競争法違反行為の被害者の救済を促進し、各加盟国における損害賠償請求制度の相違点を減少させることにより加盟国間の競争法の一貫した執行、ハーモナイゼーションを図っている。詳細については拙稿「競争法違反に対する損害賠償請求に関する EU 損害賠償指令 2014/104/EU の成立とフランスにおける国内法化の動向」国際商事法務 44 巻 9 号（2016 年）1309 頁以下を参照。

り効果的な規制制度、エンフォースメントの設計および運用のあり方に関して、我が国において参照されるべき点を解明することには重要な意義があると思われる。

主要参考文献

1　邦語単行本

厚谷襄児＝糸田省吾＝向田直範＝稗貫俊文＝和田健夫編著『条解独占禁止法』((弘文堂、1997 年)
今村成和『独占禁止法　新版』(有斐閣、1978 年)
今村成和『独占禁止法入門　第 4 版』(有斐閣双書、1993 年)
今村成和＝丹宗昭信＝実方謙二＝厚谷襄児編『注解経済法　上巻』(青林書院、1985 年)
大澤彩『不当条項規制の構造と展開』(有斐閣、2010 年)
岡村堯『ヨーロッパ競争法』(三省堂、2007 年)
岡村堯『新ヨーロッパ法』(三省堂、2010 年)
奥島孝康『フランス競争法の形成過程（企業法研究第 3 巻）』(成文堂、2001 年)
越知保見『日米欧独占禁止法』(商事法務、2005 年)
金井貴嗣＝川濱昇・泉水文雄編著『独占禁止法　第 5 版』(弘文堂、2015 年)
金子晃＝実方謙二＝根岸哲＝舟田正之『新・不公正な取引方法』(青林書院新社、1983 年)
川越憲治編著『実務経済法講義』(民事法研究会、2005 年)
川濱昇＝瀬領真悟＝泉水文雄＝和久井理子『ベーシック経済法　第 4 版』(有斐閣アルマ、2014 年)
菊地元一＝佐藤一雄＝波光巌＝滝川敏明『続コンメンタール独占禁止法』(勁草書房、1995 年)
来生新『経済活動と法――市場における自由の確保と法規制』(放送大学教育振興会、1987 年)
北村一郎『アクセスガイド外国法』(東京大学出版会、2004 年)
公正取引委員会事務局編『改正独占禁止法解説』(日本経済新聞社、1954 年)
公正取引協会編著『優越的地位濫用規制の解説（別冊公正取引 1 号）』(公正取引協会、2011 年)
実方謙二『改訂　独占禁止法入門』(青林書院、1983 年)

実方謙二『独占禁止法 第3版』（有斐閣、1995年）
清水貞俊『フランス経済をみる眼』（有斐閣、1984年）
庄司克宏『EU法 実務篇』（岩波テキストブックス、2008年）
庄司克宏『新EU法 基礎篇』（岩波テキストブックス、2013年）
庄司克宏『新EU法 政策篇』（岩波テキストブックス、2014年）
正田彬『独占禁止法研究』（同文舘出版、1976年）
正田彬『全訂独占禁止法Ⅰ』（日本評論社、1980年）
正田彬『全訂独占禁止法Ⅱ』（日本評論社、1981年）
正田彬編著『アメリカ・EU独占禁止法と国際比較』（三省堂、1996年）
正田彬＝金井貴嗣＝畠山武道＝藤原淳一郎『現代経済法講座1 現代経済社会と法』（三省堂、1990年）
正田彬教授還暦記念論文集刊行委員会編著『国際化時代の独占禁止法の課題——正田彬教授還暦記念論文集』（日本評論社、1993年）
白石忠志『独占禁止法 第2版』（有斐閣、2009年）
白石忠志＝多田敏明編著『論点体系 独占禁止法』（第一法規、2014年）
白石善章＝田中道雄＝栗田真樹編著『現代フランスの流通と社会——流通構造・都市・消費の背景分析』（ミネルヴァ書房、2003年）
須網隆夫『ヨーロッパ経済法』（新世社、1997年）
滝川敏明『日米EUの独禁法と競争政策 第4版』（青林書院、2010年）
滝沢正『フランス法 第4版』（三省堂、2010年）
田中誠二＝菊地元一＝久保欣哉＝福岡博之＝坂本延夫『コンメンタール独占禁止法』（勁草書房、1981年）
田中寿編著「不公正な取引方法——新一般指定の解説」別冊NBL9号（1982年）
田中裕明『市場支配力の濫用と規制の法理』（嵯峨野書院、2001年）
田中道雄＝白石善章＝相原修＝河野三郎編著『フランスの流通・都市・文化——グローバル化する流通事情』（中央経済社、2010年）
田中道雄＝白石善章＝相原修＝三浦敏編著『フランスの流通・政策・企業活動——流通変容の構図』（中央経済社、2015年）
谷原修身『現代独占禁止法要論 三訂版』（中央経済社、1998年）
田村善之『不正競争法概説』（有斐閣、2003年）
土田和博編著『独占禁止法の国際的執行』（日本評論社、2012年）
中川淳司＝清水章雄＝平覚＝間宮勇『国際経済法 第2版』（有斐閣、2012年）
中村民雄＝須網隆夫編著『EU法基本判例集 第2版』（日本評論社、2010年）
日本経済法学会編著『経済法講座3 独禁法の理論と展開(2)』（2002年）

日本経済法学会編『優越的地位の濫用』日本経済法学会年報 27 号（2006 年）
日本経済法学会編『優越的地位の濫用規制の展開』日本経済法学会年報 35 号（2014 年）
根岸哲『独占禁止法の基本問題』（有斐閣、1990 年）
根岸哲＝川濱昇＝泉水文雄編『ネットワーク市場における技術と競争のインターフェイス』（有斐閣、2007 年）
根岸哲・舟田正之『独占禁止法概説 第 5 版』（有斐閣、2015 年）
バンバール・アンド・ベリス法律事務所『EC 競争法』（商事法務、2007 年）
舟田正之『不公正な取引方法』（有斐閣、2009 年）
松下満雄『経済法概説 第 5 版』（東京大学出版会、2011 年）
松下満雄＝米谷三以『国際経済法』（東京大学出版会、2015 年）
宮坂富之助＝本間重紀＝高橋岩和＝近藤充代『現代経済法――日本経済の法構造 第 2 版』（三省堂、2010 年）
村上政博『EC 競争法〔EC 独占禁止法〕第 2 版』（弘文堂、2001 年）
村上政博『独占禁止法 第 6 版』（弘文堂、2014 年）
村上政博編集代表『条解独占禁止法』（弘文堂、2014 年）
村瀬信也編集代表『国際経済法講座 I』（法律文化社、2012 年）
山口俊夫『概説フランス法 上』（東京大学出版会、1978 年）
山口俊夫『概説フランス法 下』（東京大学出版会、2004 年）
ルイ・ヴォージェル／小梁吉章（訳）『欧州競争法』（信山社、2012 年）
和田聡子『EU とフランスの競争政策』（NTT 出版、2011 年）

2　邦語論文

朝田良作「EU 競争法の施行規則に関する EC 委員会の白書と改正案」島大法学部紀要法学科篇 45 巻 1 号（2001 年）259 頁
朝田良作「EU 競争法施行規則の改革案とその問題点」法と政治 53 巻 1 号（2002 年）139 頁
アンヌ＝ソフィ・ショネ＝グリマルディ／大島梨沙（訳）「競争法の課題としての流通ネットワーク」新世代法政策学研究 17 号（2012 年）25 頁
池田毅「課徴金導入後初の公取委審決において返品・減額による濫用行為を優越的地位の認定に用いた事例」ジュリスト 1485 号（2015 年）6 頁
市川芳治「EU 競争法の規範的考察に関する一試論（上）（下）」公正取引 714 号 72

頁、716 号（2010 年）65 頁

今村成和「百貨店による納入業者に対する商品の購入・協賛金の強要」『独禁法審決・判例百選（第3版）』（1984 年）162 頁

上杉秋則「百貨店による納入業者に対する商品の購入、協賛金の強要」『独禁法審決・判例百選（第5版）』（1997 年）198 頁

大澤彩「事業者間契約における不当条項規制をめぐる立法論的視点(1)(2・完) 近時のフランス法を素材に」法學志林108 巻4 号（2011 年）226 頁、109 巻1 号（2011 年）112 頁

大橋麻也「フランスにおける不正競争の概念」比較法学40 巻2 号（2007 年）83 頁

大橋麻也「フランスの不正競争防止法制(1)(2・完)」早稲田法学85 巻1 号185 頁、85 巻2 号151 頁

大録英一「優越的地位の濫用規制について(1)」香川法学19 巻3・4 号（2000 年）227 頁

大録英一「優越的地位の濫用と取引上の地位の不当利用」駿河台法学15 巻2 号（2001 年）125 頁

大録英一「優越的地位の濫用と取引上の地位の不当利用について」公正取引626 号（2002 年）8 頁

岡田外司博「優越的地位の濫用規制の最近の展開」日本経済法学会年報35 号（通巻57 号）（2014 年）3 頁

岡本直貴「独占禁止法の域外適用における『抵触法的アプローチ』」日本経済法学会年報34 号（2013 年）99 頁

岡谷直明「大規模小売店の納入業者に対する『購買力の濫用』規制の問題点について――食品産業を中心に」公正取引576 号（1998 年）76 頁

奥島孝康「立法紹介 商業・手工業基本法」外国の立法19 巻6 号（1980 年）331 頁

利部脩二「三越独禁法違反事件とバイイング・パワーの濫用」ジュリスト775 号（1982 年）84 頁

川越憲治ほか座談会「一般指定改正の意義について」別冊NBL9 号（1982 年）12 頁

川濱昇「百貨店による納入業者に対する商品の購入・協賛金の強要」「独禁法審決・判例百選（第4版)」（1990 年）198 頁

川濱昇「セブン–イレブン・ジャパン優越的地位の濫用事件」重判平成21 年度（ジュリスト臨増1398 号）（2010 年）287 頁

来生新「優越的地位の濫用法理の再検討――競争原理との矛盾と調整」今村教授退官記念『公法と経済法の諸問題(下)』有斐閣（1982年）299頁

帰山雄介「EU競争法における支配的地位搾取型濫用規制(上)(下)」国際商事法務39巻4号475頁、39巻5号653頁（2011年）

栗城利明「コンビニエンス・ストア本部の納入業者に対する抑圧行為（ローソン事件）」『経済法審決・判例百選』（2010年）174頁

栗田誠「コンビニエンス・ストア本部の納入業者に対する抑圧行為」『独禁法審決・判例百選（第6版）』（2002年）194頁

洪淳康「コンビニでの見切り販売の制限行為の判断基準と損害賠償請求――優越的地位の濫用と独禁法25条訴訟」ジュリスト1480号（2015年）111頁

公正取引委員会事務局官房総務課渉外室「フランス独占禁止法の概要」公正取引410号（1984年）25頁

公正取引委員会事務局官房国際課「海外競争政策の動き」公正取引551号（1996年）71頁

伊永大輔「優越的地位濫用の成立要件とその意義」日本経済法学会年報第35巻(2014年）11頁

齋藤英樹＝金沢卓哉「大規模小売業者と納入業者との取引に関する実態調査について」公正取引745号（2012年）13頁

佐藤智恵「EU競争法の適用に関するデ・ミニミスルールの改正案」法律論叢86巻4・5合併号（2014年）107頁

ジェローム・ファーブル／和久井理子(訳)「フランスの大規模小売分野における不公正取引の規制」公正取引769号（2014年）40頁

柴田潤子「日本トイザらス株式会社に対する審決について」公正取引779号（2015年）59頁

柴田潤子「コンビニエンス・ストア・チェーンの納入業者に対する優越的地位の濫用――ローソン事件（平成10.7.30公取委勧告審決)」『平成10年度重要判例解説』（1999年）245頁

柴田潤子「コンビニエンス・ストア・チェーンの納入業者に対する優越的地位の濫用――ローソン事件」重判平成10年度（ジュリスト臨増1157号）（1999年）243頁

柴田潤子「日本トイザらス株式会社に対する審決について――子供・ベビー用品の小売業者による優越的地位の濫用事件」公正取引779号（2015年）59頁

ジャック・ビュアール／舛井一仁(訳)「フランスの民営化の動き」国際商事法務15巻8号（1987年）603頁

ジャン・フランソア・ベリス（松下満雄監訳）「EU 競争法の近代化――事業者にとっての意味合い」国際商事法務 31 巻 9 号（2003 年）1217 頁
白石忠志「支配的地位と優越的地位」日本経済法学会年報 35 号（通巻 57 号）（2014 年）46 頁
白石忠志ほか鼎談「優越的地位濫用をめぐる実務的課題」ジュリスト 1442 号（2012 年）16 頁
シリル゠グリマルディ／齋藤哲志(訳)「競争法の課題としての流通ネットワーク」新世代法政策学研究 17 号（2012 年）1 頁
須網隆夫「EU 競争法の憲法的考察――憲法的多元主義と EU 競争法の現代化」日本 EU 学会年報 32 号（2012 年）65 頁
杉浦市郎「EU 競争法新実施規則について」法經論集 165 号 29 号（2004 年）1 頁
杉浦市郎「優越的地位の濫用規制――大規模小売業とフランチャイズを中心にして」日本経済法学会年報第 27 号（2006 年）59 頁
杉浦市郎「百貨店による納入業者に対する商品の購入、協賛金の強要（三越事件）」『経済法判例・審決百選』（2010 年）172 頁
鈴木満「三越事件が提起した法的諸問題」NBL262 号（1982 年）13 頁
瀬領真悟「日本トイザらス事件――公取委平成 27 年 6 月 4 日審決」公正取引 784 号（2016 年）66 頁
泉水文雄「欧州競争法における『市場支配的地位』について」大阪市立大学法学雑誌 48 巻 4 号（2002 年）1182 頁
十合晄「大規模小売業者とバイイング・パワーの問題点」ジュリスト 775 号（1982 年）91 頁
高橋岩和「『公正な競争』と『自由な競争』；独禁法二条九項「公正競争阻害性」要件の解釈について（一）（二完）」神奈川法学 30 巻 3 号（1996 年）405 頁、36 巻 2 号（2003 年）619 頁
高橋岩和「優越的地位の濫用と公正競争阻害性」公正取引 626 号（2002 年）2 頁
高橋岩和「優越的地位の濫用と独禁法」日本経済法学会年報 27 号（2006 年）1 頁
高橋岩和「優越的地位の濫用と競争法――国際比較にみる『取引上の地位の不当利用』規制のあり方を中心として」公正取引 686 号（2007 年）16 頁
高橋岩和「最近の優越的地位の濫用事件」公正取引 721 号（2010 年）2 頁
高橋岩和「改正下請法の評価と課題」公正取引 765 号（2014 年）17 頁
滝澤紗矢子「課徴金対象となる優越的地位の濫用」重判平成 27 年度（ジュリス

ト臨増 1492 号)(2016 年)251 頁

滝澤紗矢子「優越的地位濫用に対する課徴金賦課をめぐって」日本経済法学会年報 35 号(通巻 57 号)(2014 年)28 頁

田中裕明「市場支配力濫用規制と市場参入障壁(一)〜(三)」神戸学院法学 34 巻 2 号(2004 年)385 頁、36 巻 3・4 号(2007 年)525 頁、44 巻 3・4 号(2015 年)87 頁

田辺治「フランス競争法における違反事件処理の体制及び処理状況について」公正取引 583 号(1999 年)44 頁

谷本圭子「ドイツでの『消費者契約における濫用条項に関する EG 指令』国内法化の実現——約款規制法(AGBG)改正法の成立・施行」立命館法学 247 号(1996 年)277 頁

谷本圭子「イタリアにおける濫用条項の規制」立命館法学 298 号(2004 年)1523 頁

辻吉彦「事業支配力の過度の集中と優越的地位の濫用——その独占禁止政策上の位置づけと独占禁止法上の地位について」公正取引 383 号(1982 年)4 頁

土屋和恵「フランスにおける自由競争の原理の法的考察」山形大学紀要(社会科学)4 巻 2 号(1973 年)337 頁

独占禁止法研究会報告「不公正な取引方法に関する基本的な考え方」公正取引 383 号(1982 年)60 頁

利部脩二「三越独禁法違反事件とバイイングパワーの濫用」ジュリスト 775 号(1982 年)84 頁

鳥山恭一「NRE——新たな経済の制御に関する 2001 年 5 月 15 日の法律第 2001-420 号」日仏法学 23 号(2004 年)261 頁

長尾愛女「競争法違反に対する損害賠償請求に関する EU 損害賠償指令 2014/104/EU の成立とフランスにおける国内法化の動向」国際商事法務 44 巻 9 号(2016 年)1309 頁

長尾愛女「EU 競争法と加盟国競争法の衝突と調整規定——理事会規則 1/2003 号 3 条 2 項をめぐって」日本国際経済法学会年報 25 号(2016 年)160 頁

中川寛子「百貨店による納入業者に対する商品の購入、協賛金の強要(三越事件)」『独禁法審決・判例百選(第 6 版)(2002 年)192 頁

長澤哲也「優越的地位濫用の認定における実務上の諸論点」日本経済法学会年報 35 号(通巻 57 号)(2014 年)59 頁

南部利之「フランスの競争政策と競争当局」公正取引 518 号(1993 年)23 頁

根岸哲「百貨店による納入業者に対する購買力の濫用——三越事件」重判昭和

57年度（ジュリスト臨増792号）（1983年）243頁
根岸哲「EU競争法と市場統合の総合的検討」日本EU学会年報32号（2012年）18頁
野尻俊明「従業員派遣の強制（ドン・キホーテ事件）」『経済法判例・審決百選』（2010年）168頁
長谷河亜希子「フランチャイズ・システムと優越的地位の濫用（1）（2）（3完）」公正取引721号（2010年）9頁、723号（2011年）71頁、724号（2011年）60頁
長谷河亜希子「フランチャイズ本部の濫用行為とその法規制」日本経済法学会年報第36号（2015年）117頁
長谷河亜希子「近時の優越的地位の濫用規制について」公正取引781号（2015年）2頁
花本浩一郎「優越的地位濫用行為とコンプライアンス——日本トイザらス事件から」公正取引781号（2015年）10頁
馬場文「フランス競争法における経済的従属関係濫用規制」公正取引626号（2002年）45頁
林秀弥「取引先納入業者に対する従業員派遣・協賛金の要請——ドン・キホーテ事件——公取委同意審決平成19・6・22」ジュリスト1361号（2008年）178頁
韓都律「韓国における優越的地位の濫用の規制」日本経済法学会年報35号（2014年）76頁
平林英勝「コンビニ・フランチャイズ本部による見切り販売の制限が優越的地位の濫用に該当するとされた事例」ジュリスト1384号（2009年）100頁
渕川和彦「欧米の流通市場における買手市場支配力の競争への影響について：大規模小売業を中心として」公正取引745号（2012年）18頁
渕川和彦「買手市場支配力規制における違法性判断基準——米国における展開を中心として」日本経済法学会年報35号（通巻57号）（2014年）99頁
渕川和彦「間接競争侵害に言及し、濫用行為から優越的地位を推認した事例——日本トイザらス事件」ジュリスト1487号（2015年）79頁
フレデリック・ジェニー／川島富士雄訳「フランスにおける競争法の発展」公正取引494号（1991年）9頁
松下満雄「『優越的地位濫用規定』の射程距離(1)〜(5完)」NBL181号6頁、182号14頁、184号24頁、186号36頁、187号（1979年）31頁
三間地光宏「フランスにおける濫用的契約条項規制の展開」山口経済学雑誌45

巻 2 号（1996 年）187 頁

向井康二＝玉木史「『フランチャイズ・システムに関する独占禁止法上の考え方について』の改訂について」公正取引 620 号（2002 年）44 頁

向田直範「優越的地位の濫用」日本経済法学会編著『経済法講座 3　独禁法の理論と展開(2)』（2002 年）161 頁

向田直範「セブン－イレブン・ジャパンによる優越的地位の濫用事件――平成 21 年 6 月 22 日排除措置命令」NBL936 号（2010 年）65 頁

村上政博「EC 競争法の執行手続の大改革――EU における統一競争法の誕生」ジュリスト 1191 号（2000 年）54 頁

森平明彦「ドイツ競争法制における『利益強要（Anzapfen）』の禁止（1）（2 完）――自由保護と公正保護を架橋する競争歪曲の概念」高千穂論叢 47 巻 1 号（2012 年）69 頁、47 巻 2 号 1 頁

八木眞幸「フランス新競争法の施行」公正取引 439 号（1987 年）70 頁

山田弘＝田中久美子「フランスの競争法について(上)」公正取引 558 号（1997 年）56 頁

山部俊文「大手小売業者による納入業者に対する優越的地位の濫用――ローソン事件」ジュリスト 1158 号（1999 年）116 頁

横田直和「優越的地位の濫用行為に係る公正競争阻害性の再検討」公正取引 565 号（1997 年）11 頁

横田直和「最近の優越的地位の濫用規制等の動向――下請法化する濫用規制と独占禁止法化する下請法」公正取引 757 号（2013 年）13 頁

横浜 EU 法研究会「EU 競争法新規則について」横浜国際経済法学 12 巻 3 号（2004 年）251 頁

横溝大「私訴による競争法の国際的執行」日本国際経済法学会年報 34 号（2013 年）56 頁

吉田邦雄「(株)三越の優越的地位濫用に対する同意審決について」公正取引 383 号（1982 年）16 頁

米田文子「株式会社ローソンによる独占禁止法違反事件」NBL654 号（1998 年）24 頁

若林亜里砂「セブン－イレブン独占禁止法 25 条訴訟について――東京高判平成 25・8・30 判時 2209 号 10 頁」公正取引 769 号（2014 年）33 頁

和久井理子「見切り販売の妨害行為による優越的地位の濫用と独禁法 25 条訴訟――セブン－イレブン・ジャパン事件」重判平成 25 年度（ジュリスト臨増 1466 号）（2014 年）266 頁

和田聡子「フランス流通業と競争政策」六甲台論集経済学編 46 巻 2 号（1999 年）
渡邊静二＝岩淵権「株式会社ローソンによる独占禁止法違反事件について」公正取引 576 号（1998 年）87 頁

3　邦語報告書等

公正取引委員会「フランチャイズ・システムに関する独占禁止法上の考え方について」（2002 年）
公正取引委員会「優越的地位の濫用に関する独占禁止法上の考え方」（2010 年）
公正取引委員会「大規模小売業者と納入業者との取引に関する実態調査報告書」（2012 年）
公正取引委員会「ホテル・旅館と納入業者との取引に関する実態調査報告書」（2012 年）
公正取引委員会「物流センターを利用して行われる取引に関する実態調査報告書」（2013 年）
公正取引委員会「外食事業者と納入業者との取引に関する実態調査報告書」（2013 年）
公正取引委員会「大規模小売業者との取引に関する納入業者に対する実態調査報告書」（2018 年）
公正取引委員会競争政策研究センター「競争者排除型行為に係る不公正な取引方法・私的独占について──理論的整理」（2008 年）
公正取引委員会競争政策研究センター「流通市場における買手パワー（Buyer Power）の競争への影響について」（2010 年）
公正取引委員会競争政策研究センター「ネットワーク産業に関する競争政策──日米欧のマージンスクイーズ規制の比較分析及び経済学的検証」（2012 年）
公正取引委員会競争政策研究センター「諸外国における優越的地位の濫用規制等の分析」（2014 年）
日本貿易振興機構「フランスにおける家具市場調査」（2009 年）
日本貿易振興機構「フランスにおけるサービス産業基礎調査」（2011 年）
日本貿易振興機構「平成 23 年度日本食品マーケティング調査（フランス）」（2012 年）
日本貿易振興機構農林水産・食品部パリ事務所「平成 23 年度日本食品マーケティング調査（フランス）」（2011 年）

4　Ouvrages généraux, spéciaux et thèses

D. Bosco, *Droit européen de la concurrence : Ententes et abus de position dominante* (Collection droit de l'Union européenne - Manuels t. 4), Bruylant, 2013.

M. Chagny et B. Deffains, *Réparation des dommages concurrentiels*, Dalloz, 2015.

G. Cornu, *Vocabulaire juridique*, 9e édition, Association Henri Capitant, 2011.

Dalloz, *Lexique des termes juridiques*, 21e édition, Dalloz, 2014.

A. Decocq et G. Decocq, *Droit de la Concurrence*, 5e édition, Lextenso éditions, 2012.

M. Frison-Roche et M. Payet, *Droit de la concurrence*, 1er édition, Dalloz, 2006.

L. Idot, *Droit communautaire de la concurrence, Le nouveau système communautaire de mise en œuvre des articles 81 et 82 CE*, Bruylant, 2004.

E. Kameoka, *Competition Law and Policy in Japan and the EU*, Edward Elgar, 2014.

E. Kerguelen, *Les pratiques restrictives, L'application de l'article L.442-6 du Code de commerce à travers la jurisprudence*, Concurrences, 2015.

D. Legeais, *Droit commercial et des affaires*, 22e édition, Sirey, 2015.

M. Malaurie-Vignal, *Droit de la concurrence interne et européen*, 5e édition, Sirey, 2011.

Laurence Nicolas-Vullierme, *Droit de la concurrence*, 2e édition, Vuibert, 2011.

P. Nihoul, C. Verdure, *Droit européen de la concurrence*, 2e édition, larcier, 2011.

B. Rodger, A. MacCulloch, *Competition Law and Policy in the EU and UK, 5th edition*, Routledge, 2014.

L. Vogel, *Code Européen de la concurrence*, Lawlex, 2008.

L. Vogel, *Droit Français de la concurrence*, Lawlex, 2009.

L. Vogel, *Droit de la concurrence Européen et Français*, LawLex, 2011.

L. Vogel, *Code de la concurrence*, Lawlex, 2013.

R. Whish and D. Baily, *Competition Law*, 8th edition, Oxford, 2015.

B. Zanettin, *Cooperation Between Antitrust Agencies at the International Level*, Hart Publishing, 2002.

5   Articles

S. Amarani-Mekki, «Clauses abusives: panorama d'actualité 2009 - Décret du 18 mars 2009 relatif aux clauses abusives : quelques réflexions procédurales», *RDC, Débats*, 2009 n° 10, pp. 1617-1629.

R. Amaro, «Le déséquilibre significatif en droit commun des contrats ou les incertitudes d'une double filiation», *CCC*, 2014, n° 8-9, étude 8.

C. Babusiaux, «Dix ans d'application de l'ordonnance du 1er Décembre 1986: bilan et perspectives», *Gaz. Pal.* 1997, 1, pp. 235-238.

L.-P. Barratin, «Marché pertinent: dix ans de pratique», *Gaz. Pal.* 1997, 1, pp. 243-246.

M. Behar-Touchais, «La protection des proffessionnels contre les déséquilibre contractuels significatifs - Que pennser de l'introduction d'une protection contre les clauses abusives dans le Code de commerce ?», *RDC, Débats*, 2009 n° 1, pp. 1258-1261.

M. Behar-Touchais et F.-X. Lucas, «Contrats organisation», RDC, Chroniques, 2009 n° 1, pp. 197-204.

J.-Fr. Bellis, «Les relations entre le droit national et le droit communautaire de la concurrence», *collection du Centre d'études Jean Renauld*, volume 11, 2004.

A. Berg-Moussa, «Notion de déséquilibre significatif et action du ministre: point d'étape et nou-veaux questionnements», *La Semaine Juridique Entreprise et Affaires*, 2012, n° 9, 113.

J.-B. Blaise, «L'article 10-2° de l'ordonnance et la contribution au progrès économique: du bilan économique à la règle de raison», *Gaz. Pal.* 1997, 1, pp. 239-242.

J.-D. Bretzner, «Clauses abusives : panorama d'actualité 2009 - La durée, l' abus et le contrat», *RDC, Débats*, 2009 n° 10, pp. 1662-1674.

M. Chagny, «Le contrôle des abus dans négociation», Rapport de la Commission d'examen des pratiques commerciales 2007-2008, annexe 10, p. 142 et s.

M. Chagny, «Clauses abusives: panorama d'actualité 2009 - Le contrôle des clauses abusives par le droit de la concurrence», *RDC, Débats*, 2009 n° 10, pp. 1642-1650.

M. Chagny, «Le déséquilibre significatif devant la cour d'appel de Paris», *RTD*

com., 2014, p. 785 et s.
G. Chantepie, «Appréciation du déséquilibre significatif au sens de l'article L. 442-6, I, 2° du Code de commerce», *La Semaine Juridique Entreprise et Affaires*, 2011, n° 40, 1701.
E. Claudel, «L'essor des sanctions en droit de la concurrence. - Quelle efficacité ? Quelles garanties ?», *CCC*, 2014, Dossier 13, n° 6.
M. Dany «Déséquilibre significatif: Le Tribunal de commerce de Lille, sur saisine du ministre de l'Économie, condamne un distributeur à une lourde amende civile en raison du caractère déséquilibré de deux clauses de la convention annuelle conclue avec ses fournisseurs (Eurauchan)», *Revue Concurrences*, n° 4-2011, Art. n° 39969, pp. 125-126.
X. Delpech, «LME: renforcement du mécanisme de lutte contre les clauses abusives», *D.* 2008, n° 32, pp. 2220-2221.
O. Deshayes, «Clauses abusives: panorama d'actualité 2009 - Les réformes récentes et attendues en 2009», *RDC, Débats*, 2009 n° 10, pp. 1602-1616.
D. Fasquelle, L. Roberval, et S. Charrière, «Rupture d'une relation commerciale établie: La Cour de cassation considère que le juge doit tenir compte de l'état de dépendance économique du cocontractant évincé (Auchan)», *Revue Concurrences*, n° 1-2004, Art. n° 1580, p. 67 et s.
D. Ferrier et D. Ferré, «La réforme des pratiques commerciales: loi n° 2008-776 du 4 août 2008», *D.* 2008, pp. 2234-2240.
P. Fontbressin, «L'abus d'état de dépendance économique, l'équité et la détermination du prix», *Gaz. Pal.* 1997, 1, pp. 251-252.
J.-C. Fourgoux, «Dissuasion pénale et réparation du préjudice des victimes des pratiques anticoncurrentielles», *Gaz. Pal.* 1997, 1, pp. 253-254.
J.-C. Fourgoux, «L'abus de dépendance économique», *Gaz. Pal.* 1997, 1, pp. 255-256.
J-L. Fourgoux, «Déséquilibre significatif: une validation par le Conseil constitutionnel qui marie droit de la concurrence et droit de la consommation en matière de clauses abusives», *CCC*, 2011, n° 3, etude 5.
J-L. Fourgoux et L. Djavadi, «Les clauses contractuelles à l'épreuve du «déséquilibre significatif»: état de la jurisprudence», *CCC*, 2013, n° 11, etude 14.
B. Gaboriau, «Clauses abusives: panorama d'actualité 2009 - Les clauses abusives

dans le secteur des communication électroniques», *RDC, Débats*, 2009, n° 10, pp. 1674-1680.

Michel Glais, «L'etat de dependence économique au sens de l'art. 8 de l'ordonnance du 1er Décembre 1986: analyse economique», *Gaz. Pal.* 1989, 1, pp. 290-293.

Doris Hildebrand, «Article 3 (2) in fine: Time for review», *Concurrences*, n° 2-2015, pp. 1-3.

L. Idot, «Quelques réflexions sur l'avenir de l'ordonnance du 1er Décembre 1986 dans la perspective communautaire», *Gaz. Pal.* 1997, 1, pp. 257-259.

L. Idot, «La pratique de l'Autorité française de concurrence en matière de restrictions verticales», *Revue Concurrences*, n° 4-2010, Art. n° 52908.

L. Idot, «À propos de la modernisation du droit de la concurrence: bilan de l'année 2013 et perspectives. - Rapport introductif», *CCC*, 2014, n° 6, Dossier 11.

Inforeg Service d'information réglementaire, aux entreprises de la Chambre de commerce et d'industrie de Paris Île-de-France, «La notion du «déséquilibre significatif» dans les relations contractuelles entre professionnels», *Cahiers de droit de l'entreprise*, 2013, n° 3, prat. 13.

E. Kerguelen, Le déséquilibre significatif entre les droits et obligations des parties (pratiques commerciales restrictives), *JurisClasseur Commercial*, Fasc. 280.

M. Koehler de Montblanc, «Imputabilité des pratiques anticoncurrentielles: La Cour de cassation confirme qu'en cas de disparition de l'entreprise auteur de pratiques anticoncurrentielles, est sanctionnée celle qui assure la continuité économique et fonctionnelle (EFS)», *Revue Concurrences*, n° 2-2006, Art. n° 27334.

Y. -M. Laithier, «Clauses abusives: panorama d'actualité 2009 - Les clauses de responsabilité (clauses limitatives de réparation et clauses pénales)», *RDC, Débats*, 2009 n° 10, pp. 1650-1662.

A. Lamothe et Y. Utzschneider, «La protection des proffessionnels contre les déséquilibre contractuels significatifs - Que pennser d'une règle de protection contre les clauses abusives dans le Code de commerce ?», *RDC, Débats*, 2009 n° 1, pp. 1261-1267.

I. Luc, «L'application judiciaire du déséquilibre significatif aux contrats d'affaires», *AJ Contrats d'affaires - Concurrence - Distribution* 2014, p. 109.

Cl. Lucas de Leyssac et M. Chagny, «La protection des proffessionnels contre les déséquilibre contractuels significatifs - Le droit des contrats, instrument d'une forme nouvelle de régulation économique?», *RDC, Débats*, 2009 n° 1, pp. 1268-1275.

D. Mainguy, «Défense, critique et illustration de certains points du projet de reforme du droit des contrats», *D*. 2009, n° 5, pp. 308-316.

D. Mainguy, «Le Conseil constitutionnel et l'article L. 442-6 du Code de commerce», *La Semaine Juridique Entreprise et Affaires*, 2011, n° 7, 1136.

M. Malaurie-Vignal, «La LME affirme la liberté négociation et sanctionne le déséquilibre significatif», *CCC*, 2008, Comm. 238, p. 28 et s.

M. Malaurie-Vignal, «Le nouvel article L.442-6 du Code de commerce apporte-t-il de nouvelles limites à la négociation contractuelle?», *CCC*, 2008 Dossier 5, n° 11, p. 12 et s.

M. Malaurie-Vignal, «Le déséquilibre significatif pris dans la tourmente de la question prioritaire de constitutionnalité», *CCC*, 2010, n° 12, comm. 280.

M. Malaurie-Vignal, «Constitutionnalité de l'article L. 442-6, I, 2° du Code de commerce», *CCC*, 2011, n° 3, comm. 63.

M. Malaurie-Vignal, «Question prioritaire de constitutionnalité et article L. 442-6, III du Code de commerce», *CCC*, 2011, n° 5, comm. 115.

M. Malaurie-Vignal, «Déséquilibre significatif: faut-il opposer l'action en cessation et l'action en nullité et réparation, comme le fait l'arrêt de la cour d'appel de Paris?», *CCC*, 2014, n° 3, comm. 63.

M. Malaurie-Vignal, «Appréciation de la proportionnalité d'une clause de non-concurrence», *CCC*, 2014, n° 12, comm. 268.

N. Mathey, «Première application du nouvel article L. 442-6, I, 2° du Code de commerce», *CCC*, 2010, n° 3, comm. 71.

N. Mathey, «Constitutionnalité de l'article L. 442-6, I, 2° du Code de commerce», *CCC*, 2011, n° 3, comm. 62.

N. Mathey, «Du déséquilibre significatif.», *CCC*, 2011, n° 11, comm. 10.

N. Mathey, «Déséquilibre significatif dans les relations de distribution», *CCC*, 2011, n° 11, comm. 234.

N. Mathey, «Droits fondamentaux et droit de la concurrence», *CCC*, 2011, n° 11, comm. 237.

N. Mathey, «Le déséquilibre significatif dans un contrat de distribution», *CCC*, 2012, n° 2, comm. 42.

N. Mathey, «Nouvelles décisions sur le déséquilibre significatif», *CCC*, 2012, n° 3, comm. 62.

N. Mathey, «Déséquilibre significatif et respect des décisions de justice», *CCC*, 2012, n° 4, comm. 93.

N. Mathey, «Notion de déséquilibre significatif et preuve de son existence», *CCC*, 2013, n° 4, comm. 80.

N. Mathey, «Sanction du déséquilibre significatif», *CCC*, 2013, n° 5, comm. 117.

N. Mathey, «Appréciation et sanction du déséquilibre significatif», *CCC*, 2013, n° 10, comm. 208.

N. Mathey, «Déséquilibre significatif: notion encore en construction», *CCC*, 2013, n° 12, comm. 269.

N. Mathey, «Déséquilibre significatif dans les obligations des parties au détriment des fournisseurs», *CCC*, 2014, n° 3, comm. 64.

N. Mathey, «Déséquilibre significatif et sous-traitance», *CCC*, 2014, n° 3, comm. 68.

N. Mathey, «Rupture brutale et déséquilibre significatif», *La Semaine Juridique Entreprise et Affaires*, 2014, n° 5, 1052.

D. Mazeaud, «La protection des proffessionnels contre les déséquilibre contractuels significatifs - Avant-propos», *RDC, Débats*, 2009 n° 1, pp. 1257-1258.

D. Mazeaud, «Clauses abusives: panorama d'actualité 2009 - Avant-propos», *RDC, Débats*, 2009 n° 10, p. 1601.

V. Michel-Amsellem, «Sanctions - Imputabilité: La Cour de cassation confirme sa jurisprudence sur l'imputabilité des pratiques en cas de disparition de la personne morale support de l'entreprise auteur des pratiques (EFS)», *Revue Concurrences*, n° 2-2006, Art. n° 787, pp. 141-142.

M. Pichon de Bury et C. Minet, «Incidences de la suppression de l'article L. 442-6, I, 1° du Code de commerce et de l'introduction de la notion de «déséquilibre significatif» par la LME», *CCC*, 2008, n° 12, etude 13.

M. Ponsard, «Le déséquilibre significatif: bilan et perspectives», *CCC*, 2013, n° 5, Dossier 4.

É. Rocher, «Le déséquilibre significatif et la commande ouverte dans l'industrie»,

La Semaine Juridique Entreprise et Affaires, 2012, n° 49, 1741.

F. Rome, *D.* 2008 éditorial, p. 2337.

A. Ronzano, «Notion de déséquilibre significatif: Le Conseil constitutionnel juge la notion de «déséquilibre significatif» suffisamment claire et précise pour déclarer le 2° du I de l'article L. 442-6 du code de commerce conforme à la Constitution», *Revue Concurrences*, n° 2-2011, Art. n° 51485.

R. Saint-Esteben, «L'interdiction du refus de vente: mort et résurrection ?», *Gaz. Pal.* 1997, 1, pp. 272-274.

R. Saint-Esteben, «La protection des proffessionnels contre les déséquilibre contractuels significatifs - L'introduction par la loit LME d'une protection des professionnels à l'égard des clauses abusives: un faux ami du droit de la consommation», *RDC, Débats*, 2009 n° 1, pp. 1275-1283.

N. Sauphanor-Brouillaud, «Clauses abusives: panorama d'actualité 2009 - Les rèmedes en droit de la consommation: clauses noires, clauses grises, clauses blanches, clauses proscrites par la jurisprudence et la Commission de clauses abusives», *RDC, Débats*, 2009 n° 10, pp. 1629-1642.

F-X. Testu, «La transposition en droit interne de la directive communautaire sur les clauses abusives», *D. Affaires*, 1996, chr. 372.

L. Vitzilaiou, «The Hellenic Competition Commission fines a retailer for resale price maintenance and other infringements within its franchise network (Carrefour Marinopoulos)», *e-Competitions Bulletin*, July 2010, Art. N° 33885.

A. Wachsmann, «Dépendance économique: L'Autorité de la concurrence rejette la demande de mesures conservatoires sollicitée par un franchisé d'un groupe de distribution, mais poursuit son instruction au fond pour déterminer si les pratiques mises en œuvre par ce groupe sont constitutives d'abus de dépendance économique (Carrefour; Secteur de la distribution)», *Revue Concurrences*, n° 2-2011, Art. n° 35678, pp. 115-118.

A. Wachsmann, «Engagements - dépendance économique - distribution alimentaire - contrat de franchise», *Concurrences*, 2012, 1, Chronique, pp. 113-116.

A. Wachsmann et N. Zacharie, «Abus de dépendance économique - Refus d'achat - Clauses d'exclusivité: L'Autorité de la concurrence rejette une saisine pour rupture abusive des relations commerciales, mais renvoie le dossier à l'instruction en ce qui concerne l'examen de clauses d'exclusivité et de leurs effets potentiellement anticoncurrentiels (Roland Vlaemynck Tisseur) », *Revue Concurrences*, n° 3-2012, Art. n° 48345, pp. 112-115.

索引

【A～Z】

AKZO 事件　69
Carrefour 事件　120, 161, 203, 299
Castorama 事件　159, 160
Cegedim 事件　75
CEPC　38, 143, **153**, 156
Continental Can 事件　58, 59
Darty et Fils 事件　184
DGCCRF　27, **142**, 179
EC 競争法　40, 41
EC 条約　19
EMC Distribution 事件　196
Eurauchan 事件　181
EU 機能条約　2
EU 競争法　8, 9, 174, 327, 329
GALEC 事件　193, 200
GIE Les Indépendants 事件　207
GIPCA 事件　105, 114
Hagelsteen 報告書　137, 138, 158
IKEA 事件　195
Leclerc 事件　187
LME 法　3, 133, 136, 138
Magill 事件　72
Nouvelle des Yaourts Littée（NYL）事件　73
NRE 法　**28**, 94
Philippe Amaury 事件　81-83
Provera 事件　190
QPC　156-158, 164, 178, 180
RTE 事件　101

SFR 事件　80
Tetra Pak 事件　65
TFEU102 条　8, 46
United Brands 事件　**65**

【あ】

アストラント　142
後払い加盟料　125
「著しい不均衡」（déséquilibre significatif）　37
　　——の定義　168
　　——要件　148, 166, 171, **213**, 214
「著しい不均衡」規制　2, 36, 38, 39, 41, 42, 132, **135**
　　——に関する裁判例　178, **181**
　　——の解釈基準　172-175
　　——の規制手続　141-144
　　——の構成要件　147
　　——の適用基準　153-156
　　——の導入　135-140
　　——の法的性質　146
　　——の立法趣旨　**144**
一致原則　46
一般集中規制　230
一方的な解除条項　211
一方的な料金改定　211
一方的に不利なペナルティー　211
売残り品等の返品　211
エコス事件　258
欧州委員会　134, 174

351

欧州人権条約　183
オーストラリア「競争・消費者法」　174, 331
押し付け販売　250

【か】
海外口座　154
価格・競争令　17-19
価格改定　184
価格交渉の自由化　138
価格拘束　98
価格差別行為　77-79
価格凍結　12
価格令　11-17
確約手続　124
加盟者　246
カラカミ観光事件　257
下流市場　55, 56
カルテル　12
カルテル禁止令　12
間接的競争侵害説　232
関連市場の画定　51
企業結合　101
技術上の先進性　54
旧百貨店業特殊指定　220
供給事業者　96
　——の経済的従属関係　100
供給者主導型（販売力濫用型）　30, 98
供給者主導型の経済的従属関係　98, 99
供給チェーン　134
協賛金等の負担の要請　240
強制力ある当事者（partenaire obligatoire）　25, 114
競争委員会（l'Autorité de la concurrence）　36, 142

（旧）競争委員会（Commission de la Concurrence）　15
競争禁止条項　121
競争上の有利・不利　313
競争・消費・不正行為防止総局　27, **142**, 179
競争侵害要件　21, 25, 30, 49, **59**, 61, 62, 86
競争制限行為（pratiques restrictives de concurrence）　26, 27, 31, 41, **132**, 133
競争の機能又は構造に与える影響　**102**, 111, 117, 123
競争評議会（Conseil de la concurrence）　18
競争優位性　232, 233, 235
協調行為　12
グリーンペーパー　134, 175, 210
経済現代化法（LME法）　3, 133, 136, 138
経済的従属関係　9, 24, 29, 40, **95**, 96, 109, 122, 129
　——の「濫用」　111, 112, 116, 122
　——の濫用規制　2, 8, 19, 21, 24, 28, 40, 41, 86, 90, **92**, 128, 320, 322
経済的な不均衡　319-321, 330
経済取引委員会（commission des affaires économiques）　38
契約期間条項　124
契約全体の経済的均衡性　151, **168**, 214, 300
「結果の濫用」理論　**57**
減額　243
「顕著な影響」の基準　**60**, 62
憲法先決問題の制度　157
牽連性の欠如　182, 187

索 引

行為の広がり　234
口座振替による支払義務　160
公正な競争　232
「構造の濫用」理論　**58**
拘束取引　98
拘束販売　35
購買センター　117, 181, 193
購買約款　154, 212
購買力（バイイングパワー）　23
購買力規制　210, 215
購買力による従属関係　100, 117
購買力の濫用　9, 47, 90
購買力濫用型　55, 56, 61, 85, 100, 178
小売事業者　97
小売事業者主導型　30
小売流通分野　219
コーナン商事事件　257
顧客固定化　66, 67, 122, 126
顧客固定化行為　77, 78
顧客事業者　96
　　──の経済的従属関係　98
個別取引上の濫用行為規制　31, 32, 41, 42

【さ】

再加盟禁止条項　121, 124
罪刑法定主義　**157**
在庫サービス率（taux de service）　182, 184
在庫品に関する従属関係　99, 103
財政経済安定法　13
搾取型濫用　**58**, 59, 63
搾取的濫用　94
差別行為　**64**, 75
差別行為規制　32, 151

　　──の削除　**138**, 214
差別的取扱い　35
産業上の供給関係に基づく従属関係　100, 119
参入障壁　54
山陽マルナカ事件　257
事業者の行動　54
事後的違憲審査　156-158, 164, 178, 180
市場画定　108, 111, 115
市場シェア　51-54
市場支配的地位　14, 20, 41, 50, 85, 93
　　──の「濫用」　21, 56, 74
　　──の濫用規制　2, 8, 19, 46, 48, 49
市場支配力規制　46
市場における地位　223, 238
市場の構造　53
市場力　51
下請法　304, 305
「従わせ、又は従わせようとする」要件　152, 169, 172, 173
実行行為性　152, 170
品不足による従属関係　99, 103
支払期限に関する条項　203
支払遅延　156, 175, 211, 243
支払遅延防止に関する指令　210
私法上のエンフォースメント　303, 304
島忠事件　258
従業員等の派遣の要請　240
自由競争基盤の侵害　230, 233, 305, 307
自由・自主性　229, 233, 235
　　──の侵害　313
従属関係、購買力、販売力の濫用　31, 37, 133, 161
従属性　171-173, 301, 302
「従属性」要件　152, 169, 171, **213-215**

353

需要者主導型（購買力濫用型）　100, 127
需要者主導型の経済的従属関係　100
受領拒否　242
消費期限　203
消費者　**174**, 328
消費法典　39, **139**, **149**, 174
商法典　28
商法典編纂　27
賞味期限　203
上流市場　55, 56
新規参入の阻止　81
垂直型濫用　**63**, 75
水平型濫用　**63**, 81
スーパーマーケット　22, 23, 120, 203
正常な商慣習　226-227
正常な商慣習に照らして不当　**227-235**, 238
製品の配達日時に関する条項　203
セブン-イレブン・ジャパン事件　259, **276**
潜在的な効果の基準　**59**
相対的市場力　26
　　──の濫用　74
相対的市場力規制　2, 8, 40, 41, 56, 86, 90, 128, 320, 322
　　──の補完　130, 172, 178
損害賠償　322, 323
損害賠償請求　142

【た】

大規模小売業者（日本）　218, 246
大規模小売業特殊指定　220, **246**, 303
大規模小売事業者（フランス）　22, 23, 93, 117, 164
代金減額　293

代替的解決方法　29, **95**, 96, 113-115, 116, 128-130, 137, 298, 299
　　──の不存在　25, 29, 95, 115
抱き合わせ販売　66
知的財産権　71
忠誠リベート　66, 67, 78
陳列時の破損品の返品・費用負担　211
店舗改装費用　126
ドイツ競争法（GWB）　10, 24, 47, 92
当事者間の経済的な不均衡　309-312, 315, 319, 320
「当事者の権利及び義務における」要件　147, 164
同調的な交渉　155
特売商品等の買いたたき　249
特別注文品の受領拒否　249
取引相手方の「従属性」　224, 225, 297
取引依存度　101, 223, 237
取引関係による従属関係　99, 101, 104, 119
取引拒絶　75
取引行為検査委員会（commission d'examen des pratiques commerciales）　38, 143, **153**, 156
取引先変更の可能性　223, 238
取引上の地位の格差　309
取引上の地位の不当利用　321
取引の対価の一方的決定　244
ドン・キホーテ事件　258, **270**

【な】

ニシムタ事件　258
日本トイザらス事件　259, **283**, 302, 313
値引き　212
値引交渉　155

索 引

値引き・割戻し　211
年末割戻金 RFA（remises de fin d'année）
　　200
納入業者　218, 246
納入業者の従業員等の不当使用　250
納入事業者の普通取引約款の排除　211

【は】

排除型濫用　**59**, 63
排除戦略　68, 82
排除の意図　68, 69
ハイパーマーケット　22, 23, 120, 203
バロー事件　258
反競争行為　25, 41, 46, 49, 132
販売協賛金　190, 191
販売拒絶　35
販売力の濫用　9, 90
誹謗行為　72, 73
秘密情報の利用　83
非良心行為（unconscionable conduct）
　　174, 331
不可欠施設　70, 113
　　――の理論　70
「不均衡」の対象　150
不公正条項規制　211, 212, 320, 328
不公正な取引行為（pratiques commer-
　　ciales déloyales）　175, 178
フジ事件　257
普通取引約款　153
　　――の排除条項　187
不当条項規制　322, 323
不当な委託販売取引　248
不当な経済上の利益の収受　251
不当な値引き　248
不当な返品　247

不当利得　323
フランス競争法　10
フランス国有鉄道（SNCF）事件　83-85
フランステレコム事件　52, 77
フランス郵政公社事件　52, 65-67
フランチャイザー　120
　　――の優先権　125
フランチャイジー　120
フランチャイズ　92, 120
フランチャイズ・ガイドライン　253,
　　254, 280-282
フランチャイズ契約　121, 128
ブランド　96, 97
ペナルティー（違約金）　212
ペナルティー（違約金）条項（clause
　　pénale）　182, 187, 189, 203
返品　212, 242, 292
返品条項　167, 196, 203
包括合意（accords de gamme）　33, 34,
　　98
法的独占　71
ポスフール事件　257
保全処分　123

【ま】

マージンスクイーズ　75
マルキョウ事件　258
ミスターマックス事件　257
三越事件　212, 256, **259**
民事過料（amende civile）　142, 180
無効　322, 323
明確性の原則　156, 157, **158**

【や】

ヤマダ電機事件　258

355

やり直しの要請　245
優越性の原則　46
優越的地位　**222-225**, 237, 294, 316
　──の濫用規制　**220**
　──の濫用の公正競争阻害性　**227-235**, 289, 318
　──の利用　225-226, 297, 311
優越的地位濫用ガイドライン　219, 223, 233, **236**
優先的調達条項　121
ユニー事件　257
要求拒否の場合の不利益な取扱い　252

濫用条項規制　174
理事会規則 1/2003 号　9
リベート　67
略奪的価格行為　**69**
略奪的価格設定　84
流通系列　23
流通・取引慣行ガイドライン　219
料金変更条項　196
ロイヤルティ　122, 212
ローソン事件　257, **265**
ローマ条約　18
ロワイエ法　21, 22, 24

【ら】

濫用条項（clauses abusives）　139

【わ】

割戻金の分割払い　160

著者略歴

長尾 愛女（ながお えめ）

1972年	東京都に生まれる
1994年	明治大学法学部卒業
1998年	明治大学大学院法学研究科民事法学専攻博士前期課程修了
	修士（法学）
2006年	明治大学法科大学院法務研究科法務専攻修了
	法務博士（専門職）
2007年	弁護士登録（第二東京弁護士会）
2008年	明治大学法科大学院教育補助講師
2017年	明治大学大学院法学研究科民事法学専攻博士後期課程修了
	博士（法学）
現在	弁護士
	聖学院大学人間福祉学部人間福祉学科非常勤講師

フランス競争法における濫用規制──その構造と展開

2018年4月20日／第1版第1刷発行

著　者　長尾 愛女
発行者　串崎 浩
発行所　株式会社日本評論社
　　　　〒170-8474　東京都豊島区南大塚3-12-4
　　　　電話　03-3987-8621（販売）　03-3987-8601（編集）
　　　　https://www.nippyo.co.jp/
印刷所　平文社
製本所　松岳社
装　幀　菊地 幸子

Ⓒ NAGAO Eme 2018　検印省略　　　　Printed in Japan
ISBN 978-4-535-52314-2

|JCOPY|〈(社) 出版者著作権管理機構　委託出版物〉
本書の無断複写は著作権法上での例外を除き禁じられています。複写される場合は、そのつど事前に、(社) 出版者著作権管理機構（電話 03-3513-6969、FAX 03-3513-6979、e-mail: info@jcopy.or.jp）の許諾を得てください。また、本書を代行業者等の第三者に依頼してスキャニング等の行為によりデジタル化することは、個人の家庭内の利用であっても、一切認められておりません。